Leo Kreuz
Das Kuratorium Unteilbares Deutschland

Leo Kreuz

Das Kuratorium Unteilbares Deutschland

Aufbau Programmatik Wirkung

Leske Verlag + Budrich GmbH, Opladen 1980

Kreuz, Leo:
Das Kuratorium Unteilbares Deutschland : e.
deutschlandpolit. Institution / Leo Kreuz. - Opladen:
Leske und Budrich, 1979.
ISBN 3-8100-0307-7

© 1979 by Leske Verlag + Budrich GmbH, Opladen
Satz: G. Beermann, Leverkusen
Druck und Verarbeitung: Hain-Druck KG, Meisenheim/Glan
Printed in Germany

Denk' ich an Deutschland in der Nacht,
Dann bin ich um den Schlaf gebracht
                    (H. Heine)

Denen zugeeignet, die mir Liebe geschenkt
und Freude bereitet haben.

Inhalt

Vorbemerkung 11

Einleitung 13

Teil I: Organisation
A Gründung 19
   1. Vorbereitungen 19
   2. Konstituierung 21
   3. Institutionelle und programmatische Ausformung ... 25
   4. Zusammenfassung 28
B Aufbau 28
   Vorbemerkung 28
   1. Juristische und gesellschaftliche Absicherung 29
     a) Verein 29
     b) Bundeskuratorium 30
   2. Entscheidungsträger 31
     a) Ausschüsse 31
     b) Präsidium 34
     c) Geschäftsführender Vorsitzender 35
   3. Landes-, Kreis- und Ortskuratorien 36
     a) Struktur 36
     b) Aufgaben 39
     c) Interdependenzen 40
   4. Manager 42
     a) Wilhelm Wolfgang Schütz 42
     b) Herbert Hupka 47
C Finanzierung 50
D Zusammenfassung 52

Teil II: Programmatische Schwerpunkte des KUD im Kontext der deutschlandpolitischen Entwicklung 1954 bis 1977/78
A Zum Selbstverständnis des KUD 53
B Abschnitte der deutschlandpolitischen Entwicklung ... 56
   1. 1954 bis 1957 56
     a) Politische Entwicklung 56
     b) KUD: Bemühungen um ein allgemeines Problembewußtsein u.a. durch pädagogische Maßnahmen ... 59
   2. 1958 bis 1960/61 61
     a) Politische Entwicklung 61
     b) KUD: Ausbau der Basis durch Popularisierung des KUD-Gedankens 65
   3. 1961 bis 1962/63 67
     a) Politische Entwicklung 67

    b) KUD: Bemühungen um das Interesse der
       „Weltöffentlichkeit" 69
4. 1963 bis 1966/67 70
    a) Politische Entwicklung 70
    b) KUD: Im Wind politischer Veränderungen 73
5. 1968 bis 1977/78 76
    a) Politische Entwicklung 76
    b) KUD: Organisatorische und programmatische
       Schwerpunktverlagerung 80

Teil III: Aktivitäten
Vorbemerkung 86
A Inland 87
   1. Jahrestagungen 87
   2. 17. Juni 91
   3. Abzeichenverkauf 94
      a) Vorbereitung 94
      b) Aktion „Macht das Tor auf" 96
B Ausland 98
   1. Kontakte mit Ausländern im Inland 98
   2. Weltreisen 100
   3. Vereinte Nationen 101
C Zusammenfassung 104

Teil IV: Perzeption und Resonanz
Vorbemerkung 106
A Bundespräsident 107
B Bundesregierung 109
   1. Bundeskanzler 109
   2. Bundesministerium für gesamtdeutsche Fragen 111
C Parteien und Akteure 112
   Vorbemerkung 112
   1. CDU 114
      a) Jakob Kaiser 115
      b) Ernst Lemmer 117
      c) Johann Baptist Gradl 118
   2. SPD 119
      a) Herbert Wehner 120
      b) Paul Löbe 121
   3. FDP 123
      a) Thomas Dehler 124
D Gesellschaftliche Gruppen 125
   Vorbemerkung 125
   1. Deutscher Gewerkschaftsbund und Deutsche
      Angestelltengewerkschaft 125
   2. Bundesvereinigung der Deutschen Arbeitgeberverbände ... 126
   3. Vertriebenen- und Flüchtlingsorganisationen 127
E Deutscher Städtetag 128
F Zusammenfassung 128

Teil V: Das KUD im „System" Bundesrepublik: Einordnung,
Konzeption und Interdependenzen
A Interessenverband KUD? 130
   Vorbemerkung 130

1. Begriffsbestimmung	131
2. Allgemeine und unabdingbare Voraussetzungen	133
a) Organisatorisches	133
b) Potentielles Interesse der Bevölkerung	134
3. Verbandsmerkmale beim KUD?	135
a) Freiwillige Mitgliedschaft	135
b) Repräsentativer Querschnitt	135
c) Partizipation der Mitglieder	136
4. Zusammenfassung	139
B Interdependenzen zwischen KUD-Konzeptionen und deutschlandpolitischen Aktivitäten	140
Vorbemerkung	140
1. Saargebiet	141
2. Oder/Neiße-Gebiete	142
3. Berlin	145
4. DDR	148
5. Zusammenfassung	152
Zusammenfassung	153
Anmerkungen	156
Quellen- und Literaturverzeichnis	211
A Quellen	211
1. Akten	211
2. Interviews, schriftliche Auskünfte	211
3. Dokumentationen	212
4. Sonstige Quellen	212
B Literatur	213
1. Monographien und Beiträge zu Sammelwerken	213
2. Artikel in Zeitschriften	223
C Mehrfach benutzte Periodika und Zeitungen	226
Abkürzungsverzeichnis	227
Anhang	
KUD-Manifest vom 14.6.1954	229
Politische Leitsätze vom 29.6.1960	230
Unterzeichner des Manifestes von 1954	231
Mitglieder des Vereins (1954)	233
Mitglieder des Politschen Ausschusses (1961)	234
Mitglieder des Präsidiums (1962)	236
Mitglieder des Präsidiums (1977)	236
Geschäftsordnung (1961)	238
Personenregister	240

Vorbemerkung

Mit der Vorlage dieser politikwissenschaftlichen Untersuchung einer in der bundesdeutschen Nachkriegsgeschichte einzigartigen Organisation kommen dreijährige Forschungen zu einem gewissen Abschluß.

Nicht nur eine allgemeine Verpflichtung, sondern ein persönliches Bedürfnis veranlaßt mich, Herrn Professor Hans-Adolf Jacobsen für seine Geduld, seine Anregungen und seine Hilfe, die ich in den vergangenen Jahren in Anspruch nehmen durfte, zu danken.

Die Geschäftsführung des Kuratoriums Unteilbares Deutschland, namentlich die Herren Gerd Honsálek und Günter Totte, verschaffte mir die Möglichkeit, sowohl die überaus große Zahl der Kuratoriumsakten auszuwerten als auch die notwendigen und hilfreichen Kontakte mit „Informationsträgern" zu knüpfen. Dafür sage ich Dank, denn ohne diese Hilfe hätte die Studie nicht angefertigt werden können.

Auch habe ich mich bei meinen Eltern, Freundinnen und Freunden zu bedanken, die mir in den vergangenen Jahren Mut zusprachen und zu jeglicher Unterstützung bereit waren.

Das Manuskript wurde im Dezember 1978 abgeschlossen.

Bonn, im Juni 1979   Leo Kreuz

Einleitung

Als im Sommer 1974 das Kuratorium Unteilbares Deutschland (KUD) den zwanzigsten Jahrestag seiner Gründung feierte, geschah dies, ohne in der breiten Öffentlichkeit Beachtung zu finden. Lediglich der aufmerksame Zeitungsleser konnte an wenig privilegierter Stelle eine Notiz hierzu finden; die Presse, die sich in den vergangenen Jahren intensiv mit dem KUD beschäftigt hatte, konnte sich zu einer Bilanz oder Würdigung nicht aufraffen. Dabei scheinen z.B. die Fragen nach dem *innerorganisatorischen Aufbau*, der *personellen Ausstattung* und dem *Agieren des KUD* im politischen Alltag der Bundesrepublik Deutschland nicht nur von politikwissenschaftlichem Interesse zu sein.

Diese „vortheoretischen" Fragen deuten das Schwergewicht der folgenden Studie an. Beim KUD handelt es sich wohl primär um eine innerstaatliche und zunächst auf binnenpolitische Ziele gerichtete Organisation. Diese „Primärfunktion" wird durch eine dem KUD gleichzeitig und gleichwertig immanente programmatische „Zielprojektion" ergänzt, die nicht mehr auf den innerstaatlichen Bereich (also den der Bundesrepublik Deutschland) weist, sondern unmittelbar außerstaatliche, dem klassischen Bereich der Innenpolitik nicht zuzurechnende politische Gegebenheiten einbezieht. Dieser weder als „innenpolitisch" noch als „außenpolitisch" zu bezeichnende Bereich wird sowohl in der praktischen Politik wie in der Politikwissenschaft „Deutschlandpolitik" genannt. „Deutschlandpolitik" scheint demnach zweierlei zu implizieren: Einerseits wird einem politisch, moralisch oder historisch begründbaren, jedenfalls von der Verfassung der Bundesrepublik Deutschland vorgeschriebenen Postulat Rechnung getragen, eine Politik zu betreiben, die weder nur Außen- und schon gar nicht Innenpolitik sein kann. Andererseits ist eine solche, auf „Deutschland" (was auch immer darunter zu verstehen sein mag) bezogene Politik, gleichzeitig Innen- und Außenpolitik.[1] Ohne eine allgemeine prinzipielle Überzeugung innerhalb der Bundesrepublik, daß eine besondere „Deutschlandpolitik" notwendig sei, wäre es kaum vorstellbar, diese zu betreiben. Mit „Deutschlandpolitik" wird aber primär nicht innerstaatliches bzw. innenpolitisches Handeln bezeichnet, sondern „Deutschlandpolitik" zielt primär auf Territorien, die dem Staat Bundesrepublik Deutschland — unabhängig von der voluntaristisch formulierten und juristisch oder moralisch begründeten Maxime, daß „Deutschland" auch nach 1949 noch bestehe — nicht zugehörig sind. Damit werden aber nicht nur diejenigen unmittelbar angesprochen, die in den Territorien des ehemaligen „Deutschland" politisch verantwortlich sind, sondern direkt auch die Staaten, die ihre unmittelbaren Interessen durch das Ziel der Deutschlandpolitik, die Wiedervereinigung in Frieden und Freiheit, tangiert sehen. Mit anderen Worten: Deutschlandpolitik ist immer nur in Verbindung mit Außenpolitik möglich, wie gleichzeitig (bundesdeutsche) Außenpolitik immer auch Deutschlandpolitik beinhaltet.

Die Frage, in welchen Bereich politischen Handelns, Außen- oder Innenpolitik, das KUD mit seinem programmatischen Wollen und praktischen Handeln einzuordnen ist, kann daher zunächst nur hypothetisch beantwortet werden: Mit dem Appell an alle Teile der (bundes)deutschen Bevölkerung sollte durch Aufklärung und Aufrufe zur persönlichen Aktivität nicht nur der im weitesten Sinne pädagogische Charakter des KUD demonstriert werden, sondern auch unmittelbar die Bundesregierung ermuntert, gedrängt werden, die nationale, die gesamtdeutsche Komponente in ihrer Politik stärker zu berücksichtigen und entschiedener, besonders den Siegermächten des Zweiten Weltkriegs gegenüber, zu vertreten. Außerdem versuchte das KUD mit seiner Aktivität im Ausland die Deutschland-Politik dieser Staaten indirekt zu beeinflussen.[2] Anders ausgedrückt: Durch die Mobilisierung der Bevölkerung wollte das KUD die Bundesregierung zur Intensivierung bestimmter außenpolitischer Aktivitäten zwingen oder, positiver formuliert, ihr, wenn sie „gesamtdeutsche" Interessen[3] vertrat, „den Rücken stärken".

Ob und wenn ja, *wie* das KUD diese doppelte Zielsetzung glaubte erreichen zu können, ist das zentrale Thema dieser Studie.

Man mag vielleicht das „Gefühl" haben können, für eine Untersuchung der politischen Relevanz, für eine Beurteilung und Bewertung des KUD sei die Zeit „noch nicht reif".[4] Ein solches Gefühl hat dann seine Berechtigung, wenn man meint, eine umfassende, dem Thema angemessene Analyse könne und dürfe erst dann versucht werden, wenn *alle* für das Thema relevanten Quellen in den Archiven zugänglich und der zeitliche Abstand vom zu beschreibenden Geschehen so groß seien, daß das Risiko einer Fehlinterpretation auf ein Minimum reduziert werde. Abgesehen davon, daß ein beträchtlicher zeitlicher Abstand noch keine Garantie für eine möglichst objektive Darstellung eines politischen Geschehens gewährt, wird sich der Politikwissenschaftler stets über das Provisorische seines Tuns im klaren sein, wenn er auch natürlich bestrebt sein muß, möglichst umfassend „sein" Thema zu behandeln:

„So ist das Provisorische des jetzigen Ertrags Anregung und Durchgangsstufe für künftige bessere Einsichten. Es verpflichtet den Autor zur Zurückhaltung im Werten und Urteilen, weil er weiß, wie rasch neue Gesichtspunkte seine Meinung in Frage stellen werden."[5]

Bevor die politische Relevanz des KUD beurteilt werden kann, sind Darstellung und Analyse der *institutionellen Eigenart* der „Organisation KUD" notwendig. Erst vor dem Hintergrund des inneren organisatorischen Aufbaus wird eine politische Einschätzung des KUD möglich.

Hierbei sind zunächst die Intentionen der Gründer darzustellen. Wie kam es zur Gründung, welche Hindernisse waren zu überwinden? Die Rolle der „Manager" im KUD, die neben den Vertretern der gesellschaftlichen und politischen Gruppen die politische und organisatorische Arbeit des KUD entscheidend mitprägten, soll in diesem Zusammenhang analysiert werden. Für die Konzeption des KUD sind, wie zu zeigen sein wird, die Art und Weise seiner Finanzierung bezeichnend.

Als nächstes wird ein Überblick über die im Berichtszeitraum für die „Deutsche Frage" wichtigen bundesdeutschen, regionalen und globalen politischen Vorgänge gegeben, um gleichzeitig die *KUD-Entwicklung vor dem Hintergrund sowohl innenpolitischer wie außenpolitischer Bedingungsfaktoren* darzustellen. Dabei, wie auch bei anderen Abschnitten der Studie, war eine Beschränkung auf die für das Thema unmittelbar relevanten Vorgänge unumgänglich, um die „Überschaubarkeit" der Arbeit, d.h. das gestellte Ziel einer komprimierten Darstellung nicht völlig zu verfehlen. Die Einteilung der KUD-Entwicklung in verschiedene Phasen soll erkennen helfen, ob und ggf. wie das KUD sich durch politische Vorgänge „von außen" beeinflussen ließ, besonders durch die Deutschland- und Ostpolitik Bonns, deren Wandlungen sich zunächst nur zögernd, dann energischer ankündigten und immer mehr dazu führten,

„daß Bonn nicht deutsche, sondern westdeutsche Politik machte und schließlich konsequent von den Erfordernissen des eigenen Staates her dachte und handelte."[6]

Anläßlich der KUD-Gründungsveranstaltung erklärte Jakob Kaiser:

„In der Volksbewegung für die Wiedervereinigung geht es überhaupt nicht um Einzelfragen der Politik. Sondern es geht um den sinnfälligen Ausdruck des deutschen Willens zur Wiedervereinigung. Es geht darum, die gesamte Öffentlichkeit in Deutschland und in der Welt über die rechtliche, moralische und materielle Unmöglichkeit der Teilung Deutschlands weit mehr als bisher aufzuklären. Es geht darum, die Kenntnis der Probleme der Wiedervereinigung in unserem Volk zu klären und zu erweitern."[7]

Damit ist allgemein und plakativ die Programmatik umrissen, mit der das KUD seine Existenz begründete und zu arbeiten begann. Doch erst das konkrete Beispiel, die einzelne Aktivität, läßt die so allgemein formulierte Programmatik verständlich werden. Daher soll nun der Blick auf die *Aktivitäten* gerichtet werden, die für das KUD kennzeichnend waren; Aktivitäten, die der zeitgeschichtlich Interessierte ohne weiteres mit dem Begriff „Kuratorium Unteilbares Deutschland" assoziiert. Hatten die KUD-Aktivitäten nur demonstrativen Charakter, und war die Institution KUD selbst nichts anderes als eine Demonstration des Wiedervereinigungswillens?[8] Es geht also um die politische Bedeutung der vornehmlich auf die bundesdeutsche Öffentlichkeit zielenden KUD-Aktivitäten. Aber auch in fremden Staaten und bei den Vereinten Nationen versuchte das KUD für die Probleme, die allgemein mit „Deutsche Frage"[9] umschrieben werden, Interesse zu wecken.

Die *Perzeption und Resonanz* des KUD bei den politischen und gesellschaftlichen Eliten und Gruppierungen der Bundesrepublik[10] zu behandeln, ist unumgänglich, um die Stellung des KUD im „System" Bundesrepublik erfassen zu können. Aufgrund thematischer (erstmalige grundsätzliche Darstellung eines politischen Phänomens) und zeitlicher Bedingungsfaktoren bei der Abfassung der Studie kann unmöglich auf die verschiedenen Strömungen z.B. innerhalb der einzelnen Parteien eingegangen werden. Grundsätzliche, umfassende diesbezügliche Untersuchungen könnten erst in einer weiteren Studie behandelt werden, da hier zunächst nur die Basis vermittelt werden kann, auf der eine solche weitergehende Analyse aufgebaut werden müßte. Wesentlichen Aufschluß über das politische Gewicht kann die Antwort auf die Frage nach den Akteuren, die im und mit dem KUD agierten, geben. Hier muß das Augenmerk darauf gerichtet sein, wie es um die Position des einzelnen KUD-Akteurs innerhalb der Partei, die ihn ins KUD „delegierte", bestellt war. Handelte es sich um Persönlichkeiten der „ersten Garnitur" oder überließ man die Kuratoriumsaktivität weniger bedeutenden Persönlichkeiten?

Schließlich soll versucht werden, die Frage zu beantworten, *wie sich diese Institution in das politische und gesellschaftliche System der Bundesrepublik Deutschland einordnen läßt*. Ist es zutreffend, das KUD als einen „Interessenverband" zu bezeichnen?[11] Aufbau, Organisation und praktisches Agieren wird an den Kriterien gemessen, die allgemein in der wissenschaftlichen Diskussion für, wenn auch nicht unmittelbar vergleichbare, so doch dem Anschein nach ähnliche Organisationen als Maßstäbe für deren politische Relevanz angelegt werden.

Dabei wird dargestellt, welche Stellung das KUD zu den Fragen und Problemen bezog, die die territoriale Aufgliederung des zusammgebrochenen Reiches Siegern wie Besiegten aufgaben. Die „Geteiltheit" des Landes war ja ausschlaggebend für die Gründung eines Kuratoriums mit dem Namen „Unteilbares Deutschland".[12] In der Aufgeteiltheit und Ungesichertheit, in der „Deutschen Option",[13] sah das KUD seine Existenzberechtigung und Verpflichtung. Dabei zielten die *KUD-Konzeptionen* nahezu ausschließlich auf die Territorien, die im Osten an die Bundesrepublik Deutschland grenzten. Hier tat sich, wie Besson formuliert, „ein wahrer Kreuz- und Leidensweg" auf.[14] Ging es dem KUD schlicht um die Revision des status quo?[15] Gleichzeitig wird exemplarisch aufzuzeigen sein, welche Interdependenzen zwischen KUD-Konzeptionen einerseits und Plänen oder Initiativen anderer gesellschaftlicher Gruppen bzw. der offiziellen Regierungspolitik bestanden. *Gelang es dem KUD, Einfluß auf die Bonner Politik zu nehmen?*

Die hier vorgestellte Gliederung des Themas schließt Überschneidungen nicht aus. Dennoch scheint sie der Behandlung des Gegenstandes angemessen zu sein, ermöglicht sie es doch, eine konkrete bundesdeutsche Institution mit politischen und moralischen[16] Zielsetzungen möglichst umfassend zu analysieren und ihren Stellenwert im politischen Geschehen abzustecken.

Aus der Gliederung ergibt sich, daß es sich bei dieser Studie um eine *zeitgeschichtlich-deskriptive Untersuchung* handelt. Zeitgeschichtlich insoweit, als sich die Arbeit mit einem Abschnitt der Nachkriegsgeschichte befaßt; deskriptiv insofern, als die Darstellung des KUD als Institution in seinem Wollen und Handeln umfassend geleistet werden soll.[17] Mit der deskriptiven Analyse werden zugleich Prozesse aufgezeigt und analysiert, an denen eine relativ große Anzahl KUD-Akteure partizipierte oder zumindest theoretisch beteiligt war.[18]

Mit dieser Arbeit wird versucht, einen *Beitrag zur „Institutionslehre"*, einer der „Wurzeln" der Politikwissenschaft zu leisten, wie von der Gablentz meint, einem Bereich, in dem „die verschiedenen vorstaatlichen, nebenstaatlichen, innerstaatlichen, überstaatlichen Institutionen ihren Platz finden": Dabei handele es sich jedoch nicht bloß um eine „Verfahrenslehre", sondern „vorgeschaltet und übergeordnet" sei die Betrachtung der „politischen Entscheidungen, in denen die Institutionen überhaupt erst gebildet werden".[19]

Der *zeitliche Rahmen* der Untersuchung ergibt sich aus der o.a. Zielsetzung der Studie: Das KUD, als im Spannungsfeld zwischen Innen- und Außenpolitik stehende Organisation, wird in dem Zeitraum analysiert, in dem es offensichtlich sowohl auf die „Öffentliche Meinung"[20] als auch auf die politischen Akteure unmittelbaren Einfluß ausübte bzw. ausüben wollte. Somit könnte die Arbeit auch als ein Beitrag zu einer allgemeinen, den Rahmen des gewählten Themas übergreifenden *„Ziel-Mittel-Reflexion"* verstanden werden:[21] Mit welchen Mitteln glaubte man (in diesem Fall das KUD) das Ziel, die Wiedervereinigung in Frieden und Freiheit, erreichen zu können? Im Untersuchungszeitraum kam, so kann man weiter hypothetisch formulieren, dem KUD als einer Gruppierung, die neben anderen im politischen Geschehen agierte, politisch-gesellschaftliche Relevanz zu. Dabei bleibt zu berücksichtigen, was Ellwein in ähnlichem Zusammenhang meint, „daß die Übergänge zwischen mächtig und ohnmächtig, einflußreich und einflußlos, bewußtseinsbestimmend und irrelevant" immer fließend und auf den einzelnen politischen Ebenen unterschiedlich seien.[22] Beginnend mit der Planung und Gründung im Jahre 1954 soll die KUD-Entwicklung bis kurz nach Bildung der Großen Koalition im Jahre 1966 verfolgt werden. Von der Bildung der Großen Koalition, in der nahezu alle Kräfte vertreten waren, die schon seit Jahren im KUD an führender Stelle mitgearbeitet hatten, erwarteten führende KUD-Akteure eine neue, der KUD-Programmatik entsprechendere Politik. Mußte daher das KUD nicht erwarten, daß jetzt die eigene Programmatik aus ihrem Schattendasein heraustreten und direkt zu praktischer Politik würde? Im Jahre 1966/67 begann der jahrelang so deutlich sichtbare Stern des KUD als ein Wegweiser der Deutschlandpolitik zunächst noch langsam, dann rapide zu verglimmen. In der Folgezeit war vom KUD als „Willenszentrum" des deutschen Volkes" – war es dies jemals gewesen – überhaupt nicht mehr die Rede. Hin und wieder flackerte das öffentliche Interesse am KUD noch einmal auf. Doch waren alle Betroffenen, wenn auch aus unterschiedlichen Motiven heraus, daran interessiert, das KUD dem Rampenlicht der Öffentlichkeit zu entziehen. Mochte auch keiner das KUD auflösen, so ließ man es doch nur mit kleinstmöglicher Flamme weiterbestehen. Daß damit die eigentliche Intention, mit der man das KUD gegründet hatte, nämlich „Willenszentrum" zu sein, in ihr Gegenteil verkehrt wurde, schien (und scheint) niemanden zu stören.

Trotz dieses zeitlichen Rahmens mag manchen vielleicht die Zeitspanne – gut zwölf Jahre – noch zu groß erscheinen, um eine detaillierte Analyse zu ermöglichen. Dazu ist zweierlei anzumerken:

1. Um begreifen zu können, welche Ziele das KUD verfolgte, wie es de facto diese Ziele zu erreichen gedachte und welche Effizienz letztlich diesen Bemühungen beschieden war, ist es einerseits nötig, eine größere Zeitspanne zu betrachten. Andererseits reicht es für ein Verstehen und Beurteilen des KUD aus, nur die wichtigsten Phänomene darzustellen und zu analysieren. Nicht ausschließlich die lückenlose Aufreihung der Fakten, Daten und Ereignisse trägt zum Verständnis eines Themas bei, sondern erst die gezielte, sorgsame und gründliche Darstellung einzelner typischer

Merkmale ermöglicht es, Prozesse zu begreifen und politische Wirklichkeit zu beurteilen.

2. Mehr als eine *provisorische Einordnung* des KUD in das politische Geschehen der fünfziger und sechziger Jahre kann mit einer solchen ersten Studie wohl nicht geleistet werden. Zu vieles ist erstmals darzustellen, ebenso vieles ist noch unbekannt. Die Relevanz des KUD als politisches Faktum wird sich aber schon dann erfassen lassen,

„wenn man es einmal provisorisch in einen Gesamtzusammenhang eingeordnet hat. Dann erst zeigt sich nämlich, was die intensive(re) Forschung lohnt und wo man dann umgekehrt in genauerer Kenntnis des Besonderen wieder auf die Deutung des Allgemeinen rückschließen darf".[23]

Bei der Beschreibung politischer Sachverhalte (hier der Institution KUD) wird der *Frage nach dem eigenen Standpunkt* immer eine entscheidende Bedeutung zukommen. Zwischen „Parteilichkeit" und „Standpunktlosigkeit" gilt es einen, wie Flechtheim meint, „goldenen Mittelkurs" zu steuern. Nur dann, wenn man sich nicht in den Dienst „ephemer Sonderinteressen" stellt und sich stets bemüht, das zu beschreibende Objekt möglichst frei von den subjektiv immer vorhandenen Ideologien, Wertvorstellungen oder dem persönlichem Engagement zu beobachten und darzustellen, kann man dem zu Beschreibenden „gerecht" werden.[24] Bei allem ernsthaftem Bemühen um „Objektivität" wird man sich dennoch darüber im klaren sein müssen, daß es besonders im Bereich der Politikwissenschaft eine absolute Ideologie- oder Wertfreiheit *nicht* geben kann. Entscheidend ist allerdings nicht nur, daß man sich dessen bewußt ist, sondern daß der Politikwissenschaftler bei der Darstellung und Analyse seiner Befunde immer alle Aussagen, Standpunkte oder Materialien, die ihm zugänglich und für sein Thema relevant sind, berücksichtigt.

Das *methodische Vorgehen* wurde ebenso dadurch bestimmt wie erschwert, daß Literatur über das KUD kaum vorhanden ist. Lediglich die schon erwähnte Magisterarbeit von Sussmann und die Arbeit von Kosthorst[25] beschäftigen sich wissenschaftlich mit dem Thema. Hinzu kommen einige auf das KUD Bezug nehmende Beiträge bzw. Kommentare in Zeitungen, die sich naturgemäß meist auf punktuelle KUD-Aktivitäten beziehen. Zwar gibt es zahlreiche Selbstdarstellungen,[26] diese sind jedoch nur lücken- und bruchstückhaft. In den vielen Darstellungen bundesdeutscher Ost- und Deutschlandpolitik wird zwar das KUD z.T. erwähnt, wenn auch meist nur der Vollständigkeit halber[27] und/oder um mit dem Hinweis auf die Existenz des KUD eine bestimmte Auffassung abzurunden.[28] Dabei wurde die Institution KUD[29] auch mißverständlich angeführt.[30]

Dieser Mißstand konnte nur durch das Aufspüren möglichst vieler Quellen (Akten) ausgeglichen werden; das gesamte existierende Material wird man bei einer zeitgeschichtlichen,[31] politologischen Arbeit ohnehin nur in den seltensten Fällen erreichen. Der Mangel an zugänglichen Quellen wurde zum Teil dadurch zu kompensieren versucht, daß maßgebliche KUD-Akteure und -Kenner befragt wurden. Dies geschah teils in mündlichen Interviews[32] bzw. Informationsgesprächen,[33] teils in schriftlichen Befragungen.[34] Die Fragen der einzelnen Interviews waren nicht standardisiert, sondern jeweils auf den vermuteten Informationsstand des Interviewten zugeschnitten. Lediglich einige allgemeine Fragen, z.B. nach der persönlichen Einschätzung des KUD, wurden an alle Interviewten gerichtet.

Eine wesentliche Informationsquelle stellten Zeitungsberichte bzw. -kommentare dar. Systematisch wurde die inzwischen nicht mehr erscheinende (SPD-nahe) Berliner Tageszeitung „Telegraf" (alle Ausgaben von 1953 bis 1967) durchgesehen. Der „Telegraf" bot sich deshalb an, weil dessen Herausgeber, Arno Scholz, immer zu den führenden KUD-Akteuren (ab 1962 auch Präsidiumsmitglied) zählte und deswegen, wie sich herausstellte zu Recht, angenommen wurde, daß im „Telegraf" umfassender als anderswo dem KUD Raum gegeben wurde. Daneben wurden natürlich auch Artikel anderer Tages- und Wochenzeitungen ausgewertet, die das KUD zum Thema hatten.

Bei der Suche nach Informationen kam erschwerend hinzu, daß man verschiedentlich eine deutliche Abneigung zeigte, etwas über Struktur, innere Organisation oder interne kontroverse Auffassungen des KUD dritten mitzuteilen und damit an die Öffentlichkeit dringen zu lassen.[35] Oft gelang es dem Verfasser nur schwer, KUD-Akteure bzw. -Kenner davon zu überzeugen, daß man ihnen bzw. dem KUD nicht „am Zeug flicken" wollte.[36] Außerdem mußte man sich mit der Tatsache abfinden, daß Aufbau und Charakter des KUD selbst engsten Mitarbeitern nicht hinreichend bekannt waren.[37]

Teil I: Organisation

A Gründung[1]

Obwohl mit der am 20. September 1949 gebildeten ersten Bundesregierung auch ein Ministerium für gesamtdeutsche Fragen geschaffen wurde, das die Vereinigung der ehemaligen Westzonen mit der Ostzone vorbereiten sollte, waren die Entscheidungen bereits gefallen, die eben diese Vereinigung auch für die Zukunft unmöglich machen sollten: Am 23. Mai 1949 war mit der Verkündung des Grundgesetzes die Bundesrepublik Deutschland gegründet worden, und am 7. Oktober des gleichen Jahres endete die Gründungsphase der DDR mit dem Inkrafttreten ihrer Verfassung. In seiner ersten Regierungserklärung hatte Konrad Adenauer die Zugehörigkeit der Bundesrepublik Deutschland zur westlichen Staatenwelt konstatiert, und in der DDR trugen mit Wilhelm Pieck und Otto Grotewohl SED-Führer die politische Verantwortung, deren politisches Konzept sich von vornherein am sowjetischen Vorbild orientierte. Als dann am 21. September 1949 das Besatzungsstatut inkraft getreten und am 26. Januar 1950 das Abkommen über den Marshall-Plan in Bonn ratifiziert worden war, waren die Weichen der Bonner Politik endgültig in Richtung Westen gestellt worden.

1. Vorbereitungen

Vor diesem Hintergrund sind die Äußerungen des Bundesministers für gesamtdeutsche Fragen, Jakob Kaiser, vom 30. März 1950 zu verstehen, daß den deutschlandpolitischen Bemühungen der Bundesregierung nur dann ein nachhaltiges Echo beschieden sei, „wenn die Vorstöße der Bundesregierung ... von einer echten Volksbewegung getragen" würden. Diese „Volksbewegung" müsse über „parteipolitische und regionale Reserven"[2] hinausgehen. Ob sich hinter diesen Bemerkungen schon konkrete Gedanken über die „Volksbewegung" verbargen, oder ob Kaiser die sich bereits jetzt, nur wenige Monate nach der ersten Regierungsbildung, abzeichnenden gravierenden deutschlandpolitischen Meinungsverschiedenheiten zwischen Regierung und Opposition[3] zu kompensieren suchte, kann heute nicht mehr eindeutig beantwortet werden. Von einem Echo auf diese Andeutungen war jedenfalls nichts zu spüren.

Daß es sich bei diesen Andeutungen nicht nur um einen gestarteten „Versuchsballon" oder nur um eine auf kurzfristige Wirkung abgezielte Äußerung gehandelt hatte, sondern daß Kaiser diesen Gedanken ernsthaft erwog, zeigt seine Äußerung vor der „Deutsch-Baltischen Landsmannschaft" am 8. Juni 1952. Hier griff er seinen vor zwei Jahren angedeuteten Plan wieder auf, eine „Bewegung" herbeizuführen, die deutlich mache, daß der Wille zur Wiederherstellung der deutschen Einheit von allen, „ob Arbeiter oder Unternehmer, ob Handwerker oder Bauer, ob Professor oder Studenten, ob CDU-, SPD- oder FDP-Mann, ob Heimatvertriebener oder politischer Flüchtling" mitgetragen werde.[4] Im Gegensatz zu 1950 erreichten Kaiser jetzt einige spontane Reaktionen. Während z.B. der „Volksbund für Frieden und Freiheit"[5] und die „Pommersche Landsmannschaft" Kaisers Anregung unterstützten,[6] warnte die Regensburger „Mittelbayerische Zeitung" davor, eine „Bewegung" zu initiieren, die notwendigerweise eine Eigendynamik entwickeln werde, und deren Konsequenzen überhaupt nicht abgeschätzt werden könnten.[7]

Im Nachlaß Kaisers befindet sich erst wieder Material aus dem Jahr 1954,[8] das darauf hindeutet, daß sich Kaisers Gedanke einer „Volksbewegung" nun zu konkretisieren begann. Allerdings hatte Kaiser in einem wahrscheinlich vor dem 17. Juni 1953 verfaßten und im Spätsommer 1953 veröffentlichten Artikel[9] seiner Überzeugung Ausdruck gegeben, daß er in einer parteiübergreifenden „Bewegung" die Chance sehe, die „tief im Volke" wurzelnde „Idee eines geeinten Deutschland"[10] zu artikulieren. Denn wie anders kann man seine Bemerkung verstehen, daß es nun, nachdem sich die Signatarmächte der „Pariser Verträge" zur Wiederherstellung der deutschen Einheit verpflichtet hätten, gelte, „diese Absicht vom Reißbrett auf den Bauplatz zu übertragen"?[11]

Im Winter 1953/54 sprach Kaiser wiederholt mit einigen Freunden über sein Vorhaben.[12] Am 27. Februar 1954, also fast auf den Tag genau vier Jahre nach seinen Andeutungen vom März 1950, teilte Kaiser der Öffentlichkeit genaueres über seine Pläne mit. In einer Rundfunkansprache im RIAS führte Kaiser aus, daß Bekundungen lediglich von Bundestag und Bundesregierung nicht genügten, um „der Welt ... eindringlicher als bisher" zu verdeutlichen, „daß sich unser Volk niemals mit einem geteilten Deutschland" abfinde. Der Motor, der die Politik der Wiedervereinigung vorantreibe, könne nur der entschiedene Wille des deutschen Volkes selbst sein. Diesen Willen vor aller Welt anschaulich zu machen und diesem Willen „Form und praktische Zielsetzung" zu geben, sei jetzt notwendig; die Zeit für eine „echte Volksbewegung" sei gekommen. Die Aufgabe einer solchen „gesamtdeutschen Aktion" sei es, „die Wiedervereinigung Deutschlands zum Willenszentrum" des gesamten Volkes zu machen.[13] Vor dieser Rundfunkansprache hatte Kaiser sich der Unterstützung Herbert Wehners versichert, der sich, wie z.B. auch Wilhelm Wolfgang Schütz, Johann Baptist Gradl[14] und andere Vertreter der Bundesregierung[15] zur Beobachtung der Konferenz der ehemals alliierten Siegermächte (vom 25. Januar bis zum 18. Februar 1954)[16] in Berlin eingefunden hatte.[17] Noch vor Abschluß dieser Außenministerkonferenz war Kaiser eine anscheinend auf Anregung seines Staatssekretärs Franz Thedieck angefertigte „Übersicht von Maßnahmen des Hauses (des Bundesministeriums für gesamtdeutsche Fragen – L. K.), die nach der ergebnislosen Beendigung der Berliner Viererkonferenz getroffen werden könnten",[18] vorgelegt worden. Hierin hieß es, daß „sowohl die Berechtigung als auch die Notwendigkeit der Arbeit des Hauses (durch die ergebnislose Konferenz – L. K.) nicht berührt" würden. Eine grundsätzliche „Wandelung" der bisherigen Politik des Bundesministeriums für gesamtdeutsche Fragen (BMG) sei nicht erforderlich.

Wahrscheinlich haben also insgesamt drei Faktoren Kaiser dazu veranlaßt, im Frühjahr 1954 damit zu beginnen, seinen ehemaligen Plan in die Tat umzusetzen: Erstens zeigte die ergebnislos verlaufende Berliner Konferenz, daß die Alliierten des Zweiten Weltkriegs von sich aus nicht zu einer gemeinsamen Lösung der „Deutschen Frage" kommen konnten. Zweitens war auch die SPD bereit, zusammen mit den Regierungsparteien an einer „gesamtdeutschen Aktion" mitzuwirken. Drittens mußte Kaiser aus der im BMG angefertigten Expertise herauslesen, daß man seitens des BMG keine Möglichkeiten sah, mehr als bisher für die Wiedervereinigung zu tun.

Unmittelbar nach seiner Rundfunkansprache vom 27. Februar 1954 wies Kaiser zwei BMG-Beamte an, ihm Vorschläge für eine „Bewegung für die Wiedervereinigung" zu unterbreiten. Diese, Hans Liebrich und Freiherr von Dellingshausen, unterbreiten Kaiser am 2. bzw. 3. März 1954 ihre Vorschläge.[19] Beider Konzepte gingen davon aus, daß die neue „Bewegung" eine konkrete Organisationsform haben müsse, daß sie sich nicht aus Einzelmitgliedern, sondern aus bestehenden Gruppierungen zusammensetzen solle und daß man eine „Gedenkstätte", um diese zum Symbol des deutschen Einheitswillen zu machen. Die Überlegungen Dellingshausens waren weitaus konkreter als diejenigen Liebrichs. So schlug Dellingshausen als Namen „Bund für die Einheit Deutschlands, (BED)" vor und riet, der Bund solle sich mit einem „Manifest" an die Öffentlichkeit wenden. Finanziell könne der Bund unabhängig sein, doch sei sein Finanzgebaren vom BMG zu kontrollieren. (Wie sich später zeigte, wurden die Vorschläge Dellingshausens, wenn auch nicht vollständig, so doch weitgehend, übernommen.)

Aus beiden Expertisen entwarf Kaiser ein eigenes Konzept,[20] welches er den Teilnehmern einer Zusammenkunft am 6. März 1954, zu der er selbst „ostentativ"[21] ins „Adam-Stegerwald-Haus"[22] nach Königswinter eine Reihe von befreundeten Journalisten und Politikern[23] eingeladen hatte,[24] vorlegte.

Kaiser bat auch Thedieck, an dieser Besprechung teilzunehmen.[25] Thedieck, der von vornherein gegen Kaisers Plan einer „Volksbewegung" gewesen war,[26] lehnte eine Teilnahme an dem Treffen mit der Begründung ab, daß er sich von seiner Mitwirkung keine Förderung der beabsichtigten Aussprache verspreche.[27] Daß er dennoch, wie das Protokoll der Sitzung ausweist, teilnahm, lag an einem nochmaligen, mündlich vorgebrachten Drängen Kaisers.[28]

2. Konstituierung

Am 6. März 1954 saßen also die „Geburtshelfer"[29] beisammen; nicht nur um über den Namen, sondern auch um über das Aussehen des erst angekündigten späteren KUD zu beratschlagen. Das Protokoll der Sitzung[30] vermittelt einen lebendigen Eindruck davon, wie wenig man sich über Form und Inhalt der angestrebten „Bewegung" im klaren war.

Nachdem man sich entschlossen hatte, „eine Art Präsidium"[31] an die Spitze der „Bewegung" zu stellen, wurde über einen „geeigneten Namen" diskutiert. Zu einer Einigung hierüber kam es allerdings nicht. Namen wie „gesamtdeutsche Aktion", „Nationalverein für die Wiedervereinigung", „Bund für die Einheit Deutschlands" und „Ernst-Moritz-Arndt-Bund" kamen zur Sprache und wurden wieder verworfen. Organisatorisch sollte die „Bewegung" von einer „zentralen Anregungsstelle" gelenkt werden, wobei wichtig sei, daß diese Stelle keine bloßen „antikommunistischen Kampfparolen" verkünde. Die Finanzierung sollten die „großen Organisationen" übernehmen: „Nicht nur die Unternehmer, auch die Gewerkschaften sollten sich beteiligen", heißt es im Protokoll. Daneben griff man den Vorschlag Dellingshausens auf, durch den Verkauf von Abzeichen, etwa nach dem Vorbild der „Trianon-Nadel",[32] die „Bewegung" zu finanzieren. Kaisers Staatssekretär Thedieck bezweifelte, daß eine Aktion wie die geplante sinnvoll sei. In der Vergangenheit, z.B. beim „Ruhrkampf" oder bei der Hindenburg-Wahl, habe es sich um kurzfristige nationale Anliegen gehandelt, während die längerfristige Aufgabe der Wiedervereinigung die Gefahr mit sich bringe, daß die „Bewegung" in einen „Zustand der Stagnation" gerate. Es bestehe das Risiko, daß ein neues Funktionärskorps etabliert werde. Schließlich fand Kaisers Bemerkung Zustimmung, daß es bei der „Volksbewegung" darauf ankomme, von ihr diejenigen Aufgaben erfüllen zu lassen, die nicht Aufgaben des Staates sein könnten. Wenn die Versammelten auch keine konkreten Beschlüsse faßten, so konnte Kaiser jetzt jedoch sicher sein, daß das Vorhaben „Volksbewegung" von den anwesenden Journalisten einem breiten Publikum bekannt gemacht würde.

In der Zeit nach dem 6. März 1954 wurde in verschiedenen Tageszeitungen die Notwendigkeit einer „Volksbewegung" erörtert.[33] Kaiser selbst begründete ebenfalls noch einmal öffentlich die Notwendigkeit einer solchen „Bewegung": Vierzehn Tage nach seiner ersten Ankündigung, eine „Volksbewegung" zu initiieren, sprach er am 13. März, ebenfalls im RIAS, davon, daß es sich bei der „Bewegung" um ein „freiwilliges Zusammenwirken der Männer und Frauen, die bewegt sind von der Not Deutschlands und von dem Willen, diese Not zu überwinden" handele. Es sei die Absicht, „der Bevölkerung in der Zone zu helfen und den Willen zur Wiedervereinigung zu einer zwingenden Kraft zu machen".[34]

In der nächsten Zeit galt es nun für Kaiser, „intensiv unterstützt von Wilhelm Wolfgang Schütz und Johann Baptist Gradl",[35] aus dem am 6. März Besprochenen das Machbare herauszufiltern und konkrete Schritte in Richtung auf eine Konstituierung der „Volksbewegung" zu unternehmen: Zunächst richtete man in der Bonner Poppelsdorfer Allee Nr. 19 ein Sekretariat ein,[36] wo Kaisers Vertrauter, Karl Brammer, und eine Sekretärin dafür sorgten, daß die Konstituierungsvorbereitungen unabhängig vom BMG getroffen werden konnten.[37] Am 23. April 1954 wurde der „Rechtsträger" der „Volksbewegung", der „Ausschuß für Fragen der Wiedervereinigung Deutschlands", ins Bonner Vereinsregister eingetragen.[38] Das Sekretariat versandte an eine Vielzahl von Repräsentanten der großen gesellschaftlichen und politischen Gruppierungen Schreiben, in denen diese zum Engagement in der neuen „Bewegung" animiert wurden.[39] Schon vorher hatte allem Anschein nach Karl Brammers Vorschlag Zustimmung gefunden, als Namen „Gesamtdeutsche Aktion – Bund für Wiedervereinigung" zu verwenden.[40] Brammer war es auch, der die Bildung eines *Kuratoriums* „aus repräsentativen Persönlichkeiten aus dem politischen, sozialen, wirtschaftlichen und kulturellen Leben Deutschlands" vorschlug.[41]

All dies muß zwischen dem 5. und 21. März 1954 geschehen sein.[42] Noch am 13. März hatte Kaiser im RIAS den Namen der „Volksbewegung" nicht nennen können. Am 22. März traf Kaiser mit Bundespräsident Heuss zusammen, um ihn über die Konstituierungsvorbereitungen zu unterrichten.[43] Bei dieser Unterhaltung muß Kaiser von den Schwierigkeiten berichtet haben, einen geeigneten Namen für die „Bewegung" zu finden. Heuss schlug daraufhin das Postulat „Unteilbares Deutschland" vor.[44] Kaiser schien dieser Name ein Begriff zu sein, der „wie kein anderer das Wesen und die Aufgabe der Volksbewegung für die Wiedervereinigung" kennzeichne.[45] Der Historiker Hermann Heimpel meinte später, sicherlich ganz im Sinne Kaisers: „Das Wort unteilbares Deutschland bezeichnet keine historische Notwendigkeit, sondern ausschließlich unseren Willen."[46] Trotz dieses so glücklich aufgenommenen Namensvorschlags blieb Kaiser bei der Bezeichnung „Volksbewegung". Erich Kosthorst interpretiert Kaisers Intention folgendermaßen:

„Wenn Kaiser dennoch bei der Bezeichnung ‚Volksbewegung' (als Untertitel des Namens ‚Kuratorium Unteilbares Deutschland') blieb, so deswegen, weil er den Willen zum inneren, zum geistigen Zusammenhalt sowie zur äußeren Wiedervereinigung als ein Anliegen des ganzen deutschen Volkes nach außen hin darstellen wollte."[47]

Tatsächlich bestand der Untertitel „Volksbewegung" nur für kurze Zeit. Während der erste KUD-Briefkopf und die erste KUD-Publikation[48] noch diesen Begriff erwähnen, verzichtete man schon bald auf die Bezeichnung „Volksbewegung". Ab Januar 1955 tauchte „Volksbewegung" in den offiziellen KUD-Materialien nicht mehr auf.[49] Man wurde sich wohl rasch darüber klar, daß man entweder eine „Volksbewegung", etwa mit der Konsequenz einer unkontrollierbaren Massenaktion oder ein „Kuratorium", welches als demonstratives Gremium einzelne Aktionen anzuregen vermochte, betreiben könne.[50] Man entschied sich für ein „Kuratorium" als eine „repräsentative Institution, was sich als richtig" erwiesen habe, wie Gradl meint.[51]

Am *14. Juni 1954* war es dann so weit: Im Kursaal von Bad Neuenahr erhoben sich 133 Personen aus allen gesellschaftlichen, politischen und kulturellen Gruppierungen von den Stühlen, um die Geburt des KUD zu begrüßen;[52] die höchsten Repräsentanten des Staates sandten Grußadressen.[53] Warum man sich gerade für das politisch bedeutungslose Bad Neuenahr als KUD-Gründungsort entschieden hatte, begründete Kaiser ausführlich:

„Zunächst ein Wort darüber, warum wir nach Neuenahr gegangen sind: Für alle, die diese Zusammenkunft vorbereitet haben, schien es als Selbstverständlichkeit, die Konstituierung des Kuratoriums in Berlin oder an der Zonengrenze vorzunehmen. Für den letzten Fall war an Goslar oder Helmstedt gedacht. Aber es stellte sich bald heraus, daß die Mai- und Junitage dieses Jahres für alle Persönlichkeiten des öffentlichen Lebens so sehr in Anspruch genommen sind, daß es schwierig wurde, mehrere Tage für diese Begegnung anzusetzen. Das wäre aber für die meisten Kuratoriumsmitglieder notwendig gewesen, wenn wir nach Berlin oder an die Zonengrenze gegangen wären. Da uns aber an der Konstituierung vor dem 17. Juni gelegen sein mußte, wollten wir diesen Termin nicht durch die Auswahl des Ortes in Gefahr bringen. Dabei sollte auch Nordrhein-Westfalen außer Betracht bleiben, um jedem Schatten des Wahlkampfes zu entgehen. Zudem mußten wir aus Rücksicht auf die unter uns befindlichen Parlamentarier in Reichweite von Bonn bleiben ... So ergab sich Neuenahr."[54]

Die KUD-Gründung fand in der Öffentlichkeit ein breites Echo. Während Paul-Wilhelm Wenger im „Rheinischen Merkur"[55] schon vor der Bad Neuenahrer Sitzung scharf kritisiert hatte, daß das „Propagandaschiff" KUD auch mit Leuten wie z.B. Karl Mommer und Herbert Wehner „befrachtet" sei, die als „die erklärten Feinde" einer europäischen Föderationspolitik anzusehen seien und der Aktion „nationalistische Giftstoffe" beimengten, bezeichnete beispielsweise Thilo Koch[56] gerade den Umstand, daß im KUD Repräsentanten der Regierungsparteien wie der Opposition, der Unternehmer wie der Gewerkschaften, der Soldatenverbände und der Schriftsteller vertreten seien, als ein politisches Ereignis, über das man „mit beinahe ungetrübter Freude" und „mit wirklicher Dankbarkeit" berichten könne.

Ausländische Organe beurteilten die KUD-Konstituierung teils zurückhaltend, teils ablehnend. Der „Manchester Guardian"[57] beschränkte sich z.B. auf die Wiedergabe der Rede Kaisers und sprach von einem „event which may have far-reaching consequences". Dagegen meinte der Londoner „Economist":[58]

„The very title used by the new committee – Volksbewegung – has a sinister ring, particulary when it is noted that its manifesto mentions the territories east of the Oder-Neiße as well as Soviet Zone ... This move is unwise for several reasons. It increases French suspicions; it undermines the authority of the Federal Government in Bonn; and it conflicts with the status of Berlin as an enclave which is still theoretically under four – power control."

Am zutreffendsten kommentierte die Baseler „National Zeitung"[59] das Bad Neuenahrer Geschehen: Der Berichterstatter kritisierte zunächst, „ketzerisch", wie er meinte, daß man eine „Volksbewegung" doch nicht von einer Honoratiorenversammlung gründen lassen könne. Weiter meinte er:

„Das Positive an dieser ‚Volksbewegung' ist zweifellos, daß es Demokraten sind, die sich hier der Wiedervereinigung annehmen, denn täte die *Demokratie* das nicht, bestünde dauernd die Gefahr, daß irgendwelche *Extremisten* eines Tages den Wiedervereinigungs-Gedanken vor ihren politischen Wagen spannen und mit dieser Hilfe vielleicht auch ein Ziel erreichen könnten, das zu erreichen sie sonst nicht imstande sein würden."

Der Artikel schloß:

„Eine eigentlich politische Bedeutung könnte diese ‚Volksbewegung' wohl nur erlangen, wenn Adenauer sich einmal allzu arg wider die Gedanken der Wiedervereinigung versündigen und dadurch das ‚Unteilbare Deutschland' zu einer Gegendemonstration provozieren würde."

Die in diesem Satz angedeuteten potentiellen Konfliktsituationen belasteten in der Tat von vornherein das Verhältnis zwischen KUD und Adenauer.[60] War nicht schon die Tatsache, daß das KUD überhaupt gegründet wurde, ein direkter Angriff auf den sich mit aller Energie um die Westintegration mühenden Bundeskanzler?

Nachdem die KUD-Konstituierung ein für die KUD-Initiatoren insgesamt positives Echo gefunden hatte, ging man jetzt daran, eine Persönlichkeit zu suchen, die in Berlin[61] zum KUD-Chef bestimmt werden sollte. Ein kollektives Führungsgremium, wie es noch am 6. März 1954 ins Auge gefaßt worden war, kam nicht zustande. Die angesprochenen Kandidaten waren anscheinend nicht bereit,[62] an die Spitze des KUD zu treten. So erschien der Physiker und Philosoph Werner Heisenberg ein geeigneter Kandidat zu sein, der wohl „im besten Sinne über den Parteien" stand.[63] Heisenberg war auch bereit, sich an die Spitze des KUD stellen zu lassen.[64] Aus welchen Gründen Heisenberg dann als Kuratoriumspräsident nicht mehr infrage kam, kann heute nicht mehr eindeutig geklärt werden;[65] jedenfalls diskutierte man am 28. Juni in der ersten Sitzung des in Bad Neuenahr ebenfalls konstituierten „Aktionsausschusses"[66] erneut „eingehend die Frage der Kandidatur des Präsidenten des Kuratoriums".[67] Hier kam man zu dem Schluß, daß nur eine „Persönlichkeit von Rang und Namen" das Amt des Präsidenten übernehmen könne. J.B. Gradl und K. Brammer wurden als Emissäre bestimmt, um einen solchen geeigneten Kandidaten zu finden. Paul Löbe, den beide aufsuchten, zeigte sich nach Rücksprache mit der Bonner SPD-Zentrale willig, die KUD-Präsidentschaft zu übernehmen.[68] Am 10. Juli, also nur eine Woche vor der geplanten Wahl, trug Kaiser Löbe offiziell die Präsidentschaft an. Löbe, der bisher offenbar vom KUD und dessen Absicht noch nicht viel erfahren hatte, wurde von Kaiser am 16. Juli über Sinn und Ziel des KUD unterrichtet.[69] Am 18. Juli 1954 wurde Löbe den in Berlin Versammelten als KUD-Präsident vorgeschlagen,[70] was diese mit Beifall zur Kenntnis nahmen.

Die offizielle *Reaktion Ost-Berlins* auf die KUD-Konstituierung vom 14. Juni beschränkte sich zunächst auf einen Artikel, der am 16. Juni 1954 in der „Täglichen Rundschau" veröffentlicht wurde.[71] Der Tenor dieses äußerst polemischen Artikels besagte, daß sich in Bad Neuenahr eine Gruppe von Personen zusammengefunden hätte, deren gesamtdeutsche Motive stark zu bezweifeln seien und die keineswegs repräsentativ für die westdeutsche Bevölkerung sei. Die KUD-Gründung solle lediglich dazu dienen, die Regierung Adenauer aus ihrer Isolation herauszuführen bzw. das „Volk" an sie „heranzupfeifen oder heranzulocken". Einen Tag später, am 17. Juni 1954 also, richtete der am 7. Januar 1954 in Ost-Berlin gegründete „Ausschuß für Deutsche Einheit"[72] ein Schreiben an alle Teilnehmer der Bad Neuenahrer KUD-Konstituierung.[73] In dem Brief hieß es, daß der „Ausschuß für Deutsche Einheit" das gleiche Ziel wie das KUD verfolge, nämlich den Willen zur Wiedervereinigung in allen Kreisen des Volkes zu stärken. Man wolle sich daher mit dem KUD „an einen Tisch" setzen, um sich „über alle strittigen Fragen" zu verständigen. Themen dieser „gemeinsamen Beratungen" sollten u.a. wirtschaftliche Fragen, kulturelle Probleme und militärische Truppenverringerungen sein. Das Schreiben endete mit der Bemerkung, daß der Brief „in Sorge um unser gemeinsames Vaterland" geschrieben worden sei. Am 28. Juni beschäftigte sich der in Bad Neuenahr gebildete Aktionsausschuß „eingehend"[74] mit der Frage, ob man den Brief überhaupt zur Kenntnis nehmen solle. Man verabschiedete schließlich „einmütig"[75] einen Text, den man aber nicht an den „Ausschuß für Deutsche Einheit" sandte, sondern in Bonn der Presse übergab.[76] Hierin hieß es, es sei nicht Aufgabe des KUD, mit „sowjetzonalen Ausschüssen und Behörden" zu verhandeln, außerdem sei der „Ausschuß für Deutsche Einheit" eine „amtliche Instanz des Regimes in der Sowjetzone". Der „Ausschuß für Deutsche Einheit" zeigte sich über diese Reaktion, die „keine offizielle Antwort" auf seine Vorschläge sei, erstaunt und erneuerte seinen Vorschlag zu „gemeinsamen Verhandlungen" beider Organisationen.[77] Am 18. Juli 1954 nahm Kaiser noch einmal zu dem Schreiben des Ost-Berliner Ausschusses Stellung.[78] Das KUD sei nur zur „Pflege des menschlichen und geistigen Zusammenhaltes" gegründet worden; Verhandlungen könne und wolle das KUD nicht führen. Der „Ausschuß für Deutsche Einheit" solle es „drangeben, uns mit solchen Propagandamethoden überrumpeln zu wollen". In den folgenden Monaten wandte sich der „Ausschuß für Deutsche Einheit" noch mehrere Male an das KUD und an die „Bevölkerung der Bundesrepublik".[79] Das KUD griff aber die Vorschläge des Ost-Berliner Ausschusses, die sich mit der Parole „Deutsche an einen Tisch"[80] deckten, nicht auf. (Erst viele Jahre später, 1967, trafen offiziell KUD-Vertreter und DDR-Repräsentanten „an einem Tisch" zusammen: KUD-Geschäftsführer Wilhelm Wolfgang Schütz und DDR-Volkskammerpräsident Gerald Götting nahmen an einer Diskussionsveranstaltung teil, die unter dem Namen „Pacem in Terris" vom damaligen IOS-Funktionär Bernie Cornfeld in der Schweiz organisiert worden war.[81])

Die Sitzung am 18. Juli 1954 um 18.30 Uhr in der Eichengalerie des Charlottenburger Schlosses in Berlin sollte ausschließlich zum Zwecke der KUD-Präsidentenwahl stattfinden.[82] Da am 17. Juli die Wahl des Bundespräsidenten in Berlin stattgefunden hatte, konnten auch Adenauer und der wiedergewählte Bundespräsident Heuss an der KUD-Sitzung teilnehmen. Kaiser sah in der Anwesenheit des Bundeskanzlers einen Beweis dafür, daß sich Adenauer mit Aufgabe und Ziel des KUD verbunden wisse.[83]

Nach einigen Bemerkungen Kaisers schritt man zur „Wahl" des KUD-Präsidenten: Kaiser begründete die Kandidatur Löbes, indem er feststellte, daß mit Löbe „ein Mann des Volkes" an die Spitze des KUD trete, der „aus freiheitlicher Tradition kommend, das Gestern und Heute" verkörpere und der „über Parteipolitik hinausgewachsen" sei.[84] Nachdem die Anwesenden dem Vorschlag Kaisers durch Beifall zugestimmt und sich von den Plätzen erhoben hatten,[85] trat der so akklamierte neue KUD-Präsident Löbe mit einer kurzen Erklärung vor die Versammelten.[86] Er dankte für die „hohe Ehre, die hohe Aufgabe", die ihm „zugedacht" worden sei. Sein hohes Alter – er war im Juli 1954 schon 78 Jahre alt – stimme ihn allerdings etwas „bedenklich", die KUD-Präsidentschaft zu übernehmen. Doch sehe er es als eine „schöne Aufgabe" an, „am Abend eines reichhaltigen Lebens die letzten Kräfte der Wiedervereinigung Deutschlands zu widmen". Löbe bezeichnete es als die wesentliche Aufgabe des KUD, jene „Träger der Indolenz und Indifferenz" anzusprechen und aufzurütteln, „die manchmal aus sträflicher Selbstgenügsamkeit und aus Eigennutz, zumeist aber aus Gleichgültigkeit und Kurzsichtigkeit" ihre nationale Pflicht versäumten. „Hier wollen wir aufwecken, Augen öffnen, Herzen aufwärmen und alle Seelen ermuntern", führte er schließlich aus.

Wenn Löbe nichts konkretes zur Organisation und Arbeit des KUD sagte, so lag das nicht nur daran, daß er erst zwei Tage vor der Übernahme der KUD-Präsidentschaft über das KUD unterrichtet worden war, sondern daran, daß die KUD-„Geburtshelfer" jetzt, im Juli 1954, selbst noch nicht genau wußten, wie das KUD als Institution tätig sein sollte. Der Aktionsausschuß hatte auf seiner ersten Sitzung am 28. Juni lediglich den Beschluß gefaßt, es sollte keine KUD-Einzelmitgliedschaft geben, sondern die KUD-Arbeit müßte sich „überall im Lande vorwiegend auf die freiwillige Zusammenarbeit von Vertretern der Organisationen stützen", die im KUD auf Bundesebene vertreten seien.[87]

3. Institutionelle und programmatische Ausformung

Die ziemlich hektischen politischen Ereignisse des Frühjahrs und Sommers 1954 – die DDR erhielt am 26. März ihre Souveränität, Wiederwahl von Theodor Heuss zum Bundespräsidenten am 17. Juli, der EVG-Vertrag wurde am 30. August von der französischen Nationalversammlung abgelehnt, die „John-Affäre" beherrschte die öffentliche Diskussion – ließen es nicht zu, daß sich die KUD-„Geburtshelfer" vor dem 14. Juni bzw. 18. Juli 1954 über das konkrete Aussehen der von ihnen aus der Taufe gehobenen gesamtdeutschen Aktion verständigten. So konnte Jakob Kaiser am 14. Juni den in Bad Neuenahr Anwesenden nur wenig über Organisation und Aufbau des KUD sagen: Er teilte lediglich mit, daß die Leitung und Repräsentation der „Volksbewegung" mit dem Namen „Unteilbares Deutschland" bei einem Kuratorium liegen sollte. Das Kuratorium werde dann einen Aktionsausschuß und einen Betreuungsausschuß bilden. Letzterem würden Persönlichkeiten angehören, die sich in „besonderer Weise" für die „Fundierung der Unabhängigkeit" des KUD verantwortlich wüßten. Der Aktionsausschuß habe aus „besonderes aktiven" Personen zu bestehen, die Zeit für die „praktischen Aufgaben" des KUD hätten. Außerdem werde man eine Geschäftsstelle einrichten.[88] Wer den beiden Ausschüssen konkret angehören sollte, wurde nicht deutlich. Aber Kaiser konnte sich eben nicht genauer ausdrücken, wußte er doch augenscheinlich selbst nicht, wie sich das KUD zweckmäßigerweise präsentieren könnte.

Die Aktionsausschußsitzung vom 28. Juni 1954 beschäftigte sich hauptsächlich mit der Frage des KUD-Präsidenten. Daneben wurde bekräftigt, daß es keine Einzelmitgliedschaft im KUD geben sollte.[89] Daß dieser Beschluß schon der faktischen Zusammensetzung, wie sie am 14. Juni in Bad Neuenahr zu beobachten gewesen war, widersprach, schien allgemein weder aufzufallen noch zu stören. So gehörten dem

KUD lt. der ersten offiziellen Aufstellung[90] viele Spitzenvertreter einzelner politischer und gesellschaftlicher Gruppierungen an, aber auch ebenso viele Personen, die eventuell auch der einen oder anderen Gruppe angehörten, die aber sicherlich nicht als „Repräsentanten" dieser Organisationen zu bezeichnen waren. Wen repräsentierten z.B. Elfriede Kaiser-Nebgen oder Hans Luther, Reichskanzler a.D., oder Bernt von Heiseler, Schriftsteller?

Am 18. Juli in Berlin konnte Kaiser noch nichts Neues über Gestalt und organisatorischen Aufbau des KUD sagen. Auch fehlten konkrete Hinweise zur beabsichtigten Tätigkeit. Kaiser meinte lediglich:

„Denn im Gegensatz zu jenen, die glauben oder glauben machen wollen, eine Volksbewegung stände von heute auf morgen fertig da, bekenne ich mich nüchtern zu der Tatsache: Sie muß geformt werden. Geformt heißt allerdings nicht gemacht. Denn eines bleibt richtig: Der Wille, die innere Einheit zwischen allen Teilen unseres zerrissenen Volkes zu bewahren und die äußere Wiedervereinigung voranzutreiben, ist viel stärker, als es bis jetzt nach außen hin in Erscheinung ttrat. Jeder, der unser Volk auch nur ein wenig kennt, ist sich klar darüber."[91]

Ob Kaiser wirklich glaubte, das „Volk" zu kennen und aus dieser Kenntnis ableiten zu können, daß der gesamtdeutsche Wille stärker wäre, als dies in Erscheinung träte, mag dahin gestellt bleiben. Jedenfalls war der „Tag der Heimat" am 12. September 1954, den das KUD unterstützte — dies war die erste konkrete KUD-Aktion —, ein „Reinfall". Kaiser erkannte dies selbst, als er auf der Aktionsausschußsitzung vom 22. September 1954 erklärte, dieser Tag habe nicht das „richtige Gesicht" gehabt. Er habe in Bonn gesprochen, und es sei „beschämend" gewesen, wie wenig Besucher dort gewesen seien.[92]

So waren bei dem jungen KUD, nach langen Vorbereitungen und öffentlicher Konstituierung, immer noch nicht eindeutige Konturen festzustellen. Nur schemenhaft konnte die neue „Bewegung" erkannt werden; es fehlten, trotz des relativ starken öffentlichen Interesses an der neuen Institution, die Manager, die sich in der Lage sahen, dem noch jungen KUD *konkrete* Ziele und Arbeitsinhalte aufzuzeigen. Daß ein solches Vakuum bestand, erkannte Wilhelm Wolfgang Schütz[93] sehr rasch. Er muß auch gesehen haben, daß von dem relativ großen Kreis des Aktionsausschusses[94] nur wenig Konkretes zu erwarten war. Er erkannte, daß man diesem Gremium Vorschläge unterbreiten mußte, die dann zwar diskutiert, aber letztlich mangels einheitlicher Auffassungen durchgesetzt werden würden. So begegnet man am 19. Juli 1954, also unmittelbar nach der Berliner Sitzung, einem Phänomen, welches — wie noch dargestellt werden wird — in all den späteren Jahren zu beobachten sein sollte: Ein kleiner Kreis von Personen, die von Schütz zusammengerufen wurden, entschied über Projekte, Programme und Aktivitäten des KUD. In einer Aktennotiz vom 20. Juli 1954[95] hieß es:

„Am 19. Juli 1954 fand in Berlin zwischen Herrn Dr. Schütz, Dr. Imhoff, Dr. von Eichborn und Becker[96] eine Besprechung über die kommende Arbeit des Unteilbaren Deutschland statt. Es wurde vorgeschlagen, an die Mitglieder des Aktionsausschusses einen spezifischen Vorschlag zu übersenden, der — falls er nicht auf Widerspruch stößt — als Arbeitsgrundlage dienen soll."

Die folgenden Vorschläge beinhalten, das KUD möge anregen, bei allen Veranstaltungen der Unteilbarkeit Deutschlands zu gedenken, das KUD möge an die Stadtverwaltungen herantreten, um bei ihnen Vergünstigungen für Besucher aus der DDR („Ostzone") zu erreichen, und die großen sich zum KUD bekennenden Verbände sollten das KUD in ihren Arbeitsprogrammen berücksichtigen. Schließlich *beschloß* man hier, den Aktionsausschuß im September wieder einzuberufen.

Am 27. September 1954 trat dann der Aktionsausschuß zum zweitenmal in Königswinter zusammen. An der Sitzung nahmen 28 Personen teil.[97] Entsprechend der Teilnehmerzahl und deren unterschiedlichen Auffassungen über die Arbeit des KUD verlief die vielstündige Sitzung nicht nur — wie das Protokoll ausweist — kontrovers, sondern der Diskussionsverlauf mußte den Anwesenden beweisen, daß man sinnvollerweise vorher, also ehe man mit gleich viel Naivität wie Lautstärke eine „Bewegung" hervorrief, ohne sich über deren genaue Inhalte im klaren zu sein, den inhaltlichen und organisatorischen Rahmen hätte festlegen sollen. So wurde lange die Frage besprochen, ob das seit dem 1. Juli bestehende Sekretariat zu einer aktionsfähigen Geschäftsstelle auszubauen sei, deren Aufgabe nicht nur das Versenden von Briefen, sondern auch eine allgemeine Koordinationsfunktion sein sollte. Vor allem W.W. Schütz, Karl Silex und J.B. Gradl setzten sich für einen sofortigen Ausbau des Sekretariates zu einer aktionsfähigen Geschäftsstelle ein; der jetzige Zustand des Sekretariats sei „erschütternd" (Silex). Die Geschäftsstelle müsse allerdings „repräsentativ" besetzt sein und solle die Aufgabe haben, „Ideen" zu entwickeln. Die Kuratoriumsmitglieder seien nämlich unzufrieden darüber, daß die „Arbeit zu wenig konkret und zu wenig greifbar" wäre. Man einigte sich schließlich darauf, das Sekretariat auszubauen.

Nachdem man für den Aufbau einer „Zentrale" grünes Licht gegeben hatte, wandte sich die Diskussion der Frage der inhaltlichen KUD-Arbeit zu. Man beschloß, eine *Reihe von Arbeitsgruppen unter Leitung von W.W. Schütz* einzurichten, die sich mit Fragen der Erziehung im weitesten Sinn (Darstellung des deutschen Einheits- und Freiheitswillens im Schulunterricht), mit der praktischen Unterstützung von Besuchern aus der DDR, von Vertriebenen und Flüchtlingen und mit Presse- und Rundfunk (Verankerung des Wiedervereinigungswillens in Wort und Schrift[98]) beschäftigen sollten.

Zur Frage, wie und ob vom KUD lokale und regionale Unterorganisationen zu bilden bzw. zu dulden seien, waren die Meinungen äußerst kontrovers. Während z.B. Gradl dafür plädierte, solche organisatorischen Probleme „der Zukunft" zu überlassen, trat Arno Scholz für das Gegenteil ein: das KUD müsse sich schnellstens auf Länderebene organisieren, damit ihm eine „größere Nähe" zu örtlichen und regionalen „Multipilkatoren" beschieden sei. Diesbezüglich kam es zu keinem eindeutigen Beschluß, doch blieb der geschickte Kompromißvorschlag von Schütz unwidersprochen, eine „lose Form" von Zusammenschlüssen zu fördern, die allerdings nicht die Form von straffen „Ortsgruppen" haben, sondern von KUD-„Vertrauensleuten" „betreut" werden sollten. Daneben beschäftigte man sich mit Fragen der Finanzierung (s.u.). Abschließend einigte sich die Runde dahingehend, im Oktober nicht wie geplant die Kuratoriumsmitglieder zusammenzurufen, sondern vorher sollte der Aktionsausschuß noch einmal tagen. Bis dahin hätten die Arbeitsgruppen und die Geschäftsstelle Arbeitspapiere auszuarbeiten.

Die bei der Sitzung anwesenden Presseleute, z.B. Karl Silex und Paul Sethe, drangen darauf, im Anschluß an die Sitzung eine Pressekonferenz zu veranstalten, was von Löbe zunächst mit der zutreffenden Bemerkung abgelehnt wurde, das Resultat der Diskussion sei dafür „etwas zu mager". Da anscheinend schon vor der Tür des „Adam-Stegerwald-Hauses" einige Journalisten warteten, sah man sich dann doch gezwungen, den Wartenden etwas mitzuteilen. Löbe, Schütz und Georg Eckert (der die Arbeitsgruppe „Erziehung" leiten sollte) unterrichteten die Journalisten über die Beratungen.[99]

Interessant in diesem Zusammenhang ist, daß im gesamten umfangreichen Sitzungsprotokoll kein einziges Mal der Begriff „Volksbewegung" auftaucht. Wahrscheinlich hatte selbst Kaiser inzwischen eingesehen, daß eine „Volksbewegung", wie er sie sich vielleicht vorgestellt hatte, ohne noch größeren organisatorischen Aufwand, als ein „Kuratorium" schon zu benötigen schien, nicht zu realisieren war.

Die nächste (insgesamt dritte) Aktionsausschußsitzung am 22. Oktober 1954, an der lt. Anwesenheitsliste des Protokolls[100] nur noch etwa die Hälfte der Sitzungsteilnehmer vom 27. September teilnahm, dafür aber eine Reihe anderer Damen und Herren anwesend waren, verlief keineswegs sonderlich kontrovers. Die im September eingesetzten Arbeitsgruppen erstatteten Bericht über ihre Diskussionen und unterbreiteten Vorschläge, welche von den Versammelten zur weiteren Bearbeitung an die inzwischen vergrößerte Geschäftsstelle[101] überwiesen wurden. Außerdem nahm die Runde zur Kenntnis, daß sich inzwischen in verschiedenen Orten Zusammenschlüsse gebildet hatten, die sich dem KUD verbunden fühlten. Vorschläge, die seitens der Geschäftsstelle unterbreitet wurden — z.B. daß zu Weihnachten westreisende DDR-Bürger beschenkt werden sollten — wurden gerne akzeptiert. Zum Schluß der Zusammenkunft versprach W.W. Schütz, die Arbeit in der „heute gebilligten Form" weiter fortzusetzen.

Die bei dieser Sitzung zu beobachtende Harmonie der Auffassungen scheint auf zwei Umstände zurückzuführen zu sein: Erstens waren viele Sitzungsteilnehmer nicht mit denjenigen der vorausgegangenen Sitzung identisch; zweitens war man wohl befriedigt darüber, daß es jetzt offensichtlich Arbeitsgruppen gab, die KUD-Aktivitäten ausübten und eine Geschäftsstelle existierte, die sich mit der Durchführung von Beschlüssen betrauen ließ. In einem ebenso geordneten Rahmen verlief die vierte Aktionsausschußsitzung am 11. Februar 1955. Sie sei hier nur aus einem formalen Grund als die die Gründungsphase abschließende Sitzung erwähnt: Nach dieser Sitzung, an der nochmals viele andere Teilnehmer als an den vorangegangenen teilnahmen,[102] wurden nur noch kurze Presseerklärungen verabschiedet. Die organisatorische und inhaltliche Arbeit wurde weitgehend von der Geschäftsstelle formuliert und den in der Regel nicht vorbereiteten Teilnehmern der verschiedenen Ausschußsitzungen[103] zur Entscheidung vorgelegt.

4. Zusammenfassung

1. Die Idee, das spätere KUD zu gründen, wurde zwar am Rande der Berliner Konferenz der Alliierten im Frühjahr 1954 konkretisiert, sie war aber schon lange vor dieser Konferenz und vor dem 17. Juni 1953 von J. Kaiser in Erwägung gezogen worden.
2. Das KUD fußte *nicht* auf einer mehr oder weniger spontanen Reaktion breiter Bevölkerungsschichten, sondern auf der Erkenntnis von Kaiser, daß nur noch eine *initiierte Aktion* der befürchteten Lethargie der (west)deutschen Bevölkerung hinsichtlich der „Deutschen Frage" entgegenwirken könne.
3. Daß zu einer „Volksbewegung" weder der Wille der politischen Eliten noch die emotionale Grundlage in der Bevölkerung vorhanden war, sah man rasch ein; schon ab September 1954 sprach man nur mehr vom „Kuratorium" als dem Zusammenschluß aller „freiheitlichen Kräfte", die an der Wiedervereinigung Deutschlands interessiert wären.
4. Obwohl es sich beim KUD um ein „Wunschkind" Kaisers handelte, mangelte es an einer ausreichenden, konkreten organisatorischen und inhaltlichen Vorbereitung, so daß man erst nach der Konstituierung daranging, das Initiierte auch organisatorisch zu formen.
5. Die mangelhafte organisatorische Vorbereitung des KUD hatte zur Folge, daß das zur *Geschäftsstelle* ausgebaute Sekretariat über die einzelnen Arbeitskreise und -gruppen, welche Entscheidungen vorbereiten sollten, *dominierte*.
6. Die von Anfang an ungenügende Kompetenzabgrenzung und -beimessung sollte sich als symptomatisch für alle späteren KUD-Jahre herausstellen.

B Aufbau

Vorbemerkung

Es wurde bereits darauf hingewiesen, daß das KUD eine Organisation war, deren Aufbau bzw. Struktur selbst engen Mitarbeitern nur ungenau bekannt war.[104] Dafür mögen vornehmlich zwei Umstände verantwortlich gewesen sein: erstens bestand bis zum Jahre 1961 keine Geschäftsordnung, in welcher etwa Aufbau, Organe oder Aufgaben des KUD festgeschrieben gewesen wären. Lediglich der „Rechtsträger" des KUD, der eingetragene Verein „Ausschuß für Fragen der Wiedervereinigung Deutschlands" besaß eine ordnungsgemäße Satzung, in der allerdings über die konkrete Organisation des KUD nichts ausgesagt wurde. Aus dieser Situation folgte zweitens, daß sich im Rahmen des KUD Gremien − z.B. Ausschüsse − etablierten, deren Kompetenz nicht genau definiert wurden und die auch nicht, von wenigen Ausnahmen abgesehen, kontinuierlich zusammentraten. Hinzu kam, daß in der Regel nicht bekannt gemacht wurde (z.B. im Rundbrief), wer welchem Gremium angehörte, wer ausschied, wann die einzelnen Gremien zusammentraten usw. Bei der KUD-Gründung war lediglich gesagt worden, daß „aus dem Kreis des Kuratoriums" zwei Ausschüsse, ein „Aktionsausschuß" und ein „Betreuungsausschuß", die dann wieder Unterausschüsse bilden sollten, zusammentreten würden. Außerdem bedürfe man einer Geschäftsstelle.[105]

Das KUD entfaltete auf der so allgemein und keineswegs verbindlich formulierten Grundlage eine *organisatorische Vielfalt*, in welcher ein System nur schwer zu erkennen war. Erstaunlich ist, daß kaum einer der KUD-Akteure an solch organisatorischer Willkür Anstoß nahm. Lediglich die Geschäftsstelle des Deutschen Städtetages (DST), deren Referenten in aller Regel über fundierte Erfahrungen bezüglich verwaltungs- und organisationstechnischer Regularien verfüg(t)en, kritisierte wiederholt, daß im KUD offensichtlich allgemein anerkannte Prinzipien der Verwaltungskunde keine Anwendung fänden.[106] So ist es vornehmlich auf den Druck des damaligen DST-Hauptgeschäftsführers, Otto Ziebill,[107] zurückzuführen, daß das KUD sich im Jahre 1961 eine Geschäftsordnung gab,[108] die erstmals, zumindest formal, die Kompetenzen, Abhängigkeiten und Weisungsgebundenheiten einzelner KUD-Gremien festlegte. Diese Geschäftsordnung vermochte es aber nicht, das KUD in seinem organisatorischen Aufbau durchsichtiger zu machen. Weiterhin blieb unklar, wer in welchem Gremium Entscheidungen mitzutreffen hatte bzw. mittreffen durfte. So sah sich beispielsweise der Beigeordnete des DST, Beer, gezwungen, an den Geschäftsführenden KUD-Vorsitzenden Schütz zu schreiben:

„Sie haben neulich etwas empfindlich reagiert, als wir darauf aufmerksam gemacht haben, daß die Verbindungsfäden zwischen dem Kuratorium und dem Deutschen Städtetag verhältnismäßig dünn und zufällig sind ... Bitte, haben Sie doch die Freundlichkeit, uns die gültige Liste Ihrer Gremien zugehen zu lassen."[109]

Wenn also schon der DST als einer der wesentlichen KUD-Förderer seine Beziehungen mit dem KUD als eher „zufällig" bezeichnen und von sich aus die KUD-Geschäftsstelle mahnen mußte, ihm doch Aufklärung über die KUD-Gremien zu geben, man sich also keineswegs über die KUD-Organisation informiert fühlte, ist es dann nicht nur verständlich, daß z.B. KUD-Mitarbeiter auf Landes- und Ortsebene vom Aufbau des KUD kaum genaue Vorstellungen besitzen konnten?

1. Juristische und gesellschaftliche Absicherung

a) Verein

Der am 23. April in das Vereinsregister beim Bonner Amtsgericht eingetragene Verein „Ausschuß für Fragen der Wiedervereinigung Deutschlands" e.V.[110] sollte dem späteren KUD als „eine Grundlage" dienen.[111] Er habe „nur dem rechtlichen Erfordernis" Rechnung zu tragen,[112] keineswegs besäße er andere Kompetenzen, als dem KUD die juristische Absicherung zu verschaffen: „Leitung und Repräsentation" der geplanten „Volksbewegung" sollten von vornherein „beim Kuratorium" liegen.[113]

In § 3 der Vereinssatzung, verabschiedet am 29. März 1954,[114] heißt es unter „Zweck" des Vereins:

„Der Ausschuß für Fragen der Wiedervereinigung Deutschlands e.V. verfolgt ausschließlich und unmittelbar gemeinnützige Zwecke ... und zwar durch Förderung der Erziehung und Volksbildung, insbesondere unter dem Gedanken der Wiedervereinigung Deutschlands ... Etwaige Gewinne dürfen nur für die satzungsgemäßen Zwecke verwendet werden ... Der Verein hat den Nachweis, daß seine tatsächliche Geschäftsführung diesen Erfordernissen entspricht, durch ordnungsgemäße Aufzeichnungen über seine Einnahmen und Ausgaben zu führen."

§ 10 der Vereinssatzung lautet:

„Dem Ziel des Vereins dient ein Kuratorium, das aus namhaften Persönlichkeiten des politischen, sozialen, wirtschaftlichen und kulturellen Lebens Deutschlands besteht, die das Ziel des Vereins bejahen. Das Kuratorium gibt sich seine Geschäftsordnung selbst. Es bildet einen Finanzausschuß, der den Vorstand des ‚Ausschusses für Fragen der Wiedervereinigung Deutschlands - e.V.' berät."

Mit diesem Artikel stattete der Verein das Kuratorium mit weitgehender Selbständigkeit aus. Verein und Kuratorium verstanden sich ohnehin nur formal als zwei Organisationen. So waren geradezu wie selbstverständlich die Vereinsmitglieder auch Mitglieder des Kuratoriums.[115] Der Verein war also keineswegs als Kontroll- und Aufsichtsorgan des KUD gedacht. Daher findet sich in der Satzung auch kein Hinweis darauf, ob, wie und wann das Kuratorium dem Verein(svorstand) Bericht zu erstatten hätte.

Am 26. Januar 1961 wurde eine Satzungsänderung mit dem Ziel beschlossen (neben einigen unbedeutenden weiteren Änderungen), den Namen „Unteilbares Deutschland" dadurch in etwa zu schützen,[116] daß man den Verein nun „Ausschuß für Fragen der Wiedervereinigung Deutschland – Unteilbares Deutschland –" nannte. Gleichzeitig wurde in § 8 hinzugefügt, daß der „Geschäftsführende Vorsitzende" des KUD qua Amt dem Vereinsvorstand angehöre.[117] Außerdem wurde Ernst Lemmer als Nachfolger des erkrankten Jakob Kaiser zum Vereinsvorsitzenden gewählt.

Der „Ausschuß für Fragen der Wiedervereinigung Deutschlands – Unteilbares Deutschland – e.V." hatte in den Jahren 1954 bis 1966 keinerlei satzungsgemäß verankerten Einfluß auf das Kuratorium und dessen praktische Arbeit. Formal gesehen, hätte das Kuratorium, das zwar aus dem „Ausschuß ..." hervorgegangen war, auch ohne diesen Verein bestehen können. Es läßt sich auch kein Vereinsbeschluß finden, in dem versucht worden wäre, auf die Kuratoriumsarbeit Einfluß zu nehmen. Daß das KUD sich erst im Jahre 1961 daranmachte, eine Satzung und eine Geschäftsordnung zu erarbeiten, zeigt, wie wenig der Verein versuchte, auf die Tätigkeit des KUD einzuwirken bzw. wie nachlässig das KUD mit Vereinsbeschlüssen umgehen konnte. Lediglich in einem, allerdings existentiellen, Punkt war das KUD auf den Verein angewiesen: das KUD konnte nur deshalb mit größeren Zuwendungen in Spendenform rechnen, weil sein „Trägerverein" „ausschließlich und unmittelbar gemeinnützige Zwecke" verfolgte.[118] Die Gemeinnützigkeit wurde dem Verein seit 1954 stets vom zuständigen Bonner Finanzamt bescheinigt.[119] Tatsächlich scheint die Vereinsgründung nur aus finanziellen Gründen erfolgt zu sein. Darauf weist auch eine Stellungnahme,[120] anscheinend im Februar/März 1954 im BMG von einem Juristen erstellt, hin, in der verschiedene Wege aufgezeigt werden, wie man in den Genuß der „Gemeinnützigkeit"[121] kommen könne. *Der Verein hatte im Berichtszeitraum also keine andere Funktion, als dem KUD ein Spendenaufkommen zu ermöglichen*, mit dem es nach eigenem Gusto schalten und walten konnte.

b) Bundeskuratorium[122]

Das zunächst nur auf Bundesebene errichtete KUD bestand aus Persönlichkeiten, deren KUD-Zugehörigkeit von Jakob Kaiser bestimmt worden war. Er hatte im Frühjahr 1954 einen großen Kreis von Personen um Mitgliedschaft bzw. Mitarbeit gebeten, von denen er annahm, daß sie „namhafte Persönlichkeiten des politischen, sozialen, wirtschaftlichen und kulturellen Lebens" seien.[123] Von den um Mitarbeit Gebetenen erklärten sich zunächst 126 bereit, dem KUD anzugehören.[124] Sie konstituierten am 14. Juni 1954 in Bad Neuenahr das KUD.

Diese erste Zusammenkunft der Mitglieder des Bundeskuratoriums war auch gleichzeitig die wichtigste. Nur noch einmal, nämlich am 18. Juli 1954 — anläßlich der Wahl Paul Löbes zum KUD-Präsidenten — hätte dieses Gremium theoretisch auf die Kuratoriums-Arbeit und -programmatik Einfluß nehmen können. Die wenigen Zusammenkünfte des Bundeskuratoriums in den folgenden Jahren hatten stets lediglich demonstrativen Charakter; Konkretes, z.B. die Ausrufung einer Aktion wie „Macht das Tor auf",[125] wurde diesem Kreis nie zur Entscheidung oder Diskussion vorgelegt.[126]

Erst in der Geschäftsordnung von 1961 wurde dem Bundeskuratorium eine Funktion zugeschrieben (gleichwohl hatte dieses Gremium am Zustandekommen der Geschäftsordnung keinerlei Anteil). In § 2 wurde das Bundeskuratorium als „Organ" des KUD bezeichnet, als welches es, neben dem „Präsidium", dem „Politischen Ausschuß" und dem „Geschäftsführenden Vorsitzenden" „Grundsätze und Richtlinien und Ziele" der KUD-Arbeit zu bestimmen habe (§ 4). Als weitere Aufgabe des Bundeskuratoriums, in das neue Mitglieder nur vom KUD-Präsidium berufen werden konnten (§ 3), wurde die „Bildung" eben dieses Präsidiums genannt (§ 6).

Theoretisch war also dem Bundeskuratorium ein Mitspracherecht bei der Besetzung der KUD-Spitze zugewiesen worden. Praktisch aber hatte das geschäftsordnungsmäßig festgelegte Mitspracherecht *keine* Bedeutung: Als sich am 28. November 1962 beispielsweise in Berlin das KUD-Präsidium konstituierte,[127] wurden die Mitglieder des Bundeskuratoriums vor der Konstituierung weder befragt noch zusammengerufen. Am 12. Dezember 1962 teilte Schütz in einer „eiligen Mitteilung" den Mitgliedern des Bundeskuratoriums mit, daß sich das Präsidium konstituiert habe und wer dem neuen Gremium angehöre. In dem Schreiben hieß es schließlich:

„Falls Sie keinen Einwand erheben, nehmen wir dies als Ihre Zustimmung an."[128]
Es ist nicht mehr festzustellen, wie stark das Echo auf dieses hektographierte Schreiben war. Man kann aber annehmen, daß sich kein allzu starker Widerspruch regte.

Das Bundeskuratorium als ein „Organ" des KUD hatte, bis auf die Konstituierung, auf die KUD-Politik keinen Einfluß. Es diente offenbar lediglich zur Legitimation der KUD-Spitze, um im Namen von vielen „namhaften" Repräsentanten des öffentlichen Lebens, die ihrerseits wiederum eine Vielzahl von Organisationen vertraten, der Bevölkerung der Bundesrepublik gegenüber als Verkörperung des „gesamtdeutschen Willens" aller „freiheitlichen" bundesdeutschen Organisationen auftreten zu können.

2. Entscheidungsträger

a) Ausschüsse

Im Rahmen des KUD agierte eine große Anzahl von Ausschüssen, die nach Bedarf institutionalisiert wurden. Diese Ausschüsse bestanden so vielzählig, daß es heute unmöglich ist, alle jemals im Berichtszeitraum existenten KUD-Ausschüsse zu erfassen. Das liegt zum einen daran, daß die verschiedenen KUD-Publikationen (Arbeitsberichte o.ä.) immer wieder neue KUD-Ausschüsse nennen bzw. ehemals existente Ausschüsse nicht mehr aufführen. Zum anderen sind von den wenigsten Sitzungen der Ausschüsse Protokolle vorhanden. Außerdem findet sich in den KUD-Akten kein Hinweis darauf, daß diese Ausschüsse etwa Geschäftsordnungen o.ä. besessen hätten. Einen Eindruck von der undurchsichtigen Situation vermittelt ein Arbeitsbericht von 1958:[129] Hierin werden folgende Ausschüsse genannt: Aktionsausschuß, Politischer Ausschuß, Betreuungsausschuß, Wirtschaftsausschuß, Erziehungsausschuß, Finanzausschuß. In der Geschäftsordnung (§ 5) von 1961 werden dagegen zusätzliche Ausschüsse aufgeführt, nämlich ein Ausschuß für Zeitgeschichte und ein Ausschuß für Publizistik. Daneben existierte zeitweise noch eine Reihe anderer Ausschüsse, die z.T. in keiner KUD-Publikation erwähnt werden.[130] Wenn auch keinem dieser Ausschüsse ausdrücklich Entscheidungsbefugnisse zugesprochen wurde – in ihnen sollten lediglich „Fragen" oder „Probleme erörtert" oder „behandelt" werden[131] – so erhielten doch einige dieser Gremien nach und nach durchaus Entscheidungsbefugnisse. Deutlich wird dies z.B. am Politischen Ausschuß, der im Jahre 1961 als „Organ" des KUD in der Geschäftsordnung erwähnt wird. Entscheidungsbefugnisse hatte auch der Finanzausschuß.[132]

Bei der KUD-Gründung ging man ja, wie schon gesagt, davon aus, daß ein Betreuungsausschuß und ein *Aktionsausschuß*, existieren würden, die Unterausschüsse, z.B. einen Politischen Ausschuß, bilden sollten. Der Betreuungsausschuß unter Leitung von Graf von Groeben,[133] sollte zunächst die Unabhängigkeit des KUD sichern.[134] Daneben habe er auch

„besonderes Augenmerk ... der Erleichterung der persönlichen Begegnung zwischen den Bewohnern aller Teile unseres zerissenen Landes"

zu widmen.[135] Dagegen fielen dem Aktionsausschuß konkretere Aufgaben zu. Er sollte „in regelmäßigen Abständen zur Erörterung der laufenden Arbeiten" zusammentreten.[136] Das bedeutete, daß der Ausschuß KUD-Aktivitäten erarbeitete und plante. Ihm gehörten, lt. der verschiedenen Anwesenheitslisten, neben den prominenten Politikern auch die KUD-Referenten an.[137] Der Aktionsausschuß tagte in den Jahren 1954 bis 1960 relativ häufig (ca. zwei- bis dreimal jährlich), trat aber dann in den Hintergrund, da seine Aufgaben mehr und mehr vom Politischen Ausschuß übernommen wurden.

Neben dem Finanzausschuß nahm der *Politische Ausschuß* einen zentralen Platz in der KUD-Spitze ein, obwohl er zunächst nur als Unterausschuß des Aktionsausschusses installiert worden war, der

„von Fall zu Fall zur Erörterung wesentlicher politischer Probleme, die für die Arbeit des Unteilbaren Deutschlands bestimmend"

wären,[138] zusammentreten sollte. Dem Politischen Ausschuß gehörten alle maßgeblichen KUD-Akteure an, d.h. Repräsentanten der im Bundestag vertretenen Parteien, der das KUD finanzierenden Verbände und verschiedene KUD-Akteure aus den Bundesländern.[139] Die Mitglieder des Ausschusses wurden von W.W. Schütz zu den Sitzungen eingeladen.[140]

Aktiviert wurde der Politische Ausschuß erst, als Schütz im Jahre 1958 die Leitung der KUD-Geschäfte übernommen hatte. In einem Arbeitspapier wurden die Aufgaben definiert, die dieser Kreis erfüllen sollte:

„Zweck des politischen Ausschusses müßte es sein, die außerhalb des engsten politischen und administrativen Kreises in Bonn vorhandenen Meinungen zur deutschen Frage in regelmäßigen Gesprächen zu klären und immer wieder Anregungen zu gewinnen."[141]

Den entscheidenden Schritt auf dem Weg zu dem *wesentlichen KUD-Entscheidungsgremium* tat der Politische Ausschuß selbst auf seiner Sitzung am 22. Januar 1960.[142] Hier einigte man sich darauf, alle grundsätzlichen KUD-Erklärungen, „entweder vom Bundeskuratorium oder vom Politischen Ausschuß" beschließen zu lassen[143] und daß öffentliche Bekanntgaben nur nach einem einstimmigen Beschluß des Politischen Ausschusses abzugeben seien. Deshalb sollte der Politische Ausschuß zu einer „ständigen Einrichtung" werden.[144] Ihm sollten Vertreter „der politischen Parteien, die Gründungsmitglieder und die im Bundestag vertreten" seien, angehören. Das Gremium könne allerdings – einstimmig – über die Zulassung weiterer Ausschußmitglieder entscheiden.[145] Auf dieser vielstündigen Sitzung vom 22. Januar 1960 wurde auch beschlossen, von der politischen Enthaltsamkeit, die bei der KUD-Gründung noch für äußerst wichtig gehalten worden war, abzugehen. So heißt es im Protokoll:

„An das etwa 1/2-stündige Referat (über die Situation Berlins – L. K.) schließt sich eine Aussprache über die Haltung des Unteilbaren Deutschland in der Berlinfrage an. Es kommt die Frage auf, ob es überhaupt eine Aufgabe des Unteilbaren Deutschland ist, über derartige politische

Fragen zu beraten und vor allem Stellung zu nehmen. Die Herren sind sich aber einig darin, daß es selbstverständlich zu den Aufgaben und Pflichten des Politischen Ausschusses gehört, Stellung zu beziehen. Selbstverständlich werde man immer betonen, daß im Unteilbaren Deutschland Mitglieder aller Parteien vorhanden sind und daher auch in politischen Fragen Meinungsverschiedenheiten herrschen."[146]

Schließlich wurde der KUD-Geschäftsführer beauftragt, eine Satzung für den Ausschuß zu erarbeiten.[147] Von den hier gefaßten Beschlüssen kamen allerdings nur zwei voll zum Tragen: Erstens wurde der Politische Ausschuß tatsächlich zu einer, wenn auch nicht regelmäßig tagenden, ständigen Einrichtung; zweitens wurden in den folgenden Jahren in dem Ausschuß alle deutschlandpolitisch relevanten Probleme besprochen und oft Stellungnahmen dazu verabschiedet.[148] Personell umfaßt der Politische Ausschuß einen Kreis von „ständigen" und „kooptierten" Mitgliedern, wovon letztere auf Vorschlag von Schütz in den Ausschuß berufen wurden.[149] Die Mitgliedschaft im Ausschuß war personengebunden, eine Vertretung war daher nicht möglich.[150]

Dieses Gremium schien jedoch noch zu groß zu sein, um effektiv arbeiten zu können. Man kam daher auf die Idee, etwa in Anlehnung an die bei den Bundestagsfraktionen üblichen Gremien der „engeren Fraktionsvorstände",[151] einen *Engeren Politischen Ausschuß* zu etablieren, dem je zwei Vertreter der Bundestagsfraktionen sowie der Geschäftsführende Vorsitzende des KUD angehören sollten.[152] Der Engere Politische Ausschuß bildete sozusagen das ständige KUD-Entscheidungsgremium. In ihm wurde das „eigentliche Gewicht" des KUD[153] gesehen. Gegenüber den nicht parteipolitisch organisierten Vertretern im KUD, die sich anscheinend übergangen fühlten, wurde die Funktion des Engeren Politischen Ausschusses heruntergespielt. In einem Schreiben an den DST meinte der KUD-Referent Gerd Honsálek:

„Der sogenannte Engere Politische Ausschuß tritt nur von Fall zu Fall (äußerst selten) zusammen, wenn eine unaufschiebbare politische Entscheidung in kürzester Frist getroffen werden muß."[154]

Tatsächlich trat in den Jahren von 1962 bis 1966 dieses kleine Gremium mindestens ebenso häufig wie der Politische Ausschuß zusammen. Die bei den Sitzungen behandelten Themen unterschieden sich nicht von den Themen, die im Politischen Ausschuß diskutiert wurden. Ebensowenig, wie die Namen der Mitglieder des Politischen Ausschusses z.B. im Rundbrief der KUD-„Basis" bekannt gemacht wurden, erfuhr die Öffentlichkeit, wer dem Engeren Politischen Ausschuß angehörte. Auch verstand sich der Engere Politische Ausschuß als ein Gremium, in dem man sich vertraulicher besprechen konnte, als z.B. im Politischen Ausschuß.[155] Noch weniger als der Politische Ausschuß, der ab 1961 KUD-„Organ" war und für den es nach der Geschäftsordnung kein Gremium gab, dem er Rechenschaft abzulegen gehabt hätte, war der Engere Politische Ausschuß zu kontrollieren bzw. hatte er sich jemandem zu verantworten.

Da sowohl der Politische Ausschuß als auch der Engere Politische Ausschuß nur den einmal bestimmten Mitgliedern offenstand, waren häufig nur wenige der Ausschußmitglieder bei den entsprechenden Sitzungen anwesend. So nahmen beispielsweise an der Sitzung des Politischen Ausschusses vom 7. Dezember 1962 neben W. W. Schütz und einer Protokollführerin nur noch zwei Ausschußmitglieder teil, nämlich Professor Scheuner und J. B. Gradl. Hier wurde *beschlossen*, eine UNO-Beschwerde zu verfassen.[156] Oder, um noch einen bezeichnenden Fall zu erwähnen: An der Sitzung des Engeren Politischen Ausschusses vom 29. Juni 1962, auf welcher Programm und Ablauf der Jahrestagung 1962 beschlossen wurden, nahmen außer W. W. Schütz nur noch Th. Dehler und H. Wehner teil.[157]

Politischer Ausschuß und Engerer Politischer Ausschuß, die „nach Bedarf" von Schütz zusammengerufen wurden, kann man durchaus als „Beschlußorgane" des KUD bezeichnen. Beide Gremien handelten praktisch weitgehend autonom; sie waren an keine Kontrollorgane gebunden.

b) Präsidium

Anders als bei den Ausschüssen war es, wenigstens graduell, bei dem am 28. November 1962 in Berlin gegründeten KUD-Präsidium.[158] Schon in der am 28. November 1961 vom Politischen Ausschuß verabschiedeten Geschäftsordnung war festgelegt worden, wie das noch zu etablierende Präsidium[159] in das bestehende KUD-Gefüge eingebettet werden sollte. Hierin wurde festgelegt, daß das Präsidium vom Bundeskuratorium „gebildet" werden sollte und daß ihm insgesamt 15 Personen — von denen 10 von vornherein bestimmt waren, 5 weitere sollten diese 10 noch hinzuberufen — angehören würden (§ 6). Das Präsidium sei für die Durchführung der Beschlüsse des Bundeskuratoriums „verantwortlich"; in „dringenden Fällen" sei es auch zu eigener Beschlußfassung berechtigt (§ 7). Schließlich fiel dem Präsidium die Aufgabe zu, den Geschäftsführenden KUD-Vorsitzenden zu wählen (§ 8).

Obwohl W. W. Schütz in seiner „eiligen Mitteilung" vom 12. Dezember 1962[160] schrieb, „gemäß der Geschäftsordnung" habe sich das Präsidium konstituiert und obwohl es im „Bulletin" der Bundesregierung hieß,[161] „auf Vorschlag des Bundeskuratoriums" seien die nachfolgend aufgeführten Personen in das Präsidium berufen worden, kann weder von einem „geschäftsordnungsgemäßen" Zustandekommen des Präsidiums gesprochen werden, noch davon, daß das Bundeskuratorium die Präsidiumsmitglieder *vorgeschlagen* hätte. Vielmehr vollzog sich die Präsidiumskonstituierung aufgrund eines Schreibens von Schütz an diejenigen Personen, die man[162] in dem neuen Präsidium sehen wollte. Dieses Schreiben lautete:

„... ich gestatte mir, Sie zu der konstituierenden Sitzung des Präsidiums des Unteilbaren Deutschland am Mittwoch, den 28. November 1962, um 17 Uhr, in den Räumen des Berliner Büros des Unteilbaren Deutschland ... ergebenst einzuladen. Mit verbindlicher Begrüßung Ihr sehr ergebener Dr. W. W. Schütz."[163]

Treffend und vielsagend formulierte daher die FAZ,[164] daß sich das KUD ein Präsidium „gegeben" habe, welches als „Erweiterung" der KUD-Führungsspitze[165] gedacht sei.

Da nicht genau definiert worden war, welche Aufgaben im einzelnen vom Präsidium im Auftrage des höchst selten zusammentretenden Bundeskuratoriums erledigt werden sollten, kann es nicht verwundern, daß — nach den vorliegenden Protokollen zu urteilen — im Präsidium wie im Politischen Ausschuß Themen gleicher Art behandelt wurden. Auch wurde nicht klar, ob etwa Beschlüsse des Politischen Ausschusses für das KUD weniger entscheidend waren, als Beschlüsse des Präsidiums (oder umgekehrt). Dennoch scheint sich das Präsidium, obwohl aus dem Politischen Ausschuß hervorgegangen, als *das entscheidende Gremium* verstanden zu haben. So sah sich das Präsidium z.B. dazu legitimiert zu beschließen, daß der Politische Ausschuß „gestrafft" werden sollte.[166] Die Mitglieder des Präsidiums gehörten ausschließlich auch dem Politischen Ausschuß an, teilweise auch dem „Trägerverein". Die Mitglieder wechselten in dem Maße, in dem sie aus den führenden Positionen ihrer eigenen Organisationen ausschieden.[167]

Kritik an der Zusammensetzung des Präsidiums übten die Flüchtlingsorganisationen (Gesamtverband der Sowjetzonenflüchtlinge und Mitteldeutsche Landsmannschaften), die nicht in diesem Gremium repräsentiert waren, obwohl sich die Zusammenarbeit des KUD mit diesen Organisationen völlig problemlos gestaltete.[168] Im Gegensatz dazu bekam der Bund der Vertriebenen (BdV), mit dem es öfter zu Zwistigkeiten kam, einen Präsidiumssitz zugesprochen.[169] Auf der Präsidiumssitzung vom 10. Oktober 1963 wurde beschlossen, daß die Flüchtlingsverbände deshalb nicht durch Repräsentanten im Präsidium vertreten sein sollten, weil durch einen solchen Beitritt die Zahl der Präsidiumsmitglieder „erheblich größer" werden würde.[170]

Wie beim Politischen Ausschuß so gab es auch für das Präsidium *keine eigene Geschäftsordnung* in der etwa festgelegt worden wäre, wann das Präsidium zu tagen habe, wer es einberufen könnte, wem es verantwortlich wäre usw. Es wurde lediglich festgestellt, daß „über die Sitzungen des Präsidiums ein Protokoll geführt wird".[171] In der Praxis bedeutet das Nichtvorhandensein einer Präsidiumsgeschäftsordnung, daß dieses Gremium, ebenso wie der Politische Ausschuß, „nach Bedarf" von W. W. Schütz einberufen wurde. Die Anwesenheit bei den oft sehr kurzfristig einberufenen Präsidiumssitzungen schwankte, analog zur derjenigen des Politischen Ausschusses, stark. So nahmen z.B. an der gemeinsamen Sitzung des Präsidiums und des Engeren Politischen Ausschusses am 4. Mai 1964 neben W. W. Schütz nur noch H. Wehner, H. Albertz und A. Scholz teil.[172]

Somit bleibt zusammenzufassen, daß das Präsidium zwar deutlicher als der Politische Ausschuß in der KUD-Geschäftsordnung verankert war; auch war die Mitgliedschaft in § 6 konkreter geregelt. Welche genauen Kompetenzen jedoch dem Präsidium zufielen, wurde *nicht* deutlich.[173]

c) Geschäftsführender Vorsitzender

Neben dem Bundeskuratorium, dem Politischen Ausschuß und dem Präsidium komplettierte der Geschäftsführende Vorsitzende die „Organe" des KUD. Die Geschäftsordnung von 1961 legte erstmals fest, welcher Platz bzw. Stellenwert dem Geschäftsführenden Vorsitzenden innerhalb des KUD-Gefüges zukam. In § 8 der Geschäftsordnung heißt es:

„Das Präsidium wählt den Geschäftsführenden Vorsitzenden. Der Geschäftsführende Vorsitzende führt die laufenden Geschäfte. Er ist dem Präsidium verantwortlich."

W. W. Schütz, der seit Ende 1957 den Titel „Geschäftsführender Vorsitzender" besaß,[174] wurde erstmals von einem KUD-Gremium *gewählt*, als sich das Präsidium im November 1962 konstituierte.[175] Bis 1962 waren die Aufgaben und Zuständigkeiten des Geschäftsführenden Vorsitzenden nirgendwo festgeschrieben. In den Jahren von 1957 bis 1962 war Schütz aufgrund einer Entscheidung Paul Löbes in diesem Amt.[176] Während dieser Zeit gewann Schütz dadurch, daß er das KUD aus seinem passiven Dasein herausführte, eine derart feste Position, daß es heute geradezu als selbstverständlich erscheint, daß mit der Geschäftsordnung der Geschäftsführende Vorsitzende auch offiziell als die entscheidende Person, nämlich als eigenes KUD-„Organ" bestätigt wurde. Schütz gehörte in der Funktion als Geschäftsführender Vorsitzender nicht nur gleichzeitig allen anderen KUD-„Organen" an, sondern hatte auch, da die einzelnen „Organe" keine eigenen Satzungen besaßen, den wesentlichen Einfluß auf Entscheidungen dieser Gremien. Das lag daran, daß Schütz praktisch entschied, wann welches Gremium einberufen wurde und welche Themen jeweils behandelt werden sollten.[177] Der Geschäftsführende Vorsitzende hatte also nicht nur eine *ausführende Funktion,* er hatte auch gleichzeitig die Aufgabe als *Beschlußorgan* zu wirken. Dabei trat Schütz in aller Regel nicht als alleinbeschließende Person auf, sondern er berief das eine oder andere Gremium – oft sehr kurzfristig – ein, um KUD-Initiativen oder -Anregungen mit Worten wie „Das KUD schlägt vor . . ."[178] oder „Der Aktionsausschuß appeliert . . ."[179] einleiten zu können. Obwohl er als KUD-„Organ" dazu in der Lage gewesen wäre, trat Schütz nie mit Formulierungen wie „Der Geschäftsführende Vorsitzende regt an . . ." an die Öffentlichkeit. Formal war daher auch die Formulierung korrekt, mit der Schütz in einem Leserbrief das KUD verteidigte:

„Alles, was es (das KUD – L. K.) verlautbart, geschieht als Ergebnis gemeinsamer Beschlüsse aller freiheitlichen Parteien und Verbände . . .".[180]

Im Berichtszeitraum, also bis 1966, funktionierte dieses System, ohne daß seitens der einzelnen im KUD zusammengeschlossenen Organisationen in größerem Umfang Kritik an Person und Funktion des Geschäftsführenden Vorsitzenden geübt worden wäre. Erst später, z.B. anläßlich seiner Denkschrift „Was ist Deutschland?" im Jahr 1967, kam es zu heftigen Diskussionen um die Rolle, die der Geschäftsführende Vorsitzende zu spielen hätte.[181]

Als Geschäftsführender Vorsitzender stand Schütz an der Spitze der *KUD-Bundesgeschäftsstelle*, in der alle Fäden der KUD-Organisation zusammenliefen. Nach Schütz' Ernennung zum Geschäftsführer und im Zuge der Aktion „Macht das Tor auf" vergrößerte sich der Personalbestand der Geschäftsstelle sprunghaft. In der Zeit vom 1. Januar 1957 bis Ende 1961 verdoppelte sich das Personal der KUD-Geschäftsstelle,[182] so daß im Jahre 1962 25 Personen in der Bonner Geschäftsstelle beschäftigt waren[183] (Referenten, Sekretäre, etc.). Die personelle Vergrößerung verlangte nach einer entsprechenden räumlichen Ausdehnung. So zog man am 2. Juni 1958 von den zu klein gewordenen Räumen in der Meckenheimer Str. 62 (125 qm) in die Koblenzer Str. 48 (Adenauer Allee) um, wo nun 10 Räume mit insgesamt 176 qm zur Verfügung standen.[184] Schon bald erfolgte ein weiterer Umzug: Am 1. August 1960 belegte man in der Remigiusstr. 1 zwei Büroetagen mit zusammen 386 qm.[185]

Die Bundesgeschäftsstelle handelte

„im Rahmen der Beschlüsse des Präsidiums und im Rahmen der Beschlüsse des Trägervereins unter der Leitung des Geschäftsführenden Vorsitzenden"[186]

selbständig. Die Referenten der Geschäftsstelle arbeiteten zwar „in eigener Verantwortung",[187] waren aber dem Geschäftsführenden Vorsitzenden „verantwortlich".[188] Die Vertretung des Geschäftsführenden Vorsitzenden bei dessen Abwesenheit – dem in solchen Fällen „täglich Ablichtungen aller Briefe und Unterlagen", die an ihn gerichtet wurden, zuzuleiten waren[189] – übernahm der jeweils dienstälteste Referent.[190] Die Einstellung von Referenten erfolgte durch Schütz, alle anderen Bediensteten wurden von der Büroleiterin, Frau Hofmann, eingestellt.[191]

Der Geschäftsführende Vorsitzende des KUD spielte aufgrund seiner von allen anerkannten Position die herausragende Rolle im KUD. Er gehörte allen entscheidenden Gremien an und führte die ihm unterstellte Bundesgeschäftsstelle, die „Zentrale"[192] des KUD. Sitzungen und Tagungen der einzelnen KUD-Gremien wurden von ihm einberufen.

3. Landes-, Kreis- und Ortskuratorien

„Das Kuratorium Unteilbares Deutschland, als Volksbewegung für die Wiedervereinigung gegründet, stützt seine Breitenarbeit im Lande auf die Vielfalt der Einzelkuratorien, die von ehrenamtlichen Mitarbeitern geleitet werden,"

meinte Schütz einmal in einem Arbeitsbericht.[193] Die wichtige Funktion, die den auf regionaler und lokaler Ebene organisierten Kuratorien zufiel, wurde von der Bonner KUD-Geschäftsstelle also durchaus anerkannt. Dabei hatte zunächst überhaupt nicht die Absicht bestanden, das KUD in regionale und lokale „Einzelkuratorien" aufzugliedern.[194] Doch schon bald nach der Konstituierung diskutierte der Aktionsausschuß die Frage, ob man Bürgermeister und Landräte bitten solle, örtliche Zusammenschlüsse „herbeizuführen", da „zahlreiche Anträge auf freiwillige Mitarbeit" in der Bonner Geschäftsstelle eingegangen seien.[195] Jakob Kaiser erklärte deshalb am 18. Juli 1954 in Berlin:

„Zahlreiche Organisationen, Studentenverbindungen und Jugendgruppen haben sich gleich nach der Konstituierung des Kuratoriums zur Mitarbeit gemeldet. Zahllose Einzelzuschriften und Einzelmeldungen zur Mitarbeit sind aus allen Teilen unseres Landes eingegangen. Schreibmaschine und Büro hat man zu ehrenamtlicher Mitarbeit angeboten."[196]

a) Struktur

Die KUD-Gründer sahen, daß das breite Echo der Bevölkerung die Chance bot, das KUD sich zu dem entwickeln zu lassen, was es sein sollte, nämlich eine vom Volk getragene „Bewegung". Man begann daher sehr bald nach der Berliner Sitzung vom 18. Juli 1954 damit, Richtlinien zu erarbeiten, nach denen sich die Kuratorien auf lokaler oder regionaler Ebene organisieren sollten. Hierin hieß es:

„Das Kuratorium begrüßt örtliche oder regionale Zusammenschlüsse nach seinem Muster, d.h. auf überparteilicher und überkonfessioneller Basis, unter Einbeziehung aller großen Organisationen auf den Gebieten der Politik, der Kultur und der Wirtschaft. Besonderer Wert ist also auf die Mitarbeit der Parteien, der Gewerkschaften, der Wirtschaftsverbände, der Landsmannschaften, der Jugendverbände, der Wohlfahrtsorganisationen, aber insbesondere auch geeigneter Einzelpersönlichkeiten zu legen."[197]

Im Jahre 1955 konkretisierte man in Bonn seine Vorstellungen über den Aufbau der einzelnen Kuratorien:

„In jedem Falle ist es ratsam, die örtliche Verwaltung, den Oberbürgermeister, Bürgermeister, Landrat usw. zur Teilnahme und Mitgliedschaft im Kuratorium zu veranlassen."[198]

Weiter hieß es hier, daß man sich, sobald die Initiative zur Gründung eines Kuratoriums ergriffen werde, mit Bonn in Verbindung setzen solle. Die Geschäftsstelle werde sich dann an die Zentralen der Parteien und Verbände wenden, um diese wiederum zu veranlassen, ihre Organisationen auf der betreffenden Ebene zu bitten, in dem neuen Kuratorium mitzuarbeiten. Außerdem sei man bereit, einen Vertreter des Bonner KUD zur Gründungsveranstaltung zu senden. Mit diesen Anweisungen gelang es, die „Spontangründungen"[199] in einzelnen Kreisen oder Orten weitgehend zu einem Abbild des auf Bundesebene organisierten KUD zu machen. Ende 1955 hatten sich in 19 Städten Ortskuratorien etabliert, in weiteren 22 Orten bestanden konkrete Planungen für Kuratoriumsgründungen.[200] In den folgenden Jahren bildeten sich in immer mehr Orten Kuratorien, die sich nach Maßgabe der Richtlinien der Bonner KUD-Zentrale organisierten.[201]

Die Bundesgeschäftsstelle beobachtete zunächst diese Gründungen eher mit Zurückhaltung; weder initiierte man (bis 1958/59) neue Kuratorien noch kümmerte man sich darum, wie sich die Ortskuratorien im einzelnen organisierten. Ähnliche Zurückhaltung legte sich die Bundesgeschäftsstelle auf, als im Jahre 1957 in einigen Bundesländern, z.B. in Hamburg und Schleswig-Holstein,[202] Landeskuratorien konstituiert wurden:

„Nie und nimmer wurden irgendeinem Konventikel, das ein Landeskuratorium konstituieren wollte, vorgehalten, so und so habe es zu verfahren ...".[203]

Planmäßig begann die Bonner KUD-Zentrale, Landes-, Kreis- und Ortskuratorien zu initiieren, nachdem man sich entschlossen hatte, die Sammelaktion „Macht das Tor auf" zu betreiben,[204]

„die nur mit der Unterstützung einer bundesweit funktionierenden Organisation durchgeführt werden konnte."[205]

Mit diesem „Initiieren" wurde der Bonner KUD-Referent Erich Kitlas betraut, dessen Ressort die Organisation und Durchführung der Aktion „Macht das Tor auf" zu leiten hatte.[206]

Die bewußte Zurückhaltung der KUD-Zentrale hinsichtlich konkreter organisatorischer Anweisungen — man verlangte in Bonn nur, daß alle Interessierten in den einzelnen Kuratorien ein Mitspracherecht erhielten — führte dazu, daß sich manche Kuratorien als juristische Personen ins zuständige Vereinsregister eintragen ließen:[207]

„Der Grund für die Wahl dieser Organisationsform war wohl zunächst, die Arbeit auch in den Ländern und in den Kreisen auf eine organisatorische funktionsfähige Grundlage zu stellen. In diesem Sinne haben sich die eingetragenen Vereine bewährt ...".[208]

Diese Eintragung etwa eines Landeskuratoriums als juristische Person fand, wenn schon nicht die Unterstützung, so doch die Duldung der Bundesgeschäftsstelle.[209] Seit 1957 bestanden also auf Landesebene Kuratorien als juristische Personen im Sinne von §§ 21ff BGB, während das KUD auf Bundesebene als „Nichtrechtsfähiger Verein" (vgl. § 54 BGB) existierte.

Neben der organisatorischen Absicherung hatten die Gründungen als e.V. hauptsächlich finanzielle Motive. Da die einzelnen Kuratorien nicht von Bonn finanziert wurden,[210] sondern sich selbst um finanzielle Unterstützung bemühen mußten,[211] erwartete man, daß ein „gemeinnützig" anerkannter Verein, z.B. Industrieunternehmen eher zu Spenden veranlassen würde, als wenn man sich als nicht juristisch abgesicherte Vereinigung darstellte. So war z.B. das Landeskuratorium Hessen am 25. Mai 1959 als „Koordinationsstelle" für die Kuratoriumsarbeit im Bundesland Hessen[212] gegründet worden.[213] In der Satzung wurde die Gemeinnützigkeit festgeschrieben (§§ 2 und 3). Nachdem das zuständige Frankfurter Finanzamt die Gemeinnützigkeit anerkannt hatte,[214] war man berechtigt, Bescheinigungen über steuerlich abzugsfähige Spenden auszustellen, während andere, nicht als „gemeinnützig" anerkannte KUD-Organisationen erst der Bundesgeschäftsstelle ihre finanziellen Zuwendungen auflisten mußten, die dann namens des „Ausschusses für Fragen der Wiedervereinigung Deutschlands" steuerbegünstigte Spendenquittungen ausstellte.[215] Man verhinderte durch die Organisation als „gemeinnütziger Verein" also, daß die Bundesgeschäftsstelle Einblick in das eigene Spendenaufkommen erhielt: „Deshalb sah man in Bonn solche Aktivitäten nicht gerne," meinte die Geschäftsleitung eines Landeskuratoriums.[216]

Abgesehen davon, daß die als juristische Personen figurierenden Kuratorien besonderen, gesetzlich vorgeschriebenen organisatorischen Verpflichtungen nachzukommen hatten,[217] war die

„Organisation der einzelnen Landeskuratorien gleich. Es gab überall Landesgeschäftsführer und Landesvorsitzende, da und dort auch in Personalunion ... Die Landesgeschäftsführer waren in der Regel hauptamtlich tätig und wurden aus den Mitteln der Landeskuratorien besoldet."[218]

Die Landesvorsitzenden waren zumeist Landespolitiker, in Hessen z.B. stets der jeweilige Landtagspräsident, in Bayern z.B. der jeweilige Ministerpräsident. Als Landesgeschäftsführer wurden Personen eingestellt, die „schon bevor sie in die Dienste des Unteilbaren Deutschland traten, in irgendeiner Weise im politischen oder vorpolitischen gesellschaftlichen Raum tätig" waren.[219]

Die Kreis- und Ortskuratorien verfügten in der Regel nicht über hauptamtliche Bedienstete. Als Vorsitzende fungierten meist die (Ober-)Bürgermeister bzw. Landräte.[220] Die anfallende administrative Arbeit wurde normalerweise von Dienststellen der Gemeinde- bzw. Kreisverwaltungen erledigt.[221]

Finanziert wurden die Landes-, Kreis- und Ortskuratorien „im wesentlichen" durch Spenden der lokalen oder regionalen Industrie,[222] wobei die Kuratorien eher mit Spenden bedacht wurden, die über eine juristisch abgesicherte Organisationsform verfügten.[223] Mit diesen Spenden konnten jedoch nicht alle finanziellen Verpflichtungen erfüllt werden. Daher waren die Gemeinden, Kreise oder Länder, wollten sie „eigene" Kuratorien in ihren Bereichen sehen, gezwungen, diese auch finanziell zu unterstützen.

Landes-, Kreis- und Ortskuratorien erhielten aber auch Mittel von der KUD-Bundesgeschäftsstelle und zwar für Aktionen, die die Kuratorien „im Auftrage bzw. auf Anregungen" der Bonner KUD-Zentrale ausführten.[224] Von den Sammelaktionen der Jahre 1958/59 bis 1965 durften z.B. die Landeskuratorien 10% des gesammelten Geldes als „Organisationskosten" einbehalten. Alles übrige habe man nach Bonn abgeführt.[225] Kontrolliert wurde das Finanzgebaren der Kuratorien entweder durch eigens bestellte, unabhängige Prüfer oder, z.B. in Hessen, durch Beamte der Landesverwaltung.[226]

Um einen Eindruck zu vermitteln, in welcher Größenordnung sich die Finanzen eines Landeskuratoriums bewegten, sei hier eine Jahresbilanz des Landeskuratoriums Hessen wiedergegeben.[227] (Hessen sei allerdings ein „reiches" Landeskuratorium gewesen):[228]

Einnahmen in DM		Ausgaben in DM	
Zuschuß Hessische Landesregierung	80.000,00	Personalkosten	35.555,16
		Bürokosten (allg.)	3.218,61
		Telefon	4.254,25
Zuschuß Hessische Landesregierung zum 17. Juni	6.000,00	Porto	362,75
		Reisekosten	1.921,83
		Versicherungen	385,40
Zuschuß Bundeskuratorium	1.657,76	Miete	3.650,00

Einnahmen in DM		Ausgaben in DM	
Spenden der Wirtschaft plus 10% der Sammelaktion	21.616,21	Reinigung u. Strom	660,02
		Kfz-Kosten	4.854,79
		Inventar	725,20
Rückzahlung Darlehn (RS)	1.000,00	Renovierung	2.487,28
		Umzug	869,10
Darlehn vom Ortskuratorium Frankfurt	3.684,00	Verschiedenes	703,95
		Berlin- und Zonengrenzfahrten	12.462,84
Bestand am 1.1.65	40.620,47	Ausstellungen	1.329,65
Zusammen	154.578,44	17. Juni	7.464,49
		Jugendarbeit	703,43
		Zuschüsse an Kreis- und Ortskuratorien	2.058,87
		Fahnenstaffel	1.421,90
		Regionalkonferenzen	2.195,05
		Betreuung von Mitteldeutschen	5.474,05
		Veranstaltungen	2.208,42
		Publikationen	379,00
		Bibliothek	2.194,68
		Politische Bildungsarbeit	34.621,25
		Repräsentationskosten	317,90
		Geldbestand am 31.12.1965	22.098,57
		Zusammen	154.578,44"

b) Aufgaben

Die Landes-, Kreis- und Ortskuratorien waren *nicht* Organe bzw. Dependenzen des auf Bundesebene organisierten KUD. Von der Bonner KUD-Zentrale konnten ihnen daher keine zwingend zu erledigenden Aufgaben vorgeschrieben werden. Bonn konnte allenfalls, dies geschah auch in reichem Maße,[229] den Kuratorien der nachgeordneten Ebenen Anregungen, Vorschläge usw. unterbreiten. Die einzelnen Kuratorien entwickelten eigene Initiativen, und das Ansehen eines Kuratoriums hing davon ab, wieweit es in der Lage war, über die von Bonn kommenden Vorschläge hinaus Eigeninitiative zu entwickeln.[230]

Manche Kuratorien, wie z.B. das Landeskuratorium Hessen e.V.,[231] hatten in ihren Satzungen etwa festgelegt:

„Das Landeskuratorium verfolgt die Aufgaben und Ziele des Bundeskuratoriums Unteilbares Deutschland im Land Hessen. In erster Linie ist es bemüht, die Jugend wachzuhalten und zu fördern." (§ 2)

Diesem selbstgestellten Auftrag folgend war es die „erste Aufgabe" des Hessischen Landeskuratoriums, seine „Basis" zu verbreitern, d.h. neue Kreis- oder Ortskuratorien zu gründen[232] oder besser: deren Gründung „anzuregen" und sie materiell (z.B. durch Publikationen o.ä.) wie ideell (durch Ratschläge) zu betreuen.[233]

Neben diesen organisatorischen Obliegenheiten sahen die Landeskuratorien die politische Bildungsarbeit als ihre Hauptaufgabe an.[234] Wie der Verwendungsnachweis des Landeskuratoriums Hessen für das Jahr 1965[235] zeigt, verschlang diese Bildungsarbeit nach den Personalkosten den größten Teil der zur Verfügung stehenden Mittel. „Politische Bildungsarbeit" meint im wesentlichen, daß Seminarveranstaltungen für Schüler und Auszubildende vom Landeskuratorium durchgeführt wurden, die z.T. von den zuständigen Landeszentralen für politische Bildung mitfinanziert wurden. In Hessen z.B. nahmen daran in erster Linie Gymnasiasten teil;[236] sie beschäftigten sich mit allgemeinen Problemen des Ost-West-Verhältnisses.[237] Im weitesten Sinn zu „Politischer Bildungsarbeit" sind auch die Reisen zu zählen, die die Landeskuratorien nach Berlin oder an die innerdeutsche Grenze entweder selbst veranstalteten oder bezuschußten. Die Berlin- und „Zonengrenz"-Reisen sollten einen doppelten Zweck erfüllen:

„Sie geben einen Einblick in die Folgen der deutschen Spaltung, sie stellen aber auch die Verbindung her zu den Menschen, die ständig im Angesicht des Stacheldrahts und der Minenfelder leben müssen."[238]

Neben diesen Hauptaufgaben verwendete das Landeskuratorium Hessen beispielsweise den drittgrößten Teil seines Budgets für die Gestaltung des 17. Juni.[239] Diese hier beispielhaft genannten Aufgaben wurden auch in ähnlicher Weise von den anderen Landeskuratorien erfüllt.[240]

Während die Landeskuratorien einen wesentlichen Teil ihrer Etats für administrative Aufgaben aufwenden mußten, um ihre Koordinationsfunktion erfüllen zu können — in Hessen wurden im Jahre 1965 immerhin von DM 154.578,44 allein DM 78.707,46 nur für die Administration benötigt[241] — entstanden bei den Kreis- und Ortskuratorien in aller Regel keine Verwaltungskosten, da die notwendigen administrativen Arbeiten ehrenamtlich und/oder von bestehenden Dienststellen der Kreis- oder Gemeindeverwaltungen erledigt wurden. Die den Kreis- und Ortskuratorien zufließenden Mittel konnten daher ausschließlich für Aktivitäten verbraucht werden. Diese waren äußerst vielfältig; sie könnten hier nicht ansatzweise vollständig aufgeführt werden. Wie aus den einzelnen Berichten, die in der Bonner KUD-Geschäftsstelle vorhanden sind, hervorgeht,[242] erstreckten sich die einzelnen Aktivitäten vom Paketversand in die DDR über die Zusammenstellung von Ausstellungen bis hin zu Diskussionsveranstaltungen über Probleme im Zusammenhang mit der „Deutschen Frage".

c) Interdependenzen

In einem „Vorentwurf"[243] für die Ende 1961 verabschiedete KUD-Geschäftsordnung hieß es unter „III":

„Das Unteilbare Deutschland besteht aus dem Bundeskuratorium, den Landeskuratorien und aus den Bezirks-,[244] Kreis- und Ortskuratorien ...".

Diese Formulierung ließ man schnell wieder fallen, und in der später verabschiedeten Geschäftsordnung hieß es:

„Das Kuratorium Unteilbares Deutschland bildet Landes-, Bezirks-, Kreis- und Ortskuratorien. Die Zusammensetzung der Kuratorien soll der des Bundeskuratoriums entsprechen ... (sie) sind in ihrer Arbeit und Verantwortung selbständig." (§ 10)

Und:

„Das Bundeskuratorium fördert die Arbeit der Landes-, Bezirks-, Kreis- und Ortskuratorien. Für alle organisatorischen Fragen ist zunächst das Landeskuratorium zuständig." (§ 14)

Man hatte also statt „besteht aus" „bildet" verwandt. Tatsächlich verstanden sich z.B. die Landeskuratorien auch nicht als Niederlassungen des Bundes-KUD. So definierte beispielsweise das Landeskuratorium Hessen in seiner Satzung sein Verhältnis zum Bundeskuratorium folgendermaßen:

„Das Bundeskuratiroum hat das Recht zur Überprüfung der regionalen und örtlichen Arbeit sowie der Geschäftsführung im Einvernehmen mit dem Landeskuratorium" (§ 2).[245]

Das so festgeschriebene einvernehmliche Prüfungsrecht beinhalte zweierlei: Erstens hatte Bonn nur dann das Recht, die Arbeit des Landeskuratoriums zu überprüfen, wenn dies vom Landeskuratorium selbst gewünscht wurde; zweitens bedeutete „überprüfen" lediglich eine Kontrolle, ohne daß bei Beanstandungen die Bonner Geschäftsstelle dem Landeskuratorium verpflichtende Anweisungen hätte geben können.[246] In Hessen verstand man sich „nicht als Unterorganisation des Bundeskuratoriums".[247]

Das Verhältnis der Kreis- und Ortskuratorien zu dem zuständigen Landeskuratorium war von Bundesland zu Bundesland unterschiedlich.[248] In der Satzung des

Landeskuratoriums Hessen heißt es diesbezüglich nur kurz: „Das Landeskuratorium gliedert sich in Kreis- und Ortskuratorien." (§ 4) In Hessen waren die Kreis- und Ortskuratorien also direkte Untergliederungen des Landeskuratoriums, wenn sie auch „in ihrer Arbeit selbständig" waren bzw. sind.[249] In anderen Bundesländern waren ähnliche Regelungen geschaffen worden, aber nicht überall waren die Kreis- und Ortskuratorien *Bestandteil* des jeweiligen Landeskuratoriums.[250] Eine solche Regelung wie in Hessen hatte natürlich zur Folge, daß die Mitglieder der Kreis- und Ortskuratorien[251] einen Anspruch darauf hatten, in der Mitgliederversammlung,[252] die regelmäßig satzungsgemäß abgehalten wurde, vertreten zu sein. Mit anderen Worten: Kreis- und Ortskuratorien hatten die Chance, den „Kurs" des Landeskuratoriums mitzubestimmen.[253]

„Noch weniger, als das Bundeskuratorium Einfluß auf die Arbeit der Landeskuratorien hatte, hatte das Landeskuratorium Einfluß auf die Arbeit und programmatische Richtung des Bundeskuratoriums."[254]

Dies war seitens des Bundeskuratoriums weder beabsichtigt noch gewünscht. Bis zum Jahre 1961, als die KUD-Geschäftsordnung verabschiedet wurde bzw. bis 1962, als sich das KUD-Präsidium konstituierte, gab es überhaupt keinen Hinweis darauf, ob bzw. wie die im Bundesgebiet existierenden Orts-, Kreis- und Landeskuratorien am Willensbildungs- und Entscheidungsprozeß des KUD Anteil haben sollten.

Erst in der Geschäftsordnung (§ 6) wurde festgelegt, daß „zwei Vorsitzende der Landeskuratorien" dem zu bildenden Präsidium angehören sollten. Diese beiden Präsidiumssitze wurden zwar den Landeskuratorien zugesprochen, es existierte aber kein institutionalisiertes Gremium — bestehend aus den Repräsentanten der Landes- oder gar Kreis- und Ortskuratorien — welches die beiden „Vertreter" hätte nominieren können. In unregelmäßigen Abständen wurden von W. W. Schütz zwar Konferenzen („Arbeitssitzungen") einberufen, zu denen entweder die Landesgeschäftsführer oder die Landesvorsitzenden oder beide Personengruppen gemeinsam eingeladen wurden;[255] bei diesen Zusammenkünften standen aber nie konkrete Entscheidungen zur Diskussion.[256] So hieß es z.B. in einem Bericht über eine solche Tagung:

„Auf einer Konferenz der Landesvorstände des Unteilbaren Deutschland in Berlin am 6. September 1961 wurde beschlossen, daß die veränderte politische Lage das Kuratorium verpflichtet, noch stärker als bisher in eigener Initiative mit politischen Forderungen vor die Öffentlichkeit zu treten."[257]

Solche, entgegen einer anfänglichen Absicht[258] nicht regelmäßig stattfindenden Zusammenkünfte, dienten allenfalls einem allgemeinen „Informationsaustausch",[259] ohne daß jedoch die normalerweise sehr allgemein formulierten „Beschlüsse" für das Bundes-KUD oder für die Landes-, Kreis- und Ortskuratorien verbindlich gewesen wären.[260]

Daneben existierte in den Jahren von 1960 bis 1962 ein vom Landeskuratorium Hessen initiierter Arbeitskreis der Landesgeschäftsführer, in dem man sich, ohne von der Bundesgeschäftsstelle eingeladen zu werden,[261] mit allgemeinen organisatorischen Details der Kuratoriumsarbeit beschäftigte.[262] Die Sitzungen dieses Arbeitskreises verliefen nicht selten ohne große Harmonie, da unter den einzelnen Landesgeschäftsführern oft eine „undifferenzierte Rivalität"[263] herrschte, was wohl z.T. auf die unterschiedliche finanzielle und personelle Ausstattung der einzelnen Kuratorien zurückzuführen ist.

Die KUD-Jahrestagungen[264] dienten ebenfalls nur dem Informationsaustausch. Beschlüsse, die über einen bloß deklamatorischen Charakter hinausgegangen wären, wurden hier nicht gefaßt, obwohl hin und wieder in verschiedenen Arbeitskreisen organisatorische Fragen diskutiert wurden.[265]

Daß die einzelnen Landeskuratorien wußten, wie sich die KUD-Arbeit in anderen Regionen vollzog, beruhte eher auf Zufälligkeit als auf einem wie auch immer gestalteten institutionalisierten Informationsfluß.[266] Das Nichtvorhandensein eines institutionalisierten Entscheidungsgremiums der Landesorganisationen hatte zur Folge, daß man z.B. nicht in der Lage war, die den Landeskuratorien zustehenden Präsidiumsmitglieder zu wählen. Die Art und Weise, wie die erste Besetzung der beiden den Landeskuratorien zustehenden Präsidiumssitze vorgenommen wurden, scheint bezeichnend für den desolaten Zustand zu sein, in dem sich die „vertikale" Gliederung des KUD befand: Am 9. Februar 1962 schrieb Schütz an die Vorsitzenden der Landeskuratorien:[267]

„Sehr geehrter Herr Präsident, gemäß § 6 der Satzungen[268] werden auch zwei Vertreter der Landeskuratorien dem Präsidium angehören. Ich darf Ihnen mitteilen, daß Herr Justizminister Dr. Leverenz (Schleswig-Holstein) und Herr Arno Scholz (Berlin) bereits nominiert wurden. Dabei ist vorgesehen, daß die beiden Sitze der Landeskuratorien nur für eine gewisse Zeit eingenommen werden, um auf diese Weise allen Landeskuratorien Gelegenheit zu geben, im Präsidium vertreten zu sein ...".[269]

Abschließend zu diesen, die lokalen und regionalen KUD-Organisationen betreffenden und notwendigerweise kursorischen Ausführungen sei festgestellt, daß ein vertikaler Willensbildungsprozeß, also von Orts-, Kreis-, Landeskuratorien hin zur Bundesebene, an dessen Ende zwangsläufig eine Entscheidung hätte stehen müssen, *nicht* vorhanden war. Bewußt war den Kuratorien auf regionaler und lokaler Ebene keine unmittelbare Beteiligung an den Entscheidungen der KUD-Spitze zugedacht worden. Umgekehrt hatte die Bonner KUD-Zentrale keinen direkten Einfluß auf die Kuratorien der unteren Ebenen. Das Bundes-KUD bediente sich, um seinen Willen den nachgeordneten Kuratorien mitzuteilen, des „Rundbriefes" und falls nötig, ad-hoc-Mitteilungsschreiben, die den einzelnen KUD-Mitarbeitern in der Bundesrepublik zugesandt wurden.[270] Man kann daher nicht davon sprechen, daß es sich beim KUD um *eine* Organisation gehandelt habe. Vielmehr bestanden *viele einzelne Organisationen,* die sich, mit dem jeweiligen Zusatz, der die Ebene kennzeichnete, auf der man tätig war, als *Kuratorien des Unteilbaren Deutschland* verstanden.[271] Da man darauf verzichtet hatte, eine stringente Organisationsform zu etablieren, handelte es sich beim KUD um einen *losen Zusammenschluß* von an der „Deutschen Frage" Interessierten.

4. Manager

Die Politiker, die durch ihr Engagement dem KUD zur politischen Legitimation verhalfen und das KUD sozusagen als ihr Protektorat betrachteten, beschäftigten sich nur mittelbar mit der täglichen KUD-Arbeit. Sie gehörten dem KUD-„Rechtsträger" und/oder den entscheidenden KUD-Gremien an und konnten so die grundsätzliche programmatisch-politische Richtung des KUD bestimmen. Die praktische Arbeit wurde von den KUD-Geschäftsstellen auf Bundes- oder Landesebene relativ selbständig verrichtet. Die Geschäftsstellen trugen Sorge für alle organisatorischen, technischen und finanziellen Angelegenheiten (natürlich nach Maßgabe der zuständigen Gremien). Dabei nahm die Bonner KUD-Geschäftsstelle, die „Zentrale", die führende Position ein. Ihr fiel auch die Aufgabe zu, für das KUD schlechthin (organisatorische, technische) Empfehlungen auszusprechen.

Dem Bundesgeschäftsführer oder, wie er bei KUD hieß, dem Geschäftsführenden Vorsitzenden, kam natürlich außerordentliches Gewicht zu; besonders auch deshalb, weil es beim KUD in all den Jahren nur einen Geschäftsführenden Vorsitzenden gab, nämlich W. W. Schütz. Ihm standen, nachdem das KUD im Zuge der Aktion „Macht das Tor auf" enormen Aufschwung erhielt, verschiedene Referenten zur Seite, die ein Ressort, z.B. „Organisation" oder „Presse", „in eigener Verantwortung" leiteten.[272]

a) Wilhelm Wolfgang Schütz[273]

Die zentrale Funktion der KUD-Geschäftsführung (und des KUD insgesamt) nahm der Geschäftsführende Vorsitzende des Kuratoriums Unteilbares Deutschland, Wilhelm

Wolfgang Schütz, wahr. Wie kein anderer inspirierte Schütz die Programmatik des KUD.[274] Daß Schütz, der sich stets als Politiker und Publizist verstand,[275] spätestens seit 1957/58 *den* maßgeblichen Einfluß auf das KUD und dessen Zielsetzungen nehmen konnte, war wohl weniger die Folge einer persönlich von ihm „geplanten" Karriere, als das Ergebnis von sowohl politischen Konstellationen wie persönlicher „Prädisposition".

Am 14. Oktober 1911 im fränkischen Bamberg geboren, studierte er zunächst in München, später in Heidelberg Soziologie, Philosophie und Staatsrecht. Zu seinen Lehrern zählten Karl Jaspers und Arnold Bergsträsser, unter dessen Leitung Schütz im Jahre 1934 eine Dissertation über „Die Staatsidee des Wilhelm Meister" schrieb.[276] Unmittelbar nach Abschluß seiner wissenschaftlichen Studien siedelte er ins Exil nach London über und wurde mit 25 Jahren dortiger Korrespondent der „Neuen Zürcher Zeitung" und anderer Schweizer Blätter.[277] Besonders prägend für den späteren KUD-„Chefideologen"[278] scheinen die Kontakte gewesen zu sein, die Schütz zu der in London lebenden indischen politischen Elite knüpfen konnte. Diese Kontakte zu den indischen Freiheitskämpfern, das direkte Miterleben eines erfolgreichen, gewaltlosen Freiheitskampfes, mögen Schütz' späteres hoffnungsvolles Eintreten für eine deutsche Wiedervereinigung geprägt haben.[279] So schrieb er später:

„Die Existenz der deutschen Nation kann nur dann gewährt werden, wenn das Volk sich selbst dafür einsetzt. Ein geteiltes und besetztes Land schwebt in solcher Gefahr, daß nur der Wille der ganzen Nation, Herr des eigenen Schicksals zu sein, befreien kann."[280]

Während seines Londoner Exils war Schütz stets ein aufmerksamer Beobachter der deutschen Szenerie, wie seine damaligen Berichte und Kommentare in der „Neuen Zürcher Zeitung" zeigen. Er versuchte besonders zu analysieren, wie nachhaltig die Identifikation der deutschen Bevölkerung mit Hitler und dessen Kombattanten war, bzw. welche Widerstände oder Gegenströmungen feststellbar waren. Diese Bemühungen faßte er zusammen mit seiner Gattin[281] im Jahre 1943 in einer eindrucksvollen Studie zusammen.[282] In deren Einleitung schrieb er:

„This survey is an attempt to indicate at least some of the trends in the anti-Nazi movement inside Germany against the dark background of an ever-increasing terrorism in the Third Reich."[283]

Diese, im Nachkriegsdeutschland kaum bekannt gewordene Analyse und Zusammenfassung von Dokumenten, Reden und Arbeitsberichten konzentriert sich auf den Widerstand gegen den „anwachsenden Terrorismus" der Nationalsozialisten in den besetzten Gebieten im Osten und im „Reich", wobei Schütz besonders die junge Generation in den Mittelpunkt seiner Überlegungen stellt. Abschließend wird ein Blick auf den Widerstand der Intellektuellen und Geistlichen, den der „inneren Emigration", geworfen.

Nach Kriegsende war er einer derjenigen, die nicht die Beschneidung der politischen Rechte und Freiheiten für die Deutschen forderte, sondern er verlangte — gestützt auf seine Überzeugung, daß in der deutschen Bevölkerung genügend Kräfte vorhanden seien, die ein neues Deutschland aufbauen könnten —, den Deutschen die Chance zu geben, ein anderes, ein demokratisches Staatswesen aufzubauen:

„Without free political life, a free press, free trade unions, free youth organisations, free schools and universities, and, above all, a subsistence level above the starvation an disease-line no outlook other than complete hopelessness an cynism is possible anywhere."[284]

An gleicher Stelle meinte er, daß nur dann ein domokratisches Deutschland entstehen könne, wenn die Deutschen ihre Verwaltung selbst in die Hand nähmen und die Verwaltungsspitzen von der Bevölkerung gewählt worden wären.[285]

Als Schütz nach Kriegsende, im Jahre 1946, als Korrespondent der „Neuen Zürcher Zeitung" nach Berlin reiste, um dort mit ehemaligen Widerständlern Kontakt aufzunehmen, traf er auch mit Jakob Kaiser zusammen, der ihn „tief beeindruckt" habe.[286] Nach seiner Rückkehr nach London hielten Kaiser und Schütz Kontakt miteinander, was dazu führte, daß Kaiser den außenpolitisch versierten Schütz im Jahre 1951 „als ständigen Berater an seine Seite" ins BMG holte.[287]

Jetzt, als Berater des Gesamtdeutschen Ministers, stand Schütz an vorderster Front derjenigen, die sich darum mühten, die „Deutsche Frage" womöglich zu lösen bzw. das deutsche Schicksal erträglicher zu machen.[288] Er hatte stets direkten Zugang zu Kaiser, in dessen Haus in Königswinter er „ständiger Gast" war.[289] Da Schütz noch mehr als Jakob Kaiser jeder Sinn für die Regularien eines Verwaltungsapparates fehlte, kam er bald in schwerste Konflikte mit der Ministerialbürokratie.[290] Hier war sein direkter Gegenspieler und Rivale Kaisers versierter Staatssekretär Fránz Thedieck. Thedieck sah in der Beschäftigung von Schütz keinen Sinn. Schütz' Beraterstatus war für ihn eine „Einrichtung außerhalb der Legalität".[291] Obwohl es Thedieck nicht gelang, Kaiser dazu zu bewegen, Schütz aus BMG-Diensten zu entlassen, erreichte er mit Unterstützung Adenauers, daß Schütz das BMG verlassen mußte.[292] Schütz blieb aber der vom BMG besoldete Berater Kaisers. Als Kaiser im Frühjahr 1957 durch verschiedene Schlaganfälle gezwungen wurde,[293] nicht nur die administrative, sondern auch die politische Leitung des BMG Thedieck zu überlassen und als feststand, daß Kaiser nach der anstehenden Bundestagswahl im Herbst 1957 nicht mehr ins BMG zurückkehren würde, kündigte Thedieck unverzüglich Schütz' Beratervertrag.[294]

Gerade in dieser Zeit erhielt Schütz interessante berufliche Angebote: als Hochschullehrer, als Rundfunk-Chefredakteur, usw.[295] Diese lehnte er jedoch ab, um sich ganz dem KUD zu widmen. Dabei kam ihm zustatten, daß nun, nach der von CDU und CSU bei der Bundestagswahl errungenen absoluten Mehrheit, SPD und FDP ihr KUD-Engagement verstärkten, da man wohl erkannt hatte, daß das KUD eine geeignete Institution dazu war, Adenauers Westpolitik immer wieder mit einem „gesamtdeutschen Kontrapunkt" zu apostrophieren.

Auf der KUD-Jahrestagung vom 16. Dezember 1957 wurde Schütz auf Löbes Vorschlag als Geschäftsführender Vorsitzender des KUD bestätigt.[296] Schon am 22. November hatte Löbe Schütz – auf Initiative Kaisers – offiziell diesen Titel verliehen und ihm ein „monatliches Honorar von 2.000,– DM" zugesichert.[297] Schütz, dessen Übernahme der KUD-Geschäftsführung von der SPD begrüßt wurde,[298] konnte sich nun mit aller Kraft darum mühen, das KUD zu einer aktiven Institution auszubauen. Zwar hatte sich Schütz schon vor 1957 um das KUD gekümmert. So hatte er z.B. schon am 27. September 1954 vom Aktionsausschuß die Aufgabe erhalten, verschiedene neu eingerichtete Arbeitskreise zu koordinieren.[299] Auch hatte er bereits ab Januar 1957 eine Aufwandentschädigung aus KUD-Mitteln bezogen.[300] Doch erst nach seiner Ernennung zum Geschäftsführenden Vorsitzenden konnte er offiziell im Namen des KUD auftreten und handeln.

Ihm, dem ambitionierten und mit vielen Kontakten ausgestatteten Politiker, genügte es offenbar nicht, an der Spitze einer Organisation zu stehen, deren Existenz von der Öffentlichkeit kaum registriert wurde. Er begann daher zunächst damit, das KUD personell zu verstärken, um es zu einem adäquaten Ansprechpartner für Politiker, Journalisten und Pädagogen zu machen: Gerd Honsálek, einer der frühen Absolventen der Berliner Hochschule für Politik, sollte dafür sorgen, daß das gemeinsame Interesse der so verschiedenen KUD-Träger nicht durch politische Differenzen untergraben würde. Der spätere Bundestagsabgeordnete Herbert Hupka wurde engagiert, um die Verbindung zu den Massenmedien auszubauen und zu festigen. Für die Organisation der Aktion „Macht das Tor auf" gelang es Schütz, den in Verwaltungs- und Organisationsfragen versierten Erich Kitlas in seinen Stab zu holen.

Schütz sollte, so Gradl, „den alten Löbe in der KUD-Geschäftsführung unterstützen", ihm sei die Aufgabe des „Sprechers" des KUD zugedacht gewesen.[301] Löbe ließ Schütz aber vollkommen freie Hand, so daß er bald viel mehr als der bloße „Sprecher" des KUD, der den beschlußfassenden Gremien lediglich „Formulierungshilfe" (Gradl) leistete, von der Öffentlichkeit perzipiert wurde. Er galt schon bald als der „Vordenker" des KUD, der „Chefideologe' des Ganzen in Wort und Schrift".[302]

Schütz übernahm die faktische KUD-Leitung in einer Phase, in der

„die Ausweglosigkeit der westlichen und der Bonner Deutschlandpolitik, die über geringfü-

gige Angebote nicht hinauszugehen bereit war, . . . in aller Deutlichkeit zutage trat."[303]
Sah sich Schütz auch nicht in der Lage, einen konkreten politischen Weg zu weisen, so beabsichtigte er mit einer forcierten Kuratoriumsaktivität
„eine neue Figur auf dem internationalen Schachbrett, also eine öffentliche Meinung in Deutschland (hervorzurufen), die ausgeprägter, bewußter, in völliger Disziplin, maßvoll und dennoch in einer auch für die Umwelt nicht zu verkennenden Entschiedenheit die Wiederherstellung staatlicher Einheit in absehbarer Zeit fordert."[304]
Grundsätzlich gebe es zwar diese Entschiedenheit, aber es bestünden hier weitere Möglichkeiten der politischen Tat. Er wollte daher mit dem KUD
„die fehlende Komponente in der Behandlung und Entwicklung der deutschen Frage, nämlich ein breitestmögliches Bewußtsein und Wollen der westdeutschen Bevölkerung diesbezüglich . . . initiieren, . . . propagieren und . . . fördern."[305]
Diese Absichten wurden allem Anschein nach von den im KUD zusammengeschlossenen Organisationen geteilt. Jedenfalls deuten die zahlreichen Protokolle der Sitzungen des Politischen Ausschusses, des Engeren Politischen Ausschusses oder später des Präsidiums darauf hin, daß die führenden KUD-Akteure diese Strategie befürworten. Dabei sprachen sich die SPD-Vertreter entschiedener als z.B. CDU-Politiker für ein breites politisches Engagement des KUD aus. Auch war die Anwesenheit der SPD-Akteure bei den „nach Bedarf" einberufenen Sitzungen der verschiedenen Gremien regelmäßiger als die anderen KUD-Akteure. Dadurch bedingt, kamen in einzelnen KUD-Beschlüssen oft SPD-Positionen stärker zum Tragen; jedenfalls entstand ein solcher Eindruck.[306] Schütz stand den deutschlandpolitischen Positionen der SPD ohnehin näher, als denen Adenauers. So hatte er sich z.B. bald nach Beginn seiner Beratertätigkeit bei Kaiser für ein „neutrales Deutschland" ausgesprochen:
„Rein politisch gedacht gibt es keinen ersichtlichen Grund, warum eine Neutralitätspolitik als Alternative zur Freund-Feind-Politik nicht möglich sein sollte."[307]
Mit der so formulierten Bereitschaft zu einer eventuellen Neutralität Deutschlands befand er sich ganz auf dem Weg, der besonders von der SPD zu Beginn der fünziger Jahre,[308] aber auch von Jakob Kaiser,[309] als gangbar angesehen wurde. Schütz hielt es für notwendig, immer wieder neue *politische* Vorstöße zu unternehmen, die allein eine Lösung der „Deutschen Frage" ermöglichen könnten. Es reiche nicht aus, auf „wundersame Wandlungen" z.B. in der sowjetischen Deutschlandpolitik zu warten. Das „Gesetz des Handelns" dürfe nicht auf den Ostblock übergehen, sondern müsse offensiv von der Bundesregierung angewendet werden.[310]
Diese Auffassung zwang Schütz geradezu dazu, das KUD zu einer Organisation auszubauen, die immer wieder mit teils neuen, teils nur neu formulierten Initiativen und Vorschlägen der bundesdeutschen Öffentlichkeit (und damit auch der Bundesregierung) Möglichkeiten deutschlandpolitischen Agierens aufwies. Dabei nahm er (und mit ihm auch das KUD) bewußt inkauf, von Regierungsseite allenfalls geduldet, keinesfalls jedoch erwünscht zu sein:
„Von Anfang an, seit der Gründung im Jahre 1954, ist das Kuratorium eine Institution gewesen, die im Widerspruch zum allgemeinen Zeitgefühl und zur offiziellen Politik stand. Wir hatten immer die unpopuläre Aufgabe, die Realitäten beim Namen zu nennen und die zukünftige Entwicklung vorauszudenken",
sagte er später einmal.[311] Das KUD sollte „deutschlandpolitische Avantgarde" sein.[312] Nur aus einem solchen Selbstverständnis heraus sind die unzähligen KUD-Anregungen[313] und -Vorschläge zu verstehen, von denen an anderer Stelle die wichtigsten aufgeführt werden.
Schütz, der stets eine Vielzahl von Ideen und Vorschlägen propagierte,[314] habe sich, so Gradl, „zunächst", also in den fünfziger Jahren, daran „gehalten", nur dann mit Initiativen hervorzutreten, wenn diese von den zuständigen KUD-Gremien beschlossen worden seien.[315] Doch mit dem Erfolg der Aktion „Macht das Tor auf" hatte sich seine Position innerhalb des KUD so gefestigt, daß er mehr und mehr als *der* Repräsentant des KUD in Erscheinung trat. So sahen sich selbst die KUD-Landesgeschäftsführer mit der Zeit nicht mehr in der Lage, zwischen Äußerungen des

KUD und persönlichen Äußerungen des W. W. Schütz zu differenzieren.[316] Es bestand, von wenigen Ausnahmen abgesehen,[317] eine nahezu *vollständige Identität zwischen KUD und Schütz*, wenn auch in einzelnen Sitzungen der verschiedenen KUD-Gremien Kritik an der einen oder anderen Schützschen Formulierung geübt wurde.[318] In der Regel beschränkten sich die Teilnehmer solcher Sitzungen jedoch darauf, die von Schütz vorgeschlagenen Aktivitäten „abzusegnen".[319] Zu Beginn der sechziger Jahre hatte sich Schütz, der sich des Beistandes seiner Freunde (besonders Gradls und Wehners) stets sicher sein konnte,[320] endgültig zum „Motor" des KUD entwickelt.[321] Er sah sich jetzt in der Lage, dem KUD politisch-programmatische Inhalte „vorzuschreiben" — in des Wortes doppelter Bedeutung.

Die Ereignisse des 13. August 1961, die im Sande verlaufenen amerikanisch-sowjetischen Gespräche über eine Lösung der „Berlin-Frage" im Jahre 1962 und das Ende der „Ära Adenauer" mögen Schütz bewogen haben, in der ersten Hälfte der sechziger Jahre das KUD endgültig von der 1954 selbstauferlegten tagespolitischen Askese frei zu machen. Erstmals formulierte er in „Das Parlament" vom 23. Dezember 1964, daß es allerhöchste Zeit sei, in der Deutschlandpolitik „offensiv" zu werden:

„Es reicht nicht aus, die deutsche Einheit gelegentlich einmal zu apostrophieren. Es ist notwendig, in täglicher Kleinarbeit das nationale und das internationale Klima zu verändern, damit in einem neuen Klima Veränderungen möglich werden, die heute noch nicht möglich sind."[322]

Ein Jahr später, 1965, legte er mit seinem Buch „Reform der Deutschlandpolitik"[323] eine „Denkschrift" vor, die „im Kreise" des KUD entstanden war.[324] Hierin wurde bemängelt, daß eine „politische Strategie der Wiedervereinigung" bisher gefehlt habe. Diese Strategie zu entwickeln sei aber notwendig, um eine staatliche Wiedervereinigung erreichen zu können.[325] Das Buch fand die Billigung der KUD-Spitze, auch war ein positives Echo der politischen Elite zu vernehmen; eine breite Diskussion konnten die „Reformen" jedoch nicht entfachen.[326] (Erst später, im Jahre 1967, als Schütz sein Memorandum „Was ist Deutschland?" vorlegte, griffen weite Kreise des öffentlichen Lebens in die Diskussion um die Deutschlandpolitik, das KUD und die Person des Geschäftsführenden Vorsitzenden ein.)[327] Schütz forderte aber nicht nur eine „offensive Deutschlandpolitik"; er gab auch an, wer eine solche Politik betreiben könne: Ein „nationaler Notstand", wie er durch die Zweiteilung Deutschlands gegeben sei, lasse sich nur durch den Zusammenschluß *aller* politischen und sozialen Kräfte eines Volkes beheben, die aufhören müßten, „sich in der Öffentlichkeit zu streiten".[328] Nur eine Regierung, der „auch das Ausland" abnehme, daß „hinter ihr das ganze Volk stehe,[329] könne jetzt (in der Mitte der sechziger Jahre) noch „das Steuer herumwerfen",[330] also der Vereinigung der beiden deutschen Staaten erreichen. Während der Regierungskrise im Herbst 1966 präzisierte er, was er mit „Zusammenfassung aller Kräfte" gemeint hatte:

„Ich befürworte in erster Linie eine Allparteienregierung. Wenn sie nicht zustande kommt, dann eine Große Koalition."[331]

Im KUD sah er das beste Beispiel dafür, wie die von so unterschiedlichen Interessen geleiteten Parteien und Verbände auf einen Nenner zu bringen wären:

„Wir haben im Unteilbaren Deutschland vom ersten Tage an ganz bewußt den Zusammenschluß der verantwortlichen politischen und sozialen Kräfte als einen Selbstzweck betrachtet und nicht etwa nur als Mittel zum Zweck."[332]

In der Lösung der Österreichischen Probleme durch den Staatsvertrag vom 15. Mai 1955 sah Schütz den besten Beweis für die Stringenz seiner Überlegungen.[333]

Als sich am 1. Dezember 1966 die große Koalition etablierte, hoffte Schütz auf neue Impulse in der Deutschlandpolitik. Mit Herber Wehner war ja einer der eifrigsten KUD-Akteure an die Schalthebel der Macht gelangt. Schon vorher hatte Schütz signalisiert, daß er das KUD gegebenenfalls auf eine neue, gegenüber dem Osten konzilantere Politik einschwenken lassen würde, selbst mit der Konsequenz, daß ein solcher innerorganisatorischer Kraftakt das KUD zerbrechen lassen würde.[334] Eventuell sah er das KUD ohnehin dann als eine überflüssige Institution an, wenn in der Bundesrepublik eine Deutschlandpolitik betrieben würde, der die überwiegende Mehrheit der Abgeordneten zustimmte. Jedenfalls konnte er erwarten, stärker als bisher in den deutschlandpolitischen Meinungsbildungsprozeß der Bundesregierung eingeschaltet zu werden.

Dies mag ihn u.a. dazu veranlaßt haben, zu Beginn des Jahres 1967 eine Denkschrift mit dem Titel „Was ist Deutschland?" zu verfassen und sie später führenden Politikern zuzusenden.[335] In dieser „Denkschrift" kam Schütz zu dem Ergebnis, daß die staatliche Existenz der DDR nicht mehr zu leugnen sei. *Es sei Tatsache, daß es zwei einander gegenüberstehende Gesellschaftsordnungen in Deutschland gebe.* Beide Staaten seien Gliedstaaten einer Nation, keine der beiden Regierungen vertrete ganz Deutschland und eine Lösung der „Deutschen Frage" könne nur im Rahmen einer gesamteuropäischen Friedensregelung erfolgen. Am 3. Dezember 1967 veröffentlichte die „Welt am Sonntag" erstmals Auszüge des Memorandums. In der Folgezeit entbrannte ein Sturm um das Für und Wider der Schützschen Gedanken. Nahezu alle Politiker und Zeitungen griffen in die Diskussion ein. Die Skala der Diskussionsbeiträge reichte von unverhohlener Zustimmung[336] bis zu offener Ablehnung.[337] Die CDU versuchte, Schütz vom KUD-Vorsitz zu verdrängen und den Bundestagspräsidenten Eugen Gerstenmaier diese Position einnehmen zu lassen.[338] Auf der KUD-Jahrestagung vom 8. bis 10. Dezember 1967 erwies sich, daß weite Kreise der KUD-„Basis" hinter Schütz standen, wenn sie auch im einzelnen seine persönliche Auffassung nicht teilen mochten.[339] Auch die KUD-Spitze ließ Schütz nicht fallen; zu sehr war man auf ihn als *den* Repräsentanten des KUD angewiesen.

Betrachtet man den „Politiker" Schütz in der Zeit von 1951 bis 1967, so lassen sich vielleicht *drei Phasen* erkennen: In den Jahren von 1951 bis 1957, als *Berater Jakob Kaisers,* entwickelte Schütz sich zu einem Experten für die Probleme, die mit dem Begriff „Deutsche Frage" umschrieben werden. Er verfertigte Situationsanalysen, spekulierte über eventuelle Lösungsmöglichkeiten der deutschen Problematik und unterstützte Kaiser bei seinem Kampf um die nationale Wiedervereinigung Deutschlands.[340] Wenn er auch schon seit dem Jahre 1954 das KUD mit großem Interesse und Anteilnahme begleitet hatte, so ermöglichte ihm erst sein Ausscheiden aus den Diensten des BMG, sich vollständig auf die Kuratoriumsarbeit zu konzentrieren. In dieser zweiten „Phase", etwa bis 1963, gelang es ihm, *das KUD fest im Bewußtsein der Deutschen,* z.T. auch des Auslands, *zu verankern.* Er versuchte, das KUD-Konzept zu verwirklichen, den „deutschen Willen zur Einheit" sichtbar zu machen. Dabei hielt er sich weitgehend in Distanz zu „Einzelfragen der Politik" und zu den politischen Auffassungen der großen Parteien. In den Jahren von 1963 bis 1966/67 entwickelte er sich vom „Trommelwirbler, Fahnenschwenker und Wiedervereinigungsprediger"[341] zum „Lordsiegelbewahrer der deutschen Einheit",[342] der trotz Mauerbaus und zunehmender innerdeutscher Verhärtung nach Auswegen suchte und solche auch aufzeigte. Das KUD diente ihm jetzt dazu, den politischen Eliten eindringlich deutlich zu machen, daß nur eine aktive, bedingt risikobereite Politik die Wiedervereinigung noch aussichtsreich erscheinen lasse. Er trat für eine Regierung ein, der möglichst alle Parteien ihre Unterstützung geben konnten. *Von der Großen Koalition erwartete er schließlich, daß diese Regierung die in den vergangen Jahren vom KUD geforderte Politik unmittelbar übernehmen würde.* Er hielt es jetzt sogar für möglich, daß die von ihm erhoffte Politik das KUD als „gesamtdeutsches Gewissen" überflüssig machen würde.

b) Herbert Hupka[343]

Herbert Hupka, promovierter Germinist, trat am 1. Februar 1959 als „Pressereferent" in die Dienste des KUD.[344] Da er schon vorher journalistisch tätig gewesen war, schien er die nötigen Voraussetzungen für diese Aufgabe mitzubringen.[345] Das SPD-Mitglied

Hupka wurde nicht wegen seiner Parteizugehörigkeit, sondern „ausschließlich" aufgrund seiner journalistischen Qualifikation in die KUD-Geschäftsstelle geholt.[346]

Er übernahm die Redaktion des „Rundbriefes", der bis dahin vornehmlich über innerorganisatorische Probleme oder über KUD-Aktivitäten berichtet hatte.[347] Hupka versuchte erfolgreich, neben KUD-internen Berichten auch allgemeine Artikel und Diskussionsbeiträge zum Deutschlandproblem abzudrucken. Politiker kamen ebenso zu Wort, wie KUD-Akteure aus den verschiedenen Regionen der Bundesrepublik. Der „Rundbrief" wurde unter Hupka formal wie inhaltlich zu einer Informationsquelle des Kuratoriumpolitik und -arbeit. Neben der Redaktion des „Rundbriefes" wertet Hupka Zeitungs- und Zeitschriftenartikel aus, die sich allgemein mit der „Deutschen Frage" und im besonderen mit dem KUD beschäftigten. Zu seinen Aufgaben gehörte es auch, auf KUD-Veranstaltungen als Redner aufzutreten.[348]

Als Vertriebenenfunktionär wie als KUD-Referent vertrat Hupka stets prononciert den Standpunkt, daß „Wiedervereinigung" (und damit auch die KUD-Arbeit) immer auch die Territorien jenseits von Oder und Neiße umfasse.[349] Deswegen[350] und aufgrund seiner eigenwilligen Persönlichkeit kam es bald zu Differenzen mit dem Geschäftsführenden Vorsitzenden.[351] Zum offenen Bruch und in der Folge zum Ausscheiden Hupkas aus KUD-Diensten, kam es im Frühjahr 1964: Außenminister Gerhard Schröder hatte vor dem Evangelischen Arbeitskreis der CDU am 3. April 1964 eine Rede gehalten, in der er seine schon früher[352] geäußerte Hoffnung wiederholte, „daß in einigen osteuropäischen Staaten das Verständnis für die deutsche Frage" wachse.[353] Hupka, der durchaus nicht „gegen eine Versöhnungspolitik mit Polen" war, sondern lediglich vor deren eventuellen Folgen, nämlich einer „Anerkennung der Oder/Neiße-Gebiete als polnisches Territorium" hatte warnen wollen,[354] schrieb daraufhin einen Artikel, der in „Die Brücke", einem Organ der sudetendeutschen Sozialdemokraten, veröffentlicht wurde.[355] Er kritisierte hier die „Unverbindlichkeit" mit der Schröder die Frage der Oder/Neiße-Linie angesprochen habe: „Kaffeesatzspekulationen" seien nicht einer Lösung oder Klärung der anstehenden Fragen dienlich. Der Artikel schloß:

„Stresemann und Brentano, Schröders Amtsvorgänger, beliebten sich auch in heiklen Fragen verbindlicher auszudrücken."

Schütz, der Schröders flexibleren Kurs in der Ostpolitik seit Beginn dessen Amtszeit vorbehaltlos unterstützt hatte,[356] sah durch die Äußerung des KUD-Referenten Hupka seine Beziehungen zum auswärtigen Amt „gefährdet".[357] Am Montag, dem 20. April 1964 (Hupkas Artikel war am Samstag, dem 18. April erschienen) schrieb Schütz an Schröder:

„Sehr geehrter Herr Bundesminister ... der Presse entnehme ich, daß der Pressereferent des Kuratoriums Unteilbares Deutschland sich zur deutschen Ostpolitik geäußert hat. Dazu möchte ich feststellen: ... Es besteht (seitens des KUD – L.K.) Vertrauen und nicht Mißtrauen zur Ostpolitik der Bundesregierung. Der Pressereferent hat seinen Aufsatz ... ohne Wissen und vorherige Absprache mit mir und meinen Mitarbeitern veröffentlicht ... Gegenüber dem Pressereferenten des Kuratoriums Unteilbares Deutschland habe ich angesichts dieser Sachlage Konsequenzen gezogen ... Die vertrauliche Zusammenarbeit, die sich zwischen den drei Parteien des Deutschen Bundestages im Kuratorium Unteilbares Deutschland in langen Jahren erarbeiten ließ, die vor allem aber auch zwischen Ihnen und mir, zwischen Ihrem Haus und dem Kuratorium Unteilbares Deutschland besteht, ist so wichtig, daß ich Ihnen heute sofort diese Klarstellung geben möchte."[358]

Die erste „Konsequenz", die Schütz zog, war, daß er Hupka das Betreten der KUD-Geschäftsstelle in der Remigiusstr. 1 untersagte, ihm also „Hausverbot" auferlegte.[359]

Am selben Tage, dem 20. April, kam es zu einer längeren Aussprache zwischen Schütz und Hupka.[360] Schütz erläuterte Hupka, daß seiner Meinung nach ein „Konflikt" bestehe zwischen der Tätigkeit Hupkas als KUD-Pressereferent und seinem Bestreben, seine „profilierten Ansichten in Politik und Publizistik" zu vertreten. Dabei stimme Hupka „offensichtlich" nicht mehr mit dem KUD überein. Er, Schütz, stelle jetzt Überlegungen dahingehend an, daß beide Positionen, KUD-Referent und Journalist, nicht mehr vereinbar seien. Das KUD komme „in eine unmögliche Lage", wenn jeder Referent neben seiner beruflichen Tätigkeit Äußerungen tue, die später das KUD dazu nötigten zu erläutern, daß der Betreffende als Privatmann und nicht als KUD-Akteur seine Meinung dargetan habe. Hupka berief sich dagegen auf sein „Recht als Staatsbürger", der außerhalb des Dienstes völlig ungehindert seine Meinung äußern könne. Schütz war anderer Meinung: Hupka könne nicht nach 18 Uhr einen anderen Standpunkt vertreten, ohne sowohl „vor 6 Uhr als auch nach 6 Uhr" unglaubwürdig zu sein. Als Schütz im weiteren Gesprächsverlauf nicht von seinem Standpunkt abwich, versuchte Hupka einzulenken, indem er Schütz anbot, seine Aktivitäten in der Schlesischen Landsmannschaft zugunsten seiner KUD-Tätigkeit einzuschränken. Schütz lehnte dies ab; die Tätigkeit in der Landsmannschaft sei „staatspolitisch wichtiger" als Hupkas KUD-Beschäftigung. Der Vermerk über das Gespräch schließt:

„Dr. Hupka schließt schließlich mit der Feststellung, daß ich (Schütz – L.K.) ihm offensichtlich das Vertrauen entzogen habe, was ich mit Stillschweigen quittiere."

Schütz sah also Hupkas weiteres KUD-Engagement als nicht mehr vertretbar an.

Hupka war jedoch mit der Begründung, mit der Schütz ihm seine berufliche Existenz entziehen wollte, nicht einverstanden. Er bat den damaligen Präsidenten des BdV, Wenzel Jaksch, um Unterstützung. Jaksch schrieb daraufhin an Schütz:

„... Betroffen bin ich darüber, daß nun auch in die überparteiliche Gemeinsamkeit des Kuratoriums Unteilbares Deutschland der Geist der Unduldsamkeit und des Konformismus eindringen soll ... Herr Dr. Hupka ist zweiter Vorsitzender der Landsmannschaft Schlesien und Präsidialmitglied des BdV. Den beanstandeten Artikel hat er in dieser Eigenschaft geschrieben und zwar in Ausübung seiner staatsbürgerlichen Meinungsfreiheit ... Die Meinungsfreiheit scheint mir nicht wenig gefährdet, wenn ein heimattreuer Schlesier, dessen Familie rassische Verfolgung erlitten hat, wegen einer kritischen Stellungnahme zu einer Ministerrede beruflich gemaßregelt werden soll ... Ich (muß) Sie herzlich und inständig bitten, die Angelegenheit auf sich beruhen zu lassen und das Kündigungsschreiben an Herrn Dr. Hupka zurückzuziehen."[361]

Dieses Schreiben seines Freundes[362] konnte Schütz jedoch nicht davon abhalten, weiterhin die Entlassung Hupkas zu betreiben. Während der nächsten Sitzung der KUD-Spitze[363] mußte Schütz jedoch zurückstecken. Er mußte einsehen, daß Hupkas Artikel kein ausreichender Kündigungsgrund sein konnte. Schütz erklärte nun, daß er schon lange vor der Veröffentlichung dieses Artikels Schwierigkeiten mit Hupka gehabt habe. Er wolle mit Hupka nicht mehr zusammenarbeiten. Schließlich erklärten sich die Anwesenden mit Schütz solidarisch. Man einigte sich auf folgende Formulierung (Protokoll):

„Einstimmig wurde beschlossen: Wegen Interessen- und Aufgabenkonflikts ist die vereinbarliche Trennung zwischen dem Kuratorium und Herrn Dr. Hupka erforderlich. Sie soll im Laufe dieses Jahres in freundschaftlicher Vereinbarung erfolgen."

Hupka schied Ende 1964 aus den Diensten des KUD. Mit ihm verschwand auch der „Rundbrief" als KUD-Mitteilungsblatt. Ab 1965 gab Schütz für das KUD ein neues Periodikum, „Politik", heraus, das in Aufmachung und Inhalt mit dem „Rundbrief" nicht mehr viel gemein hatte.

Vier *Schlußfolgerungen* lassen sich aus der „Angelegenheit Hupka" ziehen:
1. KUD-Funktionäre konnten es sich nicht ohne größeres Risiko für ihre berufliche Existenz leisten, von der Schützschen Auffassung abweichende Meinungen zu vertreten.
2. Von seinen führenden Mitarbeitern verlangte Schütz, daß sie auch außerhalb ihres Dienstes seine, d.h. die KUD-offizielle Linie vertraten.[364]
3. Innerhalb des KUD kam dem Geschäftsführenden Vorsitzenden *die* ausschlaggebende Funktion in programmatischer, personeller und organisatorischer Hinsicht zu. Er konnte sich auf die Solidarität der anderen KUD-Spitzenakteure verlassen.
4. W. W. Schütz war offenbar nicht bereit, seine einmal gefaßte Meinung durch die KUD-Referenten infrage stellen zu lassen. Die KUD-Referenten hatten geschlossen hinter dem Geschäftsführenden Vorsitzenden zu stehen.

C Finanzierung

So sehr man in der Bonner KUD-Geschäftsstelle bereit war, diese Studie großzügig z.b. dadurch zu unterstützen, daß man gestattete, alle noch vorhandenen Aktenordner auszuwerten, so sehr hüllte man sich in Schweigen, was die finanzielle Situation des KUD betrifft. Dabei verschwieg man nicht nur die finanziellen Grundlagen etwa der letzten fünf Jahre, was verständlich gewesen wäre,[365] sondern man konnte sich auch nicht entschließen, dem Verfasser die einzelnen Prüfungsberichte aus dem Berichtszeitraum (also bis einschließlich zum Jahr 1966) zur Verfügung zu stellen. Die folgenden Angaben beruhen daher auf eigenen Recherchen, welche sich umso schwieriger gestalteten, da korrekte und konkrete diesbezügliche Unterlagen kaum vorhanden sind, und die verwendeten Quellen an verschiedenen Stellen (außerhalb Bonns) zusammengesucht werden mußten. Notwendigerweise kann daher der folgende Überblick nur lückenhaft sein.

Obgleich man sich am 6. März in Königswinter keineswegs über konkrete organisatorische Fragen unterhalten hatte, war man sich doch darüber im klaren, daß die neue Organisation, wenn sie auch noch so klein gehalten werden könnte, finanziert werden mußte. Im Protokoll der Sitzung[366] hieß es hierzu lapidar, daß im Hinblick auf die notwendigen Geldmittel an eine „Aufbringung der Beträge durch die großen Organisationen gedacht" sei. Im Prinzip war den Beteiligten also schon im März 1954 klar, daß das spätere KUD nicht vom Staat, sondern von gesellschaftlichen Gruppierungen finanziert und getragen werden sollte. Allerdings hatte Kaiser zu jenem Zeitpunkt noch keinen Kontakt z.b. zum Deutschen Gewerkschaftsbund (DGB) aufgenommen, wie er in der Sitzung sagte.

Um aber überhaupt eine eigene Schreibkraft mit einer eigenen Schreibmaschine beschäftigen zu können (die KUD-Vorbereitungen sollten unabhängig vom BMG vonstatten gehen; zudem hatte man im BMG am Bottlerplatz ohnehin keinen Platz für zusätzliche Bedienstete), stellte Kaiser am 18. März 1954 DM 6.000,- als „Anlaufmittel"[367] aus dem Titel 300 des BMG-„Reptilienfonds" zur Verfügung.[368] Am 9. Juli 1954 bewilligte Kaiser noch einmal DM 10.000,- aus dem gleichen Fonds.[369] Am 28. Juni 1954 teilte Kaiser dem Aktionsausschuß mit,[370] daß der DGB einen festen Finanzierungsbeitrag zugesagt habe, dagegen sei vom Chef der Berliner Industrie- und Handelskammer, Friedrich Spennrath,[371] noch keine Zusage gekommen. Am 13. Juli 1954 überwies der DGB DM 25.000,-. Am 3. Dezember 1954, als seitens der Unternehmerorganisationen erst DM 5.000,- (vom Deutschen Industrie- und Handelstag – DIHT –) überwiesen worden waren, stellte der DGB weitere DM 25.000,- bereit. Die Bundesvereinigung der Deutschen Arbeitgeberverbände (BDA) entschloß sich am 10. Dezember DM 5.000,- zur Verfügung zu stellen.[372] Im KUD-Gründungsjahr standen also insgesamt DM 76.000,- für die Organisation zur Verfügung.

Während der Aktionsausschußsitzung vom 27. September 1954 teilte Kaiser mit, daß er damit rechne, das KUD mit jährlich DM 300.000,- finanzieren zu können. Das Geld hoffte er von Unternehmern wie von Gewerkschaftsorganisationen zu erhalten.[373] Diese Hoffnung Kaisers beruhte jedoch nicht etwa auf vertraglichen Vereinbarungen z.b. zwischen KUD und DGB, sondern auf mündlich gegebenen Zusicherungen seitens hoher Verbandsfunktionäre (beim DGB z.b. vom Vorstandsmitglied Georg Reuter). Dabei standen die Arbeitnehmerorganisationen „voll zu ihrem Wort",[374] wogegen Industrie- und Unternehmerverbände nur ungern und zögernd die zugesagten Beträge auf KUD-Konten überwiesen.[375]

Für die Jahre 1955 und 1956 liegen keine Zahlen vor. Im Jahr 1957 zahlte der DGB DM 100.000,-, die Deutsche Angestellten-Gewerkschaft (DAG) DM 12.000,-. Seitens der Arbeitger/Industrie wurden insgesamt DM 75.000,- aufgebracht.[376] Im Jahre 1958 erhöhten die KUD-Finanziers ihre Förderungssummen. So ist in seinem Prüfungsbericht folgende Aufstellung zu finden:[377]

„Deutscher Gewerkschaftsbund	DM 100.000,–
Bundesvereinigung der Deutschen Arbeitgeber	DM 25.000,–
Bundesverband der Deutschen Industrie	DM 25.000,–
Deutscher Industrie- und Handelstag	DM 25.000,–
Deutscher Beamtenbund	DM 25.000,–
Bundesverband des privaten Bankgewerbes	DM 7.500,–
Deutsche Angestelltengewerkschaft	DM 6.000,–
Zusammen	DM 213.500,–"

Da jedoch das KUD nach dem Ausbau der Geschäftsstelle weitaus mehr Geld benötigte,[378] geriet es in eine tiefe Liquiditätskrise.[379] Nachdem das BMG es abgelehnt hatte, das KUD institutionell zu fördern[380] – man gab lediglich Zuschüsse zu einzelnen Aktivitäten (z.B. Ausstellungen) – beklagte sich Schütz beim Hauptgeschäftsführer des Deutschen Städtetages (DST) Otto Ziebill, über die mißliche Lage.[381] Ziebill sagte Schütz seine Unterstützung zu. Nach Konsultationen mit dem Landesverband Nordrhein-Westfalen des DST schlug Ziebill dem DST-Hauptausschuß auf dessen Sitzung am 12./13. Dezember 1958 vor, einen Beschluß bezüglich einer finanziellen KUD-Unterstützung zu fassen.[382] Am 13. Dezember 1958 beschloß der DST-Hauptausschuß,[383] seinen Mitgliedern zu empfehlen, einen sogenannten „Deutschlandpfennig" dem KUD zur Verfügung zu stellen: Jede Kommune sollte pro Kopf ihrer Einwohner einen Pfennig jährlich zur KUD-Finanzierung an die DST-Geschäftsstelle abführen, die ihrerseits die eingegangenen Beträge dem KUD auf Abruf[384] zur Verfügung stellen würde. Bis auf den Bayerischen Städtetag griffen Städte aus allen regionalen DST-Organisationen die Empfehlung des Hauptausschusses auf. Insgesamt beteiligten sich 135 Städte am „Deutschlandpfennig".[385]

Im Jahre 1959 gingen DM 179.000,–, bis Ende 1960 insgesamt DM 284.000,– für das KUD bei der Kölner DST-Geschäftsstelle ein.[386] Bis zum Jahre 1966 beliefen sich die jährlichen Summen des „Deutschlandpfennigs" auf ca. DM 100.000,–. Insgesamt verhalfen die Gelder des DST und der Arbeitnehmer- und Arbeitgeberorganisationen im Berichtszeitraum (also bis 1966) dazu, die KUD-Geschäftsstelle ohne finanzielle Sorgen agieren zu lassen.

Neben dieser institutionellen Förderung gelang es mit den Mitteln der Aktion „Macht das Tor auf" auch die KUD-Aktivitäten zu erweitern. Durch den Abzeichenverkauf im Zuge dieser Aktion ging von Ende 1958 bis zum 31. Dezember 1959 allein die Summe von DM 1.426.816,15 auf einem KUD-Sonderkonto ein. Mit diesem Geld war man nun, wenigstens bis 1962, auch von einer BMG-Förderung einzelner Aktivitäten unabhängig. Beispielsweise wurden mit den durch den Abzeichenverkauf des „Brandenburger Tores" angesammelten Geldern die KUD-Jahrestagungen finanziert. Die Gelder der Aktion „Macht das Tor auf" wurden ausschließlich für „caritative und kulturelle Zwecke" verwendet.[387]

Finanzielle Sorgen hatte das KUD also in der ersten Hälfte der sechziger Jahre nicht. Man konnte sogar größere Beträge ins Ausland transferieren: Beispielsweise wurden im Jahr 1962 DM 5.000,– dem UN-Hochkommissar für Flüchtlinge überwiesen,[388] mit der Maßgabe, dieses Geld für Flüchtlinge aus Rot-China nach Honkong zu verwenden. Im gleichen Jahr stellte man für Erdbebenopfer im Iran (DM 1.000,–) und Indien (DM 3.000,–) KUD-Gelder zur Verfügung.[389]

Über die Vergabe der Gelder entschieden zwei Gremien: Institutionelle Ausgaben überwachte der KUD-interne „Finanzausschuß";[390] die Gelder der Aktion „Macht das Tor auf" wurden von einem eigens dazu eingesetzten Gremium verteilt.[391] Die Überprüfung aller KUD-Finanzen geschah bis zum Jahre 1959 durch einen vereidigten Wirtschaftsprüfer, ab 1960, als der DST sich an der KUD-Finanzierung beteiligte, durch die DST-eigene WIBERA.

Die finanzielle Situation des KUD war also von der Gründung bis 1957 zufriedenstellend.[392] Als man den KUD-Apparat im Jahre 1958, ohne finanziell Vorsorge zu treffen, vergrößerte, traten ernste Finanzierungsschwierigkeiten auf.[393] Aus dieser prekären Situation gelang es, das KUD, bedingt durch die wohlwollende Haltung des DST und durch den unerwarteten Erfolg der Aktion „Macht das Tor auf", zu einer wohlhabenden und sogar spendablen Institution zu machen. Erst in der zweiten Hälfte der sechziger Jahre kam das KUD wieder in ernstliche Finanznöte.

D Zusammenfassung

Betrachtet man das KUD insgesamt in seinem organisatorischen Aufbau, so scheinen folgende Aussagen gerechtfertigt zu sein:
1. Als „Rechtsträger" des KUD fungierte ein beim Amtsgericht Bonn eingetragener Verein; das KUD selbst war keine juristische Person. Die Mitgliedschaft im KUD bzw. in der KUD-Spitze beruhte auf der alleinigen Entscheidung der Bonner KUD-Spitze.
2. Das KUD kann *nicht* als eine einheitliche Organisation angesehen werden. Vielmehr existierten viele Organisationen, die sich zu den Zielen des KUD bekannten. Die einzelnen regionalen und lokalen Kuratorien organisierten sich selbständig. Das führte dazu, daß sich einzelne Kuratorien als juristische Personen beim zuständigen Amtsgericht registrieren ließen.
3. Die KUD-Spitze in Bonn agierte *nicht* aufgrund einer durch innerorganisatorische Wahlen begründeten Legitimation, sondern aufgrund der stillschweigenden Duldung durch die großen, das KUD materiell oder ideell stützenden Gruppierungen.[394]
4. Das auf Bundesebene organisierte KUD arbeitete *ohne* klare innerorganisatorische Regelungen. Trotz der im Jahre 1961 erstellten Geschäftsordnung blieben die Kompetenzen der vielzähligen Ausschüsse bzw. des Präsidiums, die ihrerseits ohne eigene Geschäftsordnung existierten, ungeklärt. So sah sich der DST-Hauptgeschäftsführer z.B. veranlaßt am 13. November 1962 an W. W. Schütz zu schreiben:
   „Es bleibt also die schwierige Frage, welche Zuständigkeiten der Politische Ausschuß, insbesondere der Engere Politische Ausschuß, einerseits und das Präsidium andererseits bei der Frage der politischen Erklärungen haben soll".[395]
5. Die Beteiligung der nachgeordneten Ebenen am Willensbildungs- und Entscheidungsprozeß des *weder hierarchisch noch demokratisch* organisierten KUD war zwar theoretisch seit 1962 durch zwei dem Präsidium angehörende Landeskuratoriumsvorsitzende abgesichert, praktisch hatten die nachgeordneten Kuratoriumsebenen *keinerlei Einfluß auf die Arbeit und Programmatik* des auf Bundesebene bestehenden KUD.
6. Sowohl unter organisatorischem wie programmatischem Aspekt war W. W. Schütz *der spiritus rector* des KUD. Trotz Beteiligung vieler prominenter politischer und gesellschaftlicher Eliten lebte und agierte das KUD im wesentlichen durch Schütz. Er und das KUD waren über lange Jahre hinweg eine existentielle Symbiose eingegangen.
7. Institutionell wurde das KUD nicht von der Bundesregierung, sondern von verschiedenen gesellschaftlichen Gruppen finanziert. Die KUD-Aktivitäten wurden teils vom BMG bezuschußt, teils aus eigenen Mitteln finanziert. Damit wurde eine von Anfang an gestellte Maxime erfüllt: Nicht nur programmatisch, sondern auch *finanziell weitgehend unabhängig von der Bundesregierung* zu handeln.

Teil II: Programmatische Schwerpunkte des KUD im Kontext der deutschlandpolitischen Entwicklung von 1954 bis 1977/78

A Zum Selbstverständnis des KUD

Um die Tätigkeit des KUD nicht zusammenhanglos und zufällig erscheinen zu lassen, soll im folgenden versucht werden, einige zeitlich eingrenzbare programmatische Schwerpunkte des KUD aufzuzeigen. Dieser Versuch erscheint durchführbar und schwierig zugleich: durchführbar deswegen, weil sich in der Tat konkrete Anhaltspunkte dafür finden lassen, daß sich das KUD in dem hier behandelten Zeitraum in einzelnen Zeitabschnitten auf verschiedene Ziele besonders konzentrierte. Eher schwierig mutet der Versuch aus mehreren Gründen an: Einmal sind die Grenzen zwischen den einzelnen Phasen fließend, d.h. vieles, was sich erst in späteren Jahren zu einem programmatischen Schwerpunkt entwickelte, war schon lange vorher diskutiert bzw. angekündigt worden. Zum anderen besteht hier das kaum lösbare Problem, Äußerungen einzelner führender KUD-Akteure, z.B. W. W. Schütz',[1] als zutreffende *KUD*-Meinung und nicht nur als private Meinungsäußerung anzusehen. Schließlich wird eine zeitliche Eingrenzung durch den Umstand erschwert, daß sich die gesamte KUD-Arbeit einerseits ausschließlich und direkt von der voluntaristischen und pathetischen[2] Formel „Unteilbares Deutschland" lenken ließ, andererseits das KUD aber — zumindest prinzipiell, um sich nicht ins politische Abseits zu manövrieren — sein Agieren an der jeweiligen Bonner Deutschlandpolitik orientieren mußte, die ihrerseits keineswegs stringent zu sein schien und sich allenfalls als „schattenhafte Parallele" zur Außenpolitik darstellte.[3]

Das KUD befand sich also von Anfang an in dem Dilemma, daß es sich einerseits ausschließlich um die nationale und staatliche Einheit zu mühen hatte, es sich andererseits aber stets in dem deutschlandpolitischen Rahmen bewegen mußte, in dem sich die einzelnen Bundesregierungen selbst zu bewegen zwangen. Diese Beschränkung widersprach eigentlich dem Selbstverständnis des KUD. Keineswegs verstand es sich etwa als „Arm" der jeweiligen Bundesregierung, sondern es sah sich als die Zusammenfassung aller „freiheitlichen Kräfte" der Bundesrepublik an, „um *neben* Regierung und Parlament das Volk zum Träger der Wiedervereinigungspolitik zu machen".[4]

Im KUD herrschte die Auffassung, daß die Bundesrepublik Deutschland als Staat weder allein noch im Verein mit der westlichen Allianz in der Lage sei, die Einheit Deutschlands wiederherzustellen, sondern daß erst eine tatkräftige „Mitwirkung jedes einzelnen, jeder Familie, jeder Schule, Universität und Gemeinde, der Gewerkschaften und der Industrie, der großen Verbände und aller sozialen Schichten" eine Wiedervereinigung möglich erscheinen ließe.[5] Das KUD verstand sich als „institutionalisierte Präambel" des Grundgesetzes,[6] nach welcher ja das „gesamte Deutsche Volk" aufgefordert war, die Einheit Deutschlands zu vollenden. *Das KUD repräsentierte, zumindest in seinem Selbstverständnis,*[7] *die wiedervereinigungswillige deutsche Bevölkerung.*[8] So hatten im Jahre 1951 80% der im Rahmen einer demoskopischen Erhebung Befragten geäußert, die Bundesdeutschen sollten sich nicht mit der Oder/Neiße-Linie abfinden. Dieser Prozentsatz sank zwar kontinuierlich (1956 waren noch 73% derselben Meinung, 1959 67% und 1964 59%,[9]) aber erst im Jahre 1969 war eine Mehrheit der bundesdeutschen Bevölkerung bereit, sich mit der deutsch-polnischen Grenze abzufinden.[10] Auf die Frage, ob die Bundesregierung „jede Möglichkeit zu einem Zusammenschluß" von DDR und Bundesrepublik ausnutzen sollte, hatten sich im Oktober 1951 58% zustimmend geäußert.[11] Im Jahre 1956 waren dann 65% der Meinung, es sei sinnvoll, immer wieder zu fordern, Deutschland solle wiedervereinigt werden. Dieser Prozentsatz blieb bis zum Jahre 1959 in etwa gleich; im Jahre 1964 stieg er sogar auf 69% an.[12] Und noch im März 1962 stimmten 54% der Meinung zu, daß die Wiedervereinigung komme, wenn die Hoffnung darauf nicht aufgegeben werde.[13]

Im Sinne der Rousseauschen „volonté générale" konnte das KUD sich nicht bloß in die Rolle eines „Mahners" abdrängen lassen, der nur Gefühlen, nicht aber auch politischen Gedanken klaren Ausdruck verleihen durfte.[14] So sagte Schütz einmal in einem Vortrag:

„Sie können anderen Menschen nicht den Eindruck eines wirklichen und starken Wiedervereinigungswillens in Deutschland vermitteln, wenn er nur von ein paar politischen Vertretern, von der Regierung, von der Diplomatie, aber nicht von den Menschen selbst ausstrahlt."[15]

In diesem Sinn sind die noch darzustellenden Aktivitäten zu verstehen, die das KUD unternahm, um dem „sinnfälligen" deutschen Willen zur Wiedervereinigung Ausdruck zu verleihen (J. Kaiser in Bad Neuenahr). Die Resonanz in der Öffentlichkeit, beispielsweise der KUD-Veranstaltungen zum 17. Juni, an denen allein in Berlin über 100.000 Menschen teilnahmen[16] oder die über 20 Millionen der im Zuge der Aktion „Macht das Tor auf" verkauften Anstecknadeln (vgl. unten), trug dazu bei, daß sich die *KUD-Spitze als die Exekutive jener „volonté générale" verstand.* Sie fühlte sich nicht nur legitimiert, sondern geradezu gezwungen, eigene politisch-programmatische Wege einzuschlagen, die sich von denen der offiziellen Politik unterschieden bzw. die dieser Politik einmal, binnenpolitisch, Impulse zu geben vermochten und zum anderen, unter außenpolitischem Aspekt, dem immer wieder angemeldeten „deutschen Vorbehalt" den nötigen Rückhalt vermitteln sollten.

Der Geschäftsführende Vorsitzende des KUD wurde durchaus als eine ernstzunehmende Persönlichkeit des politischen Lebens angesehen. Darauf weisen die unzähligen Einladungen zu Gesprächen, Vorträgen oder Empfängen hin, die W. W. Schütz als dem führenden KUD-Repräsentanten zugingen.[17] Über den in Wahrnehmung solcher Pflichten geführten Meinungsaustausch führte Schütz z.T. ausführlich Tagebuch.[18] Der folgende Bericht über seine anläßlich eines Staatsempfangs geführten Gespräche zeigt, wie selbstbewußt die KUD-Spitze auch zu aktuellen politischen Fragen Stellung nahm:

„Empfang König von Marokko, Hassan II., auf dem Petersberg am 30. November 1965.

Gespräch mit *Gerstenmaier:* Er stellt sich rückhaltlos hinter die Bundestagsreden von Strauß, der sich gegen die Unterzeichnung eines Atomsperrvertrages aussprach. Es sei, meinte Gerstenmaier, das Hervorragendste, was er je gehört habe. Ich trete dem entgegen. Auf diese Weise würden wir niemals zu Atomwaffen kommen, sondern nur mit dem Vorwurf des Störenfrieds belastet werden. Daraufhin heftige Auseinandersetzung mit Gerstenmaier, der erklärt, in meiner Stellung dürfte ich mich zu diesen Dingen überhaupt nicht äußern. Als ich dem widerspreche, erklärt er, ich müsse mir überlegen, ob ich nicht die deutsche Frage schädige. Ich erkläre ihm, daß die Politik, die er vertrete, uns in die Isolierung bringt und nicht nur den Osten, sondern auch den Westen gegen uns aufbringt.

Daraufhin er: ‚Was heißt schon Isolierung'.

Gespräch mit *Carstens:* den ich um eine Erläuterung bitte, was seine Zusage von Beratungen ‚von Fall zu Fall' bedeute (Schütz hatte den Außenminister vorher gebeten, mit dem KUD Gespräche zu führen, wie bei einer eventuellen Neuordnung der NATO das Problem der Wiedervereinigung deutlich in den Vordergrund gestellt werden könnte – L. K.). Daraufhin er: Die Verteidigungsfrage sei so schwierig, daß man uns darüber überhaupt keine Auskunft geben könne. Daraufhin ich: Das könne aber zu einer Gegensätzlichkeit führen, die von mir nicht gewünscht werde, die ich aber unter solchen Umständen möglicherweise nicht vermeiden könne.

Langes Gespräch mit *Frau Schwarzhaupt:* Sie ist ganz meiner Meinung, daß man sich, wie sie sich ausdrückt, in der Atomfrage zieren müsse, wie eine Jungfrau. Sie ist auch der Meinung, daß uns niemand Atomwaffen gebe, wenn wir sie verlangten, sondern im Gegenteil, eher alles unternehmen würde, um das zu verhindern, wenn man diesen Drang von deutscher Seite verspüre. Sie stelle sich ganz hinter die Denkschrift der EKD, an der sie mitgearbeitet habe. Man habe mehrere

Flüchtlingsvertreter zu Rate gezogen, darunter Herrn Rehs (Flüchtlingspfarrer). Sicher sei die Denkschrift nicht das letzte Wort, aber sie habe doch zu einer Auflockerung gegenüber dem Osten geführt. Ohne dies kämen wir aber in der Wiedervereinigungsfrage nicht weiter. Schröder stehe auf dem gleichen Standpunkt, aber er habe eine seltsame Art, diejenigen zu befremden, die mit ihm zusammenarbeiten wollen. Er sei außer Stande zu diskutieren. Von dem Angriff der Flüchtlingsvertreter auf das Gespräch der EKD mit dem Kuratorium habe sie bereits in der Partei gehört. Aber sie habe den Eindruck, die Vertriebenenvertreter kämen nicht durch.

Gespräch mit *Jahn,* dem Vorsitzenden der Pommerschen Landsmannschaften, der seine erste Rede als CDU-Abgeordneter heute im Bundestag halten will. Er werde die EKD-Denkschrift heftig angreifen. Herr Raiser (Vorsitzender der Kammer der EKD für öffentliche Verantwortung, die die Denkschrift 1965 verfaßte – L. K.) sei Oberregierungsrat unter den Nazis im Baltikum gewesen. Er, Jahn, ein einfacher Hitlerjunge. Es stehe Raiser nicht zu, jetzt solche Verzichtserklärungen abzugeben.
Bonn, den 1. Dezember 1965".[19]

Solche Kontakte verhalfen Schütz nicht nur zu der Erkenntnis, wer ein „Freund" oder ein „Gegner" sei. Sie dienten dem KUD vor allem dazu, das politische Meinungsspektrum zu erfassen, um dadurch Rückschlüsse für die eigene politisch-programmatische Konzeption zu ziehen.

Dabei blickte das KUD nicht nur „nach Osten", wie Baring meint,[20] sondern man versuchte, sich unter Berücksichtigung der jeweiligen regionalen und globalen politischen Konstellationen auf *verschiedene Schwerpunkte* zu konzentrieren. In den Jahren von 1954 bis etwa 1957 war man bemüht, als Sprecher der deutschen Wiedervereinigungswilligen ins Bewußtsein zunächst der deutschen Bevölkerung einzudringen, indem man versuchte, die „Deutsche Frage" als ungelöstes Problem verstärkt in die öffentlichen Diskussionen zu bringen. In einer zweiten Phase, von 1958 bis 1960/61, ging es darum, die KUD-Grundlage in der Bevölkerung entscheidend zu vergrößern; erreichen wollte man dies durch eine „Popularisierung des KUD-Gedankens". Das KUD in den Jahren 1961 bis 1962/63 – dritte Phase – legte besonderes Gewicht darauf, die „Weltöffentlichkeit" auf die „Deutsche Frage" aufmerksam zu machen. Schließlich trat das KUD von 1963 bis 1966/67 damit hervor, Formulierungshilfe für eine flexiblere, den politischen Notwendigkeiten adäquatere Deutschlandpolitik zu leisten. Nach Bildung der Großen Koalition begannen in den Jahren 1968/69 zwischen den Parteien deutliche Unterschiede zu Fragen der Deutschlandpolitik sichtbar zu werden. In der bundesdeutschen Bevölkerung begann das Interesse an einer Wiedervereinigung spürbar abzusinken: Nur noch 23% hielten im Januar 1968 die „Wiedervereinigung Deutschlands" für die „wichtigste Frage" in der Bundesrepublik; bereits im Dezember 1967 hatten nur noch 31% die „Teilung Deutschlands" als „unerträglich" bezeichnet wogegen sich 56% an die Teilung „gewöhnt" hatten.[21] Das KUD blieb vom deutschlandpolitischen Streit gegen Ende der sechziger Jahre nicht unberührt. Die KUD-Spitze sah sich noch weniger als in früheren Jahren in der Lage, geschlossen zwischen den gegensätzlichen Positionen zu vermitteln und mit eigenen Initiativen hervorzutreten. Mit der (wieder) erforderlichen politisch-programmatischen „Abstinenz" begann der vorläufig letzte Abschnitt der KUD-Entwicklung, in dem es sich zu einer grundsätzlichen Änderung seiner bisherigen Arbeitsweise gezwungen sah.

B Abschnitte der deutschlandpolitischen Entwicklung

1. 1954 bis 1957

a) Politische Entwicklung

Vom 25. Januar bis 18. Februar 1954 konferierten die Außenminister der Siegermächte des Zweiten Weltkrieges (Dulles, Eden, Bidault, Molotow) im Berliner Kontrollratsgebäude.[22] Es war das siebte Außenministertreffen der vier Mächte seit 1945, und mit ihm begann „eines der umstrittensten Kapitel" der deutschen Nachkriegspolitik.[23]

Die Konferenz war zustande gekommen, nachdem sich die Westmächte bereit erklärt hatten, neben den Problemen „Österreichischer Staatsvertrag" und „Deutsche Frage" auch das Thema einer Fünferkonferenz (Großbritannien, Frankreich, USA, Sowjetunion und [Rot-]China) über Korea und Indochina in Berlin zu erörtern.[24] Bezüglich der „Deutschen Frage" ging es im wesentlichen um die Reihenfolge der Phasen, die zu einer Wiedervereinigung führen sollten. Während Molotow *vor* allgemeinen Wahlen die Bildung einer gesamtdeutschen Regierung vorschlug (was einer Anerkennung oder zumindest Aufwertung der DDR-Regierung gleichgekommen wäre), unterbreitete namens der Westmächte der britische Außenminister Eden den später nach ihm benannten Plan, der als ersten Schritt zu einer Wiedervereinigung „freie Wahlen" vorsah, die zur Bildung einer Nationalversammlung führen sollten. Die Nationalversammlung sollte dann eine Verfassung erarbeiten und eine Regierung bilden, die verantwortlich in Friedensverhandlungen mit dem Ziel eines Friedensvertrages eintreten könne.[25] Schließlich sollte das wiedervereinigte Deutschland selbst entscheiden, ob es einem Bündnissystem beitreten oder neutral bleiben wolle.[26] Da die Sowjetunion wie die Westmächte auf ihren Standpunkten beharrten, kam es zu keinem Fortschritt in der „Deutschen Frage"; man war „nicht imstande" sich zu einigen, wie es im Abschlußkommuniqué lapidar hieß.[27] Adenauer, der das Scheitern der Konferenz mit „unverhohlener Befriedigung" aufgenommen hatte,[28] sah die Richtigkeit seiner Politik, deren „absolute Priorität" in der „Sicherung der Freiheit"[29] lag, durch den Konferenzverlauf bestätigt.[30]

Das vorläufige Endziel der Adenauerschen Politik war der Zusammenschluß Westeuropas zur „Europäischen Verteidigungsgemeinschaft" (EVG),[31] auf die Adenauer „öffentlich wie privat ganz und gar... festgelegt" war.[32] Als am 30. August 1954 die französische Nationalversammlung den EVG-Vertrag nicht ratifizierte,[33] sah Adenauer hierin nicht nur eine „vernichtende" Niederlage seiner Bemühungen um den Zusammenschluß Westeuropas, sondern auch einen Sieg der Sowjetunion,[34] deren „Primärziel" es gewesen sei, das Zustandekommen der EVG zu verhindern.[35]

Als am 25. Oktober 1954 die „Pariser Verträge" unterzeichnet wurden,[36] kam eine Entwicklung zu ihrem Ende, die sich „mit einer Geschwindigkeit" vollzogen hatte, die „selbst die Protagonisten überraschte":[37] Innerhalb von knapp zwei Monaten fand man einen Ersatz für das Vakuum, welches durch das Scheitern der EVG entstanden war. Nach viertägigen Verhandlungen wurden am 23. Oktober in Paris Vereinbarungen unterzeichnet, die die Aufnahme der Bundesrepublik in die NATO, die Erweiterung des „Brüsseler Paktes" zur „Westeuropäischen Union" (WEU), die Beendigung des Besatzungsstatuts und das Schicksal des Saargebietes betrafen.[38] Die Sowjetunion suchte das Zustandekommen bzw. Inkrafttreten der „Pariser Verträge" dadurch zu verhindern, daß sie ihre „nach der Berliner Konferenz eingeleitete Wendung zur Zweistaatentheorie noch einmal" anhielt[39] und den „Eden-Plan" als Diskussionsgrundlage zu akzeptieren vorgab.[40] Damit wiederholte sie ihre „Taktik vom Frühjahr 1952",[41] als sie mit ihrer Note vom 10. März die Unterzeichnung des EVG-Vertrages durch ihr Angebot eines neutralisierten Gesamtdeutschland zu vereiteln gesucht hatte.[42] Die Bundesregierung und die Westmächte ließen sich auch jetzt, im Herbst

1954, von dieser „massiven" Intervention der Sowjetunion in die Diskussion um die Westbindung der Bundesrepublik[43] nicht beirren: Am 27. Februar 1955 ratifizierte der Deutsche Bundestag die „Pariser Verträge", am 5. Mai traten sie in Kraft. Damit waren „etwaige künftige Notenwechsel oder gar Gespräche über das Deutschlandproblem ... fortan nicht mehr nur Angelegenheiten der vier Großmächte, sondern auch der beiden Paktsysteme".[44]

Neben dem endgültigen Eintritt der Bundesrepublik in das westliche Verteidigungsbündnis, dem „Höhepunkt der Adenauerschen Politik der Wiederherstellung eines freien deutschen Staates",[45] standen drei weitere europäische Ereignisse im Vordergrund des Interesses: Die Unterzeichnung des österreichischen Staatsvertrages (15. Mai 1955), die Genfer Gipfelkonferenz (18. bis 23. Juli 1955) und Adenauers Reise nach Moskau (8. bis 14. September 1955).

Während der „Paukenschlag" des österrereichischen Staatvertrages, mit dem die Sowjetunion eine „neue Politik" einleitete,[46] in Washington als ein erster konkreter Erfolg der „Politik der Stärke" angesehen wurde, sah Adenauer hierin keinen Beweis für eine grundlegende Änderung der sowjetischen Politik.[47] Im Gegenteil! Die Unterzeichnung des österreichischen Staatsvertrages habe lediglich den Zweck gehabt, „die amerikanische und die europäische Öffentlichkeit an den Begriff der ‚bewaffneten Neutralität' zu gewöhnen."[48]

Weil er nicht an eine Wandlung der sowjetischen Politik glaubte, sah Adenauer in der geplanten Genfer Konferenz der Regierungschefs der vier Großmächte[49] nur einen weiteren Versuch der Sowjetunion, den „Wunsch der Westmächte nach Entspannung und Abrüstung auszunutzen, um die Neutralisierung Deutschlands zu erreichen."[50] Obwohl sich die Regierungschefs im Abschlußkommuniqué[51] auf die Kompromißformel einigten, die Wiedervereinigung Deutschland „im Wege freier Wahlen" durchzuführen, war für Adenauer und die Bundesregierung diese „Konferenz des Lächelns" (wie auch die im Herbst 1955 stattfindende Außenministerkonferenz der vier Mächte[52]) ein „voller Erfolg" der Politik der Sowjetunion.[53] Der „vage Optimismus" in der westlichen Öffentlichkeit, den der „Geist von Genf" hervorgerufen hatte, „beunruhigte" Adenauer; er konnte die Gründe für die „unverständliche Begeisterung",[54] die er nach der Konferenz registrierte, „nicht fassen".[55]

Noch vor der „Konferenz des Lächelns", am 7. Juni 1955, hatte die Sowjetunion der Bundesregierung über ihre Botschaft in Paris eine Note zugeleitet, in der die Aufnahme diplomatischer Beziehungen zwischen Bonn und Moskau vorgeschlagen und Adenauer nach Moskau eingeladen wurde.[56] Adenauer befand sich nun in dem Dilemma, entweder durch die Annahme der sowjetischen Einladung möglicherweise die Westmächte bezüglich der bundesdeutschen „Standfestigkeit" zu verunsichern[57] oder, durch ein Ausschlagen der sowjetischen Initiative, in der deutschen Öffentlichkeit den Eindruck zu erwecken, er wolle „weder den Frieden, noch eine Entspannung, noch die Wiedervereinigung Deutschlands".[58] Nach Absprache mit den westlichen Verbündeten entschied sich Adenauer schließlich für die Reise nach Moskau, „nicht in der Erwartung ..., die Wiedervereinigung herstellen zu können, sondern — abgesehen von konkreten Detailzielen wie Rückkehr der Gefangenen — in exploratorischer Absicht".[59] In Moskau wurden nach schwierigen Verhandlungen die Aufnahme diplomatischer Beziehungen und die Freilassung von etwa 10 000 in der Sowjetunion internierten deutschen Kriegsgefangenen vereinbart.[60] Die Aufnahme von diplomatischen Beziehungen hatte allerdings keine Intensivierung der Beziehungen Moskau-Bonn zur Folge. Der Moskauer Besuch blieb eine „Episode", da „auch nicht der Schein einer Rapallo-Politik" entstehen sollte.[61]

Im Nachhinein scheint es so, als wenn die Moskau-Reise des deutschen Bundeskanzlers „die eigentliche Wende" in Bezug auf die Wiedervereinigung eingeleitet hätte, wenn auch nicht in beabsichtigter Richtung:

„Von nun an war eine Lösung der deutschen Frage nur noch zu erreichen, wenn die DDR als politischer Souverän berücksichtigt wurde."[62]

Um die Respektierung bzw. Anerkennung der DDR als einen souveränen Staat zu verhindern, wurde ab Herbst 1955 die sog. „Hallstein-Doktrin" zu einem wesentlichen Instrument bundesdeutscher Deutschland- und Außenpolitik.[63] Ausgehend vom Alleinvertretungsanspruch der Bundesrepublik verbot die „Hallstein-Doktrin" den einzelnen Staaten, mit Ausnahme der Sowjetunion, gleichzeitige diplomatische Beziehungen mit der Bundesrepublik und der DDR.

Als nach den Genfer Konferenzen eine „wesentliche Abkühlung in den Ost-West-Beziehungen " eintrat, konzentrierte sich die bundesdeutsche Außenpolitik in den Jahren 1956 und 1957 vollständig auf die „Westpolitik mit dem Ziel, die westliche Einheit zu festigen und zu sichern".[64] Die Unterzeichnung der „Römischen Verträge" am 25. März 1957[65] war das Ergebnis der vereinten westeuropäischen Anstrengungen.

Die Beziehungen der Bundesrepublik zu den USA wurden im Jahr 1956 von dem Bekanntwerden des „Radford-Planes" überschattet,[66] der eine Verringerung der amerikanischen Streitkräfte um 800 000 Mann zugunsten einer Ausweitung des atomaren Potentials vorsah.[67]

Bekannt wurde der „Radford-Plan" exakt zu dem Zeitpunkt, als in der Bundesrepublik heftig um die Einführung der allgemeinen Wehrpflicht gestritten wurde.[68] Er wirkte sich als „Schützenhilfe" für die Kritiker des Wehrpflichtgesetzes aus.[69] Fritz Erler sah sich daher am 6. Juli veranlaßt, die Pläne der Bundesregierung, die 500 000 Mann unter Waffen stellen wollte, als durch die amerikanischen Pläne „überholt" zu bezeichnen.[70]

Die Debatte um die Einführung der allgemeinen Wehrpflicht war nur ein weiterer Höhepunkt in den Auseinandersetzungen zwischen Regierung und Opposition um die Prioritäten der bundesdeutschen (Außen-)Politik. Der grundsätzliche Konflikt zwischen Regierung und Opposition lag nicht etwa in kontroversen Auffassungen über die allgemeinen Ziele – Freiheit, Frieden, Einheit – der bundesdeutschen Politik begründet, sondern in den unterschiedlichen Auffassungen darüber, *wie* diese Ziele zu erreichen seien. W.F. Hanrieder kennzeichnet den grundsätzlichen Konflikt so:

„Die außenpolitischen Prioritäten der Sozialdemokraten waren ziemlich genau das Gegenteil von denen Adenauers. Für sie war die Wiedervereinigung das wichtigste Ziel und obgleich sie keine grundsätzlichen Einwände gegen Adenauers Politik der Verständigung mit dem Westen hatten, waren sie doch überzeugt, daß die Verpflichtungen aus dieser Politik, nämlich die Wiederaufrüstung und die Mitgliedschaft im westlichen Bündnis, der deutschen Einheit schadeten."[71]

Je konsequenter Adenauer sein außenpolitisches Konzept[72] zu verwirklichen suchte, um so heftiger wurde der innenpolitische Widerstand gegen die Konsequenzen, die aus dieser Politik resultieren mußten. Adenauer (und damit auch die Bundesregierung) sahen aufgrund der internationalen Konstellationen[73] keine realistische Alternative[74] zur Politik der Westintegration,[75] da sich die Interessen der Westmächte (besonders der USA) und die der Bundesrepublik „offensichtlich" ergänzten.[76] Dagegen war die Erlangung der Souveränität der Bundesrepublik „um den Preis der Wiederaufrüstung" für die Opposition kein befriedigender Kompromiß,[77] mit dem man dem vorrangigen Problem der Wiedervereinigung näher kommen könnte.

Die zu ihrer „Grundmaxime erhärtete Forderung der SPD, die deutsche Frage müsse Vorrang vor einer Integration der Bundesrepublik Deutschland in das westliche Verteidigungsbündnis und dem Ausbau desselben haben",[78] war in den ersten beiden Legislaturperioden die Gegenposition der Opposition zur Politik Adenauers, die „einen Weg zu Stabilität, Wiederaufbau und internationaler Anerkennung wies" und „aus der Opposition gegen die Wiederaufrüstung eine emotionale Frage" machte, die sich gegen die praktischen Vorteile und die Hoffnung auf ‚normale Zustände' durchsetzen mußte".[79] Daß sich die so emotional begründete Politik der damaligen Opposition keineswegs durchgesetzt hatte, zeigte sich mit für die SPD schmerzhafter Deutlichkeit, als die Bundestagswahlen im Herbst 1957 mit 50,2% der Wählerstimmen der CDU/CSU die absolute Mehrheit im Deutschen Bundestag einbrachten. Neben dem besonders von Fritz Erler[80] immer wieder formulierten Standpunkt der SPD zur bundesdeutschen

Außenpolitik allgemein und zur „Deutschen Frage" im besonderen, legte die SPD am 29. April 1955 ein „Arbeitsprogramm für die Wiedervereinigung" vor.[81] Kernpunkt dieses Programms war die Forderung, daß „alle innen- und außenpolitischen Maßnahmen im Hinblick auf die Förderung der Beziehung der Deutschen untereinander getroffen" werden müßten. Daß dieses Programm in der Öffentlichkeit wenig Beachtung fand und von der Bundesregierung natürlich überhaupt nicht aufgegriffen wurde, war für die SPD wohl keine Überraschung.

Als sich aber um die Jahreswende 1954/55 abzeichnete, daß der Deutsche Bundestag den „Pariser Verträgen" zustimmen würde, versuchte man die Öffentlichkeit für die Position der Opposition zu gewinnen: Mit der bald so genannten „Paulskirchenbewegung"[82] entschloß sich die SPD, ihren Widerstand gegen die „Pariser Verträge" in den außerparlamentarischen Bereich zu übertragen. Zusammen mit dem Vorsitzenden des DGB, W. Freitag, und einigen protestantischen Theologen[83] lud der SPD-Vorsitzende E. Ollenhauer zu einer Kundgebung in die Frankfurter Paulskirche am 29. Januar 1955 ein.[84] Natürlich konnte auch diese Versammlung, die ein „Deutsches Manifest"[85] verabschiedete, die Ratifikation der Verträge nicht verhindern.

Aber auch innerhalb der Regierungsparteien gab es durchaus unterschiedliche Auffassungen hinsichtlich einer Lösung der „Deutschen Frage". In der CDU/CSU repräsentierte Jakob Kaiser den „nationalen Flügel".[86] Kaiser und seine Freunde (z.B. Gradl und Lemmer) neigten in der Frage der Wiedervereinigung den Positionen der SPD zu; für sie konnte ein wiedervereinigtes Deutschland durchaus eine „Brückenfunktion" zwischen den beiden Blöcken einnehmen.[87]

Seitens der FDP war schon im Jahre 1952 mit dem von K.G. Pfleiderer vorgelegten Plan,[88] „dessen vorsichtig formulierte Vorschläge ... eine denkbare Alternative zur Regierungskonzeption" darstellten,[89] in die deutschland- und außenpolitische Diskussion eingegriffen worden. Nachdem im Jahre 1954 der „nationalliberale" Th. Dehler an die Spitze der FDP getreten war, kam es im Anschluß an die Außenministerkonferenz in Genf (27. Oktober bis 15. November 1955) zu einem Zerwürfnis innerhalb der FDP, welches mit der Spaltung der FDP-Bundestagsfraktion vorläufig endete.[90] Die Ursache dieses parteiinternen Zwistes war die „Suche nach neuen Ansatzpunkten" innerhalb der FDP.[91] Der „nationale Flügel" der FDP propagierte, statt weiter die Westintegration zu betreiben, eine nochmalige direkte Kontaktaufnahme zwischen Bonn und Moskau,[92] um dadurch der Wiedervereinigung auf direktem Wege näher zu kommen.

b) KUD: Bemühungen um ein allgemeines Problembewußtsein u.a. durch pädagogische Maßnahmen

Die KUD-Initiatoren sahen sich im Jahre 1954 aus zwei „Enttäuschungen" heraus zum Handeln veranlaßt: Sowohl war man von Verlauf und Ergebnis der Berliner Außenministerkonferenz enttäuscht, als auch geradezu „bestürzt" über den Gleichmut und die Apathie, mit denen die breite Öffentlichkeit die Vorbereitungen, den Ablauf und das schließliche Scheitern der Konferenz hinnahm.[93] Die Antwort auf diese Enttäuschungen sollte das KUD sein. Dessen breite Verankerung in allen großen Parteien und Verbänden und dessen Unterstützung durch eine große Zahl von Personen des kulturellen und öffentlichen Lebens hoffen ließen, daß eine „Volksbewegung" für die Wiedervereinigung zustande kommen könnte.

Für die KUD-Gründung waren aber nicht nur jene beiden „Enttäuschungen" entscheidend, sondern — wenn auch in den Jahren 1954/55/56 nicht expressis verbis — sicherlich auch die sich ankündigende Einbindung der Bundesrepublik in ein westeuropäisches Verteidigungssystem. Man wollte einer „Verwestlichung"[94] der Bundesrepublik entgegenwirken bzw. die Ost- und Deutschlandpolitik[95] nicht aus dem Blickfeld bundesdeutscher Politik hinaustreten lassen. Während z.B. Adenauer eine Lösung des Deutschlandproblems nur auf dem Umwege über die westliche Allianz möglich erschien,[96] sahen die KUD-Initiatoren dies *nicht* als den einzig gangbaren Weg an, sondern sie vertrauten auf den in beiden Teilen des ehemaligen Deutschen Reiches potentiell vorhandenen „Willen zur Wiedervereinigung".[97] Die vor diesem Hintergrund vollzogene KUD-Gründung, die von der „John-Affäre", in die Kaiser verwickelt wurde,[98] überschattet war, *instituionalisierte* sozusagen die in Adenauers eigenen Reihen vorhandene Opposition gegen seine ungeachtet aller Bedenken verfochtene Politik der Westintegration, welche die „Deutsche Frage", wie sich bald herausstellte, „nicht einmal ansatzweise"[99] einer Lösung näher bringen konnte.[100] So beklagte Kaiser auf einer KUD-Kundgebung am 23. November 1956 in Berlin, daß das „Bedürfnis nach Sicherheit" bei vielen Menschen in der Bundesrepublik „das Verantwortungsbewußtsein gegenüber den Millionen in der Zone „überlagert" habe.[101]

Um im Bewußtsein breiter Bevölkerungskreise die „Deutsche Frage" als zentrales, existenzielles Problem wachzuhalten bzw. neu ins Blickfeld zu rücken, wollte man in weitesten Sinne pädagogisch aktiv sein. Man ließ sich von folgenden Zielvorstellungen leiten: Jeder Deutsche müsse wissen, was die Teilung des Landes für das Volk und die Welt bedeute, jeder müsse sich für das Schicksal der „Zonenbewohner" persönlich verantwortlich fühlen, der menschliche Zusammenhalt zwischen den Teilen Deutschlands müsse durch „tätige Hilfsbereitschaft" gewahrt und gefestigt werden.[102] Gemäß dieser Zielsetzungen etablierte das KUD unmittelbar nach Abschluß seiner Konstituierung einen „Jugendausschuß" (später: „Erziehungsausschuß"[103]). Dieser Ausschuß sollte sich an alle Bildungsträger wenden, um zu erreichen, daß die Themen, die sich unmittelbar mit der deutschen Problematik beschäftigten, in deren Veranstaltungspläne aufgenommen würden.[104] Man bat die Kultusministerkonferenz, neue Lehrpläne zu entwerfen, in denen „ausreichend" Raum für die „Deutsche Frage" vorhanden sein sollte.[105] Volkshochschulen, Heimvolkshochschulen und Landeszentralen für Heimatdienst wurden mit Erfolg gebeten, Vorträge bzw. Vortragszyklen und Seminare unter dem Aspekt der Wiedervereinigung zu veranstalten.[106] Ebenso wandte man sich an die Deutsche Rektorenkonferenz mit der Bitte, daß „möglichst in jedem Semester ... mindestens in einer Vorlesung oder wissenschaftlichen Übung Probleme aus der Welt des Marxismus behandelt werden" sollten.[107]

Für alle Interessenten stellte die Bonner KUD-Zentrale, Filme, Diapositive[108] und Schriften,[109] die die „Deutsche Frage" behandelten, zur Verfügung.

In diesem Zusammenhang gehörten auch vom KUD angeregte Aktivitäten, die unter Mottos wie „Wiedervereinigungspfennig" und „Jugend beschenkt Jugend" bekannt wurden.[110] Bei beiden Aktionen konnte es sich nicht darum handeln, spürbare materielle Leistungen zu erbringen, sondern solche Aktivitäten hatten wohl eher den Zweck, der heranwachsenden Generation durch eigenes Handeln die deutsche Problematik nahezubringen. Gleichermaßen ist auch der KUD-Aufruf zu einer „Schweigeminute" am 18. Juli 1955 um 12.00 Uhr, dem Tag, an dem die Genfer Konferenz der Regierungschefs der vier Mächte begann, zu beurteilen.[111] Im KUD erwartete man realistischerweise wohl kaum, mit einer solchen demonstrativen Aktion den Konferenzverlauf beeinflussen zu können. Sicherlich war es das primäre Ziel des KUD, die bundesdeutsche Bevölkerung überhaupt auf die Genfer Konferenz aufmerksam zu machen. So hieß es in dem entsprechenden Aufruf, daß man deswegen zu einer zweiminütigen Verkehrs- und Arbeitsstille auffordere, weil man „zur Besinnung auf das Schicksal unseres zerrissenen Landes" beitragen wolle.[112]

Die vielfältigen vom KUD angeregten Aktivitäten[113] basierten sowohl auf dem am 14. Juni 1954 in Bad Neuenahr verabschiedeten „Manifest" als auch auf einer Aufsehen erregenden Rede des Göttinger Historikers H. Heimpel während einer KUD-Veranstaltung am 11. Juni 1955 in Braunschweig,[114] in der Heimpel, allerdings mit viel Pathos, zu nüchterner Geduld und zu Realismus aufrief:

„Der Wille (zur Wiedervereinigung – L.K.) ... bindet sich an die geschichtliche Erfahrung, daß keine ferne Vergangenheit uns Ansprüche schenkt, da ein Volk sie auch verspielen kann. Daß kein Naturrecht uns die Einheit garantiert, wenn wir sie nicht behutsam und eifrig wollen. Die geschichtliche Erfahrung zwingt die Leidenschaft zur Geduld. Aber diese Geduld geht in die Geschichte ein nur als gebändigte Leidenschaft. Leidenschaft und Geduld, Geduld und Leidenschaft, beide in der Spannung unserer Seelen zu vereinigen, ist die Aufgabe, die uns die Geschichte gestellt hat."[115]

Das KUD, gegründet als „Volksbewegung für die Wiedervereinigung Deutschlands", konnte sich, da es in Zusammen- und Zielsetzung einmalig und mit *keiner* in der Bundesrepublik bestehenden Organisation unmittelbar vergleichbar war, zu Recht als eine Institution verstehen, der zweifellos eine mehr oder weniger beabsichtigte *Monopolstellung* zukam. Im KUD sollten *alle* mitarbeiten können bzw. zusammengefaßt werden, denen Wiedervereinigung, Freiheit und Sicherheit Deutschlands „oberstes Ziel" seien.[116] Für das KUD entstand daher eine bedrohliche Situation, als sich am 29. Januar 1955 in Frankfurt am Main die „Paulskirchenbewegung" etablierte. Erstmals hatte der damalige ÖTV-Vorsitzende Kummernuss am 19. Januar 1955 öffentlich darauf hingewiesen, daß der DGB eine „Volksbewegung für die Wiedervereinigung Deutschlands" gründen werde, um mit Hilfe dieser Bewegung den Kampf gegen die „Pariser Verträge", die Deutschland auf unabsehbare Zeit spalten müßten, zu führen.[117] In dem von den in Frankfurt Versammelten verabschiedeten „Deutschen Manifest" hieß es u. a.:

„Aus ernster Sorge um die Wiedervereinigung Deutschlands sind wir überzeugt, daß jetzt die Stunde gekommen ist, Volk und Regierung in feierlicher Form zu entschlossenem Widerstand gegen die sich immer stärker abzeichnenden Tendenzen einer endgültigen Zerreißung unseres Vaterlandes aufzurufen ... Die Aufstellung deutscher Streitkräfte in der Bundesrepublik und in der Sowjetzone muß die Chancen einer Wiedervereinigung für unabsehbare Zeit auslöschen ... In dieser Stunde muß jede Stimme, die sich frei erheben darf, zu einem unüberhörbaren Warnruf vor dieser Entwicklung werden.[118]

Für das KUD, das von dieser parteiübergreifend angelegten Aktion allem Anschein nach völlig überrascht wurde und ihr daher ohne jedes Konzept gegenüberstand, war die „Paulskirchenbewegung" aus zwei Gründen gefährlich: Zum einen waren die Initiatoren der Kundgebung vom 29. Januar gleichzeitig auch maßgebliche Förderer des KUD und seiner Zielsetzung, zum anderen wurde mit den im „Deutschen Manifest" zum Ausdruck gebrachten Ansprüchen dem KUD seine Originalität (worauf ja letztlich seine Existenz beruhte) abgesprochen.[119]

Warum DGB und SPD als ideelle und/oder materielle Förderer des KUD eine „Konkurrenzorganisation" zum KUD aufbauen wollten, wenn sie sich schon „gezwungen" sahen, den politischen Widerstand gegen die „Pariser Verträge" im außerparlamentarischen Bereich fortzusetzen,[120] indem sie die „Paulskirchenbewegung" ausdrücklich als „Volksbewegung für die Wiedervereinigung" Deutschlands charakterisierten, kann hier nicht eindeutig beantwortet werden. Allerdings scheint einiges dafür zu sprechen, daß man trotz der vielversprechenden Ankündigungen, eine „Volksbewegung" zu initiieren, letztlich nicht daran dachte bzw. daran interesssiert war, dem KUD „Konkurrenz" zu machen. Für diese Annahme spricht, daß die in Frankfurt proklamierte Bewegung nach der Ratifikation der „Pariser Verträge" durch den Deutschen Bundestag „schnell wieder zum Stillstand" kam.[121] Außerdem sind in den Protokollen der Sitzungen der verschiedenen KUD-Gremien keinerlei Hinweise auf eine etwaige grundsätzliche Kritik von DGB oder SPD am KUD und seiner Arbeit zu finden.

2. 1958 bis 1960/61

a) Politische Entwicklung

Nach den Genfer Konferenzen des Jahres 1955 setzte sich im Westen der „Trend" nach einer direkten Verklammerung der „Deutschen Frage" mit Abrüstungs- und Entspannungsbemühungen durch.[122] Wiedervereinigung und Selbstbestimmung hatten aufgehört, ein „Problem sui generis" zu sein.[123] Während die Westmächte den schon in Genf diskutierten „erweiterten Eden-Plan"[124] als Grundlage aller künftigen Diskussionen ansahen (Verklammerung von Abrüstung und Entspannung), hielt die Sowjetunion an der Priorität eines europäischen Sicherheitssystems als Voraussetzung jeder Entspannung fest.[125]

In der Zeit des Suchens nach einer Überwindung der gegensätzlichen Positionen[126] brachte der polnische Außenminister Rapacki eine neue Variante ins Spiel. Am 2. Oktober 1957 schlug er vor der UNO-Vollversammlung den nach ihm benannten Plan vor, dessen Kernstück die Schaffung einer atomwaffenfreien Zone in Mitteleuropa war.[127] Am 14. Februar 1958 wurden die in New York vorgetragenen Anregungen in einer polnischen Note an alle betroffenen Staaten[128] präzisiert: Für die von Kernwaffen gereinigte Zone solle ein Kontrollsystem geschaffen werden, welches von den Großmächten „garantiert" werden sollte; die Verpflichtungen der betroffenen mitteleuropäischen Staaten gegenüber den beiden Bündnissen sollten nicht tangiert werden; der Beitritt zu dem Kontrollsystem sollte durch einseitige Beitrittserklärungen (also ohne vorherige Verhandlungen, an denen etwa die DDR neben der Bundesrepublik gleichberechtigt teilgenommen hätte) erfolgen.[129] Schon vor dieser Note hatte die Bundesregierung durch ihren Außenminister von Brentano den „Rapacki-Plan" abgelehnt:[130] Eine kernwaffenfreie Zone einzurichten sei eine „isolierte Maßnahme" und würde die „Spannungen in der Welt nicht vermindern und die Aussichten auf eine umfassende und kontrollierte Abrüstung nicht verstärken".[131] Die Bundesregierung sah hinter dem „Rapacki-Plan" nichts anderes als einen sowjetischen Versuch „über rüstungspolitische Maßnahmen strukturelle Veränderungen in Westeuropa zu erreichen".[132] Im Lauf des Jahres 1958 modifizierte Rapacki seinen Plan. So legte er am 4. November 1958 auf einer Pressekonferenz in Warschau ein verändertes Konzept vor, dessen Inhalt auf eine stufenweise Errichtung der kernwaffenfreien Zone abzielte.[133]

Für eine Diskussion der neuen Vorschläge blieb jedoch keine Zeit. „Gleich einem Paukenschlag"[134] wurde mit der Rede Chruschtschows am 10. November im Moskauer Sportpalast[135] die Berlin-Krise des Jahres 1958 ausgelöst.[136] Am 27. November 1958 überreichte die Sowjetunion den Westmächten und der Bundesregierung Noten gleichen Inhalts,[137] worin Chruschtschows „Berlin-Ultimatum" erläutert wurde: die Sowjetunion betrachte die alliierten Abkommen über den Status von Berlin nicht mehr als in Kraft befindlich. West-Berlin solle in eine „selbständige politische Einheit" umgewandelt werden. Falls die West-Berliner Bevölkerung an ihrer „gegenwärtigen Lebensform" festhalten wollte, so werde die Sowjetunion dieses respektieren. Innerhalb von sechs Monaten sollten diesbezügliche Vereinbarungen mit den Westmächten getroffen werden. Falls dies nicht geschehe, werde die Sowjetunion ein separates Abkommen mit der DDR schließen und ihr alle Rechte „für die ihr Gebiet angehenden Fragen" übertragen. Die Westmächte wiesen am 31. Dezember 1958 den sowjetischen Vorschlag zurück:[138] Die einmal geschlossenen Verträge seien nach wie vor gültig und die Sowjetunion werde auch weiterhin für die Erfüllung ihrer Verpflichtungen verantwortlich gemacht werden. Es sei nicht akzeptabel, daß die DDR an Stelle der Sowjetunion deren zugestandene Rechte übernehme.

Zur Erklärung desssen, was die Sowjetunion im Spätherbst 1958 zu ihrer Initiative veranlaßt hatte, bietet sich „ein ganzes Bündel von Motiven" an.[139] Letztlich hatte das Ultimatum Chruschtschows wohl den Sinn, „durch Druck" die Westmächte und die Bundesrepublik zu „Verhandlungen über sein Programm der Deutschlandpolitik" zu zwingen.[140]

Nachdem am 5. Januar 1959 auch die Bundesregierung auf die Moskauer Note geantwortet hatte (inhaltlich unterschied sich die Note der Bundesregierung von denen der Westmächte nicht),[141] teilte die Sowjetunion am 10. Januar 1959 den Westmächten, der Bundesregierung und allen anderen ehemals kriegführenden Staaten in einer Zirkularnote[142] ihre Bereitschaft zu Verhandlungen über einen Friedensvertrag bzw. zu Vorgesprächen mit den Westmächten unter Beteiligung der DDR und der Bundesrepublik mit. Die Westmächte erklärten sich am 16. Februar zu Vorgesprächen auf Außenministerebene bereit,[143] und am 11. Mai 1959 traten die Außenminister der

Siegermächte (Herter, Gromyko, Selwyn Lloyd und Couve de Murville) sowie als deutsche Beobachter der DDR-Außenminister Bolz und der Washingtoner Botschafter der Bundesrepublik, Grewe, in Genf zur Konferenz zusammen.[144] Am 14. Mai legte Außenminister Herter einen „westlichen Friedensplan" vor auf den sich die Westmächte und die Bundesregierung „nach wochenlangen Bemühungen"[145] geinigt hatten. Der „Herter-Plan",[146] der eine modifizierte Fassung der westlichen Vorschläge von 1955 war, umfaßte vier Phasen: In einer ersten Phase sollte die Wiedervereinigung Berlins vollzogen werden. Die zweite Phase sah einen „Gemischten Deutschen Ausschuß" vor, dem 25 Vertreter der Bundesrepublik und 10 der DDR angehören sollten. Dieser Ausschuß sollte mit mindestens Dreiviertelmehrheit Beschlüsse über ein Wahlgesetz fassen. Das Wahlgesetz sollte dann in beiden deutschen Staaten einem Volksentscheid unterworfen werden. Phase drei sah die Wahl einer „Gesamtdeutschen Ver-Versammlung" vor, die ihrerseits eine Verfassung ausarbeiten und eine Regierung bilden sollte, die an die Stelle der Regierungen in Ost-Berlin und Bonn zu treten hätte. Diese neue Regierung sollte Verhandlungen über einen Friedensvertrag aufnehmen. Die vierte Phase sah schließlich das Inkrafttreten des Friedensvertrages vor. Gromyko wies diesen Plan „en bloc" zurück. Stattdessen schlug er eine „Interims-Lösung" für Berlin und die Bildung eines *paritätisch* zusammengesetzten „gesamtdeutschen Ausschusses" vor.[147]

Als nach mehreren Unterbrechungen die Konferenz am 5. August 1959 „ohne konkretes Ergebnis und mit einem mehr als dürftigen Kommuniqué"[148] zu Ende ging, war die Sechs-Monatsfrist Chruschtschows vom November längst überschritten, ohne daß die Sowjetunion ihre Drohung wahr gemacht hatte. Die Genfer Verhandlungen des Jahres 1959, die „das Ende der westlichen Deutschlandpolitik" markierten,[149] waren die letzten Vierergespräche über eine Wiedervereinigung Deutschlands. Vogelsang faßt die Lage im Herbst 1958 so zusammen:

„Denn die Genfer Konferenz, von den Westmächten ursprünglich zur Besprechung aller ‚europäischen' Streitpunkte (Deutschland, Sicherheit, Abrüstung) angelegt, hatte sich in ihrem zweiten und dritten Teil doch wieder in eine ‚Berlin–Konferenz' zurückverwandelt mit engster Beziehung zum Inhalt des sowjetischen November-Ultimatums. In der deutschen Angelegenheit traten fortan nicht nur die Bundesrepublik und ihre Alliierten auf der Stelle, sondern es deutete sich sogar ein Rückzug der USA aus der bisherigen Deutschlandpolitik an: nicht vollständig natürlich und auch niemals essentiell, doch war man im Augenblick des Kampfes in vorderster Linie müde geworden. Sichtbare Zeichen dafür waren das Sich-Abfinden mit einem ungesicherten und weiterhin bedrohten status quo in Berlin und die intern bereits am 11. Juli von Eisenhower ergangene Besuchseinladung an Chruschtschow...".[150]

Die Gespräche Eisenhower - Chruschtschow in Camp David im September 1959 brachten bezüglich der „Deutschen Frage" keinerlei Ergebnis,[151] wenn auch der „Geist von Camp David" die Hoffnung auf Entspannung um Berlin kurzfristig nährte.[152] Am 25. April 1960 wiederholte Chruschtschow seine Drohung, mit der DDR einen Separatfriedensvertrag abzuschließen.[153] Wenige Tage später ließ er die für den 16./17. Mai geplante Gipfelkonferenz in Paris mit dem Vorwand scheitern,[154] die USA hätten „agressive Handlungen gegen die Sowjetunion" unternommen,[155] die es der Sowjetunion „unmöglich" machten, an der geplanten Pariser Konferenz teilzunehmen.[156]

Aus der Sicht der Bundesregierung war die Genfer Konferenz ein Erfolg der Sowjetunion: Durch die gleichberechtigte Teilnahme von Vertretern der DDR und der Bundesrepublik war die Konferenz ein „schwerwiegender Schlag für die bisherige ‚orthodoxe' Wiedervereinigungspolitik der Bundesregierung" geworden. „Zum ersten Mal war auf internationaler Ebene der Alleinvertretungsanspruch Bonns an der ‚Realität' der DDR aufgelaufen".[157] Hinzu kam, daß die Westmächte in Genf in den ohne deutsche Beteiligung abgehaltenen „Geheimverhandlungen" auf das Junktim von Berlin-Regelung und Wiedervereinigung verzichtet hatten; man war jetzt bereit, auch zu einer Regelung für Berlin zu kommen, ohne gleichzeitig Fortschritte in der Wiedervereinigung der beiden deutschen Staaten zu erzielen.[158] Adenauer, der sich mit seinen Vorstellungen, wie man angesichts des sowjetischen Vorstoßes in der Berlin- und Deutschlandfrage mit der Sowjetunion verhandeln müsse, nicht durchgesetzt hatte,[159] mußte nun hinnehmen, daß sich „der Zerfall des besonderen deutsch-amerikanischen Verhältnisses",[160] der mit dem Tode von Dulles begonnen hatte, weiter fortsetzte.[161]

Die Auseinandersetzungen um die „Deutsche Frage" in der Bundesrepublik waren gegen Ende der fünfziger und zu Beginn der sechziger Jahre nach wie vor kontrovers. Die Bundesregierung, gestützt auf die absolute Mehrheit der CDU/CSU, sah sich nun den gemeinsamen Attacken der beiden Oppositionsparteien, SPD und FDP, ausgesetzt.

Während beispielsweise die Bundesregierung den „Rapacki-Plan" ablehnte, da er ihrer Meinung nach nur eine Schwächung des Westens zum Ziel habe, betonten SPD und FDP, „der Rapacki-Plan böte zumindest die Gelegenheit, über den militärischen Status Deutschlands zu verhandeln und damit eine wesentliche Voraussetzung für eine Wiedervereinigung Deutschlands zu schaffen".[162] In den außen- und deutschlandpolitischen Debatten der ersten Hälfte des Jahres 1958 prallten die Gegensätze mit steter Regelmäßigkeit aufeinander. Dabei waren die Reden von G. Heinemann und Th. Dehler am 23. Januar 1958 zwar von beißender Schärfe und heftigen Vorwürfen gegen Adenauer und dessen Außen- und Deutschlandpolitik gekennzeichnet,[163] doch auch sie zeigten keine realisitischen Alternativen zur Politik der Bundesregierung auf.[164] Ohnehin waren, wie sich 1959 zeigen sollte, in der Endphase der fünfziger Jahre Initiativen der Opposition von vornherein zum Scheitern verurteilt, da „entscheidend ... nur die Haltung Konrad Adenauers" war, wie Besson meint.[165]

Unter dem Eindruck des „Rapacki-Planes"[166] legte die SPD am 18. März 1959 ihren „Deutschlandplan"[167] vor.[168] Das Neue des Plans war, daß hier ein beiderseitiger Truppenabzug auch *vor* einer Einigung über die Wiedervereinigung ins Auge gefaßt wurde. Die SPD war jetzt bereit, mit der DDR-Regierung als einem „annehmbaren und gleichberechtigten Partner zu verhandeln".[169]

Auch die FDP trat mit einem Plan[170] an die Öffentlichkeit, wie man ihrer Meinung nach einer Lösung der „Deutschen Frage" näher kommen könnte. Doch standen die FDP-Vorschläge „weitgehend im Schatten" der SPD-Initiative.[171] Beide Pläne belebten nur „kurzfristig die politische Diskussion".[172]

Weit entscheidender für die innere Entwicklung der Bundesrepublik als die beiden „Deutschland-Pläne" waren zwei Ereignisse, die primär die SPD betrafen: 1. Mit der Verabschiedung des „Godesberger Programms" im September 1959[173] gelang der SPD die Wendung vom „Klassen-" zur „Volkspartei". 2. In der außen- und sicherheitspolitischen Debatte des Deutschen Bundestages brachte am 30. Juni 1960 Herbert Wehner die Bereitschaft seiner Partei zum Ausdruck,[174] „das umfangreiche und durchaus mit Problemen durchsetzte Erbe Adenauers zu übernehmen und weiterzugestalten. Fortan sollte die Regierungsübernahme durch die Sozialdemokraten keinen außenpolitischen Kurswechsel zu bedeuten haben."[175] Somit war zu Beginn der sechziger Jahre ein *grundsätzlicher Konsens aller entscheidenden politischen Gruppen* in der Bundesrepublik zu dem Zeitpunkt zu beobachten, als von einer gemeinsamen westlichen Ost- bzw. Entspannungspolitik nicht mehr die Rede sein konnte.[176]

Wenn man auch feststellen kann, daß das zum Hauptanliegen ihrer Politik erklärte Ziel der Bundesregierung, die Wiedervereinigung, durch die Politik der Westintegration nicht gelöst werden konnte, so scheint die Aussage Hanrieders zumindest voreilig gewesen zu sein, daß nämlich die „Wiedervereinigungsbemühungen" der Bundesregierung seit 1955 „nicht wirklich" darauf abgezielt gewesen seien, die „Wiedervereinigung unter für Bonn annehmbaren Bedingungen herbeizuführen", sondern „eher darauf, die Sanktionierung des status quo in Mitteleuropa zu verhindern."[177] Wenn auch die verschiedenen Bemühungen Adenauers um eine Wiedervereinigung (1958 „Österreichlösung für die DDR", 1959 „Globke-Plan"[178]) erst viel später publik wurden, so bildeten sich dennoch *aktive Elemente* der damaligen Wiedervereinigungspolitik.

64

b) KUD: Ausbau der Basis durch Popularisierung des KUD-Gedankens

Die Wahl zum dritten Deutschen Bundestag vom 15. September 1957 brachte nicht nur der CDU/CSU die absolute Mehrheit ein, sondern sie hatte auch zur Folge, daß dem seit J. Kaisers Schlaganfällen (Januar und April 1957)[179] verwaisten BMG eine neue politische Führung, Ernst Lemmer,[180] gegeben wurde. Letzteres hatte unmittelbare Folgen für das KUD: W. W. Schütz, der schon seit Anfang 1957 aus KUD-Mitteln eine Aufwandsentschädigung erhielt, verlor sein Amt als „Außenpolitischer Berater" des Gesamtdeutschen Ministers[181] und trat jetzt hauptamtlich als „Geschäftsführender Vorsitzender" in die Dienste des KUD.

Schütz war sich wohl darüber im klaren, daß das KUD in der Art und Weise, wie es bis 1957 agiert hatte – ohne breite Basis und nur mit unzureichenden finanziellen Mitteln – nie zu dem werden konnte, was es ursprünglich einmal beabsichtigt hatte zu sein: eine Organisation mit dem Ziel, in das Bewußtsein eines jeden Deutschen einzudringen. Das KUD mußte, wollte es zu einem relevanten politischen Faktum werden, seine *Basis wesentlich verbreitern;* es mußte im besten Sinne populär werden.[182] Das KUD hatte Ende der fünfziger Jahre das Ziel, „die fehlende Komponente in der Behandlung und Entwicklung der deutschen Frage und ein breitest mögliches Bewußtsein und Wollen der westdeutschen Bevölkerung diesbezüglich zu initiieren, zu propagieren und zu fördern".[183] In dieser Zeit wurde das KUD „von vielen Seiten" ermuntert, beachtenswertere Aktivitäten als bisher zu entwickeln.[184]

Im Laufe des Jahres 1958 wurden daher Überlegungen angestellt, wie das KUD „breiteste Bevölkerungskreise" erreichen könnte. Man entschied sich schließlich, die Aktion „Macht das Tor auf" zu initiieren.[185] Die Aktion wurde für den Frühsommer 1959 geplant, sie wurde aber schon Ende 1958 voreilig gestartet. Im Nachhinein scheint der für alle damaligen Beobachter so überraschende Erfolg der Aktion verständlich. Chruschtschows Berlin-Ultimatum vom November 1958 traf sowohl die Westmächte als auch die Bundesregierung völlig ohne Vorwarnung. Schlagartig mußte der bundesdeutschen Bevölkerung klar werden, daß die Probleme in und um Berlin und damit auch die „Deutsche Frage" keineswegs vom Tisch waren. Vor diesem Hintergrund war es nahezu selbstverständlich, daß die Kuratoriumsaktion auf breite Zustimmung stieß. Im Zuge dieser, auch in den folgenden Jahren wiederholten Aktion, konzentrierte sich das KUD darauf, regionale und lokale Kuratorien zu initiieren, die dafür sorgten, daß in den allermeisten bundesdeutschen Gemeinden, Schulen und lokalen Verbänden das KUD-Anliegen Fuß fassen konnte. Mit Fahnenstafetten, Plakataktionen u.v.a.m. erreichte das KUD, daß sein Name in den Spalten der Presse und in Kommentaren von Journalisten und Politikern immer wieder genannt wurde.

Erst diese Verbreiterung der Basis ermöglichte es der KUD-Spitze, allmählich von der selbstauferlegten tagespolitischen Abstinenz abzurücken und sich deutlicher an der Diskussion aktueller deutschlandpolitischer Fragen zu beteiligen. Innerhalb des KUD entstanden mannigfaltige Papiere, die in den einzelnen Ausschüssen diskutiert wurden. So wandte sich der Politische Ausschuß am 17. September 1959 mit einer „Erklärung zur deutschen Frage" anläßlich des zehnten Jahrestages der Gründung der Bundesrepublik an die Öffentlichkeit.[186] Im Gegensatz zu den Erklärungen der früheren Jahre wurden hier erstmals, wenn auch vorsichtig, *politische* Forderungen an die Bundesregierung gestellt. So hieß es hier u.a.:

„Das deutsche Volk wird sich niemals mit seiner staatlichen Teilung abfinden. Es wird immer von seiner Politik erwarten, daß sie der Wiedervereinigung als der entscheidenden Aufgabe unserer Generation dient".

Schon ein dreiviertel Jahr später, am 29. Juni 1960, sah sich das KUD so fest etabliert, daß der Politische Ausschuß sich erlaubte, „Politische Leitsätze" zu veröffentlichen.[187] In zwölf Punkten bezog das KUD, nur einen Tag bevor sich Herbert Wehner im Deutschen Bundestag namens der SPD zur NATO und zur westeuropäischen

Integration bekannte, zwar keine grundsätzlich neuen Positionen, dennoch löste man sich nun *endgültig* von der ehemals auferlegten tagespolitischen Abstinenz. So forderte man in Punkt zwei die Bundesregierung unumwunden dazu auf, die vier Mächte zu einer Lösung der „Deutschen Frage" zu drängen.[188] In Punkt vier wurde festgestellt, daß eine Wiedervereinigung das Sicherheitsbedürfnis *aller* europäischen Völker vollständig befriedigen müsse. Außerdem (Punkt sechs) gelte der Grundsatz, „daß die freie Entscheidung aller Teile Deutschlands über Inhalt und Form der künftigen deutschen Struktur gewährleistet" bleibe. In Punkt zwölf hieß es schließlich:

„Die freimütige Erörterung aller Probleme der Wiedervereinigung in allen Kreisen der deutschen Bevölkerung sollte zu einer Selbstverständlichkeit werden."

Damit machte das KUD seinen Anspruch geltend, selbständig, ohne stets starr auf die momentane politische Taktik der offiziellen bundesdeutschen Politik zu blicken, eigene Vorstellungen zu entwickeln, ohne dadurch etwa in den Ruf eines politischen Querulanten zu geraten. Die „Politischen Leitsätze" bedeuteten einerseits die *programmatische Plattform* für die KUD-Arbeit der kommenden Jahre. Andererseits zeigte diese Erklärung, daß im KUD nun, sechs Jahre nach seiner Gründung, eine einheitliche Auffassung über Aufgaben und Ziele der Deutschlandpolitik und damit gleichzeitig über die Kuratoriumsaktivitäten herrschte. Wie stark die Übereinstimmung innerhalb der KUD-Spitze war, konnte schon bald demonstriert werden.

Am 10. August 1960 strahlte die ARD ein Interview mit dem Baseler Philosophen Karl Jaspers aus.[189] Jaspers antwortete auf die Frage Thilo Kochs, ob er der Meinung sei, daß man auf die Forderung nach nationaler Einheit *verzichten* sollte:

„Ich bin in der Tat der Meinung... Und ich finde gar nicht, daß der Sinn heute darin besteht, was im 19. Jahrhundert Sinn hatte und einmal eine große Chance bedeutete, die verspielt worden ist durch das Hitler-Reich. Nachdem das vorbei ist, hat es keinen Sinn mehr, deutsche Einheit zu propagieren, sondern es hat nur einen Sinn, daß man für unsere Landsleute wünscht, sie sollten frei sein!... Nur Freiheit – allein darauf kommt es an. Wiedervereinigung ist demgegenüber gleichgültig."[190]

Das gerade materiell wie programmatisch konsolidierte KUD fühlte sich durch die Jasperssche Formel „Freiheit statt Wiedervereinigung" provoziert.[191] Innerhalb des KUD erkannte man, daß eine Politik, „die Freiheit für Einheit" einhandeln wolle, „vor der taktischen Schwierigkeit" stünde, „daß das Pfand des nationalen Zusammengehörigkeitsgefühls seine Zahlungskraft verlöre, sobald es als Zahlungsmittel überhaupt erwogen" würde.[192]

Als erster KUD-Akteur wies J. B. Gradl die Thesen von Jaspers zurück:[193] Jaspers irre, wenn er meine, die Sowjetunion würde einer Freiheit ohne Wiedervereinigung zustimmen. Das deutsche Verlangen nach Einheit sei zu elementar und „als Ideal zu tief in der deutschen Geschichte begründet, als daß der gesamtdeutsche Wille unter Bedingungen der Freiheit unwirksam gemacht werden könnte". Es sei zu bedauern, daß ein Mann „vom Range Jaspers" die Sowjetunion geradezu ermutige, an ihrer „Politik gegen Wiedervereinigung und Freiheit" festzuhalten. Als heftigster Kritiker Jaspers' trat jedoch W. W. Schütz in Erscheinung. Schütz, dem als ehemaligem Schüler von Jaspers dessen prinzipielle politische Vorstellungen bekannt sein mußten, zeigte zwar Respekt („wir müssen auch das Recht haben zu irren") für Jaspers' persönliche Meinung, gleichzeitig verurteilte er kompromißlos die Auffassung seines ehemaligen Lehrers:

„Wenn wir davon sprechen, ob es richtig ist oder nicht, daß wir von der deutschen Einheit und Freiheit sprechen, dann können wir darauf keine Antwort geben, ohne daß wir diejenigen fragen, die gegenwärtig viel unmittelbarer und gefährlicher betroffen sind als wir, und das sind unsere Landsleute drüben in der Zone. Wir haben kein Recht dazu, ihnen von hier aus, von unserer Bequemlichkeit, von unserem Wohlstand, von allem was wir hier haben, aus zu sagen, es gibt keine Einheit mehr. Wer sind wir denn, daß wir so was zu unseren Landsleuten drüben sagen; wohin führt denn dieser Weg, der heute etwa so lautet: die deutsche Einheit ist verspielt, vom freien Deutschland aus gesagt, nicht vom unfreien Deutschland aus gesagt, wohin führt denn dieser Weg? Er führt hinein in die Aufforderung an unsere Landsleute, für drüben ein eigenes Staatsge-

fühl zu entwickeln. Es führt zu einem Weg, nicht nur zu einem eigenen Staatsgefühl, sondern zu einer Amalgierung zwischen deutschem Staatsgefühl und kommunistischem Imperialismus."[194]
Auf der KUD-Jahrestagung (10./11. Dezember 1960), die ganz unter dem Motto „Freiheit und Einheit" stand,[195] formulierte Schütz:

„Wir (haben) im Unteilbaren Deutschland eine demokratische Funktion zu erfüllen. Für uns ist es wichtig, daß in unserer Arbeit deutlich wird, daß hier auf unserem Wege nichts anderes gewollt wird als die Einheit und Freiheit dieses Landes...".[196]

In der Kontroverse um und mit Jaspers erwies sich das KUD als geschlossener Block, der sich durch den politisch engagierten Philosophen nicht von seinen politischen Zielvorstellungen abbringen ließ.[197]

3. 1961 bis 1962/63

a) Politische Entwicklung

Zwei Ereignisse des Jahres 1961 läuteten einen Wandel in der internationalen Politik und auch in der Deutschlandpolitik ein: Die Übernahme der US-Präsidentschaft durch John F. Kennedy am 20. Januar und der Mauerbau in Berlin am 13. August. Während das eine den Beginn einer neuen Phase in den Ost-West-Beziehungen kennzeichnete, bedeutete das andere die „Zementierung des Status quo".[198] Beides hatte unmittelbare Folgen für die Bonner Außen- und Deutschlandpolitik.

Die Vereidigung Kennedys statt R. M. Nixons, der von Adenauer „favorisiert" worden war,[199] zum US-Präsidenten war zwar nicht der Beginn einer völlig neuen Konzeption der amerikanischen Außenpolitik, sondern „Kennedy und seine Berater überprüften vielmehr die bisherige Strategie und brachten sie vor allem mit der waffentechnischen Entwicklung in Einklang".[200] Als Ergebnis dieser Überprüfung trug Kennedy am 28. März 1961 dem Kongreß sein neues militärisches Konzept vor.[201] Im wesentlichen beinhaltete dieses Konzept die Abkehr von der bisherigen Strategie der „massiven Vergeltung" hin zur „flexiblen Antwort" auf etwaige Angriffe des Warschauer Pakts.[202] Während seines Gipfeltreffens mit Chruschtschow am 3./4. Juni 1961 in Wien, versuchte Kennedy für Berlin eine Lösung zu erreichen, da für ihn „in der Welt keine verwundbarere und gefährdetere Stelle existierte als Berlin".[203] Nach der Wiener Begegnung mit Chruschtschow besaß, falls er sie jemals besessen hatte, Kennedy „keine Illusionen (mehr) darüber", wie schwierig es war, erst einmal eine Basis für ein künftiges politisches und militärisches Gleichgewicht zu finden.[204] Trotz des Wiener Treffens erreichte die Krise um Berlin jetzt „ihre akuteste Form"[205] seit Chruschtschows Ultimatum vom Herbst 1958:[206] Der Bau der Mauer, die Chruschtschow und Ulbricht in den frühen Morgenstunden des 13. August 1961, einem Sonntag, durch Berlin ziehen lassen „mußten", wie Nolte meint,[207] war anscheinend schon mehrere Wochen lang vorbereitet worden.[208] Sie bereinigte, wie sich bald herausstellte,[209] die Situation in Berlin, indem jetzt zweifelsfrei demonstriert wurde, „daß die Erhaltung des Status quo in Mitteleuropa zum gemeinsamen Ziel... beider Großmächte geworden ist".[210] Gleichzeitig wurde klar, daß die drei „essentials", die am 8. August am Rande der Brüsseler NATO-Tagung von den drei Westmächten und der Bundesrepublik festgelegt worden waren, sich nicht auf Berlin als Ganzes, sondern unzweifelhaft lediglich auf die Westsektoren der Stadt bezogen.[211]

Der Mauerbau veranlaßte die Kennedy-Administration keineswegs etwa dazu, ihre Bemühungen um eine vertragliche Regelung der Berliner Probleme einzustellen. Im Herbst 1961 begannen die USA und die Sowjetunion mit Sondierungen, wie der status quo für alle Beteiligten befriedigend sanktioniert werden könnte.[212]

Die Bundesregierung, die über die amerikanisch-sowjetischen Kontakte nicht ausführlich unterrichtet worden war,[213] wurde „aus der amerikanischen Politik nicht mehr klug"[214] und beobachtete das amerikanische Vorgehen mit zunehmendem Mißtrauen. Daran änderte auch der Besuch Adenauers im November 1961 in Washington nichts.[215] Nur drei Tage nach Abreise des Bundeskanzlers aus Washington, am 25. November, sprach sich Kennedy in einem Interview mit der sowjetischen Regierungszeitung Iswestija für eine internationale Verwaltung (unter Beteiligung von Bundesrepublik und DDR) der Berliner Zufahrtswege aus.[216]

Im Frühjahr 1962 kam es schließlich zu einem offenen Konflikt zwischen Bonn und Washington: Die Kennedy-Administration hatte der Bundesregierung am 12. April ihre Verhandlungsziele bezüglich einer Entkrampfung in und um Berlin und darüber hinaus in Mitteleuropa mit der Bitte um Stellungnahme innerhalb von 24 Stunden zugeleitet.[217] Danach strebten die USA eine internationale Kontrollbehörde (bestehend aus 13 Vertretern neutraler und paktgebundener Staaten) für die Berliner Zufahrtswege, eine Verringerung der westlichen Truppen in Berlin, die Bildung einer technischen Kommission aus Vertretern beider deutscher Staaten, die Einberufung einer ständigen Konferenz der Außenministerstellvertreter (!) sowie einen Vertrag über die Nichtweitergabe von Kernwaffen an.[218] Die Bundesregierung lehnte die Absichten Washingtons energisch und unter Außerachtlassung diplomatischer Gepflogenheiten ab, was schließlich sogar zur erzwungenen Abberufung des Bonner Botschafters in Washington, W. Grewe, führte.

Die amerikanisch-sowjetische Bemühung um eine vertragliche Regelung der mitteleuropäischen Problematik „versandete",[219] als die „Kuba-Krise"[220] im Herbst 1962 zu einer bisher beispiellosen Konfrontation zwischen den beiden Supermächten führte.

Das Teststoppabkommen, das am 5. August 1963 in Moskau unterzeichnet wurde[221] und die zwiespältige Reaktion Bonns[222] machte deutlich, daß von einer einheitlichen Außenpolitik Bonns kaum mehr die Rede sein konnte.[223] In Bonn begann der Konflikt zwischen „Gaullisten" und „Atlantikern",[224] der zu einer Polarisierung nicht zwischen den Parteien, sondern „in den Parteien und durch sie hindurch" führte.[225]

Nahezu parallel zur amerikanischen Politik der „inneren Abstandnahme von Deutschland"[226] verlief die Annäherung zwischen Adenauer und de Gaulle, die mit der Unterzeichnung des „deutsch-französischen Freundschaftsvertrages" am 22. Januar 1963 ihren Höhepunkt erreichte.[227]

In den Beziehungen Bonns zu Moskau änderte sich durch den Mauerbau vom 13. August nichts Wesentliches. Wenn auch Adenauer in einer Regierungserklärung vor dem Deutschen Bundestag am 18. August 1961 erklärte,[228] daß es nur „eine Möglichkeit" gebe, die Beziehungen zwischen der Bundesrepublik und der Sowjetunion „auf eine neue Grundlage" zu stellen, indem nämlich eine „freie und unbeeinflußte Willensentscheidung" aller Deutschen herbeigeführt werde,[229] so versuchte er in den folgenden Monaten dennoch selbst eine „neue Grundlage" zu erreichen. Am 6. Juni 1962 unterbreitete Adenauer dem sowjetischen Botschafter Smirnow den später als „Burgfriedensplan" bekannt gewordenen Vorschlag,[230] der vorsah, das Problem der Wiedervereinigug für 10 Jahre aus der deutsch-sowjetischen Diskussion zu nehmen. Die Bevölkerung der DDR sollte dafür größere Freiheiten erhalten. Adenauers Vorschlag, der von der Sowjetunion am 2. Juli 1962 zurückgewiesen wurde,[231] beinhaltete im wesentlichen zwei Momente:

„Die Humanisierung der Lebensverhältnisse in der DDR als Voraussetzung für weitgehende Konzessionen in der Wiedervereinigungsfrage und das Bestreben, die deutsche Frage als Verhandlungs- und mögliches Konzessionsobjekt aus dem Dialog der Supermächte herauszulösen."[232]

Trotz der sowjetischen Ablehnung des „Burgfriedensplanes" wurden in den sowjetisch-bundesdeutschen Beziehungen Fortschritte erzielt, so daß, nach Absprache mit den Verbündeten, sogar ein Treffen zwischen Adenauer und Chruschtschow ins Auge gefaßt wurde.[233]

Über die Motive, die Adenauers Wiedervereinigungspolitik in den sechziger Jahren bestimmten, spekuliert Vogelsang:

„Man wird in Kenntnis dieser letzten Entwicklungen zu dem Schluß kommen müssen, daß Adenauer am Ende seiner Amtszeit die Unmöglichkeit erkannt hat, beide Teile Deutschlands im nationalstaatlichen Sinne zu vereinigen oder ‚wieder' zu vereinigen. Und es erhebt sich die Frage, ob der Prozeß der Erkenntnis nicht schon längere Zeit vor 1962/63 eingesetzt hat."[234]

Der 13. August 1961, der für Bonn eine „Desillusionierung" bedeutete,[235] traf die Bundesrepublik mitten im Wahlkampf zur Bundestagswahl im September. Daß der Bundeskanzler aus verschiedenen Gründen nicht unmittelbar nach dem Mauerbau Berlin besuchte, mag seine direkte Auswirkung auf das Wahlergebnis vom 17. September gehabt haben;[236] jedenfalls verlor bei dieser Wahl die CDU/CSU ihre absolute Mehrheit im Bundestag. Die Regierungsbildung im Anschluß daran kam erst zustande, nachdem Adenauer der FDP zugesichert hatte, vor Ablauf der Legislaturperiode zurückzutreten. Außerdem wurde jetzt der „Atlantiker" G. Schröder Nachfolger des der FDP „geopferten"[237] Brentano im Außenministerium. Mit Schröder, dessen Berufung zum Außenminister „symptomatische Bedeutung" hatte, wurden „erste und vorsichtige Neuheiten in der westdeutschen Außenpolitik sichtbar ... die über Adenauer hinauswiesen"[238] und erst unter dem Bundeskanzler L. Erhard deutlicher sichtbar wurden.

Die SPD, die sich schon 1960 „völlig hinter die NATO" gestellt hatte,[239] bemühte sich in den Jahren 1961 bis 1963 mehr und mehr sich als „potentielle Regierungspartei" darzustellen,[240] ab 1963 verstand sie sich dann als „der eigentliche Verfechter der NATO".[241] Ostpolitisch verhielt sich die SPD weitgehend „passiv"[242] und versuchte mit konstruktiver Kritik die Bundesregierung bei deren Engagement in Westeuropa zu begleiten. Bezeichnend für das neue Verhältnis zwischen SPD und Regierungsparteien war, daß es in dieser Zeit zu keinen heftigen außen- und deutschlandpolitischen Kontroversen kam, sondern daß die schärfste innenpolitische Auseinandersetzung sich auf ein Problem bezog, das nicht entfernt die Außen- oder Deutschlandpolitik tangierte, nämlich die „Spiegel-Affäre" im Herbst 1962.[243]

b) KUD: Bemühungen um das Interesse der „Weltöffentlichkeit"

Der Bau der Berliner Mauer richtete schlagartig erneut die Aufmerksamkeit der „Weltöffentlichkeit" auf die nach wie vor ungelösten deutschen Probleme und die daraus resultierenden humanitären Fragen:

„Eine Welle der Empörung in der westlichen Welt änderte nichts an der Tatsache, daß keiner der Bonner Bündnispartner bereit war, mit Gewalt die verletzten Rechtspositionen zu verteidigen."[244]

Das Nichteingreifen der Westmächte demonstrierte „brutal", daß sich die Großmächte mit der Festigung des status quo abgefunden hatten.[245] Für das KUD reagierte (selbstverständlich) W. W. Schütz am 14. August mit einem Kommentar im Süddeutschen Rundfunk.[246] In diesem Kommentar war nichts von einer etwaigen Resignation zu spüren. Schütz sah im Gegenteil in dem Mauerbau einen erneuten Anstoß dazu, alle Welt mehr als bisher auf die „Not in Deutschland" hinzuweisen. So diente der Mauerbau dem KUD dazu, verstärkt das Ausland für die „Deutsche Frage" zu interessieren.

Schon vor der für Mai 1960 geplanten Gipfelkonferenz der vier Mächte, an die das KUD große Hoffnungen geknüpft hatte,[247] war man mit einem Appell an die „Weltöffentlichkeit" getreten.[248] Der Mauerbau zwang das KUD dazu, sich nicht nur mit zurückhaltenden Appellen wie schon in früheren Jahren,[249] sondern mit wiederholten Beschwerden über die Verletzung der Menschenrechte in Deutschland an die Menschenrechtskommission der Vereinten Nationen zu wenden.[250]

Die KUD-UNO-Initiativen stellten keine isolierten Aktionen dar, sondern sie wurden von flankierenden Maßnahmen auf anderen Ebenen unterstützt. So wurde die Bundesregierung beispielsweise wiederholt aufgefordert,[251] sich verstärkt — und nicht nur durch die wenig Flexibilität erfordernde Anwendung der „Hallstein-Doktrin" — um die „Unterstützung fremder Staaten und Völker" zu mühen.[252] Auch wandte sich das KUD mit „Aides mémoires" an Bevölkerung und Politiker befreundeter und neutraler Staaten.[253]

In den Jahren 1961/62/63 lud das KUD verstärkt z.B. Diplomaten zu internen Aussprachen ein, um seine Auslandsaktivitäten nicht etwa isoliert oder im Gegensatz zu diesbezüglichen Aktivitäten der Bundesregierung zu betreiben.[254] Bei seinen Aktivitäten, die östliche Staaten betrafen, achtete das KUD darauf, nicht mit anderen bundesdeutschen Organisationen, z.B. dem Deutschen Roten Kreuz, in Konflikt zu kommen.[255]

Die Regierung der DDR hatte den Mauerbau als notwendig im Interesse des Friedens bezeichnet; die „Sicherungsmaßnahmen" des 13. August würden von der Mehrheit der DDR-Bevölkerung begrüßt und unterstützt.[256] Um diese DDR-Argumentation als allzu oberflächliche Propaganda zu entlarven, erhob das KUD die Forderung, sowohl in der DDR als auch in Berlin wie in der Bundesrepublik eine oder mehrere Volksabstimmungen oder -befragungen unter Kontrolle der Vereinten Nationen durchzuführen.[257] Gleichzeitig sollte mit der Forderung nach einem Volksentscheid dem „Druck der öffentlichen Meinung" in der Bundesrepublik nach einem Plebiszit nachgegeben werden.[258]

Die zunächst nicht näher reflektierte und improvisiert zustandegekommene Forderung nach einem Plebiszit wurde im Jahre 1962 als ernsthafte Möglichkeit vom KUD propagiert. Das KUD beurteilte allem Anschein nach jetzt, nachdem die Kennedy-Administration[259] mit neuen sicherheitspolitischen und deutschlandpolitischen Konzepten eine Politik der Bewegung einzuleiten begann, die Chancen für eine unter internationaler Kontrolle abzuhaltende Volksabstimmung günstig.[260]

4. 1963 bis 1966/67

a) Politische Entwicklung

Nach Unterzeichnung des Moskauer Teststoppabkommens im Sommer 1963 trat eine Pause in den bilateralen amerikanisch-sowjetischen Bemühungen um Entspannung und Abrüstung ein, die erst im Jahre 1965 mit der Wiederaufnahme der Genfer Abrüstungsverhandlungen beendet wurde.[261] Das Schwergewicht der außenpolitischen Aktivitäten beider Supermächte verlagerte sich von Mitteleuropa auf aktuellere Krisenzonen: Während die Sowjetunion sich mit dem chinesischen „Abfall" von ihrer ideologischen Linie auseinandersetzen mußte, verstrickten sich die USA mehr und mehr in die militärische Konfrontation in Indochina. Vor dem Hintergrund einer Phase relativen Desinteresses beider Supermächte an einer Entkrampfung in Mitteleuropa wurde in der bundesdeutschen Außen- und Deutschlandpolitik eine Periode eingeleitet, die mit dem Schlagwort „Politik der Bewegung" umschrieben wurde.[262]

„Politik der Bewegung" meint vor allem, daß eine flexiblere Politik in Richtung Osten betrieben wurde.[263] Begleitet wurden die ostpolitischen Aktivitäten der Bundesregierung von mehr oder weniger stark ausbrechenden Kontroversen um die bundesdeutsche West- bzw. Sicherheitspolitik. Die sicherheits- bzw. verteidigungspolitische Debatte in der ersten Hälfte der sechziger Jahre konzentrierte sich auf die Frage einer unmittelbaren Beteiligung der Bundesrepublik an Atomwaffen über den Weg einer multilateralen Atomstreitmacht (MLF).[264] Bezüglich der Westpolitik ging es um die Frage, ob sich die Bundesrepublik stärker an de Gaulles Frankreich anlehnen sollte, wie es die „Gaulisten" (Adenauer, Strauß, Gerstenmaier u.a.) in Bonn als notwendig erachteten, oder, so der Standpunkt der „Atlantiker" (Schröder, Erhard u.a.), einer Stärkung der deutsch-amerikanischen Beziehungen Priorität eingeräumt werden müsse. Hanrieder resümiert hierzu:

„Die unerfreuliche Notwendigkeit, entweder Washington oder Paris zu unterstützen, führte zu einer Polarisierung der Standpunkte, die mit der Polarisierung der fünfziger Jahre Ähnlichkeiten hatte. Doch die Tatsache, daß die Polarisierung der sechziger Jahre durch anders gelagerte Probleme entstand und dadurch wichtige Verschiebungen im internationalen System reflektierte, führte dazu, daß die Vertreter des einen Standpunktes, die Atlantiker, sich über ein breites politisches Spektrum verteilten und dadurch nicht in dem Maße eine politisch ‚institutionalisierte' Vertretung hatten, wie es der Fall gewesen wäre, wenn dieser Standpunkt von einer politischen Partei vertreten worden wäre."[265]

Eine *neue Epoche* in der Deutschland- und Ostpolitik der Bundesregierung kündigten *drei Ereignisse* an, so zusammenhanglos sie zunächst auch erscheinen mochten: 1. Mit Polen, Rumänien, Ungarn und Bulgarien konnten Handelsabkommen abgeschlossen werden (mit Bulgarien wurden die Verhandlungen erst im Frühjahr 1964 beendet), die die Errichtung von Handelsmissionen in diesen Ländern zur Folge hatten.[266] 2. Am 16. Oktober ging die „Ära Adenauer" mit der Wahl Ludwig Erhards zum Bundeskanzler zu Ende.[267] 3. Am 15. Juli vertrat Egon Bahr während einer Tagung der Evangelischen Akademie in Tutzing mit ausdrücklicher Zustimmung des SPD-Parteivorstandes[268] die These vom „Wandel durch Annäherung".[269]

Zu 1: Die Handelsabkommen waren noch unter dem Kanzler Adenauer abgeschlossen worden, hatten also seine Zustimmung erhalten. Dies bedeutete freilich „nicht den Beginn einer Neuorientierung seiner Ostpolitik ... sondern (war) eher flankierender Bestandteil seiner bisherigen Politik".[270] Dagegen bedeuteten für Schröder diese ersten Erfolge seiner Außenpolitik[271] durchaus den Beginn einer „Umformung" der Grundsätze der bundesdeutschen Außenpolitik.[272] Besson faßt das Neue an Schröders Politik so zusammen:

„Früher hatte es das Bewegungsgesetz der Bundesrepublik verlangt, sich gegen den Osten abzuschließen, um das westdeutsche Provisorium möglichst rasch in den westeuropäischen Bundesstaat einzubringen. Nun sollte dagegen die Bundesrepublik selbst der Ausgangspunkt einer eigenständigen sich nach Osten öffnenden Politik werden ...".[273]

Schröder sah die Staaten des Warschauer Pakts nicht mehr nur als monolithisches Ganzes an, sondern versuchte, die „DDR innerhalb des Ostblocks zu isolieren";[274] die osteuropäischen Staaten sollten sich, langfristig, „veranlaßt sehen, Ost-Berlin zu Gunsten einer Verbesserung ihrer Beziehungen zum Westen aufzugeben und einer Wiedervereinigung Deutschlands zuzustimmen".[275]

Zu 2: Zwar hatte die „Politik der Bewegung" mit Zustimmung Adenauers begonnen, doch erst unter dem Bundeskanzler Erhard erwies sich, daß mit dieser Klassifizierung nicht nur eine neue Variante der alten Politik gemeint war, sondern daß sich dahinter eine, vorsichtig ausgedrückt, „gemäßigt neue Politik"[276] verbarg. Mit Erhard, der sich von Anfang an damit abzufinden hatte, „daß offen gegen ihn frondiert wurde",[277] begann „nach einem Jahrzehnt einer lautstarken und verletzenden Kontroverse über die Außenpolitik nun eine stärker pragmatisch und weniger ideologisch geprägte Auseinandersetzung ..., die durch die partielle Übereinstimmung in außenpolitischen Fragen möglich wurde".[278] Der neue Bundeskanzler überließ seinem Außenminister einen weit größeren Spielraum als Adenauer es hatte zulassen können, da seine außenpolitischen Vorstellungen sich mit denen Schröders eher deckten als die von Adenauer und Schröder.[279]

Zu 3: Bahrs Tutzinger Rede war nur der Beginn einer Reihe von öffentlichen Äußerungen ernstzunehmender politischer oder gesellschaftlicher Eliten, die artikulierten, was Erhard und Schröder entweder nicht auszusprechen wagten oder wirklich nicht als logische Konsequenz der „Politik der Bewegung" ansahen:[280] „Daß sich Veränderungen des status quo nun an nur noch im Durchgang durch ihn erreichen ließen".[281] Bahrs These vom „Wandel durch Annäherung", der nur von der Anerkennung des status quo ausgehen konnte, wurde ein Jahr später von Peter Bender aufgegriffen.[282] Benders zentrale These lautete, daß man den status quo nicht überwinden, sondern nur seine Folgen mildern könne. Dies gelänge dann, wenn man die innere Konsolidierung der DDR fördere. Nur so könne man erreichen, daß sich die „Lebensumstände" der DDR-Bevölkerung verbesserten.[283]

Am 14. Oktober 1965 veröffentlichte eine Kommission der Evangelischen Kirche Deutschlands (EKD) eine Denkschrift „Über die Lage der Vertriebenen und das Verhältnis des deutschen Volkes zu seinen östlichen Nachbarn".[284] Die EKD-Denkschrift führte eine Diskussion weiter, die innerhalb der EKD nach der Veröffentlichung des „Tübinger Memorandums"[285] im Herbst 1961 begonnen hatte. In der Denkschrift wurde offen davon gesprochen, daß von einer „vollen Wiederherstellung" der Grenzen des Deutschen Reiches nach dem Stande von 1937 nicht mehr die Rede sein sollte; dies könne dem polnischen Volk kaum zugemutet werden.[286] Wenige Wochen später sandte die Deutsche Bischofskonferenz eine „Botschaft" an die Bischöfe Polens,[287] in der ebenfalls daraufhin gewiesen wurde, daß die in den Oder/Neiße-Gebieten lebenden Polen ein Recht auf ihre dortige Heimat hätten.[288]

Parallel zur „Bonner Politik der Bewegung" versuchte vor allem der Berliner Senat unter Führung Willy Brandts mit einer „Politik der kleinen Schritte" konkretes für die Bevölkerung Berlins zu erreichen. Nach langwierigen Verhandlungen wurde zwischen dem Berliner Senat und der Regierung der DDR am 17. Dezember 1963 ein Abkommen geschlossen, das West-Berlinern über Weihnachten und Neujahr 1963/64 die Möglichkeit eröffnete, Verwandte in Ost-Berlin zu besuchen. In den folgenden Jahren konnten ähnliche „Passierscheinabkommen" ausgehandelt werden.[289]

Als am 25. März 1966 die Bundesregierung allen Staaten, mit denen die Bundesrepublik diplomatische Beziehungen unterhielt sowie den osteuropäischen und arabischen Staaten ihre „Note zur Abrüstung und Sicherung des Friedens"[290] übermittelte, trug sie nicht nur den Wünschen der westlichen Verbündeten Rechnung,[291] sondern auch dem Stand der öffentlichen Diskussion in der Bundesrepublik:

„Zweifellos hat die Intensivierung der gesamtdeutschen Diskussion die Bundesregierung veranlaßt, auch ihrerseits einen Vorstoß zu unternehmen, um sich nicht dem Vorwurf der Untätigkeit auszusetzen,"

meint Besson.[292] Kernpunkte der Note („Friedensnote") waren die Bereitschaftserklärungen, mit allen osteuropäischen Staaten Gewaltverzichtsabkommen zu schließen, zusammen mit anderen Staaten auf die Herstellung von Atomwaffen zu verzichten sowie die Aufforderung an die Nuklearmächte, ihre Kernwaffen nicht anderen Staaten weiterzugeben und ihr atomares Potential nicht weiter zu erhöhen. Mit der „Friedensnote", deren „Kompromißcharakter" nicht zu übersehen war,[293] versuchte die Bundesregierung einerseits ihre Beweglichkeit unter Beweis zu stellen, andererseits aber ihre bisherigen Standpunkte (Nichtanerkennung der Oder/Neiße-Grenze, Ignorieren der DDR) nicht aufzugeben. In der Bundesrepublik brachten alle Parteien ihre Genugtuung und Befriedigung über die Initiative der Bundesregierung zum Ausdruck.[294] Im westlichen wie im östlichen Ausland rief die Note grundsätzlich positive Reaktionen hervor.[295] Die Staaten des Warschauer Pakts erklärten sich grundsätzlich zur Verbesserung ihrer Beziehungen zur Bundesrepublik bereit, gingen aber, bis auf die Sowjetunion,[296] nicht auf das Angebot ein, Gewaltverzichtserklärungen auszutauschen. Der innovative Charakter der Note markierte auch gleichzeitig die „Grenze der Schröderschen Ostpolitik".[297] Erst der Großen Koalition blieb es vorbehalten, die Linie, die mit der „Politik der Bewegung" begonnen hatte, weiterzuführen und zu ergänzen, indem man damit begann, die DDR auch offiziell zur Kenntnis zu nehmen.[298]

Gleichzeitig mit der Diskussion um die „Friedensnote" verlief eine Auseinandersetzung, die das Verhältnis beider deutscher Staaten unmittelbar betraf: Am 7. Februar 1966 hatte die Sozialistische Einheitspartei (SED) der DDR ein Schreiben an den SPD-Parteivorstand gesandt, in dem die SPD zu einem Dialog aufgefordert wurde.[299] Im Verlauf des sich an dieses Schreiben anschließenden Briefwechsels wurde ein *Redneraustausch* zwischen SPD und SED vereinbart, der allerdings dann nicht realisiert wurde.[300] Gleichzeitig wurde in einem Gespräch der drei Fraktionschefs des Deutschen Bundestags mit dem Bundeskanzler festgelegt, daß die Kontakte zwischen SPD und SED keinesfalls als Anerkennung der DDR zu werten seien, sondern daß für Regierung und Opposition die bisherigen deutschlandpolitischen Grundsätze gleichermaßen Geltung hätten.[301]

Der Zusammenbruch der Koalition aus CDU/CSU und FDP und die Bildung der Großen Koalition aus CDU/CSU und SPD im November/Dezember 1966[302] bedeutete keineswegs das Scheitern der Schröderschen „Politik der Bewegung". Der „Wind der Veränderung" (Besson), der in den Jahren seit 1963 spürbar geworden war, hatte zur Folge, daß nun eindeutiger (z.B. durch diplomatische Aktivitäten) als vorher eine realistische, d.h. die Tatsachen im Osten unmißverständlich berücksichtigende Politik betrieben werden konnte.

b) KUD: Im Wind politischer Veränderungen

Aus der Sicht der KUD wurden die oben genannten drei Ereignisse des Jahres 1963 folgendermaßen gewertet:
1. Die Aufnahme von Handelsbeziehungen mit Staaten Osteuropas entsprach einer schon im Jahre 1958 vom KUD erhobenen Forderung.[303] An sie knüpfte das KUD die Hoffnung, daß sich künftig günstigere Entwicklungen für eine Lösung der „Deutschen Frage" ergäben.[304] Innerhalb des Engeren Politischen Ausschusses des KUD wurde nun diskutiert, ob das KUD sich *aktiv* an einer Neuformulierung der Deutschlandpolitik beteiligen sollte.[305]
2. Von der Übernahme der Kanzlerschaft durch L. Erhard erhoffte sich das KUD nicht nur eine Klimaverbesserung in seinem Verhältnis zur Bundesregierung (speziell zum Bundeskanzler), sondern auch eine aktive *Fortsetzung* der bereits begonnenen, flexibleren Ost- und Deutschlandpolitik.
3. Bahrs Tutzinger Rede diente dem KUD als Anlaß, nun selbst eindringlich beweglichere politische Aktivitäten als notwendige Voraussetzung für eine erfolgreiche Lösung der „Deutschen Frage" zu fordern.[306] *Das KUD bekannte sich zu Bahrs Konzept*, eine realistische, vom status quo ausgehende Politik zu betreiben. So hieß es in einer KUD-Verlautbarung:
„Die Politik der Realitäten an die Stelle der Illusionen zu rücken, dazu wird und muß das Unteilbare Deutschland beitragen."[307]
Und während der KUD-Jahrestagung vom 28. bis 30. November 1963 wurde deutlich, daß das KUD mittelfristig mit einer Wiedervereinigung nicht mehr rechnete. Vielmehr müßte das KUD „auf Jahre hinaus vorausdenken" und Wege aufzeigen, die „vielleicht" zu einer Wiedervereinigung hinführen könnten.[308]
Während in der offiziellen Bonner Politik „neben das Hauptziel der Wiedervereinigung ein zweites Ziel getreten" war, nämlich die „menschlichen Erleichterungen"[309] (die das KUD natürlich stets begrüßte und nach Kräften unterstützte),[310] blieb das KUD bei seiner prinzipiellen Forderung nach Wiedervereinigung beider deutscher Staaten. Wiedervereinigungspolitik reduzierte sich für das KUD aber *keineswegs* nur „auf Rhetorik", wie P. Bender meint.[311] So wurden innerhalb des KUD immer wieder Möglichkeiten diskutiert, die die „Deutsche Frage" in Bewegung bringen könnten.[312] Das Ergebnis dieser Diskussion faßte Schütz im Laufe des Jahres 1964 in einer „Denkschrift" mit dem Titel „Reform der Deutschlandpolitik" zusammen.[313] Hierin hieß es, daß zwar Bonn und Ost-Berlin nicht als „Regierungen" miteinander verkehren dürften. Dies bedeute aber nicht, daß nicht „Behörden im geteilten Deutschland miteinander in Verbindung treten" könnten; die Verweigerung einer „behördlichen Berührung" verhindere die menschliche Begegnung zwischen beiden Staaten.[314] Die DDR sei nicht als eine „politisch-staatliche Einheit", wohl aber als eine „Verwaltungseinheit" zu behandeln.[315] Beide deutschen „Verwaltungsgebiete" müßten durch eine Institutionalisierung der zu schaffenden Kontakte „verklammert" werden, denn Verhandlungen zwischen Beamten beider „Verwaltungseinheiten" hätten „mit Anerkennung nichts zu tun".[316] Indirekt übte Schütz deutliche Kritik an der bisherigen Deutschlandpolitik Bonns:
„Es gibt keine Formel für die deutsche Wiedervereinigung. Aber es gibt Schritte zur deutschen Einheit. Erörterungen darüber, ob es größere, kleinere oder mittlere Schritte seien, bleiben Wort-

spielerei. Entscheidend ist, daß die deutsche Politik überhaupt in diese Richtung strebt, Maßnahmen zu diesem Ziel ergreift und Ergebnisse auf diesem Weg erzielt."[317]
Eine wesentliche Voraussetzung für eine erfolgversprechende Wiedervereinigungspolitik sah Schütz in der entsprechenden „Bereitschaft der Sowjetunion und der anderen Staaten in Ost-, Südost- und Mitteleuropa" einer deutschen Vereinigung zuzustimmen. Diese Zustimmung sei aber nur durch den „systematischen Aufbau des Vertrauens" möglicherweise zu erhalten: „Vertrauen bei den Völkern des Ostens zu gewinnen ist ebenso wichtig wie das Vertrauen des Westens", heißt es in der „Denkschrift".[318] Zur Verbesserung des Verhältnisses mit den osteuropäischen Staaten sei es notwendig, daß Bonn „eigene Entschlüsse" fasse und „eigene Initiativen" entwickle.[319] Um die Glaubwürdigkeit ihrer Deutschland- und Friedenspolitik zu erhöhen, sei es notwendig, daß die Bundesrepublik „selbst konkrete Vorschläge" unterbreite.[320]

Als die Bundesregierung am 25. März 1966 ihre „Friedensnote" übermittelte,[321] sah das KUD hierin eine solche Initiative, wie sie von ihm gefordert worden war. Man begrüßte daher den Bonner Schritt, und Schütz stellte mit Befriedigung fest, daß wesentliche Gedankengänge des KUD, die es sowohl in den „Reformen" als auch schon in früheren Jahren in die Diskussion eingebracht hatte, in die „Friedensnote" Eingang gefunden hätten.[322] So hatte sich Schütz im Jahre 1963 bereits für eine förmliche Gewaltverzichtserklärung ausgesprochen,[323] und schon 1959 hatte die KUD-Jahrestagung eine Resolution verabschiedet, in der die Normalisierung des Verhältnisses zwischen der Bundesrepublik und den osteuropäischen Staaten durch die Aufnahme diplomatischer Beziehungen gefordert worden war.[324] Der in der Bonner Note vorgeschlagene Austausch von Gewaltverzichtserklärungen und der darin geäußerte Wunsch nach bilateralen Vereinbarungen mit den kommunistisch regierten Staaten entsprach der KUD-Forderung nach „Herstellung neuer Beziehungen zu den Ostblockstaaten".[325] In den „Reformen" hatte es zur Frage der nuklearen Waffen und deren Nichtverbreitung geheißen, daß Bonn sich „an die Spitze der nichtatomaren Mächte statt an den Rand der Atommächte" stellen und eine Konvention der nichtatomaren Mächte „anregen" sollte, die eine Ausweitung des atomaren Potentials verhindern könnte.[326] Die „Friedensnote" entsprach dieser Forderung: Die Bundesregierung appelierte an alle Nicht-Nuklear-Staaten, sich ebenso wie die Bundesrepublik zur Nichtherstellung von Atomwaffen zu verpflichten. Weiter hieß es in der Note, daß die Bundesregierung bereit sei, an einer „Weltabrüstungskonferenz oder an jeder anderen Abrüstungskonferenz" teilzunehmen. Auch die „Reformen" sprachen von der Notwendigkeit einer „Weltabrüstungskonferenz".[327] Aber weitergehend als in der „Friedensnote" wurde deutlich gesagt, daß an einer solchen Konferenz, wenn sie Aussicht auf Erfolg haben sollte, auch die DDR teilzunehmen habe. Bonn solle sogar „bewußt dafür eintreten", daß die DDR beteiligt werde.[328] Ebenso wie die „Friedensnote" hatte auch die KUD-„Denkschrift" davon gesprochen, daß die endgültige Regelung der Oder/Neiße-Grenze einem Friedensvertrag vorbehalten bleiben müsse. Von dieser grundsätzlichen Auffassung unberührt blieben aber, so der KUD-Text, „Vorverhandlungen" zwischen Bonn und Warschau;[329] es sei „ratsam", die ursprüngliche These fallen zu lassen, wonach die deutsche Einheit erreicht sein müsse, *ehe* über die Grenzen verhandelt werde.[330] Auch die „Friedensnote" sprach nicht mehr davon, daß vor einer Wiedervereinigung keine Regelung des Oder/Neiße-Problems erfolgen könne: es hieß, daß Polen und Deutsche über die Grenzfrage „zu gegebener Zeit" sprechen sollten und daß ein Ausgleich zwischen beiden Völkern möglich sein werde.

Die KUD-„Denkschrift" und die „Friedensnote" der Bundesregierung weisen also *deutliche Berührungspunkte* auf. Inwieweit die „Reformen" die Bonner Note direkt inspiriert haben, wird sich erst nach Öffnen der Archive herausstellen können. Auf jeden Fall werden in der Note Gedanken aufgegriffen, die in der KUD-Schrift angesprochen bzw. vom KUD bereits früher angeregt worden waren. Und Schütz teilte dem politischen Ausschuß am 28. März 1966 mit, daß sowohl der Bundesaußenminister als auch einzelne Abteilungsleiter des Auswärtigen Amtes ihm versichert hätten, daß sie die „Reformen" sorgfältig auswerten würden. Er sah die „Friedensnote" in ihren wesentlichen Aussagen vom KUD beeinflußt und meinte, dies sei ein Beweis dafür, daß KUD-Anregungen durchaus in der Regierungspolitik ihren Niederschlag finden könnten, wenn es sich „nicht so sehr um allgemeine Wünsche" handele, „sondern um ganz konkrete Dinge, die wir versuchen in die Politik umzusetzen."[331]

Als mit dem Brief der SED-Führung vom 7. Februar 1966 an die SPD der Dialog zwischen SPD und SED begann, sah das KUD wiederum eines seiner Ziele in greifbare Nähe gerückt: durch „geistige Auseinandersetzung"[332] die nationale Einheit zu wahren! Daß das KUD die sich anbahnende Möglichkeit eines Redneraustausches vorbehaltlos begrüßte, war geradezu selbstverständlich.[333] Auch als Herbert Wehner in einem Gespräch mit Günter Gaus[334] meinte, daß eine „Deutsche Wirtschaftsgemeinschaft" durchaus als Lösungsmöglichkeit für die „Deutsche Frage" in Betracht kommen könnte,[335] unterstützte das KUD, trotz massiver Ablehnung der Wehnerschen Vorschläge durch die Bundesregierung,[336] diese Anregung.[337]

Am 1. Dezember 1966 wurde ein vom KUD und besonders von W.W. Schütz gehegter Wunsch Wirklichkeit: Das Kabinett der großen Koalition mit K.G. Kiesinger an der Spitze wurde vereidigt. Zwar hatte Schütz zunächst eine *Allparteienregierung* befürwortet,[338] die allein den „nationalen Notstand" der Teilung Deutschlands beheben könne, doch sah Schütz 1966 ein, daß es dazu nicht kommen konnte.[339] Das Zustandekommen der großen Koalition wurde deswegen begrüßt, weil man innerhalb des KUD neue Hoffnungen bezüglich der Deutschlandpolitik in die neue Regierung setzte.[340]

Die KUD-Jahrestagung vom 9. bis 11. Dezember 1966 bildete den Auftakt zu einer Phase der KUD-Entwicklung, an deren Ende im Herbst 1967 das KUD beinahe zerbrochen wäre. Während dieser Tagung hatte der neue Außenminister Willy Brandt davon gesprochen,[341] daß mit „bloßem Formelkram" in der Deutschlandfrage nicht weiterzukommen sei.[342] Schon vor der Rede Brandts war es zu heftigen Auseinandersetzungen gekommen, als Schütz statt von „SBZ" von „DDR" gesprochen hatte.[343] Ermutigt dazu, „DDR" zu verwenden, hatte sich Schütz gefühlt, nachdem der neue Gesamtdeutsche Minister, Herbert Wehner, in seinem ersten Interview als Bundesminister ebenfalls „DDR" gebraucht hatte.[344] Die Bezeichnung „DDR" für den zweiten deutschen Staat zu wählen, mußte auf die Tagungsteilnehmer, vorsichtig formuliert, fremd und unkonventionell wirken. Denn in einer repräsentativen Umfrage hatten sich im März 1966 nur 11% der Befragten dahingehend geäußert, die Bezeichnung „DDR" zu verwenden; 48% gaben dagegen an, „Ostzone" zu benutzen und 12% gebrauchten „Ostdeutschland" wenn von westlichen deutschen Staat sprächen.[345] Erst im Jahre 1970 benutzte eine Mehrzahl der Befragten (37%) den Begriff „DDR", während „Ostzone" den zweiten (33%) und „Ostdeutschland" den dritten Platz (13%) einnahm.[346]

In einem „Gruß- und Dankwort" zum Jahreswechsel 1966/67 griff das KUD den auf der Jahrestagung geäußerten Gedanken Willy Brandts auf, daß „Formeln" den Aufbzw. Ausbau von Kontakten zwischen Bundesrepublik und DDR nicht verhindern sollten. Es hieß, daß es nun die vorrangige Aufgabe für Politik, Verwaltung und Volk sei, „das Leben der Menschen im geteilten Deutschland zu erleichtern". Hindernisse für die Begegnung der Menschen müßten aus dem Weg geräumt und Vereinbarungen über „sachliche Gemeinsamkeiten" getroffen werden.[347]

Als im Laufe des Jahres 1967 die große Koalition begann, die Ost-Berliner Regierung zur Kenntnis zu nehmen (am 17. Mai 1967 faßte die Bundesregierung den Beschluß, künftig Schreiben von DDR-Regierungsmitgliedern zu beantworten), sah Schütz die Zeit gekommen, das KUD an die Spitze derjenigen zu stellen, die über eine Respektierung des status quo zu einer Lösung der „Deutschen Frage" kommen wollten. Im Mai 1967 schrieb Schütz für die „Neue Gesellschaft" einen Artikel, in dem es u.a. hieß, es gelte nun, die „mythologische Vorstellung" zu überwinden, die darin bestehe, daß man glaube, mit politischen Aktivitäten auf das System der DDR keinen Einfluß nehmen zu können. Die Möglichkeit der Beeinflussung bestehe aber, und sie müsse jetzt genutzt werden.[348] Im Sommer 1967 erarbeitete Schütz schließlich ein Memorandum, welches er unter dem Titel „Was ist Deutschland?" im November 1967 an KUD-Akteure sandte.[349] Die öffentliche Kontroverse, die um das Schütz-Memorandum (vergl. unten) entbrannte, war vorläufig die letzte Aktion, die das KUD ins Rampenlicht der Öffentlichkeit brachte. In den folgenden Jahren, nachdem man sich von dem durch das Memorandum verursachten Schock erholt hatte, sah das KUD mehr und mehr von Aufsehen erregenden Aktivitäten ab. Die „Neue Ostpolitik", die sich bereits zur Zeit der Großen Koalition abzeichnete, machte die KUD-Tätigkeit, so wie sie in den vergangenen Jahren betrieben worden war, überflüssig.

5. 1968 bis 1977/78

a) Politische Entwicklung

Am 1. Juli 1968 unterzeichneten die USA, Großbritannien und die UdSSR den „Vertrag über die Nichtverbreitung von Atomwaffen".[350] Mit der Unterzeichnung verpflichteten sich einerseits die Kernwaffenstaaten, nukleare Waffen an niemanden weiterzugeben und andererseits die Nichtkernwaffenstaaten, auf Erwerb oder Herstellung von Atomwaffen zu verzichten. Die friedliche Nutzung der Kernenergie blieb von dem Vertrag unberührt, über dessen Einhaltung die internationale Atomenergie-Organisation wachen sollte. Ungeachtet der Tatsache, daß sich zwei Kerwaffenstaaten, die Volksrepublik China und Frankreich, weder an den Vertragsverhandlungen beteiligt hatten noch zu einer Unterzeichnung des Abkommens bereit waren, markierte der Atomwaffensperrvertrag nach dem Moskauer Teststopppabkommen des Jahres 1963 einen zweiten Schritt der Großmächte in Richtung auf Eindämmung des thermonuklearen Konfliktpotentials.

Als am 21. August 1968 Truppen des Warschauer Paktes in die Tschechoslowakei einmarschierten, um „den Völkern der CSSR die Selbstbestimmung über ihre Lebensverhältnisse als sozialistische Nationen" zu „sichern", wie es in östlicher Sprachregelung heißt,[351] wirkte dies zwar für die westlichen Hoffnungen auf Entspannung „wie ein Schock",[352] dennoch bedeutete diese Intervention nur kurzfristig eine „Klimaverschlechterung" in den Ost-West-Beziehungen. Sie machte vielmehr deutlich, daß die Großmächte die „Nichtintervention in den territorialen Bestand des weltpolitischen Konkurrenten" als wesentliche Voraussetzung für das Fortschreiten auf dem Weg der Entspannung akzeptiert hatten.[353]

Bereits vor der CSSR-Intervention hatten Moskau und Washington in Sondierungsgesprächen ihr gegenseitiges Interesse an einem Abkommen zur Beschränkung der strategischen Rüstung (SALT) bekundet. Diese Kontakte wurden im Herbst 1968 wieder aufgenommen,[354] und im Oktober 1969 erklärten die beiden Mächte, daß man sich auf den Beginn von SALT-Verhandlungen verständigt habe. Nach über zweijährigen Verhandlungen wurde im Mai 1972 das (erste) SALT-Abkommen von Breschnew und Nixon in Moskau unterzeichnet.[355] Mögen auch verschiedene internationale Konstellationen,[356] z.B. die zunehmenden Spannungen zwischen der UdSSR und China, die im März 1969 zu kriegerischen Auseinandersetzungen am Ussuri geführt hatten oder die Zuspitzung des amerikanischen Vietnam-Engagements, den vertraglichen Abschluß von SALT I „erst ermöglicht" haben,[357] jedenfalls kennzeichnet das Abkommen sichtbar, was Nolte die „Latenzphase" des Kalten Krieges[358] nennt, nämlich das Bestreben der Großmächte, ungeachtet ihrer ideologischen Differenzen zu einer deutlichen Begrenzung des militärischen Konfliktpotentials zu gelangen. Indem sie die thermonukleare Parität der UdSSR anerkannten, machten die USA gleichzeitig klar, daß sie sich nicht mehr in der Lage sahen, „die Sowjetunion daran zu hindern, ihre konventionelle Überlegenheit auf die eine oder andere Weise ins Spiel zu bringen und sich vor allem die fundamentale, systembedingte Ungleichheit der innenpolitischen Einwirkungsmöglichkeiten zunutze zu machen".[359]

Sowohl die waffentechnische Entwicklung als auch ökonomische Gründe, die mit der Energiekrise des Jahres 1974 an Dringlichkeit zunahmen,[360] veranlaßten die beiden Großmächte auch in den siebziger Jahren auf dem eingeschlagenen Weg der Begrenzung des atomaren Potentials weiterzugehen. Ungeachtet ihrer gegensätzlichen globalen politischen und militärischen Interessen, wie sie z.B. im Nahen Osten und in Afrika sichtbar wurden, blieb es das beiderseitige Ziel, das sicherheitspolitische Erfordernisse bereits weit übersteigende Kernwaffenpotential einzudämmen. Das Kommuniqué von Wladiwostok über das Treffen zwischen Breschnew und Ford (23./24. November 1974)[361] und die seit Mitte der siebziger Jahre andauernden Verhandlungen über ein weiteres Abkomen zur strategischen Rüstungsbegrenzung (SALT II) machen dies unmißverständlich deutlich.[362]

Parallel zu den bilateralen Abrüstungsbestrebungen bezüglich des atomaren Potentials liefen seit der zweiten Hälfte der sechziger Jahre multilaterale Bemühungen um eine Reduzierung der konventionellen Streitkräfte (MBFR).[363] Die MBFR-Initiative der Reykjaviker NATO-Ratstagung vom 25. Juni 1968[364] wurde zum ,,wichtigsten multilateralen Rüstungskonzept des westlichen Bündnisses" für die kommenden Jahre. In dem Reykjaviker NATO-Papier hieß es, daß die NATO-Mitglieder das ,,beträchtliche Interesse" *aller* eropäischen Staaten an dem schrittweise zu erreichenden Endziel einer dauerhaften europäischen Friedensordnung sähen. Es sollten ,,Maßnahmen" ergriffen werden, die schrittweise die Schaffung einer ,,Atmosphäre des Vertrauens" ermöglichten, ,,einschließlich ausgewogener und beiderseitiger Truppenverminderungen".[365] Mit diesem ,,Signal von Reykjavik" deuteten die NATO-Staaten indirekt an, daß sie auch eine europäische Sicherheitskonferenz (KSZE), wie sie von Seiten des Warschauer Paktes seit dessen ,,Bukarester Erklärung" vom 6. Juli 1966[366] wiederholt gefordert worden war,[367] für sinnvoll hielten. Am 17. März 1967 hatte der Warschauer Pakt mit einem direkten Apell erneut eine KSZE gefordert.[368] Am 20. Mai 1970 stimmte der NATO-Rat grundsätzlich dem Plan einer KSZE zu; allerdings müßten Fortschritte bei den Gesprächen sowohl über Berlin als auch über Deutschland erkennbar werden. Außerdem erklärte der NATO-Rat, er messe Verhandlungen über eine ausgewogene Truppenverminderung ,,besondere Bedeutung" bei.[369]

In den folgenden Jahren konnten die geforderten Fortschritte erreicht werden: Die Verträge zwischen der Bundesrepublik und der Sowjetunion (12. August 1970) und der Volksrepublik Polen (7. Dezember 1970) wurden unterzeichnet[370] ebenso wie das Viermächteabkommen über Berlin (3. September 1971).[371] Nachdem sich schließlich die Sowjetunion zu MBFR-Verhandlungen bereit erklärt hatte (14. Mai 1971)[372] und die Unterzeichnung des deutsch-deutschen Grundvertrages (21. Dezember 1972)[373] kurz bevor stand, begannen am 22. November 1972 in Helsinki Vorgespräche zur KSZE und am 31. Januar 1973 in Wien MBFR-Sondierungen.

Die KSZE wurde am 1. August 1975 mit der Unterzeichnung der Schlußakte beendet,[374] und das in Helsinki vereinbarte KSZE-Nachfolgetreffen fand zweieinhalb Jahre später in Belgrad statt.[375] Dort wurde ein weiteres Treffen für den Herbst 1980 in Madrid festgelegt. Im Gegensatz zum Verlauf der KSZE traten die Wiener MBFR-Verhandlungen vornehmlich auf der Stelle. Weder der Osten noch der Westen unterbreitete Vorschläge, die zu einem zügigen Abschluß der Verhandlungen hätten führen können.[376] Doch weder der zähe Verlauf der Wiener Gespräche noch die massive Kritik der seit dem 1. Januar 1977 amtierenden Carter-Administration an der östlichen Mißachtung der Menschenrechte, konnten Ost und West vom prinzipiellen Festhalten an der Entspannungspolitik abbringen.[377]

In der Bundesrepublik hatte mit der Bildung der Großen Koalition die erste Phase der ,,Neuen Ostpolitik" begonnen.[378] Indem Bundeskanzler Kiesinger Kontakte zwischen Behörden der Bundesrepublik und der DDR nicht mehr ausschloß,[379] hatte die Bundesrepublik begonnen, sich,,in den Strom der westlichen Entspannungspolitik hineinzustellen (und) die Befreiung von den angesammelten juristischen Fiktionen und bürokratischen Hindernissen in Gang zu bringen".[380] Sichtbares Zeichen der flexibleren Bonner Politik war die Aufnahme diplomatischer Beziehungen mit Rumänien am 31. Januar 1967,[381] wodurch die sogenannte „Hallstein-Doktrin" „praktisch außer Kraft gesetzt " wurde.[382] Am 17. Juni 1967 erklärte Kiesinger im Deutschen Bundestag, daß sich die Bundesregierung ein „Zusammenwachsen der getrennten Teile Deutschlands nur eingebettet" in den Entspannungsprozeß zwischen Ost und West vorstellen könne.[383] Damit hatte erstmals ein Bonner Regierungschef „nicht mehr die Wiedervereinigung, sondern die Bemühung um Entspannung als vorrangiges Ziel der Bonner Außenpolitik" bezeichnet.[384]

Im Verhältnis zur DDR hatte sich, trotz des sichtbaren Wandels in den Formulierungen, nichts wesentliches geändert. So blieb es der sozial-liberalen Koalition, die am 22. Oktober 1969 ihr Amt antrat, vorbehalten, die „letzte Schizophrenie im Umgang mit der DDR" zu beseitigen:[385] Bundeskanzler Brandt bot der DDR Regierungskontakte an, die zu „vertraglich vereinbarter Zusammenarbeit führen" sollten.[386] Damit die angestrebten Regelungen mit der DDR im direkten deutsch-deutschen Kontakt erfolgversprechend verhandelt werden konnten, war eine vorherige Verständigung zwischen Bonn und Moskau nötig. In Moskau lag „der Schlüssel zu Erfolg"[387] des ostpolitischen Konzepts der Regierung Brandt/Scheel.[388] Die eigentümliche „Dialektik" dieses Konzepts skizziert Löwenthal so:

„Die Bundesregierung war gewillt, zwischen der – notwendigen – Anerkennung der Unverletzlichkeit der bestehenden Grenzen und der – rechtlich unmöglichen – Anerkennung ihrer Endgültigkeit sowie zwischen der – akzeptablen – völkerrechtlichen Verbindlichkeit von Abmachungen mit der DDR und ihrer – unannehmbaren – völkerrechtlichen Anerkennung durch die Bundesrepublik zu unterscheiden."[389]

Mit der Aufnahme der deutsch-sowjetischen Gespräche bereits am 8. Dezember 1969 begann die Bundesregierung ihr ostpolitisches Konzept in die Tat umzusetzen. Die Bonner diplomatischen Bemühungen der folgenden Jahre waren gekennzeichnet durch eine Vorgehensweise, die „eine Umstülpung des Eskalationsprozesses durch ein kalkuliertes einseitiges Entgegenkommen unter gleichzeitiger Minimalisierung der Verluste" möglich machte, wie H. End meint.[390] Bereits neun Monate nach der ersten Kontaktaufnahme konnte am 12. August 1970 in Moskau ein Abkommen unterzeichnet werden, das einen förmlichen Gewaltverzicht sowie die Unantastbarkeit der bestehenden Grenzen zum Inhalt hatte.[391] Der deutsch-polnische Vertrag vom 7. Dezember 1970[392] „enthielt nichts, was nicht im Vertrag mit der Sowjetunion schon enthalten gewesen wäre".[393] Es wurde ebenfalls die Unantastbarkeit der bestehenden Grenzen bekräftigt und ausdrücklich festgestellt, daß beide Staaten „gegeneinander keinerlei Gebietsansprüche" besäßen und solche „auch in Zukunft nicht erheben" würden.

Der deutsch-deutsche Normalisierungsprozeß, der mit den Erfurter und Kasseler Treffen (19. März und 21. Mai 1970) zwischen Brandt und Stoph begann, hatte zunächst „eher die Form einer öffentlichen Auseinandersetzung als einer echten Verhandlung".[394] Konkrete Verhandlungen zwischen Bonn und Ost-Berlin konnten erst am 6. September 1971 beginnen, nachdem drei Tage zuvor das Viermächteabkommen über Berlin unterzeichnet worden war. Die Verhandlungen führten relativ rasch zum Abschluß eines Verkehrsvertrages am 26. Mai 1972 und zur Unterzeichnung des Grundvertrages am 21. Dezember 1972.[395] Als Kernpunkte dieses „Vertrages über die Grundlagen der Beziehungen zwischen der Bundesrepublik Deutschland und der Deutschen Demokratischen Republik" sind die Bekenntnisse zum Gewaltverzicht und zur Unantastbarkeit der Grenzen sowie die Anerkennung der Gleichberechtigung beider Staaten anzusehen.[396]

Der Abschluß des Grundvertrages und die in logischer Folge erfolgte Aufnahme der beiden deutschen Staaten in die UNO am 18. September 1973 bedeutete nicht nur den vorläufigen Abschluß der „bilateralen Kernphase" der Bonner Deutschland- und Ostpolitik;[397] beides zusammen hatte auch zur Folge, daß die „Deutsche Frage" aufhörte, „weltpolitisch interessant" zu sein, wie Gasteyger meint, und er fährt fort:

„Bundesrepublik und DDR erschienen fortan als das, was sie von Größe und Bevölkerungszahl und politischem Gewicht von allem Anfang an gewesen waren: Mittelmächte von erheblicher regionaler, aber nur von latent weltpolitischer Bedeutung."[398]

Wenn auch in den folgenden Jahren, und besonders seit dem Ausscheiden Willy Brandts und Walter Scheels aus der Regierungverantwortung, die deutsch-deutschen Beziehungen keine Gelegenheit zu spektakulären Schritten boten, es setzte sich doch der innerdeutsche Normalisierungsprozeß fort. So bilanzierte ein Beobachter der deutschlandpolitischen Entwicklung, daß die innerdeutschen Beziehungen „zwar nicht problemlos, wohl aber auf dem Wege" seien, „sich immer mehr in Richtung halbwegs korrekter Beziehungen zu entwickeln".[399]

Ungeachtet der Tatsache einer „weitverbreiteten Erleichterung" selbst der engsten Bonner Verbündeten über den „Abschied der Bundesrepublik von ihrer bisherigen Wiedervereinigungspolitik,[400] löste die gerade von außen so beurteilte „notwendige und überfällige Hinwendung der Bundesrepublik zu Osteuropa"[401] eine parlamentarische und außerparlamentarische Polarisierung innerhalb der Bundesrepublik aus, die nicht nur, wie Niclauß meint, „in ihrer Intensität an die Diskussionen der fünfziger Jahre über die Westintegration und Wiederbewaffnung" erinnerte, sondern die „selbst für parlamentarische Regierungssysteme außergewöhnlich" gewesen sei.[402]

Sowohl SPD als auch FDP hatten bereits während der Großen Koalition deutschlandpolitische Positionen bezogen, die weit über den Rahmen hinausgingen, den Kiesinger in seiner Regierungserklärung vom 13. Dezember 1966 abgesteckt hatte. So hatte der SPD-Vorsitzende und Außenminister, Willy Brandt, auf dem Nürnberger Parteitag (17. bis 21. März 1968) von der Respektierung und Anerkennung der Oder/Neiße-Grenze gesprochen,[403] und der FDP-Parteitag (23. bis 25. Juni 1969) in Nürnberg hatte eine Wahlplattform verabschiedet, in der u.a. ein Staatsvertrag mit der DDR, die Aufnahme beider deutscher Staaten in die UNO sowie die Aufgabe der sogenannten „Hallstein-Doktrin" gefordert wurden.[404] Nach Auffassung der CDU/CSU waren bereits die deutschlandpolitischen Äußerungen Kiesingers in seiner Regierungserklärung vom 17. Juni 1967 „bis hart an die Grenze der Preisgabe fundamentaler Rechtspositionen gegangen".[405] Die Unionsparteien, die allmählich „von der Linie der Großen Koalition wieder in die fünfziger Jahre zurückzuweichen" schienen,[406] sahen sich nicht in der Lage, über die in den Koalitionsvereinbarungen vom Herbst 1966 getroffenen Abmachungen hinauszugehen. So waren es wesentlich die „weitgehenden Übereinstimmungen in der Ost- und Deutschlandpolitik", die die Bildung der sozial-liberalen Koalition im Herbst 1969 ermöglichten.[407]

Die „Befreiung vom Sonderkonflikt" (Löwenthal) durch die Regierung Brandt/Scheel wurde von der oppositionellen CDU/CSU mit einem „Trommelfeuer" gegen diese ostpolitische Öffnung begleitet.[408] Indem die Opposition vor allem die Interdependenz zwischen Ostverträgen und Berlin-Regelung „falsch einschätzte" sowie das „Ineinandergreifen von Ost- und Deutschlandpolitik verkannte und lediglich die Rechtmäßigkeit und den moralischen Anspruch ihrer Zielsetzung betonte",[409] begleitete sie nicht nur die Verhandlungen mit der Sowjetunion und Polen mit massiver Kritik,[410] sondern sah sich schließlich auch nicht in der Lage, den beiden Verträgen zuzustimmen. Auch die nach hektischen Verhandlungen zustande gekommene Bundestagsresolution (10. Mai 1972), in der Vorbehalte besonders bezüglich des „Offenbleibens" der „Deutschen Frage" zum Ausdruck kamen,[411] konnte die CDU/CSU lediglich zur Stimmenthaltung bewegen.

Die Verhandlungen über den Grundvertrag stießen bei der Opposition ebenfalls auf scharfe Kritik.[412] Ihr wesentlicher Einwand gegen das Abkommen bestand in der Auffassung, daß die Abmachungen die Bonner „Aufgabe des Selbstbestimmungsrechts" bedeuteten.[413] Für die CDU/CSU besaß der Grundvertrag „definitiven Charakter", während die Regierung ihm eine „instrumentale Bedeutung" zumaß, womit lediglich das „Instrumentarium für die inhaltliche Ausgestaltung" des deutsch-deutschen Verhältnisses geschaffen werden sollte.[414] Die CDU/CSU-Bundestagsfraktion lehnte den Vertrag im Mai 1973 schließlich ab, und als das Bundesverfassungsgericht am 31. Juli 1973 den Grundvertrag für nicht verfassungswidrig erklärte,[415] war die spektakuläre Phase der „Neuen Ostpolitik" abgeschlossen.

Der Opposition gelang es, besonders seit der Bundestagswahl von 1976, ihre politische „Alternative der Negation" zu reduzieren und eine „konstruktive Haltung" in Fragen der Deutschland- und Ostpolitik zu entwickeln.[416] Dies gelang ihr um so leichter, als die Regierung Schmidt/Genscher, wie Hacke formuliert, „nach Osten eine realistische Politik" betrieb, die das machte, „was die CDU/CSU vielleicht gern tun würde oder auch tun müßte: eine aktive Pacta-sunt-servanda-Politik".[417]

b) KUD: Organisatorische und programmatische Schwerpunktverlagerung

Schütz' Memorandum „Was ist Deutschland?" markierte den Beginn einer organisatorischen und programmatischen Schwerpunktverlagerung des KUD. Weniger der Inhalt des Memorandums war ein Diskussionsgegenstand innerhalb des KUD-Präsidiums, als die Art und Weise, wie die Denkschrift an die Öffentlichkeit dringen konnte. So übte z.B. während einer Präsidiumssitzung am 8. Dezember 1967 Gradl heftige Kritik daran, daß einige Präsidiumsmitglieder das Memorandum erst später als die Mitglieder der Bundesregierung erhalten hätten. Zukünftig sollten solche Ausarbeitungen des Geschäftsführenden Vorsitzenden immer erst vom Präsidium behandelt bzw. verabschiedet werden. Außerdem sollte das Präsidium von nun an „regelmäßig" einberufen werden.[418] Am 26. Januar 1968 zeigte sich das Präsidium weitgehend einig, daß die organisatorischen Zuständigkeiten und Aufgaben der KUD-Spitze eindeutiger definiert werden sollten,[419] und am 26. März 1968 forderten z.B. Gerstenmaier und Leverenz, das KUD müsse sich ein „neues Selbstverständnis" zulegen, wobei zu prüfen sei, ob die Gründungsziele noch relevant für das KUD des Jahres 1968 wären.[420] Das daraufhin in der KUD-Geschäftsstelle entworfene Diskussionspapier[421] nannte „wesentliche Aufgaben", die das KUD künftig zu erfüllen hätte:
1. Durchführung von „gesamtdeutschen Wochen (Seminare, Tagungen)", die von „erstklassiger Qualität" sein müßten.
2. Klärung von grundsätzlichen und aktuellen Problemen „der deutschen Existenz".
3. Regelmäßige Zusammenkünfte mit „führenden Männern der Politik" sowie mit Wissenschaftlern und Publizisten „aus Deutschland und anderen Ländern" zu organisieren „und sie über strittige Themen miteinander sprechen lassen".

Mit diesem *neuen Konzept* hatte man sich wie selbstverständlich nicht nur von der bisherigen Arbeitsweise der „Massenmobilisierung" gelöst, sondern auch von den Gründungsintentionen, nach denen das KUD „Willenszentrum" sein sollte, welches den „Willen zur Wiedervereinigung in allen Kreisen unseres Volkes" stärken wollte. KUD-Aufgaben wurden jetzt nur noch im „nicht-öffentlichen" Bereich gesehen, wobei das Schwergewicht eindeutig auf dem Kontakt zu einzelnen Gruppen (z.B. Publizisten, Politikern und Wissenschaftlern) lag. Nicht mehr *jeder* sollte vom KUD angesprochen werden, sondern bestimmte *ausgewählte Zielgruppen*. Die Wendung, weg von einem „Zuviel an Symbolik"[422] hin zu dem Bemühen, das KUD „ideologisch zu entrümpeln und zu einem Instrument des Dialogs über die Realitäten und Notwendigkeiten einer illusionslosen Deutschlandpolitik zu machen",[423] war nun das erklärte Ziel, besonders von W. W. Schütz. Dabei war er sich nicht nur der Unterstützung der SPD-Politiker in der KUD-Spitze sicher, sondern auch der der konservativen KUD-Akteure, wie auf der Jahrestagung 1968 sichtbar wurde.[424]

Der *parteipolitische Streit um das KUD* begann erst mit aller Schärfe, nachdem am 22. Oktober 1969 die SPD/FDP-Koalition ihr Amt angetreten hatte. Schütz, immer noch der „spiritus rector" des KUD, geriet wegen seiner eindeutigen Unterstützung der durch die Regierung Brandt/Scheel eingeleiteten „Neuen Ostpolitik" unter heftigen Beschuß der jetzt oppositionellen CDU/CSU, so daß ein Berichterstatter meinte, „als politischer Faktor" stehe das KUD nun „zur Disposition".[425] So hatte Schütz

z.B. die Umbenennung des BMG in „Bundesministerium für innerdeutsche Beziehungen" (BMB) mit den Worten begrüßt:
„Sie entspricht einer sachlichen Konkretisierung der Deutschland-Politik im Sinne der unmittelbar zu lösenden Aufgaben...".[426]

Da die CDU/CSU bereits vorher diese Umbenennung scharf verurteilt hatte, „weil sie eine Umfunktionierung des Wiedervereinigungsressorts" befürchtete,[427] schien Schütz nun bewußt die Konfrontation zu *provozieren:* Er wollte mit dem KUD — gegen die Widerstände der Unionsparteien — die „Neue Ostpolitik" unterstützen.[428]

Auf Schütz' Initiative wurden vom KUD (Präsidium) mehrere Papiere zustimmend zur Kenntnis genommen, die eine vertragliche Regelung des deutsch-deutschen Verhältnisses befürworteten. In einem Papier von Ende 1969 hieß es beispielsweise:
„Die Deutschen stehen in den 70er Jahren vor der Aufgabe, das, was an Gemeinsamkeiten vorhanden ist, zu retten, das Auseinanderbrechen in zwei einander fremd sich gegenüberstehende Staaten zu verhindern... (Es ist) notwendig weiterzubauen, statt in frühere Positionen, die durch die Wirklichkeit überholt sind, zurückzufallen... Das spezifische Verhältnis der beiden Deutschland zueinander bedarf der Präzisierung und Konkretisierung. Es muß abgegrenzt werden gegenüber dem Verhältnis zu fremden Staaten. Es muß gleichzeitig abgegrenzt werden gegenüber dem rein innerstaatlichen Verhältnis...".[429]

In einem anderen Papier, vom 28. Februar 1970,[430] wurden parallel zu führende *Verhandlungen* mit der DDR und anderen osteuropäischen Staaten befürwortet, die einen „Gewaltverzicht", eine „verbesserte Berlinregelung" sowie „rechtsgültige Verträge zwischen zwei Staaten deutscher Nation" zum Ziel haben sollten.

Die Unterstützung der „Verzichtspolitik" durch die KUD-Spitze mußte zwangsläufig zu einer Verunsicherung der „Basis" führen. Auf mehreren, nach langer Zeit wieder abgehaltenen „Arbeitsbesprechungen" mit Funktionären der nachgeordneten KUD-Ebenen wurde versucht, die Position der Bonner KUD-Spitze zu erläutern. Den „Kuratorianern" der Landes-, Kreis- und Ortsorganisationen ging es darum, „Orientierungspunkte" zu erhalten, die die Erläuterung der neuen KUD-Politik an der „Basis" erleichtern sollten. „Sagt uns, was wir den Menschen draußen im Lande bei unseren Veranstaltungen sagen sollen", zitierte die „Stuttgarter Zeitung" einen Teilnehmer einer solchen Besprechung.[431] Auf einer anderen Zusammenkunft bestimmte Schütz die Position des KUD so:
„Das Unteilbare Deutschland ist identisch mit den staatstragenden Parteien und Verbänden. Es steht nicht isoliert neben oder über ihnen und ist für sie nicht Zensor oder Schiedsrichter... Vorrangig ist... die sachliche Information als Grundlage für die Versachlichung der Diskussion. Damit kann und soll das Unteilbare Deutschland zur Entgiftung der politischen Atmosphäre beitragen und der Verwilderung des Tons in der politischen Auseinandersetzung entgegenwirken".[432]

Mit der Aussage, das KUD sei „identisch" mit den großen Parteien und Verbänden wurde deutlich, daß das Bonner KUD auf eine breite Unterstützung durch die Bevölkerung keinen Wert mehr legte. Warum man jetzt die Landes-, Kreis- und Ortskuratorien nicht zur Auflösung ermunterte, bleibt unklar, zumal den noch bestehenden regionalen und lokalen Kuratorien keine „besonderen" Aufgaben im Rahmen des KUD mehr zugedacht wurden. Dahingehend ist jedenfalls auch eine Äußerung des Landesgeschäftsführers von Baden-Württemberg, Totte, zu verstehen, der die Aufgaben z.B. des Kreiskuratoriums Freudenstadt in einer allgemeinen „Aktivbürgerschaft" aufgegangen sah. Man habe es mit einer *zunehmenden Unansprechbarkeit* der Bevölkerung für eine Wiedervereinigungspolitik zu tun.[433] In gleichem Sinn äußerte sich auch ein Kreiskuratoriumsvorsitzender, als er sagte, daß eine „gewisse Resignation" der KUD-Mitarbeiter unverkennbar sei.[434] Daß das auf Landes-, Kreis- und Ortsebene organisierte KUD aus der Sicht der Bonner KUD-Spitze keine „KUD-spezifischen" Aufgaben mehr zu erfüllen hatte, zeigt auch die unten behandelte, im Jahr 1973 vollzogene Reorganisation des KUD.

Da die Bonner KUD-Führung die Ostpolitik der Regierung Brandt/Scheel vorbehaltlos unterstützte,[435] sah sich der Geschäftsführende KUD-Vorsitzende, Schütz, im Frühjahr des Jahres 1972 mit einer Situation konfrontiert, die ihn zu einem persönlichen, auch für das KUD Konsequenzen zeitigenden Schritt veranlaßte: Die CDU/CSU-Fraktion hatte am 24. April 1972 einen konstruktiven Mißtrauensantrag im Bundestag eingebracht mit dem Ziel, Willy Brandt als Bundeskanzler abzulösen und durch Rainer Barzel zu ersetzen. Schütz sah dadurch die von ihm kompromißlos unterstützte Ostpolitik kurz vor dem Ende der parlamentarischen Behandlung der Ostverträge (die abschließenden Lesungen der Ratifizierungsgesetze zum Moskauer und zum Warschauer Vertrag vom 12. August bzw. 7. Dezember 1970 sollten im Mai gehalten werden) in höchster Gefahr. Am 25. April 1972 trat Schütz als Geschäftsführender KUD-Vorsitzender zurück und der (Berliner) SPD bei. In der diesbezüglichen Presseerklärung hieß es u.a.[436]:

„Die Möglichkeiten einer gewissen vertraglichen Verständigung über die Grenzen in Deutschland hinweg, einer Versöhnung in ganz Europa könnten in Gefahr geraten, wenn Kontinuität von Regierung und Politik in der Bundesrepublik Deutschland in diesem Augenblick aufs Spiel gesetzt werden ... Um in der jetzigen Situation eine klare Meinung vertreten zu können, hat sich Wilhelm Wolfgang Schütz zu diesem Schritt entschlossen. Er wird seine Tätigkeit in der Politik intensivieren und als freier Schriftsteller in Berlin arbeiten ... Selbstverständlich wird Wilhelm Wolfgang Schütz auch von seinem politischen Standort aus im Rahmen des Kuratoriums Unteilbares Deutschland in vollem Umfang tätig bleiben."

Wenn Schütz auch die KUD-Geschäfte noch über ein Jahr lang „interimistisch" weiterführte, so konnte er jetzt dennoch, ohne als „Sprecher" des KUD zu gelten, seinen Standpunkt in der politischen Auseinandersetzung unverklausuliert und ohne Rücksicht auf gegenteilige Auffassungen innerhalb der KUD-Führungsgremien vertreten. Am 30. April 1972 schrieb er an den FDP-Bundestagsabgeordneten Knut von Kühlmann-Stumm, der angekündigt hatte, die Ostverträge abzulehnen, einen Brief, in dem Schütz Kühlmann-Stumm ersuchte, seine Meinung zu ändern, weil die Verträge „unsere Außenpolitik mit derjenigen der freien Welt" harmonisierten. Die Ratifikation der Verträge ermögliche einen „allmählichen Abbau der Gegensätze in Deutschland und Europa", sie hielten den „Weg zur Selbstbestimmung der Deutschen offen" und sicherten gleichzeitig „Berlin im Rahmen des Möglichen". Am Schluß des mehrseitigen Schreibens hieß es:

„Würde ein Mann, der aus patriotischen Gründen zweifelt, sich aus patriotischen Gründen zu einem kritischen Ja durchringen, es wäre ein geschichtliches Beispiel in unserer noch immer gefährdeten Demokratie."[437]

Die KUD-Jahrestagung am 24./25. November 1972 in Berlin, also nur wenige Tage nach der vorgezogenen Bundestagswahl vom 19. November, zeigte, daß Schütz mit dem Niederlegen des geschäftsführenden Vorsitzes dem KUD nicht den Rücken kehren wollte, sondern, wie er in seiner Rücktrittserklärung vom 25. April angekündigt hatte, im KUD „von seinem politischen Standpunkt aus", dem der *SPD* also, „in vollem Umfang" tätig bleiben wollte. So kündigte er in Berlin eine *Reorganisation des KUD* an; ein kollegiales Präsidium sollte die Gesamttätigkeit des KUD leiten, die künftig vornehmlich aus der Einrichtung bzw. Förderung von „wissenschaftlichen Arbeitskreisen" bestehen sollte. Zwischen Präsidium und administrativer Geschäftsführung sollte ein Koordinator fungieren, der, so hieß es in einer Reportage, „wohl Schütz heißen" würde, der „aber seine Meinung nicht hinter der Charaktermaske eines offiziellen Sprechers zu verbergen braucht".[438]

Unmittelbar nach seinen Berliner Ausführungen teilte Schütz Herbert Wehner und Egon Franke mit, wie er sich die künftige Existenz des KUD vorstellen bzw. auf welchen Kurs er das KUD einschwenken lassen wollte[439]:

„Das politische Engagement, das sich im Wahlkampf und im Wahlergebnis ausdrückte, hält unvermindert an ... Die Auseinandersetzung mit der CDU und CSU scheint sich nicht nur wenig zu verringern. Die Mitte unterliegt dort einem anhaltenden Druck von rechts ... Wir sollten der rastlosen Opposition nicht einfach das Feld überlassen. Auch hier können Sie auf mich zählen ... Die Arbeit des Kuratoriums wie die Zusammenarbeit mit SPD und FDP sollte demzufolge intensiviert werden. Den Kurs des Kuratoriums sollten wir mit aller Entschlossenheit bestimmen, auch auf die Gefahr hin, daß nur ein Teil von CDU und CSU unsere Politik mitzumachen bereit ist.

Als Beispiel erwähne ich die relativ entgegenkommende Haltung von Dr. Gradl... Die Unabhängigkeit des Kuratoriums sollte zwar gewahrt werden, aber sie darf nicht in Untätigkeit und Urteilslosigkeit absinken. Dafür stehe ich ein...".

Daß Schütz wegen seiner unzweideutigen Befürwortung der „Neuen Ostpolitik" und spätestens seit seinem SPD-Beitritt mit der oppositionellen CDU/CSU immer mehr in Konflikte kam, war geradezu selbstverständlich. Solange die Union Regierungsverantwortung trug, duldete sie den Geschäftsführenden Vorsitzenden. Jetzt sah sie allerdings keinen Grund mehr, Schütz zu schonen. Es kam zu erheblichen Spannungen zwischen Schütz und dem KUD einerseits und der CDU/CSU andererseits, was auch engagierte KUD-Akteure wie z.B. Gradl oder von Hassel nicht verhindern konnten.[440] Die Versuche der Bonner KUD-Geschäftsstelle, die Spannungen zu leugnen,[441] mußten daher geradezu lächerlich wirken.

Die unversöhnlichen Aversionen weiter Unionsteile gegen Schütz wurden im Zuge der internen Diskussionen um die Reorganisation des KUD im Laufe des Jahres 1973 überaus deutlich.[442] Mit Unterstützung Gradls bemühte sich Schütz, als besoldeter „Beauftragter des Präsidiums für die wissenschaftlichen Arbeitskreise" weiterhin im KUD tätig zu sein, wobei seine Bezüge „parallel" zu den Bezügen der Bundestagsabgeordneten festgelegt werden sollten.[443] Doch hatte Schütz wohl die Bereitschaft der Parteien überschätzt, ihn auch weiterhin die zentrale Position im KUD einnehmen zu lassen. Weder in den Gesprächen, die Schütz vor der die KUD-Reorganisation einleitenden Präsidiumssitzung führte,[444] noch in der Sitzung selbst, am 14. Mai 1973,[445] konnte Schütz sich mit seinen Vorstellungen eines besoldeten KUD-Koordinators durchsetzen. Als das KUD-Präsidium am 13. Dezember 1973 schließlich die KUD-Leitung einem Dreierkollegium (bestehend aus Johann Baptist Gradl/CDU, Egon Franke/SPD und Wolfgang Mischnick/FDP[446]), dem sogenannten „Geschäftsführenden Präsidium", übertrug,[447] wurde Schütz als Koordinator für die „wissenschaftlichen Arbeitskreise", die er „in Abstimmung mit dem Geschäftsführenden Präsidium" zu betreuen habe, benannt.[448] Daß er für diese Koordinationstätigkeit nicht, wie er erhofft hatte, entlohnt werden sollte, konnte Schütz deswegen verschmerzen, weil ihm vom BMB inzwischen ein monatliches „Honorar" von DM 3.000,– für die Redaktion der ab 1974 erscheinenden Zeitschrift „Politik und Kultur"[449] zugesichert worden war.[450]

In der Pressemitteilung vom 13. Dezember hieß es über das Verhältnis zwischen UD und den Parteien:

„Die Parteien stimmen überein, daß im Interesse der Deutschlandpolitik ihr verstärktes Engagement im Kuratorium Unteilbares Deutschland notwendig ist."

n man glaubte, mit der Reorganisation das KUD aus dem Parteienzwist herausen zu haben, so mußte man sich bald eines Besseren belehren lassen: Das KUD it Beginn der siebziger Jahre nicht mehr in der Lage, sich selbständig institutio-
[1] d.h. aus Mitteln, die ihm von den Arbeitgebern, den Gewerkschaften, vom en Städtetag und sonstigen Spendern zuflossen, zu finanzieren.[452] Seit dem '73 erhielt das KUD eine institutionelle Förderung, die bei den Zuschüssen des ushalts an die Fraktionen veranschlagt war. 1973 wie 1974 betrug die Summe 350.000,–.[453]

75 wurde das KUD über den Verein „Ausschuß für Fragen der Wiederverutschlands – Unteilbares Deutschland – e.V." direkt aus dem Haushaltsindestages bezuschußt: mit jährlich 381.000,–.[454] Als „Zuwendungss Bundes" war das KUD der Kontrolle des Bundesrechnungshofes unterhre 1974 prüfte der Rechnungshof die KUD-Rechnungslegung des Jahres llte dabei „erhebliche Unregelmäßigkeiten" in der Haushaltsführung 1973 hatte die Berliner Bundestagsabgeordnete L. Berger beim Innerter Franke um Auskunft zur finanziellen Situation des KUD gebehrend der Prüfung durch den Bundesrechnungshof im Jahre 1974 war über das Finanzgebaren des KUD gekommen.[457] Als im Sommer

1974 ein vorläufiger Bericht des Rechnungshofes vorlag, und das KUD nicht in der Lage gewesen war, für das Rechnungsjahr 1975 einen ordnungsgemäßen Wirtschaftsplan vorzulegen,[458] zeigte sich, daß es in der CDU/CSU eine Gruppe gab, die „die Subventionierungsfrage als Hebel gegen den weiteren Fortbestand" des KUD benutzen wollte.[459] Im Bundestag brachten die Abgeordneten Frau Pieser, Wohlrabe u.a. eine „Kleine Anfrage" ein, in der die Bundesregierung um Auskunft darüber ersucht wurde, wie sich die KUD-Förderung aus Bundesmitteln im einzelnen gestaltete.[460] Am 24. Juli 1974 beantwortete die Innerdeutsche Minister Franke die Anfrage. Er teilte mit, daß das KUD zusätzlich zu den Zuwendungen aus dem Einzelplan 0201 (Haushalt des Bundestages) in den Jahren 1970-1973 DM 260.000,– vom Bundespresseamt und DM 2.233.000,– vom BMB erhalten habe.[461]

Die Veröffentlichungen bezüglich der KUD-Finanzierung sorgten in der KUD-Geschäftsstelle in der Bonner Remigiusstraße für hektische Aufregung. Am 15. November 1974 trat der „Ausschuß für Fragen der Wiedervereinigung ..." zusammen und genehmigte die Jahresabrechnungen von 1972 (!) und 1973 sowie die Haushaltsvoranschläge für 1973 und 1974.[462] Der jetzt erstmals nach langer Zeit wieder in Erscheinung tretende Trägerverein sorgte in der gleichen Sitzung dafür, daß es zukünftig zu solchen finanziellen Unklarheiten nicht mehr kommen konnte. Nun, nach der Neuordnung der KUD-Führung, ging man also daran, auch die Rechnungslegung des KUD soweit in Ordnung zu bringen, daß sie allgemein anerkannten und gültigen Anforderungen genügte und einer Überprüfung standhalten konnte.

Bleibt zum Abschluß die *Frage nach den Aufgaben zu stellen,* die das KUD, neben der beruflichen Absicherung seiner Bediensteten, im Auftrage des „Ausschusses für Fragen der Wiedervereinigung..." noch zu erfüllen hat. Neben der Organisation der nach wie vor jährlich in Berlin veranstalteten Jahrestagungen und der Veröffentlichung von Erklärungen zum 17. Juni besteht die wesentliche Tätigkeit der Bonner KUD-Geschäftsstelle in der Organisation der Tagungen der „wissenschaftlichen Arbeitskreise".[463]

Die Jahrestagungen, zu denen von den noch bestehenden Landeskuratorien gewiss „Kontingente" entsandt werden dürfen,[464] dienen heute ausschließlich dazu, Pol kern aller Parteien Gelegenheit zur Erläuterung ihrer deutschlandpolitischen Positi zu geben.[465] Auch die seit einigen Jahren eingeführten Podiumsdiskussione anschließenden „Fragestunden" beziehen sich nur auf allgemeine Fragen zur landpolitik. Die Jahrestagungen seit Mitte der siebziger Jahre dienen jede mehr, wie in den früheren Jahren, der breiten Diskussion um die Position der Deutschlandpolitik. Auch Fragen nach dem Selbstverständnis des KU den *nicht* zur Diskussion gestellt. Als auf der Jahrestagung 1977 beispie dem Podium Versammelten von einem kritischen Teilnehmer die Frag was eine solche Tagung konkret für das KUD bedeute und welche menkunft für die Erfüllung der KUD-Aufgabe habe, blieben die die Antwort schuldig. Schütz antwortete lediglich, die Jahresta ohne „Integrationsverlust" unterlassen werden, ohne gleichzeiti was eine solche Tagung denn „integrieren" könnte.[466]

Die jährlichen KUD-Erklärungen zum 17. Juni, die seit Sitzungen des Präsidiums mit dem Bundespräsidenten o dem Bundestagspräsidenten verabschiedet werden,[467] die sich auf die Ziele der Deutschlandpolitik beziehen unumstritten sind.[468] So lautete beispielsweise der zum 17. Juni 1977,[469] auf die sich auch der Bun Deutschen Bundestag berief[470]:

„Im Blick auf die Belgrader Folgekonferenz nach für Sicherheit und Zusammenarbeit in Europa in d nehmerstaaten untereinander und im Verhältnis z spannung in Europa braucht Entspannung in De wirklichung der Menschenrechte für alle Deutsch

Die von W.W. Schütz im Auftrag des KUD-Präsidiums betreuten „wissenschaftlichen Arbeitskreise" sind der *wesentliche Arbeitsbereich* des KUD. Im Herbst 1977 existierten folgende Arbeitskreise: Historisch-PolitischerArbeitskreis, Arbeitskreis Kultur, Pädagogischer Arbeitskreis, Arbeitskreis Jugend, Arbeitskreis Recht, Arbeitskreis Medien, Arbeitskreis Berlin, Bamberger Arbeitskreis. Jeder Arbeitskreis tagt jährlich zweimal. Angehörige sind Fachleute, zum allergrößten Teil Wissenschaftler aus allen Teilen der Bundesrepublik. Die Leitung obliegt jeweils einem „Lenkungsausschuß", der die Themen der einzelnen Tagungen festlegt. Die große Teilnehmerzahl von zum Teil renommierten Wissenschaftlern zeigt, daß das KUD hiermit einem Bedürfnis nach unmittelbarem wissenschaftlichen Gedankenaustausch Rechnung trägt. Wenn die Diskussionen, an denen auch aktive Politiker teilnehmen, zwangsläufig zu keinen konkreten Ergebnissen führen, so tragen sie doch dazu bei – wie immer wieder zu hören ist –, die oft beklagte *Kluft zwischen Wissenschaft und Praxis zu überbrücken*.

Resümiert man die *heutige Tätigkeit des KUD*, so drängt sich die Frage auf, ob dadurch die Existenz eines Kuratoriums mit dem Namen „Unteilbares Deutschland"[471] noch zu rechtfertigen ist, oder ob die Koordination der „wissenschaftlichen Arbeitskreise" (das scheint das einzig sinnvolle Tun des KUD an der Jahreswende 1977/78 zu sein) nicht effektiver, d.h. mit weitaus geringerem finanziellen Aufwand, von *anderen Institutionen* betreut werden könnte. Zu denken wäre da z.B. an die Bundesanstalt für gesamtdeutsche Fragen oder an die „Deutsche Parlamentarische Gesellschaft". Die Antwort auf diese Frage haben aber nicht nur die Haushaltsexperten zu geben.

Teil III: Aktivitäten

Vorbemerkung

Das KUD befaßte sich nicht wie z.B. der 1952 gegründete „Forschungsbeirat für die Fragen der Wiedervereinigung" mit grundsätzlichen Problemen und Stategieen der Wiedervereinigungs- und Deutschlandpolitik.[1] Dem KUD ging es ja, wenigstens zunächst, nicht um „Einzelfragen der Politik"[2] sondern darum, die (bundesdeutsche) Öffentlichkeit für die Problematik der Wiedervereinigung zu interessieren. Die Bevölkerung sollte veranlaßt werden, ihr Interesse am „Problem Wiedervereinigung" *unter Beweis* zu stellen. Diesem Zweck dienten die vom KUD initiierten oder übernommenen und ausgebauten Aktivitäten. Einzelne Aktionen, ob sie sich in weithin sichtbaren Demonstrationen zeigten oder ob sie von den breiten Öffentlichkeit unbemerkt von einzelnen Personen getätigt wurden, sollten das Interesse an den „Deutschen Frage" dokumentieren.

Die *Anteilnahme der Bevölkerung* an KUD-Initiativen und -Anregungen mag als *ein* Kriterium dafür dienen, wie weit das KUD in das Bewußtsein der bundesdeutschen (und ausländischen) Bevölkerung eingedrungen war. Das Echo, das das KUD hervorrufen konnte, gibt Aufschluß über den *Stellenwert*, den das KUD im politischen Geschehen der Bundesrepublik über mehrere Jahre hinweg besaß.

Der von manchem vielleicht belächelte demonstrative Charakter vieler KUD-Aktivitäten war gewollt:

„Wir werden beobachtet, wir müssen uns also überlegen, ob wir die Möglichkeiten, für die deutsche Sache auch gelegentlich zu demonstrieren, anwenden wollen oder nicht. Wenn wir sie nicht anwenden, dann demonstrieren wir für die Teilung ... Ich bin kein großer Freund von Demonstrationen, aber im modernen Massenstaat gibt es Augenblicke, in denen kommen Sie ohne Demonstrationen nicht aus. Das ist die Form, in der ein modernes Volk in einem modernen Massenstaat sich selbst gelegentlich darstellt",

sagte Schütz einmal.[3] Im folgenden sollen und können nicht alle Kuratoriumsaktivitäten aufgezählt oder erwähnt werden.[4] Erwähnt werden sollen diejenigen Aktivitäten, die für das KUD *typisch* waren, welche direkt mit dem Namen Kuratorium Unteilbares Deutschland assoziiert werden. Herbert Wehner forderte einmal:

„Ich wäre glücklich, wenn das Kuratorium der Krankheit anderer Organisationen entgehen würde und nicht nur einmal etwas und dann etwas ganz anderes und dann etwas drittes macht, sondern wenn es eine Sache zu Ende führt; wirklich zu Ende führt, um ihrer selbst willen, mit all dem Dreck, mit all den Unbequemlichkeiten."[5]

Diesem Wunsch Wehners konnte das KUD sicherlich nicht ganz entsprechen. Zu vieles hatte den Charakter des Improvisierten und des Provisorischen. Auch waren politische Konstellationen vor und bei einzelnen Aktivitäten zu beachten, die manchem guten Willen Grenzen setzten. Die im folgenden vorgestellten in- und ausländischen Aktivitäten scheinen jedoch *mehr* als spontane oder zufällige Phänomene gewesen zu sein. Sie kamen der o.a. Forderung Wehners nahe, wenn sie auch größtenteils nicht mit einem „offiziellen" Abschluß beendet wurden.

A Inland

1. Jahrestagungen

Die jährlich in Berlin veranstalteten Tagungen, vom KUD selbst gern „Arbeitstagungen"[6] genannt, fanden immer wieder starke Beachtung in der bundesdeutschen Presse. Auf diesen Jahrestagungen stellte sich die Institution KUD als Zentrum und Kristallisationspunkt aller an der Wiedervereinigung Interessierten dar. Hier gaben die KUD-Aktiven ihrem „Unbehagen über das Stagnieren der deutschen Frage" und ihrer „Sorge um das Auseinanderleben der Menschen im geteilten Deutschland" Ausdruck.[7] Diese jährlichen Veranstaltungen gehörten seit 1958 zu den „größten Kongressen",[8] die in Berlin abgehalten wurden.[9]

Die erste größere KUD-Veranstaltung nach der abgeschlossenen Konstituierung wurde 1955 im grenznahen Braunschweig durchgeführt. Hier ging es darum, in einer „feierlichen Sitzung" zu demonstrieren, daß das KUD „bereits Wurzeln im Volk geschlagen" habe.[10] Ab 1956 traf man sich dann regelmäßig in Berlin, um die „Position Berlins" als „die deutsche Hauptstadt" zu betonen.[11] Zunächst tagte man im Plenarsaal des Berliner Abgeordnetenhauses,[12] später benutzte man die neu erbaute Kongreßhalle. Teilnehmer waren anfangs nur die Mitglieder des „Bundeskuratoriums".[13] Nachdem im Zuge der Aktion „Macht das Tor auf" viele Kreis- und Ortskuratorien entstanden waren, begannen auch Mitarbeiter dieser Ebenen an den Tagungen teilzunehmen. Gleichzeitig verringerte sich die Teilnehmerzahl der Mitglieder des Bundeskuratoriums. So kamen 1959 nur noch 32 von den etwa 160 Mitgliedern des Bundeskuratoriums zur Jahrestagung nach Berlin.[14]

Daß es den Teilnehmern (wenigstens zunächst) nicht um eine Vergnügungsreise nach Berlin ging, sondern daß man sein echtes Interesse am KUD und dessen Zielen zum Ausdruck bringen wollte, scheint die Tatsache zu beweisen, daß die Teilnehmer auf eigene Kosten nach Berlin kommen mußten,[15] da Zuschüsse nur in Ausnahmefällen von der Bonner KUD-Zentrale gewährt wurden.[16] Erst seit Anfang der sechziger Jahre wurden den „Delegierten" der Landes-, Kreis- und Ortskuratorien Zuschüsse zu ihren Fahrtkosten gewährt, die allerdings in der Regel unter den Tarifen der Deutschen Bundesbahn lagen.[17] Für Unterbringung und Verpflegung mußte man selbst aufkommen. Die Teilnehmerzahlen der einzelnen Jahrestagungen stiegen oder sanken proportional zur allgemeinen Kuratoriumsentwicklung: 1955 bis 1957 belief sich die Zahl auf ca. 150,[18] seit der Jahrestagung von 1958, an der schon 600 „Kuratorianer" (so eine häufig noch heute anzutreffende Selbstbezeichnung) teilnahmen, begannen die bis dahin eher „beschaulichen" Sitzungen[19] zu Massenkongressen anzuwachsen: 1959 und 1960 erschienen 2000 Teilnehmer in Berlin.[20] Im Jahre 1961, nach dem Mauerbau, zog man sich wieder ins Schöneberger Rathaus zurück, wo 800 „Delegierte" Platz fanden.[21] In den Jahren 1962 bis 1967[22] lag die Teilnehmerzahl zwischen 1 300 und 1 800 „Delegierten".[23]

Um einen Eindruck zu vermitteln, wie diese Jahrestagungen abliefen, welches Tagungsschema breite Diskussionen ermöglichen sollte und um zu zeigen, wie vielfältig die behandelten Themen waren, sei hier exemplarisch das Programm der Jahrestagung von 1963 wiedergegeben:[24]

„Jahrestagung Berlin, 28. bis 30. November 1963 in der Kongreßhalle.
Die Wiedervereinigung Deutschlands in der öffentlichen Meinung.

Mittwoch, den 27. November
14.00 Uhr   Kranzniederlegung
                   – Gedenkstätte der Opfer des 20. Juli 1944, Berlin Plötzensee
                   – Mahnmal im Jüdischen Gemeindehaus
                   – Mahnmal für Peter Fechter

Donnerstag, den 28. November
Tagungspräsidium Dr. Johannes Baptist Gradl, MdB . . .
Begrüßungen
10.30 Uhr Dr. Johann Baptist Gradl, MdB
10.45 Uhr Dr. Walter Raymond, Ehrenpräsident der Bundesvereinigung der Deutschen Arbeitgeberverbände
  Günter Stephan, Bundesvorstand des Deutschen Gewerkschaftsbundes
Referate
11.00 - 11.30 Uhr Willy Brandt, Regierender Bürgermeister von Berlin
11.30 - 12.00 Uhr Dr. W.W. Schütz, Geschäftsführender Vorsitzender . . .
12.30 Uhr Gemeinsames Mittagessen der Delegierten
14.30 - 15.00 Uhr Herbert Wehner, MdB . . .
15.00 - 18.00 Uhr Arbeitskreise und Jugendforum
19.00 Uhr Empfang des Senats von Berlin

Freitag, den 29. November
Tagungspräsidium Dr. Bernhard Leverenz, Justizminister . . .
Referate
 9.30 - 10.00 Uhr Hans Krüger, MdB, Bundesminister für Vertriebene . . .
10.00 - 10.30 Uhr Ludwig von Hammerstein, stellvertretender Intendant des NDR . . .
10.30 - 11.15 Uhr Erich Peter Neumann, MdB, Institut für Demoskopie . . .
11.30 - 13.00 Uhr Arbeitskreise und Jugendforum
13.00 Uhr Gemeinsames Mittagessen der Delegierten
15.00 - 17.00 Uhr Podiumsdiskussion
  Leitung: Arno Scholz, Telegraf Berlin
  Teilnehmer: Ernst Lemmer, MdB − Kurt Mattik, MdB − Dr. Bernhard Leverenz − Dr. Robert Härdter, Stuttgarter Zeitung − Dr. Herbert Kremp, Rheinische Post − Wolfgang Weinert, ZDF.
17.00 - 18.30 Uhr Arbeitskreise und Jugendforum

Sonnabend, den 30. November
Tagespräsidium Ernst Weiß, Senator . . . Hamburg
 9.30 - 10.00 Uhr Referat: Dr. Erich Mende, MdB, Bundesminister . . .
10.00 - 11.30 Uhr Berichte der Arbeitskreise und des Jugendforums
11.30 Uhr Schlußwort
15.00 Uhr Fahrt durch West-Berlin . . .

Arbeitskreis I Politik − Leitsätze und Tätigkeit
  Vorsitzender: Franz Amrehn . . .;
  Berichterstatter: William Borm . . .

Arbeitskreis II Jugendforum
  Vorsitzender: Kurt Neubauer . . .;
  Berichterstatter: Axel Röhrborn . . .

Arbeitskreis III Organisation
  Vorsitzender: Prof. Ferdinand Friedensburg . . .;
  Berichterstatter: Peter Michels . . .

Arbeitskreis IV Publizistik
  A Rundfunk und Fernsehen, Vorsitzender: Dr. Fritz Malburg, Süddeutscher Rundfunk; Berichterstatter: Dr. Heinz Herre, Deutsche Welle
  B Presse, Vorsitzender: Karl Hermann Flach, Frankfurter Rundschau; Berichterstatter: Fritz Stallberg, Vorwärts
  C Ausland, Vorsitzender: Erik Blumenfeld, MdB; Berichterstatter: Klaus Bölling, Norddeutscher Rundfunk."

Die *politische Effizienz* der Jahrestagungen positiv zu „messen" scheint allenfalls punktuell möglich zu sein. Das Ziel der Tagungen war nämlich nicht, programmatische Konzeptionen zu verabschieden oder gar zu entwickeln;[25] es ging allerdings auch nicht

darum, in Berlin „eine große Schau" zu veranstalten.[26] Den Zweck der Jahrestagungen faßte H. Wehner, einer der eifrigsten Teilnehmer an den Tagungen, so zusammen:
„Die Tagungen, die wir veranstaltet haben, sind, was immer man an ihnen auszusetzen oder ungenügend finden mag, für viele – ja man darf sagen, ohne sich selbst etwas vorzumachen, für eine zunehmende Zahl – zu Stätten geworden, aus denen sie Kraft und Anregung, auch Erfahrungsaustausch, schöpfen. Sie sind mit all den Spezialzusammenkünften ein verbindendes Element für alle, die in den großen politischen und gesellschaftlichen und anderen Organisationen wirken . . .".[27]

Diese Einschätzung ist bescheiden und anspruchsvoll zugleich: Die Bescheidenheit liegt darin, daß Wehner keine großen programmatischen oder richtungsweisenden Zielsetzungen den „Jahreskonventen" des KUD[28] zuschrieb. Indem die Tagungen ein verbindendes Element *aller* in der Deutschlandpolitik engagierten Personen seien, wurde den Kongressen die anspruchsvolle Funktion der *Integration* zugesprochen.

In der Beurteilung der Reden und Diskussionsbeiträge waren sich die Beobachter nicht einig. Da wurde vom Übergewicht des „Mittelmaßes", des „Obskuren" gesprochen;[29] man bezeichnete die Kongresse als „den jährlichen Traumtanz etablierter Kuratorianer".[30] Andere meinten, in der Kongreßhalle ginge es darum, „nüchterne Bilanz zu ziehen, ob genügend geschehen sei, die Spaltung Deutschlands im Bewußtsein der Bevölkerung deutlich" zu machen.[31] Allgemein kann man wohl sagen, daß die offiziellen Reden der Politiker und der KUD-Akteure in erster Linie *deklamatorischen Charakter* besaßen.[32] Lediglich in einzelnen Disussionsbeiträgen ging es hin und wieder um konkretes politisches Handeln, wobei dann schnell Differenzen unter den Teilnehmern sichtbar wurden.[33]

Daß bei den Jahrestagungen keine politischen Konzeptionen entwickelt wurden, störte die Veranstalter nicht, man wollte ja ohnehin keine Willensbildung o.ä. bei den Anwesenden betreiben.[34] E. Lemmer stellte zum Abschluß der Jahrestagung von 1965 fest, daß „Sonntagsreden" absolut notwendig seien, „damit das Volk" nicht einschlafe. Die nicht geklärte „Lage" der Deutschen müsse immer wieder aufgezeigt werden, damit es nicht zu einer Gewöhnung an die Spaltung komme.[35]

Mit *politischer Brisanz* angereichert waren drei der im Berichtszeitraum abgehaltenen Tagungen: 1956, 1959 und 1966.
1956: Auf der Tagung im Herbst 1956 in Berlin, der zweiten größeren KUD-Veranstaltung nach der Kundgebung im Herbst 1955 in Braunschweig, wollte sich das KUD „über die selbstauferlegten Beschränkungen hinwegsetzen und sich direkt mit innen-, außen- und wirtschaftspolitischen Fragen" auseiandersetzen.[36] Adenauer, dem das KUD von Anfang an „ein Dorn im Auge" gewesen war,[37] hatte sich in einer Kabinettssitzung gegen Berlin als Tagungsort ausgesprochen[38] und versuchte, das KUD zu einer Verlegung der Tagung zu veranlassen. Paul Löbe und W.W. Schütz lehnten dieses Ansinnen mit der Begründung ab, das KUD sei ein unabhängiges Gremium und an keine staatlichen Anweisungen gebunden. Daraufhin legte der Kanzler dem Bundespräsidenten nahe, an der Tagung nicht teilzunehmen. Wenn Heuss sich auch nicht dazu bereitfand, die KUD-Kundgebung zu besuchen, so empfing er dennoch eine Delegation der Tagungsteilnehmer.

Als Adenauer sah, daß er Kaiser nicht davon abhalten konnte, auf der Tagung zu sprechen, versuchte er Kaisers Anwesenheit in Bonn dadurch zu erzwingen, indem er auf den ersten Tag der Berliner Tagung eine Kabinettssitzung vom Dienstag auf den Donnerstag verlegte und für den zweiten Tagungstag eine Vorstandssitzung der CDU einberief. Kaiser, der stellvertretender CDU-Vorsitzender war, nahm zwar an der Kabinettssitzung noch teil, erklärte sich aber terminlich verhindert, um auch an der Parteivorstandssitzung teilnehmen zu können.[40] Als Kaiser dann am zweiten Tagungstag in Berlin erschien, wurde er „besonders warm begrüßt".[41] Zu Beginn seiner dortigen Ausführungen versagte sich Kaiser eine polemische Attacke gegen den Bundeskanzler; er stellte lediglich mit unverkennbarer Ironie fest, daß er am gestrigen Donnerstag nicht habe von Bonn abwesend sein können und dürfen – merkwürdigerweise hätten sich „gerade in diesen Tagen so viele Temine zusammengedrängt".[42]

Mit der Durchführung der Jahrestagung von 1956 in Berlin ignorierte das KUD erstmals öffentlich eine Bitte des Bundeskanzlers. Man demonstrierte Unabhängigkeit und Selbstbewußtsein. In den folgenden Jahren nahm der Bundeskanzler Adenauer nie an den Jahrestagungen teil, obwohl er zur gleichen Zeit in Berlin weilte.

1959: „Die Zeit" schrieb über die KUD-Jahrestagungen von 1959, man sei hier „allzu oft" „Illusionen und Träumen" nachgegangen und sei „an der politischen Wirklichkeit des Herbstes 1959 ganz und gar" vorbeigeglitten.[43] Deutlich an der politischen Realität der bundesdeutschen Szenerie ging der damalige Gesamtdeutsche Minister, Ernst Lemmer, vorbei: Lemmer forderte, daß das Auftreten einer gemeinsamen deutschen Olympiamannschaft nicht von der Art der Flagge abhängig gemacht werden dürfe, mit der eine gesamtdeutsche Mannschaft bei den im Jahre 1960 in Rom stattfindenden Olympischen Spielen antreten sollte. Der Flaggenstreit[44] sei weniger wichtig, als eine gemeinsame Teilnahme an den Olympischen Spielen.[45] Lemmer zeigte sich bereit, den Streit um die Embleme mit dem vom IOC-Präsidenten A. Brundage unterbreiteten Vorschlag zu beenden, daß beide Equipen der deutschen Staaten gemeinsam mit der schwarz-rot-goldenen Fahne plus abgebildeter Olympischer Ringe auftreten sollten.[46] Diese Kompromißbereitschaft Lemmers wurde von den Tagungsteilnehmern weitgehend mit Zustimmung aufgenommen.[47] Der Deutsche Sportbund schien ebenfalls bereit, dem Vorschlag von Brundage zuzustimmen.[48]

Das Bundeskabinett hatte allerdings in der Woche vor der Berliner Tagung den Beschluß gefaßt, eine Abänderung der Bundesflagge *nicht* zu gestatten.[49] In Berlin erklärte Lemmer dann, daß er mit seiner kompromißbereiten Haltung im Kabinett „alleine gestanden" habe.[50] Dennoch hielt er es für angebracht, vor den „Kuratorianern" diese „leichte Insubordination" zu begehen.[51] Wieder nach Bonn zurückgekehrt, zeigte sich Lemmer „beleidigt", daß von Regierungsseite inzwischen seine Berliner Äußerungen verurteilt worden waren.[52] In einem folgenden Gespräch mit Adenauer, der mit ihm, Lemmer, mit „Stilgefühl" und „Charme" über seine Berliner Äußerungen gesprochen habe,[53] ging Lemmer von seiner Position ab und schrieb anschließend dem Deutschen Sportbund, daß Kompromisse bezüglich der Flagge nicht eingegangen werden könnten.[54] Die öffentliche Erläuterung des Standpunktes der Bundesregierung überließ er allerdings seinem Staatssekretär.[55]

Ob Adenauer Lemmers Berliner Auftritt als einen weiteren Affront des KUD gegen ihn aufgefaßt hat, bleibt offen. Jedenfalls war das KUD durch Lemmers Äußerungen in die Schlagzeilen geraten.

1966: Die erste KUD-Jahrestagung nach Bildung der Großen Koalition fand Anfang Dezember 1966 statt. Zwei Ereignisse machen diese Tagung besonders erwähnenswert: Erstens hielt hier Herbert Wehner seine erste Rede als Gesamtdeutscher Minister und, zweitens schlug Schütz vor, künftig statt von „SBZ" von „DDR" zu sprechen.

Wehner führte aus:

„Die Lösungen (der deutschen Probleme – L.K.) liegen nicht in kompletten Formeln, sondern im Einander-Begegnen in der Absicht, den Boden, auf dem wir alle, welche noch so scharfen politischen Gegensätze auch zwischen uns in den Teilen Deutschlands stehen, uns einrichten müssen, wohnlicher zu machen für alle. Solange die Voraussetzungen noch nicht gegeben sind nach Meinung derer, die daran mitzuwirken haben, die Deutschen, die heute noch in Ost und West getrennt sind, zu vereinigen oder vereinigen zu lassen, so lange muß es unser eigenes Interesse sein, wenigstens das Nebeneinander so zu regeln, daß wir einander nicht das Leben zur Hölle machen."[56]

Schütz, der mit seinem Vorschlag direkt Wehners Anregung aufgriff, das „Nebeneinander" zu regeln, stieß damit in „gesamtdeutsches Neuland" vor.[57] Erstmals wagte hier ein prominentes Mitglied der bundesdeutschen politischen Szene öffentlich von „DDR" zu sprechen. Im Verlauf der Tagung wurde intensiv darüber beraten, welche Buchstaben für den anderen deutschen Saat verwendet werden sollten: „Der Kongreß buchstabierte. Es ging um ‚D...D...R' oder ‚S...B...Z' ", meinte später „Die Zeit".[58] Über die Schützschen Äußerungen offensichtlich erbost, schrieb Gradl, der zusammen mit Schütz am Präsidiumstisch saß, diesem einen Handzettel:

„Lieber W.W., wenn Du daran festhältst, von ‚DDR' zu sprechen, werden die Tage des Kuratoriums gezählt sein. Jedenfalls eines Kuratoriums im Geiste der Gründung. Ich für meinen Teil stelle mir diese Frage schon jetzt. Gradl 10/12/66".[59]

Ob diese Drohung Gradls, aus dem KUD auszuscheiden, Schütz dazu bewog, seinen Vorschlag am Ende der Tagung nicht zu wiederholen oder ob andere(s) ihn dazu veranlaßte(n), mag dahingestellt bleiben. In seinem Schlußwort habe Schütz jedenfalls nicht mehr „den Mut" gefunden, „die Zungenspitze tabu-brechend zweimal zu den oberen und einmal zu den unteren Vorderzähnen zu führen: ‚DDR'", kommentierte „Die Zeit".[60] In einer späteren Veröffentlichung dieser Rede wurden die betreffenden umstrittenen Passagen ausgelassen.[61]

Noch ein weiteres macht die Jahrestagung von 1966 interessant: Ermuntert durch den schließlich erfolglosen Versuch eines Redneraustausches zwischen SPD und SED hatte das KUD zur Jahrestagung Wissenschaftler aus der DDR eingeladen.[62] Während anläßlich des geplanten Redneraustausches von SPD und SED im Frühjahr breite diesbezügliche Diskussionen geführt wurden, blieb die KUD-Einladung ohne größeres öffentliches Echo. Lediglich der Berliner CDU-Vorsitzende Franz Amrehn übte an der Einladung der „Zonenwissenschaftler" Kritik. Am Vorabend der KUD-Tagung, am 8. Dezember 1966, lehnte der Präsident der Ostberliner „Akademie der Wissenschaften" die KUD-Einladung als „unverschämte Zumutung" ab. Er bat das KUD, von weiteren Einladungen abzusehen, da das KUD ein „besonders feindseliges Instrument der Bonner Revanchepolitik und der psychologischen Kriegführung" sei.[63]

Zusammenfassend kann man sagen, daß die Jahrestagungen dem KUD *konzentrierte Selbstdarstellungen* ermöglichten. Durch die Teilnahme sowohl von prominenten Politikern aller Bundestagsparteien als auch von Repräsentanten des öffentlichen Lebens (z.B. Verbandsvorsitzende, Journalisten), entwickelten sich diese Kongresse zu Foren, auf denen die prinzipielle Gemeinsamkeit in der Beurteilung der „Deutschen Frage" demonstriert werden konnte. Auch kann man den Jahrestagungen durchaus eine gewissermaßen doppelte *Integrationsfunktion* zusprechen: Einerseits äußerten sich die anwesenden Politiker des Regierungslagers und der parlamentarischen Opposition in der Öffentlichkeit zur Deutschlandpolitik, wobei in aller Regel polemische Angriffe auf den politischen Gegner unterblieben; man befleißigte sich vielmehr eines nüchternen Tons, der die Jahrestagungen weder als „Revanchistentreffen" noch als unverbindliche „Kaminplaudereien" erscheinen ließ. Andererseits bedeuteten die Tagungen für die KUD-„Basis" eine gewisse *Anerkennung* ihrer in den Landes-, Kreis- oder Ortskuratorien geleisteten deutschlandpolitischen Arbeit. Auf den Jahrestagungen wurde ihnen gerade durch die Anwesenheit prominenter Politiker das Sinnvolle ihres Tuns bestätigt.

Daß bei den Kongressen „Sonntagsreden" erlaubt, ja sogar gewollt waren, kennzeichnet die Intentionen, die die KUD-Spitze mit den Jahrestagungen verbanden: Es sollten keine Strategien entwickelt werden, sondern es ging darum, die Einigkeit der verschiedenen politischen und gesellschaftlichen Gruppierungen zu Fragen der Deutschlandpolitik zu demonstrieren. Daher enthielten nur wenige der Jahrestagungen politische Brisanz.

2. 17. Juni

Am 4. August 1953 wurde der 17. Juni als „Tag der deutschen Einheit" zum gesetzlichen Feiertag erhoben.[64] Im Jahre 1954 konstituierte sich am 14. Juni das KUD. Man wollte auf jeden Fall diese Konstituierung vor dem ersten Jahrestag des Volksaufstandes in Berlin und in der DDR vollziehen.[65]

Daß das KUD den „Tag der deutschen Einheit" als „seinen" Gedenktag betrachten würde, lag nahe.[66] Doch wie auch bei den anderen KUD-Aktivitäten, begann das KUD erst nach Übernahme des Geschäftsführenden Vorsitzes durch W.W. Schütz hier spürbaren Einfluß zu nehmen. Zwar fanden schon bis 1957 anläßlich des 17. Juni überall in der Bundesrepublik und West-Berlin Veranstaltungen statt. Dies geschah jedoch weitgehend improvisiert, ohne ein gemeinsames Motto und ohne einen allgemein gültigen organisatorischen Rahmen. Im Deutschen Bundestag fanden die alljährlichen Gedenkfeiern in „betont feierlichem Rahmen" statt.[67] Der Rundbrief Nr. 1 vom Juni 1956 stellte fest, daß die Veranstaltungen zum 17. Juni „eindrucksvoll" gewesen seien.

Im Jahre 1957 wurden vom KUD erstmals Richtlinien für die Gestaltung des 17. Juni herausgegeben.[68] So empfahl man, die jeweilige Veranstaltung „frühzeitig" vorzubereiten. Alle interessierten Gruppen sollten an *einer* gemeinsamen Veranstaltung beteiligt werden, damit keine „Konkurrenzkundgebungen" stattfänden. Die bestehenden Kuratorien auf Landes-, Kreis- und Ortsebene seien geeignete Gremien, ein gemeinsames Auftreten aller Parteien und Verbände zu organisieren. Diese KUD-Richtlinien wurden aber in vielen Orten nicht befolgt, so daß es im Rundbrief Nr. 8 vom Juni 1957 hieß, daß der „Tag der deutschen Einheit" „auch zu einigen Enttäuschungen und Problemen" geführt habe, „die eingehender Erörterung" bedürften. Im Jahre 1958 begann das KUD, den 17. Juni organisatorisch *unter seine Kontrolle* zu nehmen. In einer Sondernummer des Rundbriefes[69] wurden umfassende Richtlinien für die Veranstaltungen ausgegeben. Zwölf Punkte der Richtlinien beschäftigten sich mit dem „politischen Gehalt" des „Tages der deutschen Einheit". Thesenartig wurden die offiziellen bundesdeutschen Positionen zur Deutschlandpolitik umrissen. Mit 16 „Leitsätzen" für den „organisatorischen Ablauf" der einzelnen Veranstaltungen versuchte man konkret den Rahmen der „Gedenkfeiern" festzulegen. Im zweiten „Leitsatz" hieß es zwar, daß die einzelnen Gedenkstunden „je nach den örtlichen Bedingungen, Gegebenheiten und Traditionen" ablaufen sollten, doch wurden sowohl die genaue Uhrzeit („10 bis 12 Uhr") angegeben, wie auch der Anspruch geltend gemacht, daß die Federführung der Veranstaltungen bei den jeweils zuständigen Kuratorien zu liegen habe. Im „Bulletin" der Bundesregierung vom 14. Juni 1958 hieß es:

„Es sind Vorbereitungen getroffen worden, um den Feiern zum 17. Juni eine würdige Form und weitestgehende aktive Beteiligung der westdeutschen Öffentlichkeit zu sichern. Auf Tausenden von Veranstaltungen in der Bundesrepublik und in Berlin (West) werden führende Politiker aller Parteien das Wort ergreifen; volle Unterstützung haben die Verbände des Wirtschafts- und Soziallebens dem Kuratorium und seinen regionalen Einrichtungen zugesagt; insbesondere wurde von den Kultusministerien der Länder veranlaßt, daß in Schulen in Feierstunden an den Sinn dieses Tages herangeführt und zum inneren Widerstand gegen das Schicksal der deutschen Teilung aufgerufen wird. Ziel dieser Vorbereitungen war, daß über alle Weltanschauungs- und Interessengegensätze hinweg in der politischen Zentralfrage die unveränderte Einmütigkeit des ganzen Volkes zum Ausdruck kommt."[70]

Trotz der vom KUD herausgegebenen Richtlinien und Leitsätze mußte W.W. Schütz in der Sitzung des Aktionsausschusses vom 7. Juli 1958 feststellen, „daß der 17. Juni in der Bundesrepublik und in der breiten Öffentlichkeit noch keineswegs das erforderliche Profil gefunden" habe.[71] 1959 wurde daher schon im März mit den Vorbereitungen für den 17. Juni begonnen. Der 17. Juni 1959 sollte als ein „politischer Tag mit plebiszitärem Charakter" begangen werden.[72] Als Folge der mehrmonatigen Vorbereitungszeit verdoppelte sich die Zahl der „Mahnfeiern" in diesem Jahr, die nach dem bisherigen „Muster" abliefen.[73] Im Jahre 1960 versuchte das KUD, dem 17. Juni ein neues Gepräge zu geben. Wegen des überraschenden Erfolges der Aktion „Macht das Tor auf" hatte man für 1960 die Aktion „Selbstbestimmung" ausgerufen (s.u.). Unter diesem Motto sollte auch der 17. Juni 1960 begangen werden. Der „Schwerpunkt der Kundgebungen" wurde nun an die „Zonengrenze" gelegt.[74] Das Neue aber waren die *Stafettenläufe*, die von verschiedenen Punkten der Bundesrepublik mit „Ziel Zonengrenze" veranstaltet wurden. Im Rundbrief[75] hieß es hierzu:

„Vom 4. bis 17. Juni finden sechs Stafettenläufe durch das Bundesgebiet zur Zonengrenze statt. Vor allem werden sich daran Tausende von jungen Menschen beteiligen. Die Stafetten tragen die Bundesfahne, die Berliner Fahne und die Fahnen von West-, Mittel- und Ostdeutschland."[76]

Die Beteiligung an den Stafettenläufen war stärker als erwartet. So reichten die ursprünglich vom BMG zur Finanzierung zur Verfügung gestellten DM 10.000,– nicht aus, so daß das BMG weitere Gelder bewilligen mußte.[77] An den Stafettenläufen von 1960 beteiligten sich insgesamt *450.000* Personen, „vorwiegend Jugendliche". Insgesamt sei die Beteiligung der Bevölkerung an Veranstaltungen zum 17. Juni im Vergleich zum Vorjahr um hundert Prozent gestiegen.[78] Höhepunkt des 17. Juni 1960 war eine Kundgebung auf dem „Hohen Meißner" bei Eschwege, auf der Bundespräsident Heinrich Lübke zu ca. 12.000 Teilnehmern sprach.[79] Der „Hohe Meißner", als ein traditionsreicher Ort der „Jugendbewegung"[80]. war vom *KUD* bewußt als symbolischer Platz für die Hauptkundgebung gewählt worden.[81] Die Fahnenstafetten wurden bis 1967 in ähnlicher Weise und auf ähnlichen Routen durchgeführt. An den Haltepunkten der einzelnen Stafetten wurden in der Regel kleinere Veranstaltungen abgehalten und die Repräsentanten der tangierten Orte trugen sich in den mitgeführten „Stafettenrollen" ein.[82] Ab 1961 wurden die „Stafettenrollen" sowie ein „Mahnfeuer" nach Berlin geflogen, wo sie dann den Auftakt zur dortigen Großveranstaltung bildeten.[83]

Wie wichtig dem KUD und anderen Gruppierungen eine starke Teilnahme der Bevölkerung an den Veranstaltungen zum 17. Juni waren, zeigen die Vorbereitungen zum 17. Juni 1965: In diesem Jahr fiel der 17. Juni mit „Fronleichnam" zusammen. Nach längeren Verhandlungen kam es zwischen W.W. Schütz und dem damaligen Vorsitzenden der Deutschen Bischofskonferenz, dem Kölner Kardinal Frings, zu einem äußerst bemerkenswerten Arrangement: Damit die Fronleichnamsprozessionen zeitlich nicht mit den politischen Veranstaltungen an diesem Tage kollidierten, rief das KUD dazu auf,

„daß die Veranstaltungen am Tag der deutschen Einheit 1965 auf die Zeit nach 18 Uhr verlegt werden sollten, um den katholischen Mitbürgern Gelegenheit zu geben, sich an den Gottesdiensten und Prozessionen des Fronleichnamsfestes zu beteiligen."

Frings forderte gleichzeitig seinerseits dazu auf, die kirchlichen Feiern so zu verlegen, daß sie bis 18 Uhr beendet werden könnten.[84]

Eine besondere Note versuchte der dem KUD sich stets verbunden fühlende Bundespräsident Lübke dem 17. Juni zu geben, indem er 1963 den „Tag der deutschen Einheit" zum „Nationalen Gedenktag des deutschen Volkes" proklamierte.[85] Diese Proklamation aus Anlaß des zehnten Jahrestages des Juniaufstandes hatte allerdings keine praktischen Folgen.[86] Sie wird als ein Versuch anzusehen sein, den 17. Juni zu einem „Nationalfeiertag" zu erheben, ihn, „ähnlich wie Flaggen, Wappen, Lieder, Bauten und Denkmäler es sein können", zu einem „Staatssymbol"[87] zu transmittieren. So schloß Lübke seinen Aufruf:

„Der ‚Tag der Deutschen Einheit' wird als Nationaler Gedenktag zum Symbol unseres Ringens um die Einheit in Frieden und Freiheit werden. Wir sind ganz gewiß: Was zusammengehört und zusammen war, wird auch wieder zusammenkommen."[88]

Die schon Ende der fünfziger Jahre beginnende Diskussion um eine Umwandlung des 17. Juni z.B. in einen Arbeitstag,[89] wurde auch innerhalb des KUD geführt.[90] Das KUD war jedoch bestrebt, den „Tag der deutschen Einheit" in der „einmal eingeführten Art und Weise" weiterhin zu begehen; ein diesbezüglicher Beschluß wurde gefaßt.[91] Im KUD hatten sich besonders die FDP-Vertreter dafür eingesetzt, den 17. Juni zu einem „stillen Feiertag" zu machen. Als Mende in einem Interview mit ppp (politisch-parlamentarischer Pressedienst) sich über diesen in seiner Anwesenheit gefaßten KUD-Beschluß hinwegsetzte und anregte, den 17. Juni zu einem „Opfertag" umzuwandeln, kam es zu heftigen Auseinandersetzungen im Politischen Ausschuß des KUD, wobei besonders Gradl sich über Mendes Interview verärgert zeigte.[92]

Im Jahr 1963 versuchte das KUD den Veranstaltungen zum 17. Juni einen eindeutigen *plebiszitären Charakter* zu geben: Durch „Handaufhebung" sollte eine Entschließung angenommen werden, in der eine Volksabstimmung in beiden Teilen Deutschlands und die Gewährleistung der Menschenrechte sowie die Einsetzung einer internationalen Beobachtergruppe „auf beiden Seiten der Mauer" gefordert wurden. Diese „Entschließung" sollte sowohl dem US-Präsidenten Kennedy bei dessen bevorstehenden Besuch in der Bundesrepublik als auch der UNO übergeben werden. Daß die Zustimmung der

Veranstaltungsteilnehmer „durch Handaufhebung" gegeben werden sollte, stieß auf Widerstand in der KUD-Spitze. Schütz mußte daher diese beiden Worte im schon gedruckten Mitteilungsblatt überdrucken lassen. Die „Handaufhebung" schien die Politiker im KUD wohl zu deutlich an eine „Volksabstimmung" zu erinnern.[93]

Zusammenfassend kann man den 17. Juni zwar nicht als „Kind" des KUD bezeichnen, dennoch gab erst das KUD (besonders seit 1957/58) dem „Tag der deutschen Einheit" sein Gepräge. Ohne das KUD — die dürftige Beteiligung der Öffentlichkeit in den Jahren von 1954 bis 1957 scheint darauf hinzudeuten — wäre der 17. Juni wohl kaum zu jenem symbolischen, lautstarken Gedenktag geworden. Durch Aufrufe, Plakate und seine weitverzweigte Organisation erreichte das KUD, daß sowohl das Interesse an diesen Tag aufrechterhalten wurde als auch, daß dieses Interesse sich in konkreter Aktivität niederschlug. Was der 17. Juni für das KUD bedeutete, geht aus einem „Aufruf des Präsidiums des Unteilbaren Deutschland zum Tag der deutschen Einheit 1963" hervor:

„Das Schwergewicht des Tages der Deutschen Einheit liegt im Bekenntnis der freien Deutschen zu ihren Mitbürgern im unfreien Deutschland. Gute Absicht und Gesinnung allein genügen in der Politik nicht. Sie müssen auch bewiesen und sichtbar gemacht werden. Das ist der Sinn und die politische Verpflichtung, die in den öffentlichen Veranstaltungen des 17. Juni liegen."[94]

3. Abzeichenverkauf

Was lag, als mit Schütz im Jahre 1957 ein erfahrener und ambitionierter Politiker die unmittelbare Leitung des bis dahin eher dahindämmernden als aktiven KUD übernahm, näher, als dem KUD so rasch wie möglich Format zu geben? So wurde im Laufe des Jahres 1958 eine Aktion erdacht und geplant, die zu einem „Instrument" und Ausdruck einer „politischen Integration im Sinne des Wiedervereinigungswillens" wurde und gleichzeitig die Arbeit des KUD in den folgenden Jahren determinierte.[95]

Im Dezember 1958 trat das KUD mit seiner Aktion „Macht das Tor auf" an die Öffentlichkeit. Sowohl finanziell wie organisatorisch bedeutete diese Aktion das Fundament aller späteren KUD-Tätigkeiten. Finanziell deswegen, weil die im Rahmen der Aktion verkauften Anstecknadeln mit dem „Brandenburger Tor" unerwartet großen Absatz fanden; organisatorisch deshalb, weil das KUD nun enorm zu expandieren begann: Kreis- und Ortskuratorien wurden im gesamten Bundesgebiet zum Zwecke des Vertriebs der Anstecknadeln etabliert. Ein Vergleich der 1959 bestehenden Kuratorien mit den Zahlen des Jahres 1958 zeigt, wie rapide der Anstieg war.[96] Vom Erfolg der Aktion überrascht, wurde in den folgenden Jahren der Verkauf des „Brandenburger Tores" fortgesetzt. Dabei wurde die Form der Anstecknadeln geringfügig verändert.

Während 1958/59 der Aktionsname „Macht das Tor auf" lediglich für den Verkauf der Anstecknadeln verwendet wurde, wurde in den folgenden Jahren die gesamte KUD-Arbeit unter ein Motto gestellt. 1960 lautete das Motto „Selbstbestimmung für alle Deutschen", 1961 „Einheit und Freiheit", 1962 „Menschenrecht für alle Deutschen", 1963 „Einigkeit und Recht und Freiheit" und 1964 „Wir gehören zusammen". Für die Jahre ab 1965 verzichtete man auf ein zentrales Thema.[97] Wenn im folgenden von der „Aktion" die Rede ist, so ist damit nur der Anstecknadelverkauf gemeint. Mitte der sechziger Jahre nahm das Interesse der bundesdeutschen Bevölkerung am Abzeichenverkauf deutlich ab, außerdem begann das KUD „neue Pfade"[98] zu suchen. Schütz und seine Freunde waren es jetzt leid, „als Fahnenschwenker und Büchsenklapperer durch das Land" zu ziehen.[99]

a) Vorbereitung

Schon im Frühjahr 1958 befaßten sich die Gremien des KUD mit Überlegungen, wie das KUD stärker im Bewußtsein der Bevölkerung zu verankern sei.[100] Das KUD

scheute zunächst noch davor zurück, aus der „disziplinierten Methode der kleinen Arbeitskreise herauszutreten und die breite Öffentlichkeit . . . anzusprechen".[101]
Im Sommer wurde Schütz jedoch mitgeteilt, daß „auf jeden Fall" die Vertriebenenverbände, „geführt von Herrn Oberländer", den „Weg der Straßenwerbung und Massenwerbung" beschreiten würden, falls das KUD sich nicht dazu durchringen könnte, „auf die Straße zu gehen".[102] Auch der DGB drängte das KUD, „den Weg der Massenwerbung" zu beschreiten.[103]
Am 3. September 1958 versandte der Verleger Axel Springer an eine Reihe von Persönlichkeiten, u.a. auch an Schütz, ein neun Punkte umfassendes Programm, in welchem er Anregungen „für praktische Schritte" in der Deutschlandpolitik machte.[104] Daraufhin nahm Schütz Kontakt mit Springer auf, und es kam am 25. September 1958 im Berliner Büro Springers zu einer Besprechung, in der „Einmütigkeit" darüber herrschte, daß eine „Volksbewegung" jetzt notwendig werde.[105] Hier plante man auch die nächsten Schritte: Es wurde beschlossen, daß das Geld, welches durch den Verkauf von „Plaketten" zusammenkäme, einem Fonds zugeführt werden sollte, „der unter der ausschließlichen Verfügung eines eigens hierfür gewählten Gremiums" stehen sollte.[106] Der vorher notwendige Aufruf an die Bevölkerung sollte „nach Möglichkeit vom Bundeskanzler bis zu den Ministerpräsidenten und den Oppositionsführern" unterschrieben werden.[107]

Als Termin für den Start der Aktion wurde der Dezember 1958 ins Auge gefaßt. Doch bald merkte man, daß organisatorische Probleme diesen Termin nicht realistisch erscheinen ließen: Einmal konnten in so kurzer Frist nicht genügend Ansteckernadeln hergestellt werden, zum anderen ergaben sich Schwierigkeiten von einer Seite, von der man es überhaupt nicht erwartet hatte: Adenauer weigerte sich, den Aufruf zu unterzeichnen, wenn das KUD als Träger der Aktion auftrete.

Der Bundeskanzler wollte die Aktion unter der Regie einer anderen Organisation ablaufen sehen. Erst als Springer ihm klar machte, daß es „keine andere Möglichkeit" gebe, als dem KUD die Federführung zu überlassen, wenn man auch „die andere Seite", die Sozialdemokraten und die Gewerkschaften, „dabei haben wollte", sagte Adenauer seine Unterschrift zu.[108] Doch der Kanzler, der „sehr für Patriotismus" und die „Stärkung des Wiedervereinigungswillens eingenommen" sei,[109] versuchte auch nach seiner mündlichen Zusage noch, einen anderen Träger für die Aktion zu finden. Jedenfalls hatte er Ende Oktober immer noch nicht seinen Namen zur Verfügung gestellt. Im Gegenteil! Am 27. Oktober 1958 notierte Schütz:

„Gespräch mit Vollardt: Eckardt habe bei Springer angerufen, er sei beim Kanzler gewesen, der den Aufruf in der Hand hatte und wütend darüber sei, daß das Kuratorium noch immer auf dem Aufruf erscheine."[110]

Am 7. November 1958 kam es zu einem Zusammentreffen zwischen Adenauer und Schütz, an dem auch Globke und Springer teilnahmen.[111] Adenauer versuchte zunächst, den Termin für den Start der Aktion zu verschieben. Der geplante Termin sei deswegen ungünstig, weil es sich hier um „kein Weihnachtsthema" handle. Als Schütz ihm daraufhin erklärte, daß man schon seit längerer Zeit den Februar 1959 ins Auge gefaßt habe, erwiderte Adenauer, der Februar sei ein „schlechter Monat für Straßensammlungen wegen des üblen Wetters". Erst als Springer und Schütz ihm bedeuteten, daß die Aktion „sehr hart" auf „Ulbricht und die Russen" wirken würde, gab Adenauer sein Placet.

Im „Bulletin" vom 2. Dezember 1958 erschien dann der Aufruf, unterzeichnet von Heuss, Adenauer und vielen anderen führenden Persönlichkeiten des öffentlichen Lebens.[112]

In dem Aufruf hieß es u.a., daß alle Parteien einmütig die deutsche Einheit forderten; die Zeit sei gekommen, allen zuzurufen: Macht das Tor auf! Der Appell endete:

„Gebt uns das heilige Recht auf Selbstbestimmung! Beseitigt als erstes die Schranken, die uns trennen! Wir fordern: Freies Reisen in Deutschland, freie Wahl des Wohnortes, freie Wahl des Arbeitsplatzes, freies Wort."

Nach der Liste der Unterzeichner des Aufrufs hieß es, daß diese das KUD beauftragten, in der nächsten Zeit mit einer „Aktion" an die Öffentlichkeit zu treten.

b) Aktion „Macht das Tor auf"

Jetzt galt es für das KUD, die noch ausstehenden organisatorischen Probleme zu lösen. Ein neuer Mann, Erich Kitlas, der in der Hamburger Senatsverwaltung organisatorische Fähigkeiten bewiesen hatte, wurde eingestellt. Er sollte sich ausschließlich auf die Vorbereitung und Durchführung der Aktion konzentrieren, die für Februar 1959 geplant war.[113] Organisatorisch sollte die Aktion von Berlin aus betreut werden. Das dazu entstehende „Organisationsbüro Berlin" unterstand jedoch „selbstverständlich" der Bonner KUD-Zentrale.[114]

Zunächst wurden bei der Beueler Firma Hofstätter fünf Millionen „Brandenburger-Tor"-Abzeichen bestellt.[115] Dann richtete man einen Appell an alle „Oberbürgermeister, Bürgermeister, Landräte und Oberkreisdirektoren" mit der Aufforderung, eine „führende Position" bei der Durchführung der Aktion zu übernehmen. Weiter wurde hier empfohlen, „Initiativausschüsse und Arbeitskreise Unteilbares Deutschland" zu bilden, die die Durchführung der Aktion organisieren sollten; die Bonner Geschäftsstelle wolle Plakate bereitstellen.[116] Mit diesem organisationstechnischen Hinweis wurde die spätere breite KUD-„Basis" intiiert. In den folgenden Wochen und Monaten war Kitlas „ständig in Sachen Aktion" unterwegs. „Laufend" wurden jetzt neue Kreis- und Ortskuratorien gegründet.[117]

Obwohl ein organisatorisch versierter Fachmann die Leitung der Aktion übernommen hatte, unterlief eine merkwürdige Panne: Am letzten Sonntag vor Weihnachten des Jahres 1958 startete das Landeskuratorium Hessen den Verkauf der Anstecknadeln.[118] Schütz und Kitlas, die von der hessischen Initiative „vollkommen überrascht" wurden, wollten diesen vorschnellen Vertrieb der Anstecknadeln nicht ohne offizielle Bonner Beteiligung beginnen lassen und begaben sich „schnell" nach Frankfurt am Main.[119] Die spätere Interpretation, das KUD habe den Start der Aktion wegen Chruschtschows Berlin-Ultimatum vom 27. November vorgezogen, entbehren jeder Grundlage und sollten wohl nachträglich der Aktion einen konkreten politischen Hintergrund geben.[120]

Im übrigen Bundesgebiet und in West-Berlin wurde ab Mitte Januar 1959 mit dem Verkauf der Anstecknadeln begonnen,[121] deren Stückpreis DM 0,20 betrug. Die Nachfrage nach diesen Anstecknadeln war außerordentlich stark. Die Bonner KUD-Geschäftsstelle wurde geradezu überschwemmt mit Anfragen bezüglich der Aktion:

„Aus allen deutschen Gauen kamen die Briefe von alt und jung, von Vereinen, Dienststellen, und Verbänden. Da meldeten sich Familien, die das silberne Abzeichen des Brandenburger Tores gleich für die ganze Verwandtschaft zugesandt haben wollten, da schrieben Firmenchefs im Namen ihrer Belegschaften",

heißt es in einem zeitgenössischen Kommentar.[122]

Das KUD war von der Resonanz der Aktion „total überrascht".[123] Anstecknadeln mußten nachbestellt werden, so daß *Ende Februar 1959 bereits neun Millionen Anstecknadeln verkauft* worden waren. Täglich gingen weitere ca. 150.000 Bestellungen bei den Landes-, Kreis- und Ortskuratorien ein.[124] Bis zum 31. Dezember 1959 wurden insgesamt *12.098.818* Anstecknadeln des „Brandenburger Tores" verkauft.[125]

Dies veranlaßte das KUD, auch für 1960 eine gleichartige Aktion zu starten. Das gewählte Motto „Selbstbestimmung für alle Deutsche" galt nun, wie schon gesagt, nicht mehr nur für den Anstecknadelverkauf, sondern auch für alle anderen KUD-Aktivitäten dieses Jahres.[126] Der Verkauf des Abzeichens wurde auf wenige Tage vor dem 17. Juni konzentriert. In den folgenden Jahren bis 1964 verliefen die Aktionen nach gleichem Muster.[127] Praktisch bedeutete das, daß die Bonner KUD-Zentrale die publizistische Vorbereitung der Aktionen übernahm und die Landes-, Kreis- und Ortskuratorien den Vertrieb der Anstecknadeln organisierten. Die Rekordzahlen des

Jahres 1959 wurden allerdings in den folgenden Jahren nicht mehr erreicht. Bis einschließlich 1964 wurden insgesamt *über zwanzig Millionen* der Anstecknadeln mit dem „Brandenburger Tor" verkauft.[128]

Die Gelder, die durch diesen Verkauf eingenommen wurden, flossen auf ein KUD-Sonderkonto. Der so entstandene Fonds wurde von einem Gremium verwaltet, das aus je einem Vertreter der Arbeitgeber und der Arbeitnehmer sowie dem Göttinger Historiker H. Heimpel bestand. Offiziell hieß es:

„Die Gelder werden ausschließlich nach Maßgabe dieses Gremiums ausschließlich für Zwecke der Förderung des menschlichen Zusammenhalts im geteilten Deutschland verwendet."[129]

Besonders auf der Errichtung eines Sonderkontos habe der DST-Hauptgeschäftsführer Otto Ziebill bestanden, meint Kitlas.[130] Mit der Formulierung, daß die Aktions-Gelder nur für Zwecke der Wiedervereinigung und des menschlichen Zusammenhalts in Deutschland verwendet werden würden, hatte man sich natürlich nicht exakt festgelegt, wozu die Gelder verwendet werden sollten: Alles, was das KUD tat, geschah ja zum Zwecke der Wiedervereinigung. So wurden auch nahezu alle KUD-Aktivitäten mit diesen Aktionsgeldern finanziert. Zum Beispiel wurden allein in den Jahren von 1959 bis 1961 DM 114.475,— jugendlichen Flüchtlingen als Starthilfe ausbezahlt, DM 107.458,— erhielten Spätaussiedler als Beihilfen, DM 97.707,— wurden für Ferienaufenthalte von Berliner Kindern ausgegeben, DM 683.000,— (!) an „bedürftige Personen aus Berlin und der DDR" gezahlt und DM 101.249,— für Bücher und kulturelle Zwecke (z.B. Jahrestagungen) bereitgestellt.[131] Wenn die Aktions-Gelder „nach Maßgabe" der drei Fondsverwalter verwendet werden sollten, so bedeutete das in der Praxis, daß das Berliner Organisationsbüro die Gelder nach Rücksprache mit Kitlas „vorausgab" und die Abrechnungen den drei Fondsverwaltern nachträglich zur Zustimmung vorgelegt wurden.[132]

Das KUD, das Ende 1958 „vom finanziellen Aspekt her betrachtet, eigentlich pleite war",[133] erlebte mit der Aktion „Macht das Tor auf" und mit den in den folgenden Jahren bis 1964 durchgeführten Aktionen eine nicht vorhersehbare Prosperität. Es trat in der Tat, wie „Neues Deutschland" (Ost-Berlin) schrieb, aus „dem Schatten der Vergessenheit" hervor.[134]

Wie ist nun die politische Relevanz der Aktion(en) einzuschätzen? Dazu drei Bemerkungen:

1. Zweifellos beruhte das nachhaltige Echo der Aktion zu einem nicht unwesentlichen Teil auf der allgemeinen politischen Situation: Noch unter dem Eindruck des Ungarn-Aufstandes von 1956 stehend, reagierte die deutsche Bevölkerung auf das Berlin-Ultimatum Chruschtschows vom November 1958 mit großer Unruhe. Man war bereit, „ein Bekenntnis abzulegen für die Zusammengehörigkeit aller Deutschen, öffentlich dafür Zeugnis zu tun und ein perönliches Opfer darzubringen".[135]
2. Durch den Verrieb des „Brandenburger Tores" wurde die zentrale Bedeutung Berlins als „Achillessehne" der deutschen Problematik betont. Die Anstecknadel sollte als Symbol getragen und verstanden werden.[136] Schütz meinte zum symbolischen Wert des Abzeichens:

   „Publizistisch erfahrene Beobachter weisen darauf hin, daß dieses so schlichte und auch für das Ausland verständliche Abzeichen ... stärker (wirkt), als alle Worte."[137]

   Dadurch daß — zumindest statistisch — *über ein Drittel* der bundesdeutschen und Berliner Bevölkerung das gleiche Symbol besaßen und auch größtenteils trugen, wurde ein *Solidarisierungseffekt* erzielt, dem „plebiszitärer Charakter" zugesprochen wurde.[138]
3. Schließlich hatte die Aktion, zumindest als sie Ende 1958 erstmals initiiert wurde, eine *Integrationsfunktion*. Der Öffentlichkeit traten nun, nach dem scharfen, polemischen Wahlkampf von 1957 und nach der denkwürdigen, von persönlichen Angriffen durchsetzten Bundestagsdebatte vom 23. Januar 1958[139] die Spitzenvertreter aller demokratischen politischen Parteien und aller Verbände und sonstigen relevanten Organisationen *gemeinsam* mit einem Appell gegenüber. Man

hatte sich über alle bestehenden persönlichen und sachlichen Differenzen hinweggesetzt und das Hauptproblem der bundesdeutschen Politik, die Teilung des Landes, gemeinsam in den Vordergrund des öffentlichen Interesses gestellt. Nicht nur prinzipiell zeigte man sich hier einig, sondern sogar in einer konkreten, publikumswirksamen Aktion.

B Ausland

Im „Manifest" der KUD-Gründer von 1954[140] findet sich kein Hinweis darauf, daß das KUD auch im *Ausland* für die spezifisch deutschen Probleme aktiv sein sollte. Man beabsichtigte hiernach lediglich, „den Willen zur Wiedervereinigung in allen Kreisen unseres Volkes zu stärken". Eine solche Beschränkung auf den innenpolitischen Bereich konnte von dem „außenpolitisch versierten"[141] W.W. Schütz kaum akzeptiert werden.[142] So wurde auf einer KUD-Tagung am 25. März 1956 in Bonn eine von Schütz vorgelegte Entschließung verabschiedet, in der es hieß, daß „die politischen Körperschaften der Vereinten Nationen" die „Deutsche Frage" diskutieren sollten.[143] Damit war das KUD erstmals dahingehend initiativ geworden, auch im Ausland für die deutsche Wiedervereinigung zu werben.

Am 6. November 1957 erklärte Schütz, daß eine „verstärkte" Auslandsarbeit zum Bestandteil der KUD-Tätigkeit gehöre.[144] Im Frühjahr (?) 1960 beschloß der Politische Ausschuß offiziell, die KUD-Tätigkeit im Ausland auszubauen.[145]

Das KUD hielt sich besonders dafür geeignet, Sympathien bei ausländischen Politikern, Intellektuellen oder Journalisten für die „Deutsche Frage" zu gewinnen: Als eine umfassende, auf breitester Grundlage stehende Organisation dokumentiere das KUD glaubwürdiger als jede Äußerung von „Amtspersonen", daß der Wille der Deutschen zur Wiedervereinigung ungebrochen sei.[146] Die KUD-Auslandsaktivitäten hatten den Sinn, „im Ausland moralische und politische Unterstützung für die deutsche Einheitspolitik zu gewinnen".[147]

1. Kontakte mit Ausländern im Inland

Während die Aktivitäten und Aktionen im Ausland eher Einzelinitiativen darstellten,[148] die wegen organisatorischer und finanzieller Beschränkungen nicht zu einer kontinuierlichen „Auslandsaktivität" werden konnten,[149] bemühte sich das KUD im Inland erfolgreich, einer möglichst großen Zahl von in der Bundesrepublik weilenden Ausländern die deutschen Probleme verständlich zu machen.[150]

Eine erste diesbezügliche Aktivität entfaltete das KUD im Spätsommer des Jahres 1957. Es lud Vertreter diplomatischer Vertretungen zu zwei „Informationsreisen" an die „Zonengrenze" und nach Berlin ein. Zweck der Reise sollte es sein,

„die mit uns befreundeten Nationen und insbesondere die neutralen Staaten mit den Realitäten der deutschen Teilung vertraut zu machen. Hierbei war das Kuratorium von dem Gedanken ausgegangen, daß insbesondere die afro-asiatischen Nationen aus ihrem Kampf um nationale Einheit heraus ein lebendiges Verständnis für das Recht auf Selbstbestimmung mitbringen."[151]

Bei diesen beiden Reisen, an denen Vertreter 16 diplomatischer Missionen teilnahmen, legte man besonderen Wert darauf, nur die „Tatsachen der Teilung ohne jede propagandistische oder politische Beeinflussung" vorzuführen. Aus diesem Grunde verzichtete man auch darauf, die Presse von den beiden Informationsreisen zu informieren.[152] Das Echo der beteiligten Diplomaten[153] bestärkte das KUD darin, sich zukünftig so intensiv wie möglich um die in der Bundesrepublik weilenden Ausländer zu kümmern.

In den folgenden Jahren wurde eine große Zahl Ausländer vom KUD „betreut";[154] d.h., das KUD[155] begleitete Studenten,[156] Journalisten[157] oder Intellektuelle[158]

(die es zum Teil selbst in die Bundesrepublik eingeladen hatte) an die innerdeutsche Grenze und nach Berlin, versorgte sie mit Publikationen in ihrer Muttersprache und versuchte, den Gästen deutlich zu machen, daß „viele Bürgermeister, Lehrer oder Jugendpfleger" ehrenamtlich für die Wiedervereinigung tätig seien, indem sie sich im KUD engagierten.[159]

Ein weiterer Schwerpunkt der KUD-„Auslandsaktivitäten" lag im Kontakt zu möglichst allen in Bonn akkreditierten Missionschefs oder deren Stellvertretern. Besonders in den Jahren von 1958 bis 1962 nutzte Schütz jede sich bietende Gelegenheit, um mit Botschaftern oder Geschäftsträgern ins Gespräch zu kommen.[160] Dabei ging es Schütz zunächst darum, die Einstellung der Diplomaten zur „Deutschen Frage" zu erkunden. Er versuchte, den offiziellen Standpunkt der Bundesregierung zu erläutern und eventuelle Lösungsmöglichkeiten zu diskutieren. Von den vielzähligen Aktennotizen über solche Gespräche sei hier eine Notiz auszugsweise wiedergegeben, die typisch zu sein scheint:[161]

„Gespräch mit dem amerikanischen Botschafter McGhee anläßlich unseres (des KUD – L.K.) Empfangs für ihn am 2. Juli 1963 in unserem Haus.

Gespräch ehe die anderen eintreffen. Von seinem Standpunkt aus meint er, der Besuch Kennedys sei ein großer Erfolg gewesen. Er hoffe, auch von unserem Standpunkt aus, was ich (Schütz – L.K.) ihm bestätige. Ich frage ihn nach der Konzeption in der deutschen Frage, über die wir doch jetzt sprechen müßten. Kennedy sei doch unverkennbar über das hinausgegangen, was bisher gesagt wurde. McGhee antwortet, daß dies zweifellos richtig sei, aber doch nicht ersichtlich wäre, was man nun praktisch tun könne. Wir wollten doch sicher auch keinen Krieg, was ich ihm bestätige. Aber es sei eben zu fragen, ob nicht durch eine sorgfältig ausgearbeitete und systematische Deutschlandpolitik die Zeit während der nächsten Jahre erfolgreich genutzt werden müsse. Es sei doch ein erheblicher Unterschied, ob man in diesen Jahren, während deren Chruschtschow in der Deutschlandfrage vielleicht keine Zugeständnisse zu machen bereit sei, die Frage von westlicher Seite einfach einschlafen lasse oder ob man mit einer Reihe von vernünftigen Vorschlägen die Weltmeinung für sich gewinne. Es sei erforderlich, solche Vorstöße in regelmäßigen Abständen zu machen, um nicht nur die westliche Welt, sondern die bündnisfreien Staaten davon zu überzeugen, daß der Westen vernünftige und eigentlich gar nicht abzulehnende Angebote mache. Das leuchtet McGhee ein ... Über welche Schritte, ... darüber müßte man sich in nächster Zeit genau verständigen."

Gespräche dieser Art waren natürlich keine offiziellen Sondierungen, es handelte sich lediglich um „Meinungsaustausch", der keine unmittelbaren Wirkungen zeitigen konnte. Dies war Schütz natürlich bewußt, dennoch sah er hier eine wichtige Aufgabe für ihn als Repräsentanten des KUD.

Zu den bemerkenswerten Auslandsaktivitäten gehören auch die „Deutsch-Schweizer-Gespräche". Jeweils im Sommer der Jahre 1961, 1963 und 1965 fanden in Konstanz, Schaffhausen und Freiburg Konferenzen statt, zu denen die „Schweizerische Europa-Union", die „Europa-Union-Deutschland" und das KUD eingeladen hatten.[162] Man beabsichtigte, in Anlehnung an die jährlich in Königswinter stattfindenden „Deutsch-Englischen-Gespräche" allgemeine Probleme der europäischen Integration zu diskutieren.[163] Das KUD übernahm die Finanzierung der Tagungen und war auf deutscher Seite federführend bei den Vorbereitungen.[164] An den drei „Gesprächen" nahmen jeweils ca. 150 bis 200 Politiker, Journalisten und sonstige „Multiplikatoren" teil.[165] Die KUD-Beteiligung an diesen „Gesprächen", die nach 1965 nicht mehr in gleicher Form stattfanden[166] wurde damit begründet, daß „gerade die Schweiz als ein meinungsbildendes Zentrum" anzusehen sei, das „nicht nur in Europa, sondern in allen Teilen der freien Welt Ansehen und Einfluß" genieße.[167] Die schon 1965 als „traditionell"[168] eingestuften „Gespräche" beschäftigten sich unter dem Aspekt der europäischen Integration auch immer mit dem Problem des geteilten Deutschland.[169]

Die rege Teilnahme an den „Deutsch-Schweizer-Gesprächen" bestätigte das KUD natürlich darin, sich als der geeignete Partner für alle an der „Deutschen Frage" interessierten Ausländer zu verstehen. Auf der anderen Seite zeigte die von Schweizer Seite geäußerte Bitte, daß KUD an diesen „Gesprächen" zu beteiligen, daß man zumindest im westeuropäischen Ausland das KUD als einen legitimen Sprecher der bundesdeutschen Bevölkerung verstand.

2. Weltreisen

Da sich das KUD für besonders prädestiniert hielt, im Ausland um Verständnis für die „Deutsche Frage" zu werben,[170] war es logisch, daß KUD-Akteure sich direkt bemühten, durch Reisen ins Ausland die „Deutsche Frage" dort ins Gespräch zu bringen; das KUD werde dort als „Kronzeuge zu Gunsten der Wiedervereinigung empfunden".[171] Deshalb kämen KUD-Aktivitäten im Ausland „staatspolitische Bedeutung zu.[172]

Schütz wurde wegen seiner Auslandsreisen auch von KUD-Mitarbeitern kritisiert: seine Reisen hätten lediglich der „persönlichen Profilierung" gedient.[173] Wenn diese Aussage auch nicht ganz unberechtigt zu sein scheint, so steht jedenfalls fest, daß das Auswärtige Amt und die Bundesregierung Schütz' „good-will-tours" stets finanziell und organisatorisch unterstützten.[174] Als Schütz im Jahre 1963, offenbar um dem Argument entgegenzuwirken, er betreibe seine Auslandsreisen der persönlichen Imagepflege wegen, dem Auswärtigen Amt vorschlug, KUD-Delegationen ins Ausland reisen zu lassen, lehnte dies der damalige Staatssekretär im Auswärtigen Amt, Karl Carstens, als „wenig zweckmäßig" ab. Dagegen beurteilte man im Auswärtigen Amt die Auslandsreisen von Schütz „überaus positiv". Das Auswärtige Amt sei auch künftig bereit, „jede Auslandsreise" zu unterstützen, die Schütz für zweckmäßig halte.[175]

In den Jahren von 1957 bis 1966 war Schütz insgesamt siebenmal zu „good-will-Missionen" unterwegs. Die Schwerpunkte seiner Reisen lagen in Amerika und Asien. Um einen Eindruck davon zu vermitteln, welche Kontakte Schütz in den verschiedenen Ländern pflegen konnte, sei im folgenden auszugsweise der Bericht einer „Auslandsreise für Berlin und die Deutsche Einheit, Frühjahr 1963" wiedergegeben.[176]

„In Zahlreichen Gesprächen in New Dehli, Karachi, Teheran, Ankara, Istanbul, Athen und Wien konnte die Sache Berlins und der deutschen Einheit vertreten werden. Gleichzeitig konnte ich mich über die Auffassung führender Staatsmänner, Journalisten, Männern der Wirtschaft und der Gewerkschaften über den Ost-West-Konflikt informieren ...

Es darf als eine Auszeichnung für die Arbeit des Unteilbaren Deutschland und für die deutschen Bemühungen um Selbstbestimmung gewertet werden, daß der Präsident und Vizepräsident von Indien, Dr. Radakrishnan und Dr. Hussein, der Schah von Persien, der österreichische Bundespräsident Dr. Schärf den Geschäftsführenden Vorsitzenden des Kuratoriums zu längeren Aussprachen empfingen. Ministerpräsident Nehru lud mich zum Mittagessen in seine Residenz und zu einer Besprechung unter vier Augen ein, ebenso luden mich Verteidigungsminister Chavan, Außenminister Lakshmi Menon, Finanzminister Krishna Menon zu Gesprächen zu sich nach Hause ein ...

In Pakistan ... fanden Besprechungen mit dem Staatssekretär im Außenministerium, Dr. Piratseh ... und anderen Mitgliedern der Regierung statt.

Im Mittelpunkt meines Aufenthaltes in der Türkei stand das ausführliche Gespräch mit Ministerpräsident Inönü sowie Gespräche mit Senatoren und Abgeordneten, mit Professoren, Vertretern der Wirtschaft, der Gewerkschaften und der Presse ...

In Wien veranstaltete Bürgermeister Jonas ein Mittagsessen. Der Präsident des Nationalrates, Maletta, empfing mich zu einem ausführlichen Gespräch im Parlament.

In allen Ländern, die ich besuchte, ergab sich Gelegenheit, Pressekonferenzen, Interviews und einzelne Gespräche mit Pressevertretern zu führen. Die Reise fand in allen Ländern ein gutes publizistisches Echo ...

Über den Inhalt der politischen Gespräche läßt sich zusammenfassend folgendes sagen: ... Das Gespräch mit Premierminister Nehru ging vor allem von den Erörterungen über die nationale Einheit aus, gegen die sich nach seiner Auffassung vor allem der chinesische Vorstoß gegen Indien richte ... In der deutschen Frage zeigte sich Nehru vor allem an der Entwicklung des Berlin-Problems interessiert ... Die Gespräche in Pakistan ergaben eine grundsätzliche Unterstützung für die deutsche Wiedervereinigungspolitik ...

In dem einstündigen Gespräch mit dem Schah spielte der russisch-chinesische Konflikt eine erhebliche Rolle ... Der Schah erkundigte sich eingehend nach der Arbeit des Unteilbaren Deutschland und nach dem gegenwärtigen Stand der Dinge in Berlin und Deutschland ... Im Gespräch mit Ministerpräsident Inönü in Ankara wurde ebenfalls die Berlin- und Deutschlandfrage eingehend erörtert. Der türkische Regierungschef interessierte sich vor allem für die Modalitäten einer internationalen Zufahrtsbehörde (für Berlin – L.K.) ...

In den Gesprächen mit den Mitgliedern der griechischen Regierung in Athen stand vor allem das Erfordernis im Mittelpunkt, die Einheit der freien Welt zur Verteidigung jedes einzelnen der gefährdeten Punkte zu festigen... In den Besprechungen in Wien wurde die eher optimistische Beurteilung einer möglichen Annäherung zwischen den Westmächten und Rußland, die in den asiatischen Staaten zu spüren war, im großen und ganzen geteilt...

Zusammenfassend läßt sich sagen, daß die politischen Gespräche, Vorträge und Presseinterviews der Sache der Wiedervereinigung gedient haben...".

Großes Interesse maß das KUD bei seinen „Auslandsaktivitäten" der sogenannten „Dritten Welt" zu. Hier glaubte man besonders offene Ohren für die Deutschen Probleme vorzufinden. Hinzu kam, daß Schütz während seines Londoner Exils (vgl. oben) in den Jahren von 1933 bis 1951 enge Kontakte zu den damals in London lebenden führenden Repräsentanten der späteren indischen „Kongreßpartei" gepflegt hatte. Indien war daher auch für ihn als KUD-Akteur ein bevorzugtes Land, in dem er ein stets gern gesehener Gast war.[177] Indem das KUD besonderes Gewicht auf die „Dritte Welt" legte, ging es mit der Politik der Bundesregierung konform, für die Deutschlandpolitik „das dominierende Element ihrer Außenpolitik gegenüber der Dritten Welt" bildete.[178] Nach der Rückkehr von seiner Weltreise im Jahre 1961 berichtete Schütz von einem Gespräch mit dem persischen Ministerpräsidenten Imami, dem er „dreimal" habe erklären müssen, daß „die eine Milliarde", die Bonn jährlich nach Berlin fließen lasse, für die Entwicklungshilfe frei wäre, sobald die „Stacheldrahtverhaue an der Elbe" verschwunden wären. Erst nach der dritten Wiederholung habe Imami das Problem begriffen.[179]

Am ergiebigsten dazu, der „Dritten Welt" die deutsche Problematik nahe zu bringen, schien dem KUD der Begriff „Selbstbestimmung"[180] zu sein:

„Die Deutschlandpolitik muß erreichen, daß sich andere Völker mit dem Deutschen Volk im Streben nach Selbstbestimmung identifizieren",

schrieb Schütz 1965.[181] Es sei notwendig, das „Pathos des Anti-Kolonialismus", das ein „gewaltiges Gewicht" besitze, „gegen die Fremdherrschaft in der Zone" zu lenken.[182] Immer wieder müsse deutlich gemacht werden, daß es sich bei der DDR um Fremdherrschaft, um Kolonialismus handele.[183]

Daß Schütz und seine Freunde damit in der Tat ein wirksames Argument besaßen, jene Völker, die soeben die Kolonialmächte aus ihren Ländern verdrängt hatten, für die deutschen Probleme zu interessieren, scheint auch die Reaktion aus Ost-Berlin zu belegen. In der Zeitschrift „Deutsche Außenpolitik" hieß es:

„Das Lebenselexier des Kuratoriums ist der ‚kalte Krieg'. In den letzten Jahren erweiterte sich das Betätigungsfeld dieser ‚kalten Krieger' weit über Westdeutschland hinaus. Speziell in den jungen Nationalstaaten versuchen die Abgesandten des Kuratoriums, meist als Biedermänner auftretend, ihre ideologischen Konterbande an den Mann zu bringen. Sie scheuen sich dabei nicht, unter Mißbrauch der Losungen vom Selbstbestimmungsrecht, vom Frieden und von der Freiheit die Bonner Revanche- und Atomrüstungspolitik den Völkern schmackhaft zu machen."[184]

Mit dem politischen Argument der Selbstbestimmung hob sich das KUD deutlich von der Politik der Bundesregierung ab, die weniger um politisches Verständnis für die deutsche Problematik in der „Dritten Welt" warb, als in Anwendung der „Hallstein-Doktrin" jede politische Entscheidung der Entwicklungsländer zu Kontakten mit der DDR mit massiven wirtschaftlichen Sanktionen bestrafte.

3. Vereinte Nationen

Das Verhältnis zwischen der Bundesrepublik Deutschland und den Vereinten Nationen war, zumindest bis zum Beitritt beider deutscher Staaten im Jahre 1973, äußerst problematisch und vielschichtig.[185] Während sich die Bundesregierung stets größter Zurückhaltung bei der Behandlung der deutschen Problematik vor dem Forum der Vereinten Nationen befleißigte[186] — man befürchtete u.a. eine „Auslaugung der Viermächteverantwortung für Berlin"[187] — wurde seitens der SPD die Einschaltung der UNO in die deutschen Probleme, zumindest zeitweise, für nötig und hilfreich gehalten.[188] Im Deutschen Bundestag kam das Verhältnis zwischen Bundesrepublik und UNO nur zweimal ausführlicher zur Sprache.[189]

Innerhalb des KUD wurde schon im Jahre 1956 die Möglichkeit diskutiert, die UNO mit der deutschen Teilung und deren Folgen zu befassen.[190] Im Frühjahr 1957 wandte sich Schütz im Namen des KUD erstmals an die Vereinten Nationen. Da man sich offensichtlich nicht darüber im klaren war, welche Stelle der UNO als Adressat in Betracht kommen könnte, wandte man sich direkt an den damaligen UNO-Generalsekretär Dag Hammarskjoeld. Hammarskjoeld sollte seinen Einfluß dahingehend geltend machen, die Freilassung des in der DDR verhafteten und zum Tode verurteilten Oberschülers Hermann-Joseph Flade durch eine UNO-Initiative zu erreichen.[191] Das Schreiben von Schütz blieb, da der UNO-Generalsekretär nach der UNO-Geschäftsordnung nicht tätig werden konnte, ohne Resonanz und Erfolg.

Wohl auf Grund dieses Mißerfolges erkannte man, daß die einzige Möglichkeit, die „Deutsche Frage" von einem UNO-Gremium behandeln zu lassen, darin bestand, sich an die UNO-Menschenrechtskommision zu wenden.[192] Von der KUD-Jahrestagung ließ sich Schütz am 16. Dezember 1957 beauftragen, einen Apell an die Menschenrechtskommission zu richten.[193] Das Schreiben an die Kommission, in dem gegen das neue Passgesetz der DDR protestiert wurde (mit dem Passgesetz wollte die DDR die Reisen von DDR-Bürgern in die Bundesrepublik einschränken oder verhindern), endete mit der Bitte, die Menschenrechtskommission möge „dieser Verletzung der Menschenrechte ihre Aufmerksamkeit" zuwenden. Dieser Schlußsatz zeigt, wie wenig Schütz und seine Freunde um die Aufgaben und Möglichkeiten der UNO-Menschenrechtskommission wußten.[194] Entsprechend nüchtern war die Antwort aus New York. Hierin hieß es lediglich, daß eine Zusammenfassung der KUD-Beschwerde der Kommission vertraulich zugeleitet werde.[195] Der Ständige Vertreter der Bundesrepublik bei den Vereinten Nationen teilte dem KUD genaueres mit: die Beschwerde des KUD würde gegen Ende der nächsten Sitzung der Menschenrechtskommission, die vom 10. März bis zum 4. April 1958 stattfinde, den Kommissionsmitgliedern zugeleitet werden.[196] Diese UNO-Initiative wurde allem Anschein nach ohne Beteiligung der Bundesregierung bzw. des Auswärtigen Amtes gestartet. Die Öffentlichkeit nahm hiervon kaum Notiz.

Im März 1958 versuchte Schütz dann die Unterstützung der Bundesregierung für eine KUD-UNO-Initiative zu gewinnen. Er fertigte eine „Begründung der Beschwerde über die Verletzung der Menschenrechte in der sogenannten Deutschen Demokratischen Republik" an,[197] die er u.a. an den Bundeskanzler und das Auswärtige Amt mit der Bitte um Stellungnahme sandte. Die Reaktion zeugte von nur wenig Interesse: Staatssekretär Mercker vom Bundeskanzleramt bestätigte lediglich den Eingang der Begründung,[198] Staatssekretär Carstens vom Auswärtigen Amt teilte mit, daß die Begründung mit „großem Interesse zur Kenntnis genommen worden" sei.[199]

Trotz dieses so deutlich gemachten Desinteresses der Bundesregierung an KUD-UNO-Aktivitäten hielt Schütz die Diskussion über einen Schritt bei der UNO wach. Während eines Informationsgespräches im Auswärtigen Amt mit dem damaligen Botschafter Knappstein im Jahre 1959 fühlte er erneut vor, wie man im Auswärtigen Amt die UNO-Pläne des KUD beurteilte. Konkretes wurde hierbei nicht besprochen; man einigte sich lediglich darauf, daß eine KUD-Aktion bei der UNO „sorgfältig geplant" werden und mit der „gesamten politischen Entwicklung Hand in Hand" gehen müsse.[200]

Erst nach dem Mauerbau im Jahre 1961 begannen die öffentlichen Diskussionen um eine Intervention bei der UNO erneut aufzuflackern. Im Bundestag forderte Fritz Erler die Bundesregierung auf, das Blutvergießen an der Mauer vor die UNO zu bringen.[201] Die Bundesregierung reagierte zunächst entsprechend ihrer bisherigen Auffassung: Für sie war eine UNO-Beschwerde nur dann interessant, „wenn sie ein genügend breites

Echo erzeugte und damit effektiv wurde ... Eine blamabel endende Beschwerde jedoch mußte im Gegenteil prestigemindernd wirken und der westlichen Seite nur schaden.[202] Im Jahre 1962 war dann die Bundesregierung bereit, einer Beschwerde bei der UNO-Menschenrechtskommission ihre Unterstützung zuzusagen. Man wollte mit der Unterstützung der KUD-UNO-Aktion zugleich innenpolitischem Druck nachgeben wie auch den bisherigen Standpunkt wahren. Außerdem erwartete man jetzt einen propagandistischen Erfolg von der Unterstützung der KUD-Aktion.[203] Im engen Kontakt zwischen KUD, Auswärtigem Amt und Berliner Senat wurde eine Beschwerde formuliert und am 25. September dem Direktor der UNO-Menschenrechtskommission in New York von einer KUD-Delegation übergeben.[204] Das KUD, inzwischen sachkundig geworden, verzichtete darauf, die UNO bzw. deren Menschenrechtskommission zu einer *Initiative* zu veranlassen. Die Beschwerde verzichtete „auf jedes Pathos", sie sei „eine präzise Dokumentation" gewesen.[205] In der Präambel hieß es daher auch lediglich, das KUD bitte die Menschenrechtskommission *festzustellen*, daß die Zustände in der DDR eine permanente Verletzung der Menschenrechte bedeuteten.[206]

Das Echo auf diese Aktion war allgemein positiv.[207] Bundeskanzler Adenauer sagte am 21. Oktober 1962 im Deutschlandfunk:

„Die Bundesregierung sieht darin einen Erfolg ihrer Bemühungen, die Weltöffentlichkeit über die Lage in Deutschland zu informieren. Diese Bemühungen werden mit unveränderter Intensität fortgesetzt. Ein wertvoller Beitrag war der Appell des Kuratoriums Unteilbares Deutschland an die Menschenrechtskommission der Vereinten Nationen."[208]

Die SPD, auf deren Drängen der UNO-Appell letztlich zustande gekommen war, bewertete den KUD-Schritt ebenfalls positiv. Ollenhauer dankte am 11. Oktober dem KUD ausdrücklich für seine Initiative.[209] Auch die FDP drückte ihre Genugtuung über die KUD-Aktion aus.[210]

Ermuntert von der positiven Reaktion sowohl der Politiker als auch der Öffentlichkeit, plante man, die Aktivitäten in dieser Richtung fortzusetzen. Herbert Wehner forderte das KUD direkt auf, solche Initiativen weiterzuführen:

„Das Kuratorium Unteilbares Deutschland hat ... vor relativ kurzer Zeit einen Schritt getan, von dem ich noch – noch, möchte ich sagen – die Hoffnung habe, es könnte nicht ein vereinzelter Schritt sein: nämlich jenen Schritt bei den Vereinten Nationen ...".[211]

In einem „streng vertraulichen" Vermerk für die Sitzung des Engeren Politischen KUD-Ausschusses im Dezember 1962 hieß es, daß man weitere UNO-Eingaben für notwendig halte. Dabei sei ein „Turnus" von zwei bis drei Monaten angebracht, denn „zu häufige" (noch häufigere?) Eingaben brächten „die Gefahr" mit sich, daß die eingereichten Schriftstücke überhaupt nicht mehr gelesen würden; zu seltene Beschwerden ließen die Forderung in Vergessenheit geraten.[212] Daher wurde am 3. April 1963 der in Genf tagenden Menschenrechtskommission eine „2. Beschwerde" durch W.W. Schütz überbracht.[213] Inhaltlich glich diese „2. Beschwerde" der am 25. September 1962 überreichten Denkschrift. Die ausdrückliche Unterstützung dieser Aktion seitens der Bundesregierung scheint nicht vorgelegen zu haben, jedenfalls reagierte die Bundesregierung nicht mit einer Stellungnahme auf diesen Schritt. Auch wird nicht klar, was sich das KUD von dieser „2. Beschwerde" versprochen haben mag. Das KUD mußte doch wissen, daß sich die Menschenrechtskommission, wenn überhaupt, dann erst jetzt mit der „1. Beschwerde" befassen würde, da ihre Tagung vom 11. März bis 7. April 1963 die erste nach dem Einreichen der „1. Beschwerde" am 25. September 1962 war.

Am 22. September überbrachte eine KUD-Delegation eine „3. Beschwerde" der Menschenrechtskommission in New York.[214] Dies war gleichzeitig die letzte KUD-Eingabe bei einem UNO-Gremium. Zusammen mit der „3. Beschwerde" wurde ein „11-Punkte–Memorandum" mit Vorschlägen zur Lösung der „Deutschen Frage" eingereicht. In dem Memorandum wurde der Standpunkt der Bundesregierung dargelegt und vorgeschlagen, einen „ständigen Rat der Vier Mächte" einzuberufen, der, ähnlich wie beim Staatsvertrag über Österreich von 1955, die Grundlagen eines Friedensvertrages erarbeiten sollte.[215] Damit hatte man einer Anregung des Staatssekretärs im Auswärtigen Amt, Carstens, entsprochen, der am 20.Mai 1963 gefordert hatte, die nächste KUD-UNO-Beschwerde müsse „konkrete Vorschläge für Lösungsmöglichkeiten" enthalten.[216] Während man in KUD-Kreisen von einem Erfolg dieser „3. Beschwerde" sprach,[217] war die Reaktion der Presse eher zurückhaltend. Viele Zeitungen brachten lediglich kommentarlos einen Ausschnitt aus der Beschwerde.[218] Der Kommentator der „Süddeutschen Zeitung" meinte, die Eingabe des KUD habe „unter einem unglücklichen Stern" gestanden.[219] Er bezog sich direkt auf einen Bericht von Hans-Ulrich Kempski, der in der gleichen Ausgabe abgedruckt war.[220] Kempski bezeichnete hierin das Auftreten der KUD-Delegation als ein „Ereignis von niederdrückender Peinlichkeit". Die KUD-Eingabe werde zu den UNO-Akten gelegt werden, „im Verein mit vieltausend Eingaben von Sonderlingen und Sektierern". Die Aktion habe den „Geruch von amateurhafter Vereinsmeierei" gehabt, und ein solcher „Theatercoup" sei der Sache nicht angemessen. Die sich an die Übergabe der Beschwerde anschließende Pressekonferenz sei von Beamten der deutschen Botschaft stärker besucht gewesen als von Journalisten. Alle Anwesenden hätten sich „deprimiert" gefühlt, und es sei eine Stimmung in dem „Ballsaal eines billigen Hotels" gewesen, „als ob ein Sarg im Saal" gestanden habe.

Ob die eher dürftige Resonanz oder die Einsicht, daß die Beschwerden bei der UNO-Menschenrechtskommission nicht die erhoffte Effizienz hatten, den Ausschlag gaben, daß das KUD zukünftig auf UNO-Initiativen verzichtete, kann nicht beantwortet werden. Direkt wurde die UNO jedenfalls nicht mehr angesprochen. Am 24. Februar 1964 versandte das KUD lediglich eine Erklärung mit dem Titel „Menschenrechte und Selbstbestimmung in ganz Deutschland" an alle UNO-Mitgliedstaaten.[221]

Abschließend bleibt festzuhalten, daß sich das KUD mit seiner UNO-Aktivität erstmals als „Arm" der Bundesregierung betätigte. Zumindest die „1. Beschwerde" vom 25. September 1962 wurde von der Bundesregierung unterstützt.[222] Sie blieb auch die „psychologisch" wirksamste. Bei den UNO-Aktionen der Jahre 1962 und 1963 gab man sich bezüglich der politischen Reichweite der Eingaben keinen Illusionen hin.[223] Das KUD wollte die UNO mit ihrem „moralischen Gewicht" für die „Deutsche Frage" nutzbar machen. Noch im Jahre 1968 klagte Schütz, daß es keine bundesdeutsche UNO-Politik gebe:

„Aus der Nichtmitgliedschaft wird eine Nichtpolitik abgeleitet. Gleichsam, als ob die UNO-Politik an sich bedeutungslos bliebe, solange keine förmliche Mitgliedschaft besteht."[224]

Die UNO-Aktionen des KUD sollten ein *erster Schritt für eine bundesdeutsche UNO-Politik* sein.

C Zusammenfassung

Die in diesem Teil skizzierten KUD-Aktivitäten, die im Berichtszeitraum die Schwerpunkte der KUD-Arbeit waren, hatten teils den Zweck, die bundesdeutsche Bevölkerung für die „Deutsche Frage" zu engagieren (z.B. Stafetteläufe und andere 17. Juni-Aktivitäten), teils sollten sie dem Ausland demonstrieren, daß der Wille zur Wiedervereinigung in der Bundesrepublik und Berlin ungebrochen sei (z.B. Weltreisen von Schütz), und teils erzielten sie innen- und außenpolitische Effekte gleichzeitig (z.B. Anstecknadelverkauf). In jedem Fall sollte den Menschen in der DDR und im Ausland bewiesen werden, „daß die Menschen in (West-) Deutschland für Selbstbestimmung tätig" seien und „gegen die Unfreiheit Widerstand" leisteten.[225] Bei allen Aktivitäten stand *Berlin* im Mittelpunkt, da sich hier das Faktum der deutschen Teilung so drastisch wie nirgends sonst zeigte. Berlin ermöglichte es dem KUD, immer wieder zu demonstrieren:

„Deutschland als Volk und geistige Einheit läßt sich wahren und verteidigen, selbst wenn die staatliche Einheit noch immer versagt wird."[226]

Unterschiedlich war die Gewichtung der einzelnen Aktivitäten. Die Jahrestagungen hatten allenfalls am Rande politische Relevanz; sie waren in erster Linie als Kongresse gedacht und organisiert, auf denen den KUD-Mitarbeitern mittels prominenter Redner aus Politik und Gesellschaft der Sinn der eigenen Tätigkeit bestätigt wurde.

Die Aktivitäten zum 17. Juni sind primär als demonstrative Veranstaltungen anzusehen. Das schloß nicht aus, daß innerhalb des KUD auch über den „politischen Gehalt" des „Tages der deutschen Einheit" diskutiert wurde.

Mit der Aktion „Macht das Tor auf" beabsichtigte man politische, demonstrative und innerorganisatorische Wirkungen gleichzeitig zu erzielen. Dies gelang weitgehend. Politisch diente die Aktion der Integration durch den eintretenden Solidarisierungseffekt. Demonstrativ verdeutlichte man durch das Tragen des „Brandenburger Tores" sowohl das Engagement für die Wiedervereinigung im allgemeinen wie auch die Verbundenheit mit Berlin im besonderen. Innerorganisatorisch hatte die Aktion den Effekt, daß einerseits die personelle „Basis" entscheidend verbreitert wurde, andererseits die finanzielle Grundlage des KUD grundsätzlich verbessert wurde.

Die UNO-Appelle und -Beschwerden sowie Schütz' Weltreisen zielten ausschließlich darauf ab, dem Ausland die spezifisch deutschen Probleme zu erläutern und die Unterstützung anderer Staaten für die bundesdeutschen Positionen zu gewinnen. Dabei kam dem KUD zugute, daß Schütz als Repräsentant einer von der Regierung unabhängigen Institution auftreten konnte, in der alle relevanten bundesdeutschen Gruppierungen vertreten waren und die sich breitester Zustimmung bzw. Mitarbeit der Bevölkerung erfreute. Die teilweise durch persönliche Beziehungen geförderten Kontakte trugen dazu bei, den politischen und gesellschaftlichen Eliten eines fremden Staates ein Bild von der bundesdeutschen Politik zu vermitteln. Gleichzeitig konnte sich das KUD durch Schütz' Weltreisen ein Bild davon verschaffen, wie die Eliten des Auslandes die deutschen Probleme beurteilten und welchen Stellenwert die „Deutsche Frage" in der Politik eines Landes einnahm. Parallel zu den Aktivitäten in ausländischen Staaten versuchte das KUD auch im Inland durch eine gezielte „Betreuungsarbeit" ausländischen Gästen in der Bundesrepublik, sozusagen „vor Ort", die deutsche Problematik vor Augen zu führen. Bei all seinen „Auslandsaktivitäten", besonders bei Kontakten mit der „Dritten Welt", setzte das KUD den politisch-moralischen Begriff der „Selbstbestimmung" in den Vordergrund seiner Argumentation. Pressionen bei nicht „einsichtigen" Staaten, seien sie wirtschaftlicher, politischer oder gar kultureller Art, lehnte das KUD stets ab.[227]

Die UNO-Aktivitäten wurden teilweise von der Bundesregierung unterstützt. Wurden vom KUD UNO-Aktivitäten ohne engen Kontakt mit der Bundesregierung bzw. mit dem Auswärtigen Amt unternommen, konnte der Eindruck entstehen, daß das KUD weniger mit wohlüberlegtem Handeln und gezielter Absicht, als mit *naiver Planlosigkeit* („Es wird schon seinen Sinn haben ...") zu Werke ging.

Insgesamt kann man sagen, daß die öffentlichen Aktivitäten „KUD-typisch" waren. Sie erhielten, ob vom KUD initiiert oder nur übernommen und ausgebaut, durch das KUD ihre Ausgestaltung. Besonders die inländischen Aktivitäten hatten zur Folge, dem KUD zur *Legitimation* zu verhelfen, *als Sprecher* der (bundes)deutschen Bevölkerung aufzutreten.

Teil IV: Perzeption und Resonanz

Vorbemerkung

Das Manifest des zunächst als „Volksbewegung" gegründeten KUD wurde von über hundert Personen „aus allen Teilen unseres Landes, aus allen Parteien, aus den großen wirtschaftlichen und sozialen Verbänden, aus dem Kultur- und Geistesleben, aus allen wesentlichen Gruppen" unterzeichnet.[1] Es war Jakob Kaiser tatsächlich gelungen, einen so heterogenen Personenkreis, bestehend z.B. aus H.J. Abs, St. Andres, W. Freitag, W. Heisenberg, W. Kaisen, W. von Keudell, E. Spranger, R.A. Schröder, E. Ulich-Beil und H. Wehner, zu einer gemeinsamen Initiative zu bewegen.[2] Mit einer so breit gefächerten Reihe von Persönlichkeiten hoffte Kaiser, die Bevölkerung der Bundesrepublik Deutschland unmittelbar für das Ziel der Wiedervereinigung zu interessieren:

„Der Anruf an unser Volk muß von Männern und Frauen ergehen, die den verschiedenen Parteien, der Kultur- und Geisteswelt, den großen wirtschaftlichen und sozialen Verbänden, die den wesentlichen Gruppen unseres Volkes das Gepräge geben. Sie alle sollen sich durch das Kuratorium verpflichtet fühlen, sich in ihrer öffentlichen Wirksamkeit für die Wiedervereinigung ... einzusetzen."[3]

Ob mit Hilfe dieser Repräsentanten eine aktive, beachtenswerte „Volksbewegung" zustande gekommen wäre, bleibt eine hypothetische Frage. Denn Einfluß auf die Arbeit, auf die kurz- oder mittelfristige Zielsetzung der „Bewegung" hatte die Gruppe der Unterzeichner des Manifestes von Anfang an nicht gehabt. Während Kaiser noch seinen Vorstellungen von einer „Volksbewegung" nachhing, dachten „realistischere" Freunde Kaisers[4] daran, anstelle einer Massenbewegung eine „repräsentative Institution"[5] einzurichten. Auf der Sitzung des Aktionsausschusses vom 28. Juni 1954, also noch *vor* der die Konstituierung abschließenden Sitzung am 18. Juli in Berlin, wurde der entscheidende Beschluß gefaßt, der das KUD als „repräsentative Instituition" – im Gegensatz zu „Volksbewegung" – etablieren sollte:

„Einmütigkeit herrschte im Ausschuß darüber, daß es keine Einzelmitgliedschaft geben soll. Die Arbeit soll sich vorwiegend auf die freiwillige Zusammenarbeit von Vertretern der Organisation stützen, die im Kuratorium mitwirken."[6]

Mit diesem Beschluß wurde deutlich gemacht, wer an KUD-Entscheidungen Teil haben sollte: Die Vertreter der großen Parteien und der das KUD finanzierenden Verbände.[7] Allerdings gehörten zunächst (1954/55) noch einige „unabhängige" Personen zum engeren KUD-Führungskreis. Journalisten wie Karl Silex und Paul Sethe blieben im Aktionsausschuß des KUD.[8] Nachdem man aber den Politischen Ausschuß etabliert hatte, verloren diese „Unabhängigen" ihren direkten Einfluß auf die KUD-Arbeit. Schon bald nach der Gründung wurde also das KUD und seine Tätigkeit von den Repräsentanten einiger großer politischer und gesellschaftlicher Gruppierungen bestimmt. Das KUD verstand sich nicht (mehr) als eine ständig aktive Massenbewegung, sondern als „Zusammenschluß der freiheitlichen Parteien und Verbände".[9] Die im Bundestag vertretenden Parteien und einige große gesellschaftliche Organisationen stützten und finanzierten das KUD. Man sah hier wohl eine günstige Gelegenheit, bei allen sonstigen Gegensätzen auf ein gemeinsames konkretes Ziel hinzuarbeiten: die Wiedervereinigung in Frieden und Freiheit. Wenn alle großen Parteien und die entscheidenden gesellschaftlichen Gruppierungen im KUD mitarbeiteten, so bleibt die *Frage nach dem Interesse* der einzelnen Gruppierungen am KUD zu stellen. Welche Erwartungen knüpfte man an das KUD, und wie sah der konkrete Beitrag der einzelnen Organisationen zur KUD-Arbeit aus? Wie standen Bundespräsident und Bundesregierung zum KUD? Und schließlich: Konnte das KUD *Einfluß* auf die einzelnen Gruppen oder Organe ausüben? Mit anderen Worten: Im folgenden geht es um die Frage nach Perzeption und Resonanz des KUD und seiner Arbeit sowohl bei den staatlichen Organen wie auch bei den relevanten politischen und/oder gesellschaftlichen Gruppierungen. Dabei mag man vermissen, daß das KUD im Zusammenhang mit dem Deutschen Bundestag nicht direkt erwähnt wird. Doch so überraschend es sein mag: In den großen deutschland- und außenpolitischen Debatten des Deutschen Bundestages im Berichtszeitraum wurde das KUD kaum bzw. nur am Rande erwähnt. Erst in späteren Jahren[10] nahmen Politiker im Parlament Bezug auf das KUD und dessen programmatische Äußerungen.

A Bundespräsident[11]

Nachdem man seit dem 6. März 1954 konkret mit den Vorbereitungen zur Konstituierung der neuen „Aktion" begonnen hatte, bemühte sich Jakob Kaiser, wie bereits erwähnt, sowohl um die Untersützung des Bundespräsidenten wie des Bundeskanzlers. Während Adenauer noch zögerte, der „Bewegung" ein erfolgreiches Wirken zu wünschen (vgl. unten), war Heuss sofort bereit, Kaisers Idee zu unterstützen.[12] Mit der Formulierung „Unteilbares Deutschland" habe Heuss „wie kein anderer das Wesen und die Aufgabe der Volksbewegung für die Wiedervereinigung" gekennzeichnet.[13] Am 26. März 1954 schrieb Heuss an Kaiser.[14] er sei wie Kaiser der Meinung, „daß das unvorstellbare Gefühl der Enttäuschung sich nicht den Weg zu einer Resignation bahnen" dürfe. Er, Heuss, wisse von vielerlei „Hilfe-Beziehungen" zwischen der Bevölkerung in beiden Teilen Deutschlands. Dennoch bedürfe es der „rechten Bestätigung aus dem deutschen Westen". In der neuen „Bewegung" sah er eine Möglichkeit, dem Zusammengehörigkeitsgefühl der Deutschen „einen festen und bindenden Ausdruck" zu geben.

Heuss, dem die Absichten des KUD durchaus sympathisch zu sein schienen, hielt sich jedoch strikt von jeder direkten Beteiligung am KUD oder einzelnen Aktivitäten fern. Ihm „lag" vieles, was das KUD organisierte, nicht. Als Schütz Heuss im Jahr 1956 um Unterstützung der geplanten Aktion „Licht an Mauer und Stacheldraht"[15] bat, schrieb Heuss zurück:

„Zu der Frage der ‚Lichtergrenze' vermag ich nichts zu sagen. Ich selber bin offenbar ein zu nüchterner Mensch, um für das, was ich ‚organisierte Romantik' nenne, ein inneres Organ zu besitzen."[16]

Trotz der hier deutlich werdenden Distanz, die Heuss zwischen sich und dem KUD sah, versuchte Schütz immer wieder in den folgenden Jahren, Heuss für das KUD zu „engagieren". Stets wehrte Heuss ab: Sowohl im Jahre 1956, als Schütz den Bundespräsidenten ersuchte, eine geplante KUD-Sammelaktion zu unterstützen („An die Spitze einer Büchsensammlung werde ich mich nicht stellen"[17]) als auch 1958, als das KUD Heuss bat, im Rahmen der Aktion „Macht das Tor auf" repräsentativ und demonstrativ aufzutreten („Ich bin es müde, lediglich Dekorationsfigur zu sein . . ."[18]) mußte sich Schütz mit negativen Bescheiden zufrieden geben.[19] Dennoch gelang es dem KUD einmal, Heuss für einen Aufruf zu gewinnen: Im Dezember 1958, kurz vor Beginn der Aktion „Macht das Tor auf", veröffentlichte das KUD einen Appell.[20] Da selbst Adenauer diesen Appell unterstützte, konnte sich Heuss einer nominellen Anteilnahme kaum entziehen.[21]

Heuss verhielt sich dem KUD gegenüber zwar wohlwollend,[22] aber dennoch distanziert. Sein Nachfolger im Amt, Heinrich Lübke, hatte dagegen von Anfang an sehr enge und zum Teil vertrauliche Beziehungen zum KUD und dessen Repräsentanten. Bald nach seiner Wahl zum Bundespräsidenten, am 1. Juli 1959, lud Lübke Schütz in seine

Wohnung ein.[23] Hier kam es zu einem zweistündigen Gespräch, in dessen Verlauf Lübke Schütz bat, ihm einen Entwurf für seine Antrittsrede, die er am 15. September 1959 nach seiner Vereidigung halten wollte, zuzuleiten.[24] Er, Lübke, sei darauf angewiesen, daß ihn viele Fachleute unterstützten, „da er sich sein Leben lang nur mit Landwirtschaft und Baudingen befaßt habe". Auch solle Schütz ihm zukünftig für Wiedervereinigungsfragen zur Verfügung stehen. In der Folgezeit kam es zu nahezu regelmäßigen Begegnungen zwischen Lübke und Schütz. Das KUD konnte mit dem Interesse, welches Lübke ihm entgegenbrachte, sehr zufrieden sein: Nachdem das KUD jahrelang vergeblich versucht hatte, sein Wirken mit dem Inhaber des höchsten politischen Amtes der Bundesrepublik in direkte Verbindung zu bringen, bot sich der neue Bundespräsident selbst als Mentor an. So war Lübke beispielsweise sofort bereit, die Vorsitzenden der Landes-, Kreis- und Ortskuratorien im Frühjahr 1960 zu sich einzuladen, um damit sein unmittelbares Interesse am KUD zu demonstrieren.[25] Während dieses Empfangs am 8. März 1960 in der Bad Godesberger Redoute begründete Lübke, warum er dem KUD seine Unterstützung gebe:

„Das Kuratorium Unteilbares Deutschland besitzt für die Erfüllung seiner Aufgaben eine beispielhaft breite Plattform. Alle demokratischen Parteien und Schichten unseres Volkes sind Mitträger seiner Arbeit und seiner Bemühungen für die Einheit Deutschlands. Überall im Lande wächst von Jahr zu Jahr das Bewußtsein unserer engen Verbundenheit mit unseren Landsleuten jenseits des Eisernen Vorhangs. Darum sehe ich trotz aller Zerrissenheit, die zur Zeit noch besteht, die Berechtigung des Wortes Unteilbares Deutschland. Die Aufgabe Ihrer Organisation beschränkt sich aber nicht darauf, den Willen zur Einheit unseres Volkes zu stärken. Sie haben die hohe Verpflichtung übernommen, im Sinne einer Erneuerung unseres gesellschaftlichen Lebens zu wirken und dem Ausland und vor allen Dingen der deutschen Jugend zu zeigen, wie das Gesicht des neuen Deutschland geprägt sein wird ... Sie als Mitarbeiter des Kuratoriums Unteilbares Deutschland haben die wichtige Aufgabe, unser Volk immer wieder über die mit der Wiedervereinigung zusammenhängenden Fragen zu unterrichten und das Bekenntnis unseres Volkes zu dem Recht auf Einheit nicht verstummen zu lassen."[26]

Neben dem immer wieder öffentlich dokumentierten Interesse am KUD,[27] versuchte Lübke auch, den Bundeskanzler für das KUD einzunehmen: Im November 1962 versicherte Lübke Schütz, daß er Adenauer „zu sich kommen lassen" und ihm „in aller Form" die Vorschläge und Anregungen des KUD „ans Herz legen" wolle.[28]

Doch nicht nur in Fragen der Wiedervereinigung suchte Lübke den Rat des KUD-Geschäftsführers. Auch zu allgemeinen außenpolitischen Fragen erbat sich der Bundespräsident den Rat des weitgereisten Schütz.[29] Zum Beispiel unterhielt sich Lübke vor seiner für das Frühjahr 1962 geplanten Asienreise, die Lübke nach Thailand, Pakistan, Indien und in den Iran führen sollte, mit Schütz über die Politik der einzelnen Länder, die Schütz in den Jahren 1959 bis 1961 zum Teil selbst besucht hatte.[30] Lübke, so Schütz, sei gegenüber dem indischen Ministerpräsidenten Nehru „sehr voreingenommen" gewesen, und alle Versuche seinerseits hätten Lübke nicht davon überzeugen können, daß es sich bei Nehru sehr wohl um einen abwägenden, nüchternen Politiker handele. Am 15. Dezember 1962, also nach Lübkes Asienreise, trafen sich Schütz und Lübke erneut. Lübke berichtete Schütz von seinen Eindrücken besonders in Indien. Der Bundespräsident gab Schütz zu erkennen, daß er, Schütz, mit der Beurteilung recht gehabt und daß Nehru durchaus für die deutsche Problematik Verständnis gezeigt habe. Daran hätte Schütz (und das KUD) ja auch „seinen Anteil".[31]

Im Jahre 1963 versuchte Lübke dem KUD und damit dem Streben nach Wiedervereinigung neuen Auftrieb zu geben. Schon im Dezember 1962 hatte er Schütz gefragt, in welcher Weise er dem KUD helfen könne. Lübke war der Meinung, daß das KUD in dem kommenden Jahr 1963 aktiver werden sollte, da, so Lübke, von der Bundesregierung „nichts mehr zu erwarten" sei, weil die Bundesregierung sich mit dem Teilungszustand abfinde und gleichzeitig Verhandlungen ablehne.[32] Offensichtlich aus Enttäuschung über die seiner Meinung nach mangelhafte Aktivität der Bundesregierung in Sachen Wiedervereinigung proklamierte Lübke am 11. Juni 1963 den 17. Juni zum „Nationalen Gedenktag".[33] Diese symbolische Aufwertung[34] des 17. Juni überraschte die Öffentlichkeit, sie konnte aber dem „Tag der Deutschen Einheit" nicht mehr den Stellenwert verschaffen, den dieser zu Beginn der sechziger Jahre gehabt hatte. Die Teilnahme der bundesdeutschen Bevölkerung an Kundgebungen zum 17. Juni ging stetig zurück.

Auch nach seiner Wiederwahl zum Bundespräsidenten am 1. Juli 1964 blieb Lübke dem KUD eng verbunden. Doch im Zuge der beginnenden Wandlungen in der Deutschlandpolitik und dem damit einhergehenden Abklingen der demonstrativen KUD-Aktivitäten, reduzierten sich Lübkes KUD-Aktivitäten auf weniger stark beachtete Hilfestellungen (z.B. gegenüber der Bundesregierung).

Sowohl Heuss als auch Lübke unterstützten die Ziele und die Arbeit des KUD. Heuss jedoch war stets darum bemüht, vom KUD nicht allzu sehr in Anspruch genommen zu werden. Er wollte auch hier seine Neutralität nicht zugunsten einer Organisation aufgeben, so sehr ihm die Ziele dieser Organisation auch sympathisch waren. Ganz anders verhielt sich Lübke. Er sah sich nicht nur als das „lebendige Symbol des Staates", wie Theodor Eschenburg einmal die Funktion des Bundespräsidenten umschrieb,[35] sondern Lübke verstand sich ausdrücklich als der Repräsentant der „ganzen Nation". Er fühlte sich in „besonderem Maße" verpflichtet, ein geeintes Deutschland zu schaffen.[36] Lübke sah das KUD als einen möglichen Weg, auf dem man, indem das Gemeinsame beider Teile Deutschlands immer wieder hervorgehoben wurde, dem Ziel der Wiedervereinigung zustreben konnte. Obwohl ihm bekannt war, daß das KUD vom Bundeskanzler Adenauer mit großer Skepsis betrachtet wurde, versagte Lübke dem KUD nie seine Unterstützung und verhalf ihm so zu der notwendigen offiziellen Reputation. Die Rolle, die das KUD im bundesdeutschen öffentlichen Leben spielen konnte, scheint zu einem nicht geringen Teil auf die „Schützenhilfe" Lübkes zurückzuführen sein.

B Bundesregierung

Im Gegensatz zu den verhältnismäßig problemlosen Beziehungen zwischen dem KUD und den Bundespräsidenten Heuss und Lübke gestaltete sich das Verhältnis KUD — Bundesregierung weitaus schwieriger. Während die beiden Bundespräsidenten das KUD ob seiner politischen und moralischen Zielsetzung unterstützten und förderten, wurde das KUD von der Bundesregierung eher mit Skepsis betrachtet. So wurde z.B. von Adenauer sowohl die Notwendigkeit des KUD angezweifelt als auch die personelle Besetzung von Anfang an kritisiert.[37] Dagegen standen die verschiedenen Minister für Gesamtdeutsche Fragen dem KUD „nicht nur wohlwollend, sondern positiv"[38] gegenüber. Hingegen sah die Ministerialbürokratie des BMG im KUD einen „Störungsfaktor", der dem BMG unnötig „Konkurrenz" machte, besonders im Bezug auf die „Breitenarbeit" hinsichtlich der Wiedervereinigung.[39]

1. Bundeskanzler

Allem Anschein nach[40] wurde Adenauer von Kaiser erst kurz vor der für den 14. Juni 1954 in Bad Neuenahr geplanten KUD-Konstituierung über die neue „Aktion" informiert. Um in Bad Neuenahr den dort Versammelten dokumentieren zu können, daß die neue „Aktion" nicht ohne das Wissen oder gar gegen den Widerstand des Kanzlers ins Leben gerufen werden sollte, bemühte sich Kaiser darum, von Adenauer ein Grußwort zu erhalten. Am 10. Juni 1954, also wenige Tage vor der Sitzung, wandte sich Kaiser schriftlich an den Bundeskanzler:

„...Auf jeden Fall aber bleibt mein verständlicher Wunsch, daß ich den Versammelten am Montag auch ein Grußwort von Ihnen, dem Herrn Bundeskanzler sagen kann. Der Herr Bundespräsident hat mich vorgestern autorisiert, dem Kuratorium Kenntnis von einem Schreiben zu geben, das er mir in Würdigung der Volksbewegung und zu ihrer Förderung ausgehändigt hat. Darf ich Sie bitten, mir raschmöglichst die von Ihnen erbetenen Worte über Herrn Globke zuzureichen...".[41]

Adenauer, der sich nun, nachdem Heuss dem KUD schon seine Unterstützung zugesagt hatte, einer Grußadresse schlecht entziehen konnte, vermied es aber, mit einem Wort etwa auf die *Notwendigkeit des KUD* hinzuweisen oder sein Interesse an der Institution KUD auszudrücken. Hingegen wies er in seiner Grußadresse darauf hin, daß es schon immer die „zentrale Aufgabe" der *Bundesregierung* gewesen sei, sich für die Wiedervereinigung einzusetzen. Er wünsche dem Zusammenschluß „Glück und Erfolg".[42]

Allein aus dieser Grußadresse ergibt sich noch nicht, wie deutlich die Skepsis war, mit der Adenauer dem KUD gegenüberstand. Auch der CDU-Politiker Gradl kam umhin, zuzugeben, daß Adenauer dem KUD „reserviert" gegenüber gestanden habe, da der Kanzler im KUD einen „Rivalen" gesehen habe:

„Für eine Regierung ist es immer schwer, wenn eine Institution die Politik betreibt, die eigentlich Regierungspolitik sein sollte."[43]

Wenn Adenauer sich im Jahre 1954 formal zu einer Unterstützung der KUD-Konstituierung herbeiließ, so war ihm doch das KUD zunächst gleichgültig. Erst als das KUD deutlicher an die Öffentlichkeit trat, „begann er sich ernsthaft um das Kuratorium zu kümmern — allerdings in negativer Weise..."[44] So versuchte er beispielsweise auch zu verhindern, daß das KUD die Aktion „Macht das Tor auf" leitete.[45]

Die KUD-Gegnerschaft Adenauers wirkte sich auch auf die KUD-Alltagsarbeit aus. Als Schütz z.B. im Sommer 1958 versuchte, den damaligen Präsidenten der BDA, Paulssen, für die Teilnahme an der für den Herbst geplanten KUD-Jahrestagung zu gewinnen, zögerte dieser: Er, Paulssen, könne es „kaum wagen" im Rahmen des KUD aufzutreten, „wenn er Adenauer nicht zum Feind haben wolle".[46] Konflikte mit Adenauer erwartete auch E. Lemmer wegen seiner Unterstützung des KUD.[47] Als bei der schon erwähnten Unterredung vom 7. November 1958 Springer den Bundeskanzler auf die offensichtlich bestehenden Spannungen ansprach, die zwischen ihm und dem KUD bestünden, meinte Adenauer, daß sich seine Aversion nicht gegen Schütz persönlich richtete. Vielmehr stünden wie er auch *alle* Minister seines Kabinetts dem KUD ablehnend gegenüber.[48] Mag diese Einschätzung auch für einen großen Teil der Kabinettsmitglieder gegolten haben, sie galt jedenfalls keineswegs für den Gesamtdeutschen Minister, Ernst Lemmer. Auch scheint der damalige Innenminister, Hermann Höcherl, dem KUD nicht gänzlich ablehnend gegenüber gestanden zu sein; er bat das KUD z.B. um eine vertrauliche Stellungnahme zu Fragen der sportlichen Begegnungen zwischen beiden deutschen Staaten.[49]

Unter dem Nachfolger Adenauers als Bundeskanzler, Ludwig Erhard, veränderten sich die Beziehungen zwischen dem Bundeskanzler bzw. der Bundesregierung und dem KUD nur um Nuancen. Erhard stand dem KUD zwar nicht mehr so kategorisch ablehnend gegenüber wie Adenauer,[50] aber auch Erhard wollte sich nicht direkt im KUD engagieren. So lehnte er es z.B. ab, am 17. Juni 1964 auf einer KUD-Veranstaltung zu sprechen, mit der Begründung, daß „der Bundeskanzler jedes Wort wägen" müsse. Eine Volksmasse erwarte hingegen „aufrüttelnde" Worte, die dann erneut den Vorwurf des Revanchismus und Militarismus zur Folge haben könnten.[51]

Im Auswärtigen Amt hatte offenbar Karl Carstens, der sich anfangs gegenüber dem Geschäftsführenden Vorsitzenden entgegenkommend verhalten hatte, Anweisung erteilt, daß höhere Beamte des Amtes mit Schütz nicht mehr zusammenarbeiten dürften.[52] Als Schütz Carstens am 30. November 1965 anläßlich eines Empfangs auf dessen negative Einstellung zum KUD ansprach und einen stärkeren Gedankenaustausch zwischen KUD und Auswärtigem Amt anregte, ging Carstens nicht darauf ein, sondern quittierte Schütz' Bemerkung, daß es bei mangelnder Abstimmung zu „gegensätzlichen Strategien" kommen könne, mit Schweigen.[53] Die kühle Haltung von Carstens bleibt um so unverständlicher, als W.W. Schütz namens des KUD die Schrödersche Außenpolitik, an der Carstens ja ebenfalls Teil hatte, mit Anteilnahme begleitet hatte.[54]

Es bleibt somit festzuhalten, daß die während des Berichtszeitraumes amtierenden Bundeskanzler nicht oder nur in geringem Maße bereit waren, mit dem KUD zu kooperieren. Wenn sich Adenauer auch nicht — aus welchen Gründen auch immer — öffentlich gegen das KUD aussprach, so versuchte er doch immer wieder, dem KUD Schwierigkeiten zu bereiten bzw. das KUD anzugreifen[55] und als *politische* Einrichtung „kaltzustellen". Daß dies nicht gelang, lag zum einen daran, daß die Bundespräsidenten Heuss und besonders Lübke das KUD nach Kräften förderten. Zum anderen konnte das KUD auch deshalb nicht ins politische Abseits gedrängt werden, da alle Politiker, die als Minister das BMG leiteten, positiv zum KUD standen und im KUD ein wesentliches Instrument der Deutschlandpolitik sahen.

2. Bundesministerium für gesamtdeutsche Fragen (BMG)

Obwohl Jakob Kaiser erste Überlegungen bezüglich einer „Gesamtdeutschen Bewegung" im BMG hatte anfertigen lassen,[56] waren er und z.B. W.W. Schütz der Auffassung, daß die neue „Bewegung" unabhängig vom BMG agieren sollte.[57] Das spätere KUD sollte nicht unter der Kontrolle seines Staatssekretärs, Franz Thedieck,[58] stehen, der von vorneherein gegen die KUD-Gründung Stellung genommen hatte.[59] Die direkte Verantwortung für das KUD übernahm Kaiser selbst, später konnte Schütz mehr und mehr Einfluß gewinnen, wobei er der Unterstützung, der „vollen Rückendeckung" Kaisers gewiß sein konnte.[60]

Thedieck, „die zentrale Figur des Ministeriums",[61] ließ jedoch Schütz und das KUD nicht ungestört. Offensichtlich hatte er den für das KUD „zuständigen" Referenten, von Dellingshausen, angewiesen, auf die Arbeit des KUD nach Möglichkeit Einfluß zu nehmen.[62] So zitierte von Dellingshausen noch in der Woche nach der Bundestagswahl vom 14. September 1957 (die der CDU/CSU die absolute Mehrheit im Deutschen Bundestag einbrachte) Schütz zu einer Unterredung ins BMG.[63] Die Aktennotiz, die Schütz über diese Unterredung anfertigte, läßt erkennen, wie die BMG-Bürokratie das KUD einschätzte. Sie sei hier auszugsweise wiedergegeben[64]:

„Mit großer Schärfe legte er (von Dellingshausen — L.K.) bezugnehmend auf die Einladung zur Vorbesprechung der Geschenkaktion,[65] die Einstellung des Ministeriums dar, welches als Behörde keine derartigen Einladungen privater Institutionen akzeptieren könne . . . Es sei unmöglich, daß eine Institution wie das Unteilbare Deutschland zu Ressort-Besprechungen einlade . . . Das Ministerium müsse verlangen, daß es rechtzeitig vor derartigen Besprechungen über die Hintergründe, den Verlauf und das beabsichtigte Ziel geplanter Aktionen unterrichtet wird . . . Im weiteren Verlauf des Gespräches beschwerte sich Herr von Dellingshausen darüber, daß das Unteilbare Deutschland Dinge aufgreife und Aktionen anrege, die bereits vom Ministerium selbst oder von anderer Seite, wie seit langem bestehenden und wirksam arbeitenden Institutionen, durchgeführt würden. Dem Ministerium sei . . . daran gelegen, rechtzeitig von unseren Aktionen zu erfahren, damit Überschneidungen und gegenseitige Beeinträchtigungen vermieden werden könnten. Auf meinen Einwand, daß dies bisher bei wichtigen Anlässen stets berücksichtigt worden sei, hielt er mir entgegen, daß es nicht genüge, wenn Herr Dr. Schütz mit Minister Kaiser gesprochen habe, denn schließlich müßten ja die Fachleute des Ministeriums auch unterrichtet werden, um ein sachkundiges Votum abgeben zu können. Außerdem habe er, Herr von Dellingshausen, zu bemängeln, daß das Unteilbare Deutschland zu sehr an die Öffentlichkeit dränge, und alles, was es vorhabe, sogleich an die große Glocke hänge . . . Zusammenfassend erklärte mir Herr von Dellingshausen, daß er die Arbeit in den Kuratorien[66] trotz mancher Schwächen für gut und ausbaufähig halte und daß er dagegen die Arbeit der Bonner Sekretariats mit gewissen Bedenken verfolge."

Die in diesen Bemerkungen Dellingshausens zum Ausdruck kommende Skepsis der BMG-Bürokratie änderte sich auch nicht, als Thedieck 1963 das BMG verließ und Carl Krautwig als Staatssekretär ins BMG kam.[67]

Der Nachfolger Kaisers im BMG, Ernst Lemmer,[68] war ein enger Freund des KUD. Nicht nur, weil der zu dem KUD-Mitinitiatoren zählte, sondern auch seine emotionale Abneigung gegen den exakten Franz Thedieck[69] veranlaßten ihn, trotz der Widerstände innerhalb des BMG, dem KUD sein besonderes Augenmerk zu widmen. Hinzu kam, daß im KUD all jene seine Freunde aktiv waren, mit denen er politisch und menschlich harmonierte.[70] Wie Lemmer befürchtet hatte, konnte er auf Thedieck keinen Einfluß dahingehend ausüben, daß dieser etwa Anweisung gegeben hätte, dem KUD mehr entgegenzukommen. So schrieb Schütz am 30. September 1958 an Paul Löbe,[71] daß sich z.B. das Bundespresseamt unter von Eckardt „rückhaltloser und aufrichtiger" als das BMG für das KUD einsetze. Erst als nach dem Erfolg der Aktion „Macht das Tor auf" das KUD praktisch nicht mehr auf finanzielle Unterstützung[72] durch das BMG angewiesen war, entkrampften sich langsam die Beziehungen zwischen den beiden. Man arbeitete *nebeneinander,* ohne daß es zu gravierenden Differenzen gekommen wäre.

Lemmers Nachfolger, Rainer Barzel und Erich Mende, gehörten zwar dem KUD nicht seit dessen Gründung an, dennoch schirmten sie es gegen allzu heftige Angriffe ab und hielten es für eine der Wiedervereinigungspolitik dienliche Institution.[73] Auch gehörten sie während ihrer Ministerzeit dem KUD-Präsidium an und waren somit direkt mitverantwortlich für das KUD und dessen Aktivitäten.

Während also die einzelnen Minister dem KUD durchaus „gewogen" waren, verhielt sich die Ministerialbürokratie eher zurückhaltend. Diese Zurückhaltung mag z.T. in der, aus Sicht des BMG, zu großen Publizität, die dem KUD zuteil wurde, gelegen haben. So kritisierte von Dellingshausen einen Jahresbericht des KUD, weil darin

„der Eindruck entstehen konnte, das Kuratorium sei für eine Reihe von Aufgabengebieten zuständig, oder habe auf gesamtdeutschem Gebiet zu verschiedenen Fragen Erfolge aufzuweisen gehabt, bei denen eindeutig die Verantwortung bei anderen Stellen liegt und die Erfolge auch ohne die Mitwirkung des Kuratoriums entstanden sind ... Man sollte sich m.E. (von Dellingshausen-L.K.) fragen, was man mit einem solchen Bericht erreichen will und sollte vor allen Dingen vermeiden, daß in der Öffentlichkeit unrichtige Eindrücke über die Tätigkeit oder Wirkungsmöglichkeit des Kuratoriums entstehen."[74]

Der BMG-Bürokratie gelang es nicht, das KUD zu eliminieren, da die einzelnen Minister, vornehmlich Kaiser und Lemmer, auf der Seite des KUD standen. Nach dem offensichtlich in Erwartung eines „KUD-feindlichen" Ministers unmittelbar nach der Bundestagswahl des Jahres 1957 unternommenen Versuch, das KUD an die „Leine" des BMG zu nehmen, wurde ein ähnlicher Vorstoß seitens des BMG nicht mehr für erfolgversprechend gehalten: Das KUD konnte sich nach der Aktion „Macht das Tor auf" auf breite Bevölkerungskreise stützen. Hinzu kam, daß sich alle großen demokratischen Parteien am KUD beteiligten, wenn auch mit unterschiedlichem Interesse.

C Parteien und Akteure

Vorbemerkung

Jakob Kaiser war von Anfang an bestrebt, das KUD zu einem Anliegen *aller* demokratischen Parteien[75] zu machen. Um dies zu erreichen, war es notwendig, daß das KUD nicht nur programmatisch sondern auch personell für jede Partei akzeptabel besetzt wurde. Über das programmatische *Ziel* des KUD, nämlich die „Einheit und Freiheit Deutschlands zu vollenden",[76] bestanden bei allen Parteien des Bundestages keinerlei prinzipielle Differenzen,[77] wenn auch über die *Art und Weise,* wie dieses Ziel erreichbar sei, durchaus unterschiedliche Auffassungen herrschten.[78] Programmatisch war das KUD also für alle infrage kommenden Parteien annehmbar. Mindestens ebenso wichtig wie das programmatische Ziel war, daß eine von allen als parteipolitisch neutral und integer angesehene Persönlichkeit das KUD repräsentierte. Nach langem Hin und Her einigte man sich im Sommer 1954 auf Paul Löbe,[79] den unumstrittenen langjährigen ehemaligen Reichstagspräsidenten,[80] „der die Loyalität aller Richtungen gewinnen konnte".[81]

Nachdem die personelle Repräsentanz des KUD zur weitgehenden Zufriedenheit aller geklärt worden war, konnten die Parteien das KUD als ein „Gebiet des öffentlichen

Lebens" betrachten, auf dem sie mitzuwirken verpflichtet waren, um dadurch „auf die Gestaltung der öffentlichen Meinung Einfluß" zu nehmen.[82] Vom KUD als einer „Sammlungsbewegung zwischen den Parteien" zu sprechen, „von der in alle Lebensbereiche politische Impulse" ausgehen sollten,[83] scheint, besonders unter dem Aspekt des „Parteienauftrags", zutreffend zu sein. Das KUD konnte „nur Ausdruck" dessen sein, was die Vertreter der Parteien und Verbände als Repräsentanten der „Allgemeinheit" in Besprechungen „herausgearbeitet" hatten.[84] Was Schütz hier mit „herausarbeiten" umschreibt, war in Wirklichkeit ein oft mühsames Ringen in zahllosen Sitzungen der KUD-Spitze.[85] Hierbei mußten zwischen den im einzelnen verschiedenen Auffassungen Brücken geschlagen werden, was „gelegentlich" zu Krisen führte.[86] Die von den momentanen Strategien ihrer Parteien abhängigen KUD-Akteure verfielen dabei allzu oft dem Bedürfnis, dem KUD ihre politischen Ziele aufzudrängen.

Dennoch standen sich, was die Beurteilung der „Deutschen Frage" betraf, die Akteure im KUD oft näher, als den diesbezüglichen Positionen der von ihnen repräsentierten politischen Gruppierungen.[87] Dieses auch in vielen anderen Bereichen wahrnehmbare Phänomen,[88] veranlaßte die Parteiführungen je nach eigener momentaner Interessenlage dazu, dem KUD ein autonomes Handeln abzusprechen. So sah sich der Leitartikler der „Frankfurter Allgemeinen Zeitung" veranlaßt zu bemerken, daß die Parteien und Organisationen, die das KUD trügen, „gemahnt" werden müßten, „ihm *größte* innere Freiheit zu lassen".[89] Die potentiellen Konfliktmöglichkeiten mit den eigenen Parteien waren für die einzelnen KUD-Akteure um so geringer, je mehr sie die Meinung der von ihnen repräsentierten Parteien verkörperten.[90] Mit anderen Worten: Je größer der Einfluß des einzelnen KUD-Akteurs auf die Meinungsbildung innerhalb der eigenen Partei war, desto geringer war die Gefahr, durch KUD-Aktivitäten mit der eigenen Partei in Konflikt zu kommen.[91] Wenn auch die großen Parteien dem KUD „ziemlich ähnlich" gegenüberstanden und von führenden Politikern „nennenswerte Unterschiede" nicht bemerkt wurden,[92] so bleibt dennoch die Frage zu stellen, ob nicht, dem subjektiven Eindruck zum Trotz, die einzelnen Parteien das KUD unterschiedlich oder gegensätzlich betrachteten.

KUD-Akteure waren in aller Regel als Vertreter ihrer Organisationen, in denen sie ihr eigentliches berufliches Betätigungsfeld sahen, im KUD aktiv. Der KUD-Akteur war „amtsbezogen". Mit anderen Worten: Erst die berufliche Stellung, die Position des Einzelnen in einer Regierung, Partei oder Fraktion oder sonstigen Gruppierung ermöglichte es diesem Positionsinhaber, maßgeblich im KUD mitzuarbeiten.[93] Verlor jemand seine Position innerhalb der von ihm repräsentierten Gruppierung, so verlor er normalerweise auch die Möglichkeit, die KUD-Arbeit an führender Stelle mitzugestalten. So war z.B. Willi Richter als Vorsitzender des DGB stets in den zentralen Gremien des KUD engagiert. Nach seiner Ablösung als DGB-Vorsitzender durch Ludwig Rosenberg im Jahre 1962 übernahm Rosenberg automatisch alle KUD-Funktionen von Richter.[94] Richter tauchte fortan in KUD-Gremien und -Listen nicht mehr auf.

Nur sehr wenige KUD-Akteure konnten die KUD-Arbeit beeinflussen, *ohne* gleichzeitig Repräsentanten einer politischen oder gesellschaftlichen Gruppierung zu sein.[95] Hier sei als Beispiel der Göttinger Historiker Hermann Heimpel genannt. Heimpel gehörte zusammen mit Paulssen (Arbeitgeber) und Richter bzw. Rosenberg (Arbeitnehmer) jenem Gremium an, das den Erlös der Aktion „Macht das Tor auf" zu verwalten hatte. Er war gerade deswegen für das KUD interessant, weil er als Wissenschaftler eine allgemein anerkannte und respektierte Persönlichkeit war, dessen persönliche und moralische Integrität von niemandem bezweifelt wurde.[96] Dennoch hatte Heimpel z.B. *nie direkten Einfluß* auf die politische KUD-Aktivität. Dies blieb den Repräsentanten der verschiedenen Gruppierungen vorbehalten.

Im folgenden sollen nun die Personen vorgestellt werden, die für das KUD von entscheidender Bedeutung waren. Dabei werden diejenigen Akteure erwähnt, die dem KUD politische und gesellschaftliche Unterstützung verschafften. Es können und sollen hier keine Kurz-Biographien oder gar „Karierrestudien"[97] der einzelnen Personen versucht werden. Vielmehr soll mit der Beschreibung der Akteure ihre Stellung in den von ihnen repräsentierten Gruppierungen und vor allem ihre Rolle im KUD charakterisiert werden.

Bei aller Beteiligung der gesellschaftlichen Gruppierungen an Vorbereitung und Durchführung einzelner KUD-Aktivitäten, kam doch das ausschlaggebende Moment stets den im KUD engagierten Politikern zu. Sie waren somit die *eigentlichen KUD-Entscheidungsträger*. Daher sollen hier nur Politiker vorgestellt werden. Die Repräsentanten der sonstigen Gruppierungen, z.B. Ziebill vom DST, Richter vom DGB, Paulssen von der BDA oder Krause vom DBB, waren zwar an den Diskussionen der KUD-Spitzengremien beteiligt, hatten aber nie das Gewicht der politischen Repräsentanten. Erstere schlossen sich in der Regel den Maßgaben der Politiker an, da sie ja ohnehin mit der prinzipiellen Richtung der einen oder anderen politischen Partei übereinstimmten. Auch waren sich die Vertreter der gesellschaftlichen Gruppierungen wohl darüber im klaren, daß für die politische Existenz des KUD die politischen Parteien die wesentliche Verantwortung trugen. Als KUD-Akteure werden hier nur solche Personen verstanden, „die unmittelbar an der Beratung der Entscheidung Anteil" hatten.[98]

Von Amts wegen hatten die einzelnen Minister für gesamtdeutsche Fragen zum KUD einen besonders engen Kontakt. Das bedeutete aber nicht, daß sie sich immer unmittelbar mit dem KUD und seinen Initiativen identifizierten. So trat Rainer Barzel während seiner Zeit als Gesamtdeutscher Minister zwar bei KUD-Veranstaltungen auf (z.B. auf der Jahrestagung), insgesamt verhielt er sich dem KUD gegenüber eher distanziert.[99] Auch der ehemalige Bundestagspräsident Eugen Gerstenmaier, der zeitweise dem KUD-Präsidium angehörte, begründete seine KUD-Beteiligung *nicht* mit persönlichem Interesse an der Institution, sondern sah sein Agieren hier lediglich als Folge seines Amtes an.[100] Ebenso ist Willy Brandt nicht als jemand zu bezeichnen, der sich direkt an der Arbeit des KUD beteiligte. Er war zwar bereit, dem KUD-Präsidium beizutreten[101] und sprach öfters auf KUD-Versammlungen,[102] auch beteiligte er sich an einzelnen KUD-Aktionen.[103] Dennoch hatte seine nominelle Mitgliedschaft mehr formalen als materiellen Charakter. Das Gleiche dürfte noch für eine Reihe anderer Politiker gelten, die zwar ebenfalls formal dem KUD-Präsidium angehörten, auf die konkrete Arbeit des KUD aber keinen oder nur sehr geringen Einfluß ausübten (z.B. Bertha Middelhauve, Lothar Krappmann, Emilie Kiep-Altenloh, etc.).

Jakob Kaiser, Johann Baptist Gradl, Herbert Wehner, Ernst Lemmer und Thomas Dehler sind der KUD-Führung zuzurechnen. Eine Sonderstellung nimmt Paul Löbe als KUD-Präsident ein.

1. CDU[104]

Die Bundesgeschäftsstelle der CDU in Bonn konnte bis zum Jahre 1972 auf eine Abteilung verweisen, die ausschließlich die in der CDU organisierten Vertriebenen zu betreuen hatte und daneben noch für den Kontakt zum KUD zuständig war.[105] Weder von SPD noch von FDP wird ein solches „Kontaktreferat" ausgewiesen. Rein formal konnte man daher zunächst annehmen, daß einerseits die Beziehungen CDU – KUD sehr intensiv waren und andererseits hier eine große Sachkunde, was das KUD allgemein betrifft, herrschte. Beide wohl berechtigten Annahmen stellten sich als falsch heraus. Das angeschriebene KUD-Kontaktbüro der CDU sah sich nicht in der Lage, einige konkrete Fragen zum Verhältnis CDU – KUD zu beantworten.[106] Vielmehr wurde auf den KUD-Akteur J.B.Gradl verwiesen, der „Präsident" des KUD sei.[107]

Tatsächlich stand die CDU insgesamt dem KUD „eher zurückhaltend" gegenüber.[108] CDU-Politiker, bis auf wenige Ausnahmen, sahen ihre KUD-Aktivität mehr als eine „Pflichtübung" an, als daß sie ein engagiertes Interesse daran gehabt hätten.[109] In der Regel waren CDU-Repräsentanten aufgrund ihrer Ämter am KUD beteiligt. Der CDU-Politiker Gerstenmaier gibt dies auch ohne weiteres zu.[110]

Ähnlich distanziert wie die Partei verhielt sich die CDU/CSU-Bundestagsfraktion.[111] Die Fraktion habe das KUD schlicht „nicht interessiert". Auch der zuständige „außenpolitische Arbeitskreis" der Fraktion habe sich nur dann mit dem KUD befaßt, „wenn das KUD ein Papier mit mehr oder weniger umstrittenen Aussagen herausgebracht" habe.[112] In diesem Arbeitskreis wurde das KUD häufig angegriffen; es kam zwischen Gradl und KUD-Gegnern, wie z.B. Freiherr von und zu Guttenberg, zu „wilden Auseinandersetzungen".[113] Dabei herrschte offensichtlich über die politische Orientierung von W.W.Schütz Uneinigkeit. Während einige der Meinung waren, Schütz sei Sozialist, vermuteten andere Schütz auf dem linken Flügel der CDU.[114]

Der Grund für die im großen und ganzen ablehnende Haltung sowohl der CDU als auch der CDU/CSU-Bundestagsfraktion lag wohl einmal darin, daß Adenauer als CDU-Parteivorsitzender bestrebt war, die KUD-Mitarbeit von CDU-Politikern zu „hemmen."[115] Zum anderen hielten sich viele Mitglieder der CDU/CSU-Bundestagsfraktion deshalb vom KUD fern, weil man den „Eindruck" hatte, daß das KUD eine Politik betreibe, „die sich keineswegs in jedem Falle mit derjenigen der Bundesregierung decke".[116] Der „deutschlandpolitische Sprecher" der CDU/CSU-Fraktion und engagierte KUD-Akteur J.B.Gradl, sah sich wegen seines KUD-Engagements immer wieder Angriffen in den eigenen Reihen ausgesetzt.[117] Gradl, der sich als *der* Repräsentant der CDU im KUD sah,[118] vermochte nicht, das KUD innerhalb seiner Partei bzw. Fraktion zu einem anerkannten und als unabhängig respektierten Gesprächspartner zu machen.[119]

Das KUD wurde seitens der CDU eher als eine von der parlamentarischen Opposition beherrschte Institution angesehen.[120] Die führenden CDU-Politiker hielten sich bis auf wenige Ausnahmen vom KUD zurück. Auch ein dringliches Zureden, man solle sich, wenn man sich schon nominell am KUD beteilige, mit größerem Einsatz darum kümmern, damit nicht im Namen der CDU eine SPD-nahe Politik betrieben werde, vermochte nicht, bei der CDU intensives Interesse am KUD hervorzurufen.[121] Dem formal bekundeten Interesse, wie es z.B. in dem eigenen KUD-„Kontaktreferat" in der CDU-Bundesgeschäftsstelle dokumentiert wurde, entsprach nie ein materielles Engagement im KUD.

In den Bundesländern engagierten sich die dortigen CDU-Organisationen teilweise stärker im KUD als im Bund.[122]

a) Jakob Kaiser

Über Jakob Kaiser, der als Gründer des KUD bezeichnet werden kann,[123] liegen inzwischen einige umfassende Darstellungen vor, die sein Leben, seine politischen und gesellschaftlichen Vorstellungen und Taten hinreichend beschreiben.[124]

Schon vor Verkündigung des Grundgesetzes und vor seinem Einzug als Minister in das neu geschaffene BMG spielte der gebürtige Franke Kaiser eine wesentliche Rolle sowohl innerhalb der neu gegründeten CDU als auch allgemein im politischen Geschehen der Nachkriegszeit.[125] Was Kaiser jedoch besonders aus dem Kreis der Nachkriegs-CDU heraushob, war nicht so sehr sein „Sozialismus", wie Kosthorst meint, sondern zu „einer nationalen Figur machte ihn erst die Verbindung des Sozialismus mit dem Reichsgedanken".[126] Für Kaiser gewann die Frage der nationalen und staatlichen Einheit Deutschland schon während des Wahlkampfes von 1949 die zentrale Bedeutung:

„Daß sich hier ... keine Solidarität der Parteien herstellte, sondern im Gegenteil die Rivalität um die ‚nationalere' Haltung SPD und CDU zu gegenseitiger Verfemung ihrer Hauptrepräsentanten verführte, davon fühlte sich Kaiser persönlich tief getroffen,"

meint sein Biograph Kosthorst.[127]

Nach der Etablierung des BMG, dessen Sinn weder die SPD noch Adenauer „voll verstanden" hätten,[128] bemühte sich Kaiser um eine gemeinsame Arbeitsbasis mit den Sozialdemokraten. So war er daran interessiert, im BMG auch Sozialdemokraten als Mitarbeiter zu sehen.[129] Ihm ging es bei all seinem Tun um die *Zusammenfassung möglichst aller Kräfte.*[130] Politische oder persönliche Differenzen sollten nicht verhindern, daß man sich zu einer gemeinsamen Aktion zusammenfand, sobald prinzipielle Einigkeit über das zu erreichende Ziel herrschte. Dieser Grundüberzeugung entsprang letztlich Kaisers Idee einer „gesamtdeutschen Aktion". Mit deutlich spürbarer Genugtuung konstatierte er daher am 14. Juni 1954 in Bad Neuenahr:

„Ich glaube, wir dürfen feststellen: Es ist das erstemal seit langen Jahren, daß alle Richtungen und Kreise unseres Volkes sich in freiem Entschluß zu gemeinsamem Handeln zusammengefunden haben."[131]

Kaiser, dem organisatorische Probleme stets fremd blieben,[132] überließ die weitere Planung und organisatorische Entwicklung den KUD-Sekretären. Dies war zunächst Bernhard Becker, später, mit vielen Kompetenzen ausgestattet, W.W.Schütz. Kaiser wollte lediglich „Geburtshilfe" leisten.[133] Als Vorsitzender des „Ausschusses für Fragen der Wiedervereinigung Deutschlands e.V.", de jure der Träger des KUD, war er formal mit dem KUD eng verbunden; er war sozusagen der „Mann im Hintergrund", und obwohl er nach der Konstituierung „in den Kreis der übrigen Mitglieder des Kuratoriums" zurücktrat,[134] blieb er natürlich *der* führende KUD-Repräsentant und eifrigste Verfechter der KUD-Idee. Wie sehr ihm das KUD am Herzen lag, geht aus der schon erwähnten Episode um die Berliner KUD-Tagung des Jahres 1956 deutlich hervor.[135] Damals sagte Kaiser:

„Es hat mir sehr leid getan, daß ich nicht – wie vorgesehen war – schon gestern in Ihrem Kreis sein konnte. Aber merkwürdigerweise hatten sich gerade in diesen Tagen so viele Termine zusammengedrängt, daß ich erst heute zur Stelle sein kann. Und das auch nur unter Außerachtlassung anderer wichtiger Verpflichtungen. Das gilt übrigens auch noch für diesen und jenen anderen meiner Freunde. Ich sage das nicht zuletzt, um damit zum Ausdruck zu bringen, wie bedeutsam uns diese Begegnung im Rahmen des ‚Unteilbaren Deutschland' erscheint . . . Denn das ‚Unteilbare Deutschland' will auf Berliner Boden nicht etwa störend wirken. Es will vielmehr gerade von hier aus die Gewißheit schaffen, daß die Solidarität zwischen den Teilen Deutschlands keine leere Deklamation sondern unumstößliche Wirklichkeit ist."[136]

Kaisers Differenzen mit Adenauer sind hinlänglich bekannt. So vertrat Kaiser beispielsweise im ersten Bundestagswahlkampf andere Positionen als Adenauer.[137] Nach den Wahlen war Kaiser ein energischer Befürworter einer Großen Koalition (zwischen SPD und CDU), während für Adenauer ein solches Bündnis von vornherein nicht infrage kam.[138] Die Differenzen bezüglich der Abstimmung über das „Saarstatut" sind ebenfalls bekannt und führten zu den wohl härtesten Kontroversen zwischen Kaiser und Adenauer.[139]

Dennoch kann man wohl kaum von Kaiser als dem großen Gegenspieler Adenauers sprechen:

„Kaiser hatte zwar manchmal andere Vorstellungen im einzelnen gehabt als Adenauer, doch Kaisers Verhältnis zu Adenauer war von großer Ambivalenz gezeichnet. Er wollte Adenauer lieben, aber er durfte es nicht . . . ",

meint sein ehemaliger Staatsekretär.[140] Felix von Eckardt teilt diese Ansicht, wenn er auch weniger emotionale als rationale Gründe dafür anführt, daß Kaiser trotz aller Bedenken immer wieder Adenauers Politik mittrug:

„Jakob Kaiser rang sich schließlich immer wieder dazu durch, Adenauers Politik zu unterstützen, wohl aus der Erkenntnis heraus, daß zwar der Erfolg dieser Politik hinsichtlich der Wiedervereinigung zweifelhaft blieb, es aber für klar denkende Menschen auch keinerlei Alternative gab."[141]

Im Januar 1957 erlitt Kaiser einen schweren Schlaganfall. Ob dies eine direkte Folge seiner Auseinandersetzungen mit Adenauer war, mag dahingestellt bleiben.[142] Jedenfalls schied Kaiser nach diesem gesundheitlichen Rückschlag aus dem Kreis der führenden KUD-Akteure aus (obwohl er noch bis kurz vor seinem Tode am 7. Mai

1961 formal Vorsitzender des „Ausschusses für Fragen der Wiedervereinigung Deutschlands" blieb).

Jakob Kaiser war der Initiator des KUD. Unter seinem Protektorat begann der organisatorische und personelle Aufbau des KUD. Dennoch wurde das KUD erst nach seinem Ausscheiden aus dem politischen Leben zu einem ernstzunehmenden Faktum, das auch – nolens volens – die Bundesregierung nicht mehr übersehen konnte. Daß das KUD nicht zusammen mit Kaiser von der politischen Bühne verschwand, lag daran, daß auch weiterhin führende Politiker aus allen Lagern an Kaisers Idee festhielten.

b) Ernst Lemmer

Einer derjenigen, die trotz allem Respekt vor dem Bundeskanzler,[143] unbeirrbar an Idee und Institution des KUD festhielten, war Ernst Lemmer. Mit Jakob Kaiser war E. Lemmer schon vor dem Zweiten Weltkrieg befreundet gewesen.[144] Die Gründung der Ostzonen-CDU, an der beide ihren maßgeblichen Anteil hatten, führte sie noch näher zusammen.[145] So gehörte selbstverständlich auch Lemmer zu denjenigen, mit denen Kaiser erstmals am 6. März 1954 konkreter über seinen Plan sprach, eine „gesamtdeutsche Bewegung" zu etablieren.[146] Lemmer gehörte, ob als Minister oder als Abgeordneter, immer den Spitzengremien des KUD an. So war er auch Mitglied im Verein, dessen Vorsitz er im Jahre 1961 übernahm.[147] Nach der Bundestagswahl von 1957 wurde Lemmer als Nachfolger Kaisers zum Minister für gesamtdeutsche Fragen ernannt.[148] Lemmer, der über den Wechsel vom Postministerium ins BMG nicht glücklich war,[149] empfand die neue Position dennoch als „politische Aufwertung".[150] In diesem Zusammenhang ist wichtig, daß damit erneut ein Mann an die Spitze des BMG trat, der dem KUD wohlwollend gegenüberstand.

Zwischen seiner Funktion als Gesamtdeutscher Minister und seiner Tätigkeit im KUD sah Lemmer *keinen inhaltlichen Unterschied*. Im Gegenteil: Die Aufgaben des KUD und des BMG schienen ihm absolut *identisch* zu sein: In einem Abschnitt seiner Erinnerungen beklagt er sich darüber, daß er im BMG zu wenig Spielraum gehabt habe, um eigene Konzeptionen verwirklichen zu können. Er fährt dann ohne Absatz fort:

„Wir alle, die wir im ‚Kuratorium Unteilbares Deutschland' mitwirkten, wurden von einer zunehmenden Unruhe erfüllt, so daß wir uns immer wieder die Frage stellten: Wie ist die gesamtdeutsche Politik zu aktivieren?"[151]

KUD und BMG standen also nach Ansicht Lemmers vor den gleichen Problemen.

Wie sehr sich Lemmer mit dem KUD verbunden fühlte, unterstreicht ein Gespräch, welches er, noch bevor er öffentlich als neuer Chef des BMG vorgestellt worden war, mit W.W.Schütz im Postministerium am 2. Oktober 1957 führte. Lemmer teilte Schütz mit, daß Adenauer ihm bedeutet habe, er, Lemmer, solle die Leitung des BMG übernehmen. Daraufhin habe er dem Bundeskanzler zu verstehen gegeben, daß er als Gesamtdeutscher Minister unbequem sei; er sei fast überall zu Kompromissen bereit, nur nicht in der Wiedervereinigungsfrage. Lemmer äußerte weiter seine Besorgnis, daß er als Gesamtdeutscher Minister und gleichzeitig als KUD-Akteur in ständige Konflikte mit Adenauer kommen müsse, der dem KUD überhaupt nicht gewogen sei. Das solle für ihn aber kein Hindernis sein, *neben* seiner Funktion im KUD auch das BMG zu übernehmen.[152] Über potentielle Konfliktsituationen mit dem Regierungschef, der Lemmer „wohl nicht ganz ernst nahm",[153] war sich Lemmer also schon vor der Übernahme seines neuen Amtes im klaren.

Persönliche Feinde hatte Lemmer weder in seiner noch in anderen Parteien. Er war bekannt und beliebt als jemand, der besonders auf Tagungen und Kongressen, ausgleichend und vermittelnd tätig war.[154]

Lemmer hatte bereits auf der KUD-Jahrestagung im Jahre 1959 ohne Rücksicht auf seine Position als Minister der Bundesregierung einen Standpunkt, der sich mit der Auffassung der Bundesregierung nicht deckte, dafür aber mit der des KUD übereinstimmte, vertreten.[155]

Lemmer sah, ebenso wie das KUD, das Problem der Wiedervereinigung durchaus als lösbar an:

„Wenn ich davon überzeugt sein müßte, daß das, was mein Ministerium und das Kuratorium verfolgen, irreal geworden ist, dann würde ich meinen Ministerposten niederlegen, weil ich nicht bereit bin, Bundesminister für gesamtdeutsche Illusionen zu sein, sondern weil ich Bundesminister für gesamtdeutsche Wirklichkeit sein möchte",

sagte er zum Abschluß der Jahrestagung 1959 am 27. November.[156]

Für Lemmer war also die KUD-Arbeit ebenso wichtig, wie die Tätigkeit des BMG. Obwohl er „kein harter Kämpfer"[157] war, vertrat er sowohl als Minister als auch später immer wieder KUD-Interessen und verteidigte das KUD gegen Anfeindungen. Dabei half ihm seine persönliche Integrität, die auch vom politischen Gegner nie angezweifelt wurde.[158] Zwar hat sich Lemmer um das KUD verdient gemacht, aber auf die konkrete KUD-Arbeit hat er nur *geringen Einfluß* gehabt.

c) Johann Baptist Gradl

Sowohl mit Kaiser und Lemmer als auch mit Herbert Wehner engstens verbunden war Johann Baptist Gradl. Lemmer und Kaiser kannte er aus der Berliner Nachkriegszeit, in der er mit beiden die Gründung der Ostzonen-CDU betrieben hatte.[159] Mit H. Wehner war er als sein Stellvertreter im Bundestagsausschuß für gesamtdeutsche und Berliner Fragen verbunden. Wie Lemmer gehörte auch Gradl zu jenem Kreis, den Kaiser zum 6. März 1954 nach Königswinter gebeten hatte.[160] Von damals bis in die Gegenwart hinein war und ist Gradl ohne Unterbrechung in führenden KUD-Gremien tätig.

Gradl wird als derjenige Politiker bezeichnet, der sich wohl am intensivsten und umfassendsten mit dem Problem der Wiedervereinigung befaßt habe.[161] Seit 1958 war er Vorsitzender des „Forschungsbeirats für Fragen der Wiedervereinigung".[162] Für die CDU/CSU-Bundestagsfraktion war Gradl deren „deutschlandpolitischer Sprecher". Gradl war, wie Wehner bei der SPD, der „Verbindungsmann" zwischen CDU und KUD.[163] Ob allerdings das, was Gradl innerhalb des KUD mitverantwortete, „auch von der CDU-Führung gedeckt" war,[164] bleibt zweifelhaft. Die häufigen Kontroversen zwischen dem KUD und dem CDU-Vorsitzenden Adenauer scheinen dem zu widersprechen.

Innerhalb der CDU trat Gradl als unermüdlicher Streiter für eine aktive Wiedervereinigungspolitik auf.[165] Dabei setzte er sich deutlich von Adenauers Auffassung der absoluten Priorität der Westintegration ab. Auf dem Parteitag der Exil-CDU am 28. Mai 1965 sagte er:

„Zu einer wahren Gemeinschaft kann Europa jedoch nur regenerieren, wenn Deutschland geeint wird. Deshalb ist direkt angelegte Wiedervereinigungspolitik nicht ersetzbar durch Ost- und Gesamteuropapolitik. Priorität der europäischen Einigung vor deutscher Wiedervereinigung und gesamteuropäische Integration um einen gespaltenen deutschen Kern sind von der Sache her unmöglich."[166]

Wegen solcher und zahlreicher ähnlicher Äußerungen war er manchem seiner Parteifreunde unbequem.[167] Daß die SPD den stetigen deutschlandpolitischen Mahner Gradl als Kronzeugen für die ihrer Meinung nach mangelnde Aktivität der Bundesregierung hinsichtlich der Wiedervereinigung zitierte, war ihm nicht recht. Darüber gibt eine Aktennotiz von Schütz Aufschluß:

„Im übrigen ist Gradl nicht begeistert davon, daß vor allem die SPD-Presse jede Bemerkung von ihm, die etwas über den heutigen Stand hinausreicht, so sehr herausstreicht, daß er, Gradl, immer wieder in Verlegenheit gebracht wird. Auf dem Parteitag in Kiel (8. Bundesparteitag der CDU am 17./18. September 1958 – L.K.) wird er sich mit einer scharfen Absage an Verhandlungen mit Pankow ,herauspauken' ...".[168]

Nur einmal in der Zeit von 1954 bis 1966/67 stellte Gradl seine KUD-Mitarbeit infrage: Als auf der KUD-Jahrestagung 1966 W. W. Schütz von „DDR" sprach, hatte Gradl Schütz mitgeteilt, daß er sich die Frage stellte, ob nicht die Tage des KUD gezählt seien.[169] Zusammen mit Wehner war Gradl derjenige, der sich am deutlichsten immer wieder für das KUD und dessen Belange aussprach. Auch in den internen KUD-Diskussionen spielte Gradl eine herausragende Rolle. Das KUD war für ihn eine notwendige und nützliche Institution, deren politische Aussagen von elementarer Bedeutung waren und zwar besonders deswegen, weil im KUD alle politisch und gesellschaftlich relevanten Kräfte gemeinsam die Wiedervereinigung anstrebten. Dabei hatte das KUD für Gradl auch dann seine Funktion erfüllt, wenn es immer wieder die bekannten Forderungen nach Selbstbestimmung und Verwirklichung der Menschenrechte wiederholte:

„Die politische Aussage hat immer ihren Stellenwert, auch wenn sie nichts Neues enthält."[170]

2. SPD

Schon vor der KUD-Konstituierung unterstützte der SPD-Pressedienst[171] die von Kaiser und seinen Freunden geplante neue „Aktion": Die Verwirklichung des Planes, eine „Gesamtdeutsche Bewegung" in der Bundesrepublik ins Leben zu rufen, könne ein praktischer Schritt in Richtung Wiedervereinigung sein. Es müsse der „Gesamtdeutschen Bewegung" gelingen, alle Kräfte und Menschen zu mobilisieren, die in der Einheit des Landes das wichtigste Ziel der deutschen Politik sähen.

Mit Herbert Wehner gehörte von Anfang an einer der entscheidenden SPD-Politiker zum engsten Kreis der KUD-Spitze. Auch Paul Löbe, der nominell erste KUD-Repräsentant, verstand sich stets als „Delegierter" der SPD im KUD.[172] Der Bundesvorsitzende der SPD, Erich Ollenhauer, wurde ebenfalls zu den „führenden Männern" des KUD gezählt.[173] Schon rein optisch zeigte die SPD also, daß sie dem KUD einige Bedeutung beimaß.

Zu einer ersten Belastungsprobe zwischen SPD und KUD kam es, als im Februar 1955 — das KUD hatte seine Arbeit eben erst vorsichtig begonnen — der stellvertretende Partei- und Fraktionsvorsitzende der SPD, Mellies,[174] seine Mitarbeit im KUD aufkündigte. Mellies schrieb an Löbe, er könne nicht mehr mit jemanden wie Kaiser zusammenarbeiten, der sich als Hauptverantwortlicher des KUD bei der Abstimmung über das „Saarstatut" im Bundestag der Stimme enthalten habe. Eine weitere Mitarbeit im KUD halte er für unfruchtbar.[175] Obwohl Mellies' Schritt damals bei vielen SPD-Politikern Sympathie hervorrief und innerhalb der Partei vereinzelt gefordert wurde, man solle insgesamt vom KUD zurückziehen, gelang es offensichtlich Wehner und Löbe, die SPD von der Notwendigkeit eines weiteren KUD-Engagements zu überzeugen. Dabei spielte wohl auch eine Rolle, daß der DGB zu den Finanziers des KUD gehörte.[176]

In den folgenden Jahren gestaltete sich das Verhältnis von SPD und KUD mehr und mehr positiv.[177] Die oppositionelle SPD sah im KUD durchaus eine Plattform, auf der man gemeinsam mit den anderen politischen und gesellschaftlichen Gruppen Deutschlandpolitik betreiben konnte. Die SPD war bereit, sich vor ihren deutschlandpolitischen Initiativen mit der KUD-Spitze abzustimmen. So war es Ollenhauer, der darauf drängte, daß sich Wehner und Schütz zusammensetzen sollten, um sich bezüglich eines „konkreten Vorschlages zur Deutschlandfrage" abzustimmen, damit es nicht zu Irritationen auf seiten des KUD komme, wenn Einzelheiten des SPD-„Vorschlages" vielleicht nicht mit der KUD-Politik übereinstimmten.[178] Dieser „konkrete Vorschlag" der SPD wurde später als „Deutschlandplan" der SPD bekannt.[179] Während in der Öffentlichkeit heftig um den Plan gestritten wurde, blieb das KUD von diesbezüglichen inneren Diskusionen verschont: Die KUD-Spitze hatte ja, unbemerkt von der Öffentlichkeit, schon vorher dem SPD-Plan zugestimmt.

Zur politisch-programmatischen Abstimmung zwischen KUD und SPD trugen auch verschiedene *gemeinsame Tagungen* bei. So fand z.B. am 26. April 1964 in Offleben bei Helmstedt eine gemeinsame Tagung statt, die sich mit allgemeinen Fragen der Deutschlandpolitik befaßte. Hier wurden Vorschläge erarbeitet, die sowohl dem Politischen KUD-Ausschuß als auch der Jahrestagung 1964 als Beratungsgrundlage dienten.[180]

Wie deutlich sich die SPD-Führung (und hier besonders H. Wehner) zu ihrer Mitarbeit im KUD bekannte, darauf weist eine Begebenheit aus dem Jahre 1964 hin: Auf einem SPD-Parteitag im November 1964 in Karlsruhe wurde die „Regierungsmannschaft" der SPD für die kommende Bundestagswahl im Jahre 1965 vorgestellt. Herbert Wehner wurde dabei ausdrücklich als „Präsidiumsmitglied" des KUD benannt.[181] Im übrigen rief die SPD-Führung immer wieder dazu auf, an den Veranstaltungen des KUD (z.B. zum 17. Juni) teilzunehmen.[182]

Die SPD bedeutete für das KUD eine *wesentliche politische Stütze*. Sie bekundete nicht nur formal ihr Interesse am KUD, sondern durch stetige Initiativen innerhalb des KUD, durch Abstimmung vor eigenen politischen Vorstößen und durch gemeinsame Tagungen, wurden programmatische deutschlandpolitische Differenzen weitestgehend vermieden. Dadurch konnte natürlich der Eindruck entstehen, daß das KUD „SPD-nahe" Politik betreibe.

a) Herbert Wehner

Ganz besonderen Anteil an den konkreten KUD-Planungen und -Aktivitäten hatte der Vorsitzende des Bundestagsausschusses für gesamtdeutsche und Berliner Fragen, Herbert Wehner. Wehner, der mit Kaiser (später auch mit Lemmer)[183] und der BMG-Bürokratie[184] sehr gut zusammenarbeitete, wurde spätestens nach seiner Wahl zum stellvertretenden SPD-Vorsitzenden im Jahre 1958 und seit der Verabschiedung des „Godesberger Programms" im Jahre 1959 der „bedeutendste Kopf und größte Taktiker" der SPD.[185]

Mit dem KUD war Wehner von Anfang an verbunden. Unabhängig davon, welchen unmittelbaren Anteil Wehner an der KUD-Gründung hatte,[186] ist in diesem Zusammenhang wichtig, daß auch er an der Zusammenkunft am 6. März 1954 in Königswinter teilgenommen hatte.[187]

Das KUD war für Wehner ein „Gemeinschaftswerk",[188] in dem alle Parteien und Gruppierungen gleichberechtigt sein sollten. Der Politiker Wehner sah von Anfang an das KUD nicht als eine Institution an, die in letztlich unverbindlicher Art und Weise nur deklamatorische Resolutionen und Appelle verkünden sollte. Vielmehr war er es, der das KUD zu einem Forum mit politischen Zielsetzungen machen wollte: Während Kaiser noch in Bad Neuenahr gesagt hatte, im KUD gehe es überhaupt nicht um Einzelfragen der Politik,[189] präzisierte Wehner seine Vorstellungen von der KUD-Arbeit, indem er meinte, das KUD sei eine geeignete Plattform dafür, politische Stellungnahmen in Wiedervereinigungsfragen zu verabschieden.[190] Wenn das KUD mit der schon erwähnten Tagung im Jahre 1956 in Berlin damit begann, sich mit wirtschafts- und gesellschaftspolitischen Bedingungen der Wiedervereinigung auseinanderzusetzen,[191] so war das sicherlich mit ein Verdienst Herbert Wehners. Wie sehr er sich mit dem KUD verbunden wußte, und wie er die Rolle des KUD beurteilte, zeigen Wehners Äußerungen vom 29. November 1962 auf der KUD-Jahrestagung in Berlin:

„Unser (!) Kuratorium ist nicht bloß ein Echo der politischen Parteien, so sehr sie hier die Gelegenheit benützen mögen und sollen, ihre Meinungen auch auszudrücken. Es kann als Kuratorium die politischen Parteien nicht ersetzen, aber es kann zusammen mit den Kräften aus der Politik eine moralische Kraft werden, die bei uns selbst und in Berührung und Begegnung mit der übrigen Welt Impulse gibt, bei anderen Impulse erweckt und Kräfte auslöst und Kräfte verbinden hilft, die den Menschen in der Unterdrückung zu ihrem Recht verhelfen."[192]

Noch 1967, als Gesamtdeutscher Minister, schrieb er am 16. Dezember an Schütz:

„Ich stehe Ihnen zu jeder Arbeit zur Verfügung, durch die das Kuratorium, breit ausgelegt, pflügt und sät."[193]

Wehner sei, so meint einer seiner besten Kenner, immer ein Anhänger der nationalstaatlichen Lösung geblieben, für kein Thema habe er sich so hitzig und einfallsreich engagiert, wir für das der deutschen Wiedervereinigung.[194]

Wehner, der sich immer wieder bemühte, der „Deutschen Frage" Auftrieb zu geben,[195] erregte Anfang 1962 Aufsehen, als er auf einer gemeinsamen Tagung von SPD und „Pommerscher Landsmannschaft" am 3. Februar den Vorschlag machte, einen „Gesamtdeutschen Rat" einzurichten.[196] In diesem Rat sollten alle demokratischen Kräfte, gleich woher sie kämen, zusammengefaßt werden.[197] Zunächst schien es so, als wolle Wehner mit seinem Vorschlag seinen Unmut über die zu sanften, nicht zwingenden KUD-Aktivitäten zum Ausdruck bringen; als wolle er dem KUD ein „Konkurrenzunternehmen" gegenüber stellen. Selbstverständlich war man im KUD über diesen Vorschlag keineswegs erfreut. Wehner, der rasch merkte, daß er mit seinem Vorschlag die Originalität des KUD infrage gestellt hatte, verhalf Schütz und seinen Freunden in der KUD-Spitze zu tiefem Aufatmen, indem er, gedrängt von Arno Scholz,[198] in einem Interview versicherte, der „Gesamtdeutsche Rat" gehöre selbstverständlich „in den Rahmen" des KUD.[199] Diesem modifizierten Vorschlag Wehners widersetzte sich die KUD-Spitze dann nicht mehr direkt.[200] W. W. Schütz jedoch war energisch gegen eine organisatorische und materielle Veränderung des KUD, was die Realisierung des Vorschlags ja konkret bedeutet hätte. Bei verschiedenen Politikern suchte Schütz Unterstützung für seine Auffassung. So einigte er sich mit Mende und von Brentano darüber, daß ein „Gesamtdeutscher Rat" wenig sinnvoll sei.[201] (Daß Wehner wirklich daran dachte, eine neue in Konkurrenz zum KUD stehende Institution zu schaffen, ist bei seiner Identifikation mit dem KUD unwahrscheinlich. Seine Initiative ist daher wohl eher als ein „heilsamer Schock" gedacht gewesen, um dem KUD dadurch womöglich zu einem neuen Auftrieb zu verhelfen.)

Wehner ist durchaus als *der* politische Motor des KUD zu bezeichnen. Immer wieder meldete er sich in den unzähligen KUD-Sitzungen, an denen er wohl am regelmäßigsten von allen KUD-Akteuren (neben W. W. Schütz) teilnahm, zu Wort und versuchte, geplanten KUD-Initiativen eine politische Note zu geben. Immer wieder bemühte er sich, das KUD zu einer Plattform zu machen, auf der alle Parteien, Verbände und sonstigen relevanten Gruppierungen sich zu gemeinsamem Handeln entschließen konnten. Mit Hilfe des KUD wollte Wehner dazu beitragen, daß die noch bestehenden Gemeinsamkeiten zwischen den beiden deutschen Staaten erhalten blieben und sie, falls möglich, auszubauen. Die von der Spaltung betroffenen Menschen sollten durch das KUD in ihrem Hoffen auf eine Lösung der „Deutschen Frage" gestärkt werden. Dies meinte er, als er formulierte:

„Wir vom Kuratorium Unteilbares Deutschland, in all seinen Tätigkeitsbereichen, wir sind im Auf und Ab der weltpolitischen Entwicklungen dabei geblieben, es so zu halten und unser Bestes zu tun."[202]

b) Paul Löbe

In der schon erwähnten Sitzung vom 6. März 1954 erwog man, „eine Art Präsidium" an die Spitze der neuen „Bewegung" zu stellen.[203] Einige der dafür infrage kommenden Persönlichkeiten wurden genannt: Theodor Heuss, der Bundespräsident, Eduard Spranger, der als Pädagoge bekannt war, die Naturwissenschaftler Werner Heisenberg und Otto Hahn sowie der Schriftsteller und Theologe Rudolf Alexander Schröder.[204] Nachdem aber Heuss, Hahn, Spranger und Schröder keine Bereitschaft zeigten, sich als „Galionsfiguren"[205] an die Spitze des späteren KUD stellen zu lassen, erklärte sich Werner Heisenberg schließlich bereit, das KUD repräsentativ anzuführen.[206] Kaiser konnte jedoch sein Vorhaben, Heisenberg die Führung der neuen „Bewegung" anzuvertrauen, nicht verwirklichen. Mit Rücksicht auf die SPD veranlaßte er Paul Löbe dazu, sich an die Spitze des KUD zu stellen.[207] Paul Löbe, Reichtagspräsident von 1920 bis 1933 und Alterspräsident des ersten Deutschen Bundestages, schien Kaiser „die berufene Persönlichkeit" zu sein, die Spitze des KUD zu bilden, da sich auf ihn „alle Parteien, Schichten und Stände" einigen könnten.[208] Der geringe zeitliche Abstand zwischen der für den 18. Juli 1954 geplanten Wahl des KUD-Präsidenten und dem Schreiben Kaisers vom 10. Juli, in dem Kaiser Löbe bat, die KUD-Präsidentschaft zu übernehmen, scheint darauf hinzudeuten, daß man sich erst in letzter Minute auf Löbe geeinigt hatte.

Dem obersten KUD-Repräsentanten war die „Loyalität aller Richtungen" sicher.[209] Wenn später behauptet wurde, daß bei der Suche nach einer solchen Persönlichkeit „wie von selbst" der Name Paul Löbe aufgetaucht sei,[210] so trifft dies nicht ganz zu. Die Bestallung Löbes zum KUD-Präsidenten ist eher als eine *Notlösung* zu bezeichnen.

Dennoch kann man nicht behaupten, die Wahl Löbes sei „ein Fehler" gewesen.[211] Löbe war für die Sozialdemokraten ebenso akzeptabel wie für die konservativen Kreise: Für die SPD versinnbildlichte Löbe „die symbolhaften, stilbildenden Kräfte der deutschen Arbeiterbewegung";[212] der CDU konnte die Wahl Löbes ebenfalls recht sein, da er sich sowohl im Parlamentarischen Rat als auch im ersten Deutschen Bundestag stets vermittelnd zwischen den beiden großen Blöcken bemüht hatte und manchem CDU-Politiker freundschaftlich verbunden war.[213] Löbe war durchaus ein geeigneter Mann, um das KUD zu repräsentieren:

„Das Selbstverständnis des Demokraten fordert geradezu die Zusammenarbeit mit anderen Parteien in Lebensfragen der Nation. Mit freiheitlichen Parteien. Darauf beruht das Vertrauen zu dem Präsidenten des Deutschen Reichstages. Daraus erwächst die Autorität des Präsidenten des Unteilbaren Deutschland,"

meinte Schütz einmal.[214] Die formale Übernahme der KUD-Führung leitete wohl kaum einen „neuen Lebensabschnitt" Löbes ein, wie Schütz in der gleichen Schrift schrieb.[215] Vielmehr sah Löbe seine KUD-Tätigkeit als die Fortsetzung seiner politischen Tätigkeit an,[216] nachdem er 1953 aus dem parlamentarischen Leben ausgeschieden war.

Löbe für die KUD-Präsidentschaft zu gewinnen, war nicht leicht gewesen. Eindringliches Zureden Gradls und Brammers war erforderlich.[217] Auch muß Löbe die kurze Zeitspanne aufgefallen sein, die zwischen der Bitte Kaisers und der geplanten Wahl (nur 10 Tage) lag. Darüber hinaus fühlte er sich einfach zu alt für die neue Funktion:

„Es ist das hohe Alter und die damit verminderte Aktivität, die mich etwas bedenklich machen, wenn ich diese Ehrung aus Ihrer Hand entgegennehme",

meinte er nach seiner „Wahl".[218] Ausschlaggebend dafür, dem Wunsch Kaisers zu entsprechen, war für den alten Sozialdemokraten die Billigung seines Schrittes durch die SPD-Führung.[219] Als es im Jahre 1955 zwischen dem KUD und der SPD kriselte, schrieb Löbe dem SPD-Vorsitzenden Ollenhauer:

„Du weißt, daß ich zur Übernahme dieses Amtes gedrängt worden bin ... ohne daß ich überhaupt Mitglied des Kuratoriums war, dem aber bereits 25 unserer Genossen angehörten. Ich habe mich der Zustimmung unseres Vorstandes vergewissert ...".[220]

Bei aller parteipolitischen Neutralität, die mit dem KUD-Präsidentenamt verbunden war, fühlte sich Löbe in erster Linie immer als Sozialdemokrat: So war es für ihn eine Selbstverständlichkeit, sich ebenfalls dann vom KUD zurückzuziehen, wenn die SPD dies täte. In dem schon erwähnten Schreiben meinte er daher:

„Wenn sich die Partei jetzt aus dem Kuratorium zurückzieht, werde ich zwar eine immer stärker werdende Last los, aber mein Ansehen, wie auch das der Partei, würde durch ein solches Verhalten wahrscheinlich nicht gehoben."[221]

Löbe blieb bis zu seinem Tode am 3. August 1967 KUD-Präsident. Konkreten Einfluß auf die KUD-Arbeit hatte er allerdings kaum.

Durch die „Wahl"[222] Löbes sollte und konnte dem KUD kein Präsident gegeben werden, der etwa programmatisch-politische Impulse geben sollte. Seine Funktion umriß Kaiser am 18. Juli 1954 in Berlin so: Es herrsche bei allen Beteiligten die Auffassung, „daß ein Mann des Volkes" an der KUD-Spitze stehen müsse, der aus „freiheitlicher Tradition" käme und das „Gestern und Heute" verkörpere. Der KUD-Präsident müsse ein Mann sein, der „durch seine Ausgeglichenheit und Volkstümlichkeit" alle an der Wiedervereinigung Interessierten „für das Morgen zu einen" wisse.[223]

Löbe sollte das KUD repräsentieren, er sollte *lebendiges KUD-Symbol* sein. An Sitzungen der KUD-Gremien nahm er, da er nur selten von Berlin nach Bonn kam, in der Regel nicht teil. Bei den Berliner Tagungen war er jedoch stets anwesend. Auch unterzeichnete er in den ersten Jahren alle wichtigen KUD-Schreiben. In den sechziger Jahren blieb Löbe im Hintergrund,[224] lediglich bei den KUD-Jahrestagungen trat er als KUD-Präsident in Erscheinung.[225] Er war wohl, dem Jahrgang 1875 zugehörig, zu alt um stärkere politische Aktivitäten im Rahmen des KUD zu entfalten. Hinzu kam, daß er im Laufe der sechziger Jahre mehr und mehr sein Augenlicht verlor. Er starb im Jahr 1967 nahezu völlig erblindet.[226]

Löbe hatte als Präsident des KUD von Anfang an nur symbolische Bedeutung gehabt. Man „suchte" jemanden, dem alle Gruppierungen Respekt zollten und der als integre Persönlichkeit bekannt war. Man „fand" Paul Löbe, der sich nach Rücksprache mit der SPD für die vakante Position hergab. Seine Bestallung zum KUD-Präsidenten war keineswegs ein Fehler: Löbe erfüllte exakt die Ansprüche, die Kaiser und seine Freunde von dem Präsidenten erwarteten: Einerseits sollte demonstriert werden, daß es sich beim KUD um eine politisch zu verstehende Organisation handelte, andererseits wollte man keinen akademischen Zirkel, sondern eine breite, von der bundesdeutschen Bevölkerung unterstützte „Bewegung" initiieren. Dazu war es dienlich, an der Spitze einen Repräsentanten vorweisen zu können, der sowohl von den politischen Parteien akzeptiert wurde als auch im besten Sinne des Wortes *populär* war.

3. FDP

Das Verhältnis der FDP zum KUD war in dem behandelten Zeitraum eher nüchtern und leidenschaftslos als eng und freundschaftlich. Die „Grundpositionen" des KUD wurden seitens der FDP „immer unterstützt".[227] Man sah im KUD die Chance, eine „gemeinsame Basis" für jene Zeit zu schaffen, in der es neben einer vertrauensvollen Zusammenarbeit mit den gesellschaftlichen Verbänden zugleich auch die Möglichkeit gebe, „eine die gesamtdeutsche Interessen mehr berücksichtigende Politik zu betreiben".[228]

Innerhalb des KUD wurde die FDP neben Thomas Dehler[229] hauptsächlich vom zeitweise stellvertretenden Bundesvorsitzenden (1962 bis 1964) Bernhard Leverenz repräsentiert. Leverenz war stellvertretender Ministerpräsident von Schleswig-Holstein und im dortigen Landeskuratorium aktiv. Aufgrund dieses Engagements wurde er im Jahr 1963 in die KUD-Führungsspitze berufen. Die FDP war „froh", daß Leverenz sich derart im KUD engagierte.[230] Seine KUD-Aktivitäten fanden stets die Zustimmung der FDP-Führung, da er kein „Außenseiter" der Partei war, sondern dem „Parteiestablishment" zugerechnet werden konnte.[231]

Zu einer größeren Unstimmigkeit zwischen FDP und KUD kam es im Zusammenhang mit der KUD-Jahrestagung vom 26. bis 28. November 1959. Vor den in Berlin Versammelten trat kein FDP-Spitzenpolitiker mit einem grundsätzlichen Referat zu Problemen der Deutschlandpolitik in Erscheinung. Die „Freie Demokratische Korrespondenz" (fdk) griff daraufhin das KUD-Management scharf an:

„Die Tatsache..., daß die Veranstalter... die zahlreichen Referenten der Plenarsitzungen allein zwischen den Repräsentanten der beiden großen Parteien aufteilten, legt den Verdacht nahe, daß man im Kuratorium Unteilbares Deutschland offenbar ein Zweiparteiensystem präjudizieren möchte... Die FDP bedauert eine solche Brüskierung der Repräsentanten ihrer Partei durch eine Vereinigung, deren Aufgabe es eigentlich sein sollte, alle politischen Kräfte in ihren Reihen wirksam werden zu lassen und nicht Kuratoriumsmitglieder erster, zweiter und dritter Klasse zu schaffen."[232]

Dies war in den Jahren 1954 bis 1966/67 das einzige Mal, daß es zu Auseinandersetzungen zwischen FDP und KUD kam.

Die FDP, aus deren Reihen stets Vorschläge und Anregungen zur Deutschlandpolitik gekommen waren,[233] die sich selbst als einen „Motor" der gesamtdeutschen

Politik verstand,[234] hielt das KUD schon in den sechziger Jahren für einen „Traditionsverein"; man sah in großen Veranstaltungen mit dem Thema „Deutsche Frage" „keinen Wert" mehr.[235]

Dennoch, ob aus taktischen Gründen oder aus echtem Interesse, blieb die FDP im KUD engagiert, wobei Leverenz in der Regel die Partei repräsentierte. Man zeigte sich allerdings dann verärgert, wenn im optischen Bild von KUD-Veranstaltungen nicht deutlich genug erkennbar wurde, daß die FDP als politische Kraft in der Bundesrepublik „eine bedeutsame Rolle in dem Ringen um die Einheit" spielte.[236]

a) Thomas Dehler

Thomas Dehler gehörte nicht zu dem Kreis, der an der ersten Zusammenkunft in Königswinter teilgenommen hatte. Ihm hatte Kaiser auch keine Einladung zugesandt, sondern ihn lediglich um „Anregungen" für eine „gesamtdeutsche Aktion" gebeten.[237] Dennoch gehörte Dehler zu den stellvertretenden Vorsitzenden des „Ausschusses für Fragen der Wiedervereinigung Deutschlands e.V.".[238]

Thomas Dehlers Beziehungen zum KUD kann man wohl treffend mit „ambivalent" kennzeichnen. Das lag nicht daran, daß er sich nicht mit der Konzeption des KUD einverstanden erklärt hätte. Dehler, als ein „Exponent des nationalen Flügels der FDP",[239] war ein entschiedener Befürworter einer *aktiven* Wiedervereinigungspolitik. Er formulierte seinen Standpunkt (und den der FDP) in jener denkwürdigen Nachtsitzung des Deutschen Bundestages am 23. Januar 1958, in der er seine Enttäuschung über die geringe Energie Adenauers zum Ausdruck brachte, mit der dieser das Problem der Wiedervereinigung angehe:

„Wir wollen den Eisernen Vorhang nicht anerkennen, sondern wir wollen uns leidenschaftlich dagegen wenden, wir wollen das Gespräch, wir wollen den Eisernen Vorhang durchstoßen, wir suchen das Gespräch mit den Menschen drüben, koste es, was es wolle. Sie (die CDU/CSU – L.K.) haben die Schale ihres Hohnes über uns ausgegossen, und Tatsache ist, daß der Eiserne Vorhang zwei Teile des deutschen Volkes auseinanderreißt ... Die Politik des Kalten Krieges ist in Wirklichkeit keine Politik, ist Verzicht auf Politik, ist Verzicht darauf, im Wege der Politik – d.h. doch des Verhandelns, des Einwirkens auf allen möglichen Wegen der Rede – den politischen Willen des Anderen zu beeinflussen."[240]

Dehler gehörte auch zu denjenigen, die sich mit den in den fünfziger Jahren noch „verfemten ostpolitischen Überlegungen" von K. G. Pfleiderer identifizierten.[241]

Politisch stimmte Dehler mit dem Wollen des KUD überein. Er gehörte auch zu den Mitgliedern der Gruppe, die im Jahre 1962 als Repräsentanten des KUD der UNO-Menschenrechtskommission die erste KUD-Beschwerde über die Verletzung der Menschenrechte in der DDR übergaben.[242]

In den Anwesenheitslisten der Sitzungen der verschiedenen KUD-Gremien, in denen er Mitglied war, taucht der Name Dehler allerdings selten auf. Daß Dehler dem KUD, trotz aller Übereinstimmung mit dessen Zielsetzung, mit gewissen Reserven gegenüberstand, lag wohl in erster Linie in seinem persönlichen Naturell begründet. Dehler, dem „jeder Streit mit den politischen Gegnern stets willkommen" gewesen sei,[243] war nicht bereit, sich ins KUD integrieren zu lassen.[244] Er mißtraute „zutiefst" den CDU/CSU-Absichtserklärungen bezüglich der Wiedervereinigung.[245] Daher war er auch nicht bereit, sich, wie er es verstand, aus rein optischen Gründen im Rahmen des KUD in Harmonie mit Repräsentanten der CDU/CSU zu zeigen. Dehlers temporäres Engagement im KUD beruhte im wesentlichen auf seinen persönlichen Beziehungen zu W. W. Schütz, mit dem ihn u.a. die gleiche Heimat, Bamberg, verband.[246] Maßgeblich hat Dehler die KUD-Arbeit nicht beeinflußt.

D Gesellschaftliche Gruppen

Vorbemerkung

Schon bevor Kaiser in einer Rundfunkansprache am 27. Februar 1954 erstmals auf sein Vorhaben einer „Volksbewegung" hinwies, hatte er sich konkrete Gedanken über die zu beteiligenden gesellschaftlichen Vereinigungen gemacht. In einer anscheinend von ihm selbst diktierten und handschriftlich korrigierten Notiz[247] hieß es, daß an der neuen „Aktion" Persönlichkeiten, die das politische, kulturelle, soziale und wirtschaftliche Leben der Bundesrepublik „repräsentierten", beteiligt sein sollten. In Bad Neuenahr konnte er am 14. Juni 1954 befriedigt feststellen, daß ihm dies weitgehend gelungen war.[248] Und in der Öffentlichkeit registrierte man mit Genugtuung, daß mit Willi Richter, dem DGB-Vorsitzenden und mit dem Präsidenten der Arbeitgeberverbände, Paulssen, „die Skala der Einigkeit einen weiten Bogen spannte".[249]

Im folgenden können nicht alle im KUD mitarbeitenden Organisationen, meist vertreten durch einzelne Repräsentanten, erwähnt werden.[250] Einmal deswegen nicht, weil viele Organisationen sich 1954 *nur nominell* in die KUD-Liste eintragen ließen oder nur zeitweise mit führenden Repräsentanten im KUD vertreten waren. Zum anderen stößt man auch heute noch auf größte Schwierigkeiten bei dem Versuch (sogar bei den wesentlichen KUD-Förderern), genaue Informationen über das Engagement der einzelnen Gruppen im KUD zu erhalten.[251] So sahen sich weder der DGB noch der DBB in der Lage, Auskünfte über ihr Verhältnis zum KUD zu erteilen.[252] Die Deutsche Angestellten-Gewerkschaft (DAG) und die Bundesvereinigung der Deutschen Arbeitgeberverbände (BDA) reagierten wenigstens, wenn auch nur knapp, auf Anfragen des Verfassers. Lediglich die Vertriebenenorganisationen und der DST fanden sich bereit, dem Verfasser genauere Auskünfte zukommen zu lassen.

Die allenthalben anzutreffende geringe Neigung, überprüfbares Material zum KUD-Engagement dritten zukommen zu lassen, mag bezeichnend für die *heutige* Einstellung der einzelnen Organisationen zum KUD sein. Dies reflektiert aber keineswegs die Haltung, die diese Organisationen in den fünfziger und sechziger Jahren hinsichtlich der gemeinsamen Arbeit im KUD einnahmen.

1. Deutscher Gewerkschaftsbund (DGB) und Deutsche Angestellten-Gewerkschaft (DAG)

Der *DGB* war diejenige Organisation, die als erste dem KUD finanzielle Mittel zukommen ließ.[253] Auch in den darauffolgenden Jahren erwies sich der DGB als beständiger Sponsor des KUD.[254] Man sah hier von vornherein ein, daß das KUD finanziell unabhängig sein müsse.[255] Der DGB-Vorsitzende gehörte stets den obersten KUD-Gremien an.[256] Der DGB erklärte, daß

„die Ziele des Kuratoriums auch die des Deutschen Gewerkschaftsbundes sind und der Deutsche Gewerkschaftsbund nicht eher ruhen und rasten wird, bis die Wiedervereinigung Deutschlands in Frieden und Freiheit erreicht ist."[257]

Seine Mitglieder forderte der DGB auf, im KUD mitzuarbeiten und die eigenen Bemühungen auf dem Gebiet der Deutschlandpolitik mit den einzelnen Kuratorien auf Bundes-, Landes-, Kreis- und Ortsebene zu koordinieren.[258] Die Grundlage dieser Aufforderung bildete ein „Manifest Wiedervereinigung", welches im Oktober 1956 vom vierten DGB-Bundeskongreß angeregt worden war und am 25. April 1957 in Düsseldorf der Öffentlichkeit übergeben wurde.[259] Dieses „Manifest"[260] war nach ausführlichen Konsultationen mit der KUD-Spitze verfaßt worden,[261] weshalb das KUD das Manifest natürlich vorbehaltlos begrüßte.[262] Die Kundgebungen zum 1. Mai 1957 standen ganz im Zeichen des „Manifestes", und die verschiedenen Redner beschäftigten sich vornehmlich mit der „Deutschen Frage".[263]

Im Jahre 1963 bemühten sich DGB und KUD, den „Internationalen Bund Freier Gewerkschaften" (IBFG) für eine Stellungnahme zur „Deutschen Frage" zu gewinnen. Vom KUD wurde eine „Denkschrift" erarbeitet, die als Grundlage von Erörterungen im Rahmen einer IBFG-Vorstandssitzung im März 1963 in Brüssel diente. Angestrebt wurde, die „Deutsche Frage" über den IBFG an den damaligen UN-Generalsekretär U Thant „heranzutragen", was aber aus verschiedenen Gründen nicht durchgeführt wurde.[264]

Die *DAG* unterstützte das KUD

„einmal finanziell durch einen angemessenen Beitrag[265] und zum anderen durch Mitarbeit in den verschiedenen Gremien des Kuratoriums auf Bundes- und auf Landesebene."[266]

Auf Bundesebene wurde die Zusammenarbeit besonders dadurch sichtbar, daß man einige gemeinsame Veranstaltungen durchführte. So traten beispielsweise am 9. November 1957 DAG und KUD als gemeinsame Veranstalter einer „Sympathiekundgebung für das ungarische Volk" in der Berliner Deutschlandhalle auf.[267] Auf Länderebene wurden von den regionalen DAG-Organisationen „verschiedene Aktivitäten" der Landeskuratorien unterstützt.[268]

Über die einzelnen gelegentlich stattfindenden gemeinsamen Tagungen von DAG und KUD wurden keine Protokolle angefertigt (dies sei „nicht üblich" gewesen),[269] so daß über Inhalt und Ergebnisse der Diskussionen keinerlei Material vorliegt.

Während das KUD-Engagement des DGB besonders in der zweiten Hälfte der fünfziger Jahre durch dessen eigene deutschlandpolitischen Initiativen einen konkreten Bezugspunkt besaß, scheint die DAG ihre finanzielle und (geringe) personelle Beteiligung am KUD eher als „Pflichtübung" angesehen zu haben, um nicht, in ständiger Konkurrenz zum DGB stehend, in den Ruf zu kommen, nur mangelhaftes Interesse an der Wiedervereinigung zu haben.

2. Bundesvereinigung der Deutschen Arbeitgeberverbände (BDA)

Die Bundesvereinigung der Deutschen Arbeitgeberverbände war 1954 in Bad Neuenahr durch ihren Präsidenten, Hans-Constantin Paulssen und andere Repräsentanten, z.B. Walter Raymond, vertreten. Beide ergriffen hier jedoch nicht das Wort,[270] sondern überließen dem Berliner Baurat Friedrich Spennrath, als dem Vorsitzenden des „Gemeinschaftsausschusses der deutschen gewerblichen Wirtschaft" zu erklären, daß man „gerne bereit" sei, das KUD „mit allen Kräften" zu unterstützen.[271]

In den KUD-Spitzengremien war die BDA stets durch ihre Präsidenten bzw. Ehrenpräsidenten, Paulssen oder Raymond, vertreten. Das gegenseitige Interesse beschränkte sich nahezu ausschließlich auf die *finanzielle Unterstützung* des KUD durch die BDA. Hierbei kam es häufig zu Querelen, da die BDA die gemachten Zusagen oft nicht einhielt.[272] Innerhalb der BDA sah man die Unterstützung des KUD keineswegs als selbstverständlich an, da sich die Aufgaben der BDA

„nicht unmittelbar auf deutschland-politische Fragen beziehen. Die Unterstützung der Kuratoriumsarbeit erfolgte vielmehr aus einer allgemeinen gesamtdeutschen und staatsbürgerlichen Verpflichtung."[273]

Dem in diesen Worten ausgedrückten geringen Interesse der BDA-Geschäftsführung am KUD der fünfziger und sechziger Jahre stand ein eindeutiges Bekenntnis des langjährigen BDA-Präsidenten Paulssen gegenüber:

„Die überwältigende Mehrheit der deutschen Unternehmerschaft sieht in der Wiedererlangung der deutschen Einheit – unabhängig von allen geschäftlichen und gesellschaftspolitischen Überlegungen – das vornehmste Ziel und die höchste Aufgabe für den eigenen politischen Einsatz."[274]

Paulssen, der wie Raymond das KUD mit allen Mitteln fördern wollte, kam wegen dieser Bemühungen oft in „schwerste Konflikte"[275] mit der BDA-Geschäftsführung. Nicht immer konnte er sich durchsetzen und dem KUD die avisierten Mittel auch zufließen lassen.

3. Vertriebenen- und Flüchtlingsorganisationen

An der konstituierenden Sitzung in Bad Neuenahr waren die damals noch selbständigen Organisationen der Heimatvertriebenen und der Flüchtlinge[276] *umfassend* beteiligt.[277]

Die Zusammenarbeit mit dem „Bund der Mitteldeutschen" (BdM) war meist „gut und reibungslos".[278] In der KUD-Spitze, dem Präsidium, war der BdM jedoch nicht vertreten, man beschränkte sich darauf, den Präsidenten des „Bundes der Vertriebenen" (BdV) als Repräsentanten der Vertriebenen- und Flüchtlingesorganisationen in das KUD-Präsidium aufzunehmen.[279] Mit dem BdM, der sich als „treuester Helfer" des KUD verstand,[280] gab es, anders als mit dem BdV, keinerlei programmatische Differenzen, so daß der BdM seine unmittelbaren Interessen immer ausreichend vom KUD vertreten wußte.

Für den späteren BdV drückte 1954 der Vorsitzende des „Verbandes der Landsmannschaften", Rudolf Lodgman von Auen, den „sehnlichen Wunsch" aus, am KUD mitzuarbeiten.[281] Die erste KUD-Aktivität, die in der Öffentlichkeit bemerkt wurde, unternahm man gemeinsam mit dem „Verband der Landsmannschaften". Am 19. August 1954 teilte das KUD mit, daß der „Tag der Heimat" am 12. September 1954 von ihm „gefördert" würde und gemeinsam mit den Landsmannschaften „feierlich" begangen werden sollte.[282] Als das KUD im Jahre 1955 begann, regionale und lokale Kuratorien zu bilden, forderte der „Bund der Vertriebenen Deutschen" in einem Rundschreiben seine Mitglieder auf, sich am KUD zu beteiligen und sich in die Bildung der Ortskuratorien „einzuschalten".[283]

Im Laufe der Jahre entwickelten sich die Beziehungen BdV-KUD auf Länder- und Ortsebene (aus Sicht des BdV) zufriedenstellend. Hier konnten die Vertriebenenverbände auf die programmatischen KUD-Aussagen einen „adäquaten" Einfluß ausüben.[284] Auf *Bundesebene* dagegen sahen die Vertriebenen ihre prononcierte Einstellung bezüglich der Oder/Neiße-Gebiete *nicht* genügend berücksichtigt.[285] Das KUD habe sich von seinem „ursprünglichen Gründungsauftrag" entfernt.[286] Der „Bund der Vertriebenen Deutschen" sah schon im Jahre 1955 „gegebenen Anlaß", seine Mitglieder anzuhalten, bei KUD-Veranstaltungen darauf hinzuweisen,

„daß das Ziel der Wiedervereinigung keineswegs schon durch die Vereinigung der Bundesrepublik mit der sowjetisch-besetzten Zone Deutschlands erreicht ist, sondern das unverrückbare Ziel ist und bleibt, die Wiedervereinigung aller Teile Deutschlands...".[287]

Wegen der sicherlich *nicht* eindeutigen Haltung des KUD zu den Oder/Neiße-Gebieten[288] kam es immer wieder zu Differenzen zwischen BdV und KUD, weswegen das KUD bald darauf verzichtete, gemeinsam mit dem BdV aufzutreten.[289]

Wie sehr sich das KUD von den Positionen des BdV entfernt hatte, zeigt die Reaktion des BdV auf eine Formulierung in der dritten UNO-Beschwerde des KUD vom Herbst 1963. In dieser Beschwerde[290] hatte es geheißen, daß, „solange die Klärung der einzig noch offenen Grenzfrage" ausstehe und „eine in freier Vereinbarung getroffene Entscheidung" bezüglich jener Gebiete „auf einer Friedenskonferenz nicht erreichbar" sei, „mindestens das menschliche, wirtschaftliche und politische Verhältnis zwischen beiden Völkern gebessert" werden müsse. BdV-Präsident Krüger, dem der Text vor seiner Einreichung bei der UNO zur Stellungnahme übersandt worden war, hatte dem KUD-Papier offenbar zugestimmt, ohne es genau zu lesen. Am 3. Oktober 1963 schrieb er, gedrängt vom noch amtierenden Gesamtdeutschen Minister Barzel,[291] an Schütz:

„Wenn die Grenzfrage im ostdeutschen Raum angeschnitten wird, dann muß eine positivere Fassung gewählt werden... Ich bedaure, daß mein Name nun unter denjenigen steht, die mit dieser Fassung einverstanden sind. Sie werden mir natürlich formell entgegenhalten, daß Sie mir den Text der Beschwerde mit der Bitte um Kenntnisnahme übersandt haben... Ich glaube, daß wir in Zukunft derart wichtige Erklärungen in dieser Form nicht mehr erledigen können...".[292]

Schütz, der Krüger für einen „maßvollen Mann" hielt,[293] bereinigte in einem Gespräch mit ihm die Unstimmigkeiten, indem er versprach, daß man ihn, Krüger, „künftig in die Kuratoriumsarbeit stärker hineinziehen" wolle.[294] Diese Zusicherung war nicht mehr als ein verbaler Beruhigungsversuch. BdV und KUD arbeiteten in der Folgezeit keineswegs enger zusammen. Die Beziehungen waren allenfalls *formal* so korrekt, daß es bis zum Jahre 1966/67 zu keinem offenen Bruch zwischen beiden kam. Neben den programmatischen Differenzen waren für die eher mangelhafte Zusammenarbeit beider Organisationen auch persönliche Animositäten zwischen Schütz und der BdV-Spitze von, allerdings nicht ausschlaggebender, Bedeutung.[295]

E Deutscher Städtetag (DST)[296]

Alsbald nach der KUD-Gründung hatte sich der DST „nachdrücklich" für die Unterstützung „dieser neuen, überparteilichen Öffentlichkeitsarbeit zugunsten der Wiedervereinigung" eigesetzt.[297]

Schon dadurch, daß an der DST-Spitze bis 1963 stets[298] der Regierende Bürgermeister von Berlin stand, sollte gezeigt werden, daß die Interessen Berlins und der „gesamtdeutsche Gedanke" beim DST „eine besondere Rolle" spielten.[299] Unmittelbar nach Abschluß der KUD-Konstituierung kam es zu einer direkten Zusammenarbeit zwischen KUD und DST: Der DST empfahl seinen Mitgliedern, einer Anregung des KUD zu entsprechen, Besuchern aus der DDR Vergünstigungen zu gewähren.[300] So sollten den Gästen aus der DDR z.B. die unentgeltliche Benutzung der städtischen Verkehrsmittel oder freier Eintritt in Museen und Schwimmbäder gewährt werden.[301]

Seitens des DST war dessen langjähriger Hauptgeschäftsführer, Otto Ziebill, derjenige, der immer wieder die Interessen des KUD zu denen des DST zu machen versuchte. Ziebill trug wesentlich dazu bei, daß das KUD über lange Jahre hinweg finanziell unabhängig von staatlichen Subventionen blieb: Er war es, der innerhalb des DST-Hauptausschusses durchsetzte, daß dieser seinen Mitgliedern empfahl, einen sogenannten „Deutschlandpfennig"[302] an die DST-Geschäftsstelle zu entrichten, der dann, je nach Bedarf, dem KUD zur Verfügung gestellt wurde. Diese Unterstützung durch den DST war, je nach Haushaltslage der Kommunen, nur selten umstritten. Nie jedoch traten Meinungsverschiedenheiten innerhalb des DST getrennt nach Parteizugehörigkeit der Mitglieder auf.[303]

Auf die programmatische Arbeit des KUD nahm der DST kaum Einfluß. Lediglich manche organisatorische Ungereimtheiten der KUD-Bundesgeschäftsstelle in Bonn wurden vom DST öfters bemängelt.[304]

F Zusammenfassung

Zusammenfassend scheinen folgende Aussagen gerechtfertigt zu sein:
1. Die Beurteilung des KUD als deutschlandpolitisch tätige Institution war von der amtsbedingten unterschiedlichen Interessenlage von Bundespräsident, Bundesregierung, BMG usw. abhängig. Das KUD war, wie E. Gerstenmaier aus CDU-Sicht formuliert,
„alles in allem ein nicht sehr gewichtiges Hilfsorgan der ... lange Zeit von allen Parteien unterstützten Wiedervereinigungspolitik".[305]
2. Alle im Deutschen Bundestag vertretenen Parteien bekannten sich zum KUD. Sie erlagen nicht selten der Versuchung, im Rahmen des KUD parteipolitische Ziele zu verfolgen.
3. Das Interesse der einzelnen Parteien am KUD bzw. die Perzeption des KUD bei den politischen Gruppierungen war durchaus unterschiedlich. CDU (und CSU)

betrachteten das KUD als eine eher unnötige oder „rivalisierende" Institution, die sich anmaßte, deutschlandpolitisch tätig zu sein, ohne dabei immer die offizielle Regierungspolitik zu unterstützen. Die SPD sah im KUD eine Plattform, auf der es möglich war, offen mit Vertretern anderer Parteien zu diskutieren; zudem sah die oppositionelle SPD hier eine Möglichkeit zur Selbstdarstellung: KUD-Aktivitäten wurden in der Öffentlichkeit beachtet. Die FDP betrachtete das KUD als eine Organisation neben vielen anderen, in denen man mitarbeitete. Sie blieb in „vornehmer Distanz" zum KUD.

4. Die Resonanz der KUD-Tätigkeit bei den politischen Parteien ist kaum wahrnehmbar. Allenfalls über den Umweg der in verschiedenen Stellungnahmen ausgedrückten Unterstützung bzw. Ablehnung von KUD-Äußerungen kann man zu dem (vorläufigen) Ergebnis kommen, daß dem KUD unmittelbarer Einfluß auf das Handeln politischer Akteure bzw. Gruppen *kaum* beschieden war. Man befaßte sich oft nur dann mit dem KUD, wenn dessen Äußerungen oder Initiativen das Mißfallen einzelner Gruppierungen hervorriefen.
5. Die gesellschaftlichen Verbände sahen im KUD eine Gelegenheit, ihr Interesse an der Wiedervereinigung bzw. an der „Deutschen Frage" zum Ausdruck zu bringen. Sie unterstützten (bis auf die Vertriebenen und Flüchtlinge) das KUD finanziell.
6. Einfluß auf die programmatische Arbeit hatten die Verbände, die dem KUD erst durch ihre finanziellen Beiträge seine Existenz ermöglichten, kaum. Dies blieb ein mehr oder weniger freiwillig zugestandenes Vorrecht der Repräsentanten der politischen Parteien.
7. Das KUD wurde nicht nur von den verschiedenen infrage kommenden Institutionen und Organisationen durchaus unterschiedlich perzipiert. Auch innerhalb der einzelnen Gruppierungen wurde das KUD nicht einheitlich beurteilt.

Teil V: Das KUD im »System« Bundesrepublik: Einordnung, Konzeptionen und Interdependenzen

A Interessenverband KUD?

Vorbemerkung

Mit der voranschreitenden Konsolidierung der Bundesrepublik Deutschland, dem raschen Auf- und Ausbau der staatlichen Instrumente begannen ebenso zügig gesellschaftliche Vereinigungen sich teils neu zusammenzufinden, teils neu zu organisieren, teils ganz neu zu gründen. Diese Konstituierungen vollzogen sich in aller Regel unabhängig von den politischen Parteien.[1] Die Vereinigungen entwickelten sich „hinter" den Parteien.[2] Das Movens für die Etablierung gesellschaftlicher Gruppierungen war (und ist) so unterschiedlich wie die auf die Organisationsform abzielenden Bezeichnungen, die sich die Vereinigungen geben. So nennen sie sich „Gesellschaft", „Bund", „Ausschuß", „Rat", „Kuratorium", „Verband", usw.[3]

Allen ist, ganz allgemein formuliert, gemeinsam, daß sich ihnen die Verfassungsordnung der Bundesrepublik als ihre „Operationsbasis", als ihr Terrain darbietet, auf dem sie sich bewegen dürfen, können oder müssen.[4] Auf dieser Verfassungsordnung fußend, erhalten sie dadurch auch ihre Existenzberechtigung. Alle solche Zusammenschlüsse beruhen außerdem auf der gruppeninternen Überzeugung, daß man als Gruppe die bestehenden individuellen Belange prononcierter und effektiver artikulieren und/oder durchsetzen könne.[5]

Die Konstituierung einer solchen Vereinigung wird nur dann sinnvoll, wenn mit ihr den unmittelbar wie mittelbar Betroffenen eine gemeinschaftliche „Verbundenheit bewußt gemacht wird, die vorher nur latent vorhanden war."[6] Mit anderen Worten: Allen gesellschaftlichen Vereinigungen ist eine *Doppelfunktion* gemeinsam: einmal beabsichtigt man, gleichartig Betroffenen direkte Gelegenheit zu gegenseitiger Information und zu Meinungsaustausch zu verschaffen; zum anderen möchte man, unter Zuhilfenahme eines wie auch immer konzipierten organisatorischen Rahmens, die an der Vereinigung nicht Beteiligten auf die Probleme des repräsentierten Personenkreises aufmerksam zu machen.

Ein weiteres gemeinsames Merkmal aller in diesem Zusammenhang wichtigen gesellschaftlichen Vereinigungen ist die *Institutionalisierung* des Zusammenschlusses.[7] Erst wenn eine Vereinigung nicht nur „spürbar", sondern auch *lokalisierbar* ist, besteht für sie die Möglichkeit, erfolgreich zu agieren.[8]

Zu diesen wenigen praktischen Gemeinsamkeiten mögen noch eine Reihe weiterer Gemeinsamkeiten kommen, die allerdings nicht mehr den originären Absichten der jeweiligen Vereinigung entsprechen. Man schreibt ihnen sowohl eine „Integrationsfunktion"[9] als auch eine „systemstabilisierende Funktion"[10] zu. Ersteres trifft aber, nach Ellwein, nur dann zu, wenn die einzelnen Gruppierungen keine allzu „hemmungslosen" Forderungen aufstellen, wenn also ein „rigider Moralismus in der Politik, eine ständige Suggestion, das Gemeinwesen müsse aus moralischen Erwägungen heraus dies oder jenes leisten", vermieden wird.[11]

Alle Gruppierungen, die nicht nur aufgrund von privaten Neigungen existieren, haben ein weiteres gemeinsames Merkmal, welches die Beschäftigung der Politikwissenschaft mit solchen Gruppierungen ebenso notwendig wie interessant macht: *Alle wollen Einfluß nehmen.* Alle, ob sie sich mit Attributen wie „politisch" oder „kulturell" oder „ökonomisch" versehen, haben das Ziel,

„im Rahmen des Entscheidungsprozesses eines politischen Systems den Trägern dieser Interessen bei der Prioritätenfestsetzung und der Zuteilung von Gütern, Chancen und Einfluß, Teilnahme und Teilhabe zu sichern."[12]

Man möchte, einfacher ausgedrückt, auf die Entscheidungen von politischen Akteuren *direkt*[13] Einfluß nehmen.[14] Diesen Einflußnahmeversuch unternimmt man mit dem klaren Bekenntnis, partikulare Interessen zu vertreten,[15] die möglicherweise mit den Interessen des Gemeinwesens kongruent sind (z.B. Wohlstandssicherung und -ausbau, repräsentative Demokratie, soziale Sicherheit, demokratischer Rechtsstaat, usw.), häufig aber nur als Interessen des Gemeinwesens *ausgegeben* werden.[16]

Daß organisierte Gruppen, die zunächst partikulare Interessen vertreten, Einfluß ausüben, ist weihin unumstritten. Allerdings herrschen unterschiedliche Auffassungen darüber, *wie* diese Einflußnahme zu beurteilen bzw. zu bewerten sei.[17] Dies mag u.a. dazu geführt haben, daß zu diesem Gegenstand politikwissenschaftlicher Forschung eine „kaum mehr zu überblickende Literatur" vorhanden ist.[18]

Unter den verschiedensten Aspekten hat man sich mit der Problematik des Einflusses organisierter Gruppen auf politische Entscheidungen befaßt.[19] Dabei ist es jedoch, trotz verschiedener Bemühungen,[20] nicht zu klaren, allgemeinen Begriffsdefinitionen gekommen.[21] Im Gegenteil: Man kann von einer um sich greifenden „Nivellierung" der Begriffe sprechen.[22] Typologisierungen, wie sie hin und wieder versucht wurden,[23] helfen kaum, den Gegenstand wissenschaftlich zu beurteilen. Das Gleiche gilt für die Unterscheidung in verschiedene Bereiche des politischen Geschehens, in denen gesellschaftliche Gruppierungen operieren.[24] Die im folgenden gestreiften Begriffe werden vielfältig verwendet. Oft meinen verschiedene Autoren mit verschiedenen Begriffen gleiche Inhalte oder aber mit gleichen Begriffen verschiedene Inhalte.

1. Begriffsbestimmung

Wenn hier das KUD in Relation zum Verbandsbegriff betrachtet wird, so hat das zunächst den Grund, daß „Verband" weit mehr als z.B. „Interessengruppe" oder „Pressure Group" „wertneutral" verwendet wird. „Verband" sei „kein Kunstwort, kein synthetischer Begriff, sondern ein Wort aus der Sprache des Alltags", meint Breitling.[25] In der Praxis nennen sich daher viele gesellschaftliche Gruppierungen, die sich aufgrund gemeinsamer oder sehr ähnlicher Interessen organisiert haben, „Verband". Auch im wissenschaftlichen Bereich spricht man von „Verbandsforschung".[26]

Mit Begriffen wie „Lobby" oder „Pressure Group", denen allgemein einer eher pejorative Bedeutung anhaftet,[27] sollen bestimmte Personen(gruppen) qualifiziert werden; ihnen wird eine eher negativ zu beurteilende Funktion zugesprochen.[28] Während „Lobby" sich auf Personen bezieht, die sich bemühen, direkten Einfluß aufs Parlament[29] bzw. auf einzelne Abgeordnete und damit auch auf die Regierung zu nehmen,[30] meint „Pressure Group" auch eine Charakterisierung des *Wesens* einer „Kräftegruppe",[31] die als eine Gruppe oder/und unter Zuhilfenahme von „Lobbyisten" Einfluß auf Entscheidungen zu nehmen sucht.[32]

Der geläufigste Begriff in diesem Zusammenhang scheint „Interessengruppe" zu sein. Darunter versteht man

„organisierte Gruppen mit einem oder mehreren gemeinsamen Interessen, die zum eigenen Nutzen oder zwecks Verwirklichung ihrer Vorstellung vom Nutzen anderer beziehungsweise zum Wohl der Allgemeinheit einzuwirken versuchen, ohne selbst die Regierung des Staates übernehmen zu wollen."[33]

„Interessengruppe" lenkt der Blick auf das Wesen, den Zweck einer Gruppe. „Interessengruppe" beinhaltet immer einen *materiellen Aspekt:*[34] Interessengruppen sind weniger auf ideelle als auf materielle, ökonomische Belange ausgerichtet. So kann in jedem Falle der Begriff „Interessengruppe" auf Gruppen des Wirtschafts- und Arbeitsbereichs angewendet werden.[35] Wenn V.O.Key von „Pressure Organisation" spricht,[36] so scheint er damit den Kern von „Interessengruppe" treffend gekennzeichnet zu haben: Interessengruppen wollen, im Unterschied z.B. zu Pressure Groups, Einfluß auf die Basis einer Organisation nehmen.

Im Unterschied zu diesen oft benutzten und hier nur kurz gestreiften Begriffen meint „Verband" zunächst nur eine mehr oder weniger straff organisierte, aus den verschiedensten Gründen ins Leben gerufene Gruppierung.[37] Im profanen Bereich wie in der wissenschaftlichen Diskussion wird dem Wort „Verband" oft das Wort „Interesse" vorangesetzt; man spricht vom „Interessenverband".[38] Diese Verlängerung des Wortes bedeutet aber offensichtlich *keine* qualitative Ausweitung des eigentlichen Begriffs „Verband". Mit „Interessenverband" wird das Augenmerk lediglich von einer rein strukturellen Betrachtung auf den materiellen Aspekt gelenkt, der diesem Begriff ebenfalls innewohnt. Anders ausgedrückt: „Interessenverband" zeigt deutlicher, daß die „Repräsentation" von Interessen gemeint ist, die beachtet und berücksichtigt werden sollen. Schließen sich mehrere auf lokaler oder regionaler Ebene bereits bestehende Verbände auf nationaler Ebene zusammen, so spricht man vom „Bundesverband" oder vom „Dachverband". Diese Namenserweiterung bedeutet ebenso wenig wie „Interessenverband" eine qualitative Veränderung des eigentlichen Begriffs. Mit „Bundes-" oder „Dachverband" wird die Aufmerksamkeit lediglich auf die Organisationsform gelenkt.

Denn im Gegensatz zu früher[39] ist man heute der Meinung, daß die Organisation, der *Organisationsgrad* besonders wichtig für die Beurteilung eines Verbandes ist.[40] Zumindest bei der politikwissenschaftlichen Analyse von Verbandseinflüssen, Repräsentanz von Verbänden, Innerverbandlicher Demokratie, usw. scheint die Organisation eines Verbandes von gravierender Bedeutung zu sein. Denn wie anders, als vor dem Hintergrund des Maßes an Organisation, das ein Verband aufzuweisen hat, kann z.B. die Repräsentanz oder Effektivität eines solchen Zusammenschlusses beurteilt werden? Der Organisationsgrad eines Verbandes scheint also ein wesentliches Kriterium für seine Effizienz zu sein. Die Frage nach der Anzahl der unmittelbar Vertretenen (z.B. Mitglieder), der quantitative Aspekt also, tritt nicht so sehr in den Vordergrund bei der Beurteilung eines Verbandes. D.h., daß für die Perzeption z.B. bei Politikern oder „opinion makers" *nicht die Mitgliederzahl entscheidend* ist,[41] sondern vor allem drei qualitative Kriterien Berücksichtigung finden werden:[42]
1. Repräsentiert ein Verband einen Mitgliederkreis, der einem Querschnitt durch das beanspruchte Verbandsgebiet entspricht?
2. Handelt es sich bei den Verbandsmitgliedern um freiwillige Mitglieder?[43]
3. Ist der innerverbandliche Aufbau so beschaffen, daß eine ausreichende Partizipation der Mitglieder am Verbandsgeschehen bzw. an der Formulierung der „Verbandspolitik" gesichert ist?

Während die Relevanz der beiden erstgenannten Aspekte ohne weiteres einsichtig ist, scheinen hier einige Bemerkungen zur dritten Frage angebracht zu sein: Das Problem der innerverbandlichen Willensbildung und die damit verbundene Frage nach der „inneren Demokratie" eines Verbandes werden in nahezu jedem Beitrag zur Verbandsforschung erörtert. Einige einschlägige Publikationen wenden ihr Hauptinteresse dieser Frage zu.[44] Allgemein wird gefordert, der Willensbildungsprozeß müsse durchsichtig sein,[45] und der *Einflußnahmeversuch* habe sowohl für die Verbandsmitglieder als auch für die nicht unmittelbar Beteiligten erkennbar zu sein, d.h. er habe *öffentlich* zu geschehen.[46] Es muß daher nach der Frage nach der Legitimation, nach dem Mandat beantwortet werden: Sind diejenigen, die im Namen eines Verbandes auftreten, hinreichend *legitimiert*, für den Verband schlechthin, also für die Mehrheit der Mitglieder zu agieren? Besonderes Gewicht kommt der Frage nach der Legitimation natürlich beim „Zwangsverband" zu, weil es hier „für die Mitglieder ein existentielles Interesse auf Beteiligung an der verbandsinternen Willensbildung" geben kann.[47] Dagegen scheint das Problem der innerverbandlichen Demokratie (wenigstens graduell) dann weniger gravierend zu sein, wenn für die infrage kommenden Personen kein Mitgliedszwang besteht, und man jederzeit, ohne z.B. ein allzu großes berufliches Risiko einzugehen, aus dem Verband austreten kann.[48] Die Forderung scheint zu Recht zu bestehen, daß Verbände, die sich in einer demokratisch strukturierten Gesellschaft bewegen, ebenfalls *demokratischen Anforderungen genügen sollten.*[49] Ellwein meint, daß derjenige, der für seine Mitglieder etwas fordere oder in ihrem Namen etwas verhindern wolle, „den Konsens mit den Mitgliedern nachweisen" müsse und zwar „potentiell aus dem Vereinszweck, aktuell aus dem Gremiumbeschluß".[50]

Wenn „oligarchische Tendenzen"[51] in sehr vielen Verbänden zu beobachten sein mögen, so sagen diese allein noch wenig über die demokratische Legitimation einer Verbandsspitze aus. Solange die *reale Möglichkeit einer Abwahl* durch die Verbandsmitglieder gesichert ist, scheint ein Mindestmaß an Partizipation, an innerverbandlicher Demokratie verhanden zu sein.[52] Dann allerdings, wenn sich Spitzenvertreter eines Verbandes z.B. durch soziale Kontrollmittel oder durch Mißbrauch ihres Informationsvorsprungs an der Verbandsspitze halten, muß die Leistungsfähigkeit des betreffenden Verbandes für das demokratische Gemeinwesen infrage gestellt werden:

„Demokratische Verbandsstrukturen sind vor allem angewiesen auf Demokraten, deren Existenz weniger ein rechtliches als vielmehr ein soziales und sozialpsychologisches Problem ist", meint Steinberg.[53]

In den allermeisten Satzungen der Verbände ist der theoretische Ablauf des Willensbildungsprozesses festgelegt. Oberstes Beschlußorgan ist in der Regel die Mitgliederversammlung oder der „Verbandstag".[54] Natürlich ist immer das besondere Gewicht zu berücksichtigen, welches der Verbandsspitze im Verlauf des Meinungsbildungsprozesses zukommt. Nicht nur, daß die Verbandsspitze in aller Regel über mehr Fachwissen verfügt – sie hat auch verständlicherweise mehr Chancen, ihre Ansichten den Verbandsmitgliedern nahezubringen als das „einfache" Verbandsmitglied. Dieses Nahebringen, das Verständlichmachen der den Verband betreffenden Probleme durch die Sachkenner, ist nicht nur eine Möglichkeit, sondern auch die *Pflicht* der gewählten Verbandsleitung:

„Their (der Verbände – L.K.) leaders play an important role in determining the views of the members of the Group and in pointing out and persuading them wherein their interest lie."[55] Wiewohl die potentielle Teilnahme des einzelnen Verbandsmitglieds am Willensbildungs- und Entscheidungsprozeß für die Bewertung der „Repräsentanz" eines Verbandes als Kriterium dient, so gilt gleichwohl,

„daß mit einem allzu pauschalen Ruf nach Demokratisierung der Verbände wenig gewonnen ist. Im Einzelfall wird sorgfältig zu prüfen sein, ob der betreffende Verband oder Verbandstyp Funktionen im Gemeinwesen erfüllt, die eine demokratische Ordnung erforderlich macht und gegebenfalls welche Formen angemessen sind."[56]

Die oberflächliche und falsche Meinung, der Begriff „Verband" sei zu allgemein und nur wenig zu theoretischem und praktischem Gebrauch geeignet, scheint nach dem Ausgeführten nicht zutreffend zu sein. Im folgenden soll das KUD in Relation zu „Verband" gesetzt werden, um so seine Einordnung in das „System Bundesrepublik", einem parlamentarisch-demokratischem Gemeinwesen, versuchen zu können.

2. Allgemeine und unabdingbare Voraussetzungen

a) Organisatorisches

Mit der Eintragung ins Bonner Vereinsregister am 23. April 1954 unter dem Namen „Ausschuß für Fragen der Wiedervereinigung Deutschlands" begann die *Institutionalisierung* des späteren KUD. Daß man als Sitz des Vereins die provisorische Hauptstadt Bonn wählte, lag in der geographischen Nähe zu Regierung und Parlament begründet und hatte keine symbolische, sondern nur praktische Bedeutung. Nie wurde in Erwägung gezogen, den Verein etwa in Berlin oder an der innerdeutschen Grenze zu etablieren. Da er nur „pro forma" gegründet werden mußte, maß man seinem geographischen Sitz keinerlei politisch-symbolische Relevanz zu.

Bald nach dieser Vereinsgründung begann Kaisers Vertrauter, Karl Brammer, in einem Büro in der Poppelsdorfer Allee 19 mit der abschließenden Planung der KUD-Gründung. Dabei spielte die Form der Gründungsveranstaltung(en), deren Teilnehmer und deren Tagungsort die zentrale Rolle.[57]

Mit der Gründung des Vereins in Bonn, der Aufnahme der praktischen Arbeit ebenfalls in Bonn (nicht mehr in Königswinter!) wurden zwei Voraussetzungen geschaffen, die die späteren Aktivitäten schon präjudizierten: Einmal war die unmittelbare geographische Nähe zu allen wesentlichen politischen Akteuren gegeben. Der neuen Institution kam ein offizieller Charakter zu (die nur private Phase der persönlichen Gespräche im Königswinterer „Adam-Stegerwald-Haus" war vorbei), es sollte demonstriert werden, daß es sich beim KUD nicht nur um „Glasperlenspiele" (Kosthorst) handelte. Zum anderen wurde mit der Büroeröffnung die Keimzelle der später enormen Umfang annehmenden organisatorischen Arbeit gelegt. Es war damit von Anfang an eine Anlaufstelle für Presse und interessierte Bürger geschaffen.

Da die Finanzierung, zunächst durch das BMG, später durch Gewerkschaften und Industrie sowie den DST, ebenfalls einigermaßen gesichert war, stand einem selbstbewußten Auftreten der Personen, die das KUD damals repräsentierten, nichts mehr im Wege. Die politische Unterstützung durch den Gesamtdeutschen Minister war ja ohnehin gegeben.

b) Potentielles Interesse der Bevölkerung

Konnten die KUD-Gründer, als sie zu Beginn des Jahres 1954 begannen, die schon seit einigen Jahren existierenden Pläne einer „Aktion" zu verwirklichen, erwarten, daß ihre Initiative auf die erwünschte Resonanz in der Öffentlichkeit, also sowohl bei den politischen Eliten als auch in weiten Kreisen der Bevölkerung stieß? Im RIAS hatte Kaiser am 27.2.54 bemerkt, daß das Echo auf seine diesbezüglichen Äußerungen in der Vergangenheit „außerordentlich ermutigend" gewesen sei.[58] Etwas später meinte die „Frankfurter Allgemeine Zeitung", die neuerliche Initiative entspreche einer „Notwendigkeit und zugleich einem Bedürfnis".[59] Schon im Jahre 1952 hatten Kaiser zustimmende Erklärungen erreicht. So schrieb der „Volksbund für Frieden und Freiheit":

„Ihre Forderung, eine Volksbewegung für die Wiedervereinigung Deutschlands zu schaffen, wurde mit großer Freude zur Kenntnis genommen. Wir versichern Ihnen, Herr Minister, daß alle Unterzeichneten, die in vorderster Front den Kampf gegen den Stalinismus auf der Straße, in den Betrieben und Versammlungen führen, aus tiefem Herzen bereit sind, ihren ganzen Idealismus für diese von Ihnen geplante Volksbewegung einzusetzen."[60]

Ebenso äußerte sich die „Pommersche Landsmannschaft".[61] Auch gab es schon 1952 kritische Stimmen. So meinte die Regensburger „Mittelbayerische Zeitung", Kaisers geplantes Vorhaben bedeute wohl, „daß von den derzeitigen Parlamenten und Parteien kein Heil" in Bezug auf die „Deutsche Frage" zu erwarten sei. Die „gewählten Politiker" seien an einer solchen „Bewegung" nicht interessiert.[62]

Neben dem Echo aus der Bevölkerung, das Kaiser erreicht hatte, schienen auch politische Äußerungen des Deutschen Bundestages wie der Parteien darauf hinzudeuten, daß sich jetzt, im Jahre 1954, die noch 1952 zu konstatierende allgemeine Interessenlosigkeit an der „Deutschen Frage" zumindest tendenziell verbessert hatte. So hatte der Deutsche Bundestag am 25. Februar 1954 eine Entschließung verabschiedet, in der es hieß:

„Der Deutsche Bundestag verpflichtet sich von neuem . . . alles, was in seiner Macht ist, zu tun, um den in Unfreiheit lebenden Deutschen beizustehen und die Wiedervereinigung herbeizuführen . . . Der Deutsche Bundestag ist willens, dieses Ziel in der Gemeinschaft der freien Welt und in unverbrüchlicher Solidarität mit den anderen Völkern Europas zu verfolgen."[63]

Neben einer konkret lokalisierbaren Anlaufstelle der zu gründenden Organisation bestand also auch die potentielle Bereitschaft, eine sich auf die „Deutsche Frage" unmittelbar beziehende und konzentrierende „Aktion" zu unterstützen. Es tritt nun die Frage nach der „Repräsentanz" des KUD in den Vordergrund der Betrachtung.

3. Verbandsmerkmale beim KUD?

Sind die drei erwähnten Merkmale für die „Repräsentanz" von Verbänden, nämlich „freiwillige Mitgliedschaft", „repräsentativer Querschnitt" und „ausreichende innerorganisatorische Partizipation" beim KUD zu beobachten? Wie sehen die diesbezüglichen Strukturen beim KUD aus?

a) Freiwillige Mitgliedschaft

Die Freiwilligkeit der Mitglieder war selbstverständlich der erste Grundsatz schon bei der Gründung. Die von J.Kaiser angeschriebenen Personen kamen natürlich ebenso freiwillig zur Konstituierung nach Bad Neuenahr,[64] wie sich die Kreis- und Ortskuratorien „völlig aus eigener Initiative"[65] entwickelten. Der Entschluß, sich dem KUD wenigstens nominell zur Verfügung zu stellen, wurde vielen wohl auch dadurch erleichtert, daß sie sich Kaisers Appell nicht ohne weiteres entziehen konnten und sich wohl auch durch die Präambel des Grundgesetzes verpflichtet fühlten, im KUD mitzuagieren. Kaiser hatte nämlich, als er die künftigen Mitglieder des Bundeskuratoriums anschrieb, gemeint, daß er mit der Mitwirkung all derer rechne, denen Wiedervereinigung, Freiheit und Sicherheit des Vaterlandes oberstes Ziel sei.[66] Welcher Repräsentant eines Verbandes, einer Partei, oder welcher Publizist konnte sich einem solchen Appell entziehen? (Wenn hier von „Mitgliedern" gesprochen wird, so sind nicht Mitglieder in einem juristischen Sinn gemeint. Mitglieder im formal-juristischen Sinne waren nur die wenigen Angehörigen des Vereins. Alle anderen Angehörigen des Bundeskuratoriums beteiligten sich ohne juristisch abgesichert zu sein, ohne jemals eine Satzung oder Geschäftsordnung[67] gesehen zu haben und ohne die organisatorischen Pläne zu kennen.)[68]

Die regionalen und lokalen nachgeordneten KUD-Organisationen waren, bis auf wenige Ausnahmen,[69] lediglich lockere Zusammenschlüsse, sozusagen „Honoratiorenklubs" „ohne Satzung, ohne Vorstand, aber mit viel Tatkraft und geschickter Überlegung".[70]

Von der Mitgliedschaft — besser wäre vielleicht Mitarbeit — in einer KUD-Organisation konnte sich niemand direkte berufliche oder private Vorteile versprechen, ausgenommen die wenigen Funktionäre, z.B. Landesgeschäftsführer, die als hauptamtliche, besoldete Bedienstete tätig waren. Wer mitarbeitete, zeigte „Interesse" am KUD und dessen Zielsetzungen. Es standen zweifellos in aller Regel *keine materiellen*, sondern ausschließlich *ideelle Motive* im Vordergrund des KUD-Engagements.

b) Repräsentativer Querschnitt

Von Anfang an waren Kaiser und seine Freunde bestrebt, möglichst alle politisch und gesellschaftlich relevanten Gruppen (und Personen) der bundesdeutschen Bevölkerung an der „Aktion" zu beteiligen. In einer ersten Überlegung für die neue Organisation hieß es, daß das spätere KUD aus „repräsentativen Persönlichkeiten aus dem politischen, sozialen, wirtschaftlichen und kulturellen Leben" zusammengesetzt werden sollte, nämlich aus „Parteien, Gewerkschaften, Industrie, Handel und Handwerk, Heimatvertriebene(n), politische(n) Flüchtlinge(n), Presse und Rundfunk, kulturelle(n) Organisationen, Jugendorganisationen: Jugendring, Ring der politischen Jugend". Dabei sei darauf zu achten, daß auch Frauen im KUD vertreten wären.[71]

Wenn auch im Bundeskuratorium (in seiner ersten Zusammensetzung) letzteres wohl nicht in dem erhofften Umfang gelang (von den 133 Mitgliedern waren nur sechs weiblichen Geschlechts), so waren doch nahezu sämtliche größeren Vereinigungen und einflußreiche einzelne Persönlichkeiten vetreten (vgl. Anhang)[72]

Auf Landes-, Kreis- und Ortsebene setzten sich die Kuratorien analog zur Bundesebene zusammen. Alle, die in den Kuratorien mitarbeiten wollten, mußten zur Mitarbeit zugelassen werden, alle Parteien und Verbände sollten gleichberechtigt sein und sich für das einzelne lokale oder regionale Kuratorium verantwortlich fühlen.[73] Daß es in diesem Punkt immer wieder zu Schwierigkeiten kam, wenn die eine oder andere Organisation das von ihr mitgetragene jeweilige Kuratorium zu sehr dominierte, dokumentieren diesbezügliche Beschwerden bei der Bonner Geschäftsstelle. So zeigte sich H. Wehner in einem Schreiben vom 4. März 1956 pikiert darüber, daß er in Hamburg mit einem „Organisationsausschuß ‚Unteilbares Deutschland' " konfrontiert worden sei, ohne daß jemand in der Hamburger SPD davon erfahren habe. Nachdem er, Wehner, davon erfahren habe, müsse er sich fragen, „ob es sich dabei um Übereifer, Ungeschick oder böse Absicht" handele. Erschwerend komme hinzu, daß man in dem Organisationsausschuß „Arm in Arm" mit der „erklärt antidemokratischen ‚Arbeitsgemeinschaft Demokratischer Kreise' " auftrete, die sich „geradezu als Kampforgan gegen die Sozialdemokratie" betrachte.[74] Auch F. Erler beschwerte sich am 1. Juli 1959 beispielsweise bei Schütz darüber, daß im Ortskuratorium Tübingen „Vertreter einer Reihe von zweifelhaften Verbänden mit zum Teil recht nationalsozialistischen Tendenz" aktiv seien. Er, Erler, trete „jedenfalls in kein Kuratorium ein, in dem ein amtlicher Vertreter des Volksbundes für Frieden und Freiheit" sitze. Schütz antwortete, der Volksbund sei nicht Mitglied des Bundeskuratoriums und somit sei der Tübinger Fall dem KUD wohl generell nicht anzulasten:

„Wenn in einer Stadt die das Kuratorium tragenden Parteien und Verbände ... Gemeinsamkeit hinsichtlich eines Beitritts oder eines Beschlusses nicht erzielen, muß dieser Beitritt und muß dieser Beschluß unterbleiben."[75]

Über die soziale Zusammensetzung der Kreis- und Ortskuratorien liegt keinerlei empirisches Material vor. Es ist jedoch wahrscheinlich, daß die Gründer oder Aktiven eines Kuratoriums sich meist aus dem Bereich der politischen oder gesellschaftlichen Eliten rekrutieren. Sie gaben dann die in den einzelnen Kuratorien gefaßten Beschlüsse oder Anregungen an ihre Organisation weiter und sorgten somit für ein breites Bekanntwerden der Kuratoriumsaktivitäten. Da politische oder gesellschaftliche Eliten meist über gute Verbindungen zur Presse verfügen,[76] war auch eine allgemeine Publizität gesichert.

Insgesamt kann man konstatieren: Theoretisch wie auch praktisch war eine *bestmögliche Repräsentanz* der im KUD aktiven wie auch der angesprochenen Bürger erreicht worden. Besonders durch die umfassende Mitarbeit nahezu *aller* politisch und gesellschaftlich relevanten Gruppierungen (meist vertreten durch ihre Spitzenrepräsentanten) war zumindest *indirekt die große Mehrzahl der bundesdeutschen Bevölkerung beteiligt*. Dies fand auch in der relativ nachhaltigen Resonanz, mit der Aufrufe o.ä. befolgt wurden, seinen Niederschlag.

c) Partizipation der Mitglieder

Weit schwieriger, als die Darstellung der durchaus repräsentativen Teilhabe (direkt oder indirekt) der bundesdeutschen Bevölkerung am KUD, ist die Beantwortung der *Frage nach der Legitimation der KUD-Spitze und nach der Partizipation der Akteure der verschiedenen KUD-Organisationsebenen* am Willensbildungs- und Entscheidungsprozeß des KUD.

Von Anfang an war man sich beispielsweise darüber im klaren, daß keine „Vereinsmeierei" oder „Organisationsbürokratie" mit der neuen „Aktion" verbunden sein sollte:

„Es handelt sich um das freiwillige Zusammenwirken der Männer und Frauen, die bewegt sind von der Not Deutschlands und von dem Willen, diese Not zu überwinden", formulierte Kaiser am 13. März 1954 im RIAS.[77] Aus dem Dilemma, daß, wie durchaus zutreffend erkannt wurde, eine „Bewegung zur Wiedervereinigung nicht von oben her entstehen" könne,[78] andererseits aber die Initiative „von oben" augehen, daß „Geburtshilfe" geleistet werden müsse,[79] da die Zeit gekommen sei, dem „Willen des deutschen Volkes Form und praktische Zielsetzung zu geben",[80] half A. Gerigk mit der Formulierung, an die Spitze der „Bewegung" eine „zentrale Anregungsstelle" zu setzen.[81] „Zentrale Anregungsstelle" impliziert zweierlei: Einerseits sollten die auf regionaler und lokaler Ebene entstehenden Kuratorien unabhängig sein („es bleibt jedem Ortskuratorium überlassen, in welcher Form es sich konstituiert"),[82] andererseits wollte man die sich neu gründenden Kuratorien nahe an die Bonner KUD-Spitze binden. So „gestattete" man nur dann den Namen „Unteilbares Deutschland" zu verwenden, wenn bestimmte Voraussetzungen gegeben waren.[83]

Selbst Stimmen, die eher kritisch zur KUD-Gründung Stellung nahmen, vermerkten lobend, daß sich hier demokratische Personen für die Wiedervereinigung einsetzten und dadurch die Gefahr gebannt werde, daß sich Extremisten der Wiedervereinigungsproblematik erfolgreich annähmen.[84] Der Kreis um Kaiser befand sich zwischen der Skylla, eine Volksbewegung „herbeizupfeifen"[85] und der Charybdis, durch eine allzu lockere Führung die neue „Aktion" durch die Anreicherung mit „nationalistischen Giftstoffen"[86] in eine reaktionäre Ecke treiben zu lassen. Rückblickend wird man sagen können, daß es Kaiser und seinen Nachfolgern gelungen ist, das KUD zu führen, ohne beiden, nie und nimmer beabsichtigten Möglichkeiten allzu nahezukommen. Diese *organisatorische Gratwanderung der KUD-Spitze* hatte gleichzeitig drastische Folgen für die Partizipation der nachgeordneten Organisationsebenen an den programmatischen Konzeptionen bzw. Äußerungen der KUD-Führung. Um ein Abgleiten in extremistische Fahrwasser zu vermeiden, wurde von Anfang an *wenig Wert auf die Beteiligung der KUD-Mitarbeiter aller Ebenen am Entscheidungsprozeß* vor KUD-Entscheidungen gelegt. Für Kaiser scheint dies aber kein Problem gewesen zu sein. Er ging kurzerhand davon aus, daß der Wille, die innere Einheit zwischen allen Teilen des zerrissenen Volkes zu bewahren und die äußere Wiedervereinigung voranzutreiben, viel stärker vorhanden sei, als es von manchen Zeitgenossen geglaubt werde.[87]
Kosthorst formuliert:
„Die ‚deutsche Frage' als eine zugleich soziale und nationale Frage bestand für Kaiser primär in dem Problem der Wiedervereinigung. Dies war für ihn in hohem Maße eine Sache des nationalen Fühlens, des Nationalgefühls...".[88]

Wegen der immer wieder auftretenden formalen organisatorischen Schwierigkeiten und tendenziellen Autonomiebestrebungen einzelner Kuratorien sah man sich im Jahre 1961 gezwungen, eine Geschäftsordnung zu erstellen, in der festgelegt wurde, daß die von der KUD-Spitze bestimmten Richtlinien, Ziele und Grundsätze auch für die Landes-, Kreis- und Ortskuratorien *verbindlich* seien (§4). Auch wurde hierin festgelegt, was schon von Schütz in früheren Jahren vertreten worden war, nämlich, daß alle wichtigen Beschlüsse davon abhängig zu machen seien, daß keine der Gründungsorganisationen des Kuratoriums Einspruch dagegen erhebe (§11). Erstmals wurde hier konkretes über den Willensbildungs- und Entscheidungsprozeß auf „horizontaler Ebene" schriftlich festgelegt: Die einzelnen Kuratorien sollten gezwungen werden, *Einstimmigkeit* herzustellen. Die „vertikale" Komponente, in welchem Verhältnis die einzelnen Ebenen zueinander standen, wurde dadurch, daß die von der KUD-Spitze gefaßten Beschlüsse für die nachgeordneten Ebenen „verbindlich" seien, andererseits die Landes-, Kreis- und Ortskuratorien „in ihrer Arbeit und Verantwortung selbständig" seien (§10), nicht eindeutig charakterisiert.

Die Praxis sah so aus, daß die KUD-Geschäftsstelle in Bonn „Rundschreiben", „eilige Mitteilungen", usw. an die nachgeordneten Ebenen sandte, in denen diese aufgefordert wurden, dieses oder jenes zu tun oder besonders bei ihrer Arbeit zu beachten. Die Aufforderungen begannen mit Worten wie: „Unsere Anregungen lauten..."[89] oder „Das Kuratorium Unteilbares Deutschland empfiehlt..."[90] Wer hinter den Formeln „Wir" oder „Kuratorium" konkret stand, ob es sich um einen Präsidiumsbeschluß oder einen Ausschußbeschluß oder einen Entschluß von W.W. Schütz handelte, wurde nur selten mit bekannt gegeben. Da ja *theoretisch* die beschlußfassenden Gremien mit den Vertretern aller wesentlichen das KUD tragenden Gruppierungen besetzt waren und Beschlüsse nur bei Einstimmigkeit gefaßt werden konnten, mußte es für die nachgeordneten Organisationsebenen so scheinen, als wäre ein allgemeiner, von allen getragener Beschluß zustande gekommen. Daß diese, die Beschlüsse fassenden Gremien, manchmal nur aus drei Personen bestanden,[91] konnte den nachgeordneten Ebenen *nicht* deutlich werden.

Umgekehrt, wenn hin und wieder Anregungen der Landes-, Kreis- und Ortskuratorien bei der KUD-Bundesgeschäftsstelle eingingen, hatten diese nur informatorischen Wert. So wurden, wenn die Landesgeschäftsführer und/oder Landesvorsitzenden *zusammengerufen* (!) wurden, bei solchen Tagungen allenfalls allgemeine organisatorische Fragen zur Diskussion gestellt.[92] Initiativen programmatisch-politischen Charakters entstanden hier nicht. Die Landeskuratorien hatten lediglich organisatorische Aufgaben. Politische Aktivitäten, die nicht mit der Bonner KUD-Zentrale abgestimmt waren oder die den von der KUD-Spitze gezogenen Rahmen überstiegen, hatten zu unterbleiben, wollte man sich das Wohlwollen Bonns erhalten. Gleiches galt auch für die Beziehungen der Landes- zu den Kreis- und Ortskuratorien. Hier waren die Landeskuratorien lediglich für alle „organisatorischen Fragen" (§ 14 der KUD-Geschäftsordnung) zuständig. Die Zuständigkeit für politisch-programmatische Initiativen blieb der Bundesebene, der „zentralen Anregungsstelle" vorbehalten.

Die einzige Gelegenheit für die Mitglieder, Mitarbeiter und Sympathisanten der nachgeordneten Ebenen, sich politisch vor einem größeren Publikum zu äußern, waren die seit 1956 in Berlin stattfindenden KUD-Jahrestagungen. Hier bestand wenigstens theoretisch die Chance, eigene Vorstellungen einem größeren Kreis von „Kuratorianern" mitzuteilen. Nur theoretisch bestand diese Gelegenheit deshalb, weil die Tagungen in aller Regel mit prominenten Rednern bestückt waren, die die Plenarsitzungen der zwei- bis dreitägigen Kongresse bestritten und auch in den einzelnen hin und wieder eingerichteten Arbeitskreisen den Ton angaben. Welchen Stellenwert den Beiträgen und Äußerungen der weniger Prominenten beigemessen wurde, wird bei der Lektüre einzelner Tagungsberichte deutlich. Zwar wurden die Ausführungen der Minister, Verbandspräsidenten oder des Geschäftsführenden Vorsitzenden veröffentlicht, von den Beiträgen der „einfachen" Tagungsteilnehmer findet sich jedoch nicht ein Satz wiedergegeben.[93] Die in diesem Zusammenhang interessante Frage, ob die Jahrestagungen Foren der innerorganisatorischen Demokratie oder Partizipation für die „Kuratorianer" darstellten, muß *verneint* werden.

Wenn ab und zu den Versammelten eine Entschließung zur Zustimmung vorgelegt wurde, dann wohl eher mit demonstrativen als mit inhaltlichen Absichten. Für die KUD-Spitze, die nie von Mehrheiten der „Kuratorianer" abhängig war oder gar sein wollte, bedeuteten die Jahrestagungen *nicht einmal Akklamationsveranstaltungen.* Die Frage beispielsweise, ob W.W. Schütz den Delegierten noch genehm sei, wurde niemals auch nur andeutungsweise zur Diskussion gestellt. *Die KUD-Geschäftsstelle in Bonn besaß also niemals eine durch die Mehrheit der KUD-Mitglieder, Mitarbeiter oder Sympathisanten formal abgesicherte Legitimation.* Das Problem wurde anscheinend überhaupt nicht als solches erkannt. Das KUD, ein Kind der demokratischen Parteien und der zumindest formal demokratisch aufgebauten Verbände und sonstigen Gruppierungen, verzichtete – nie expressis verbis, immer aber de facto – auf jedwede demokratische Beteiligung der „Basis" sowohl an seiner personellen Besetzung als auch an der inhaltlichen, programmatischen Arbeit.

Die für das KUD wichtigen Beschlüsse wurden in den einzelnen eingerichteten Gremien des auf Bundesebene organisierten KUD gefaßt. Ein Blick auf den bereits beispielhaft dargestellten modus der personellen Besetzung und der Beschlußfassung zeigt, daß auch hier *keineswegs eine innerorganisatorische Demokratie*, wie sie allgemein verstanden wird, vorherrschte.

Nach dem Gesagten bleibt zusammenzufassen: Das KUD war seiner Struktur nach *keine demokratische Organisation*. Zu sagen, das KUD „entziehe" sich den „Schablonen" „demokratisch" oder „undemokratisch"[94] ist unzutreffend und wenig hilfreich. *Der vertikale Aufbau war gewollt undemokratisch.* Die nachgeordneten Ebenen hatten keinerlei Einfluß auf das Agieren der KUD-Spitze. Auch die horizontale Betrachtung der KUD-Organisationen führt nicht zu dem Befund, daß hier demokratische Prinzipien gegolten hätten. Man handelte nicht aufgrund mehrheitlich gefaßter Beschlüsse, sondern *erforderlich war Einstimmigkeit.* (Inwieweit gerade der Zwang zur Einstimmigkeit dem KUD sein Überleben ermöglichte, muß letztlich unbeantwortet bleiben.)

Formal entsprach der vertikale Aufbau dem föderativen System der Bundesrepublik; substanziell aber handelte es sich um eine zentralistisch strukturierte Institution ohne de-facto-Beteiligung der nachgeordneten Organisationsebenen. Der Begriff „Hierarchie" auf das KUD anzuwenden, scheint ebenfalls nicht möglich zu sein, da ja die Landeskuratorien als zwischen der obersten und den unteren Ebenen stehend, nur die organisatorischen Belange der Kreis- und Ortskuratorien zu regeln hatten. Die politisch-programmatische Prärogative der Bonner KUD-Spitze wurde nie beeinträchtigt (allerdings auch von niemandem infrage gestellt.)[95]

4. Zusammenfassung

Faßt man all die erwähnten Kriterien, die das KUD mit anderen Verbänden gemeinam hatte und diejenigen, welche es von einem „Verband" unterschieden, zusammen, so scheint es *nicht* möglich zu sein, das KUD mit dem Begriff „Verband" zu belegen. Manche Phänomene, z.B. der „repräsentative Querschnitt" oder die Universalität sprechen dafür, daß das KUD dem Verbandsbegriff nahekommt. Deutlich gegen eine Unterordnung unter diesen Begriff sprechen Kriterien wie „undemokratischer" Aufbau und fehlende, innerorganisatorisch bedingte Legitimation der KUD-Spitze. Weder ist das KUD eine Organisation gewesen, der die allgemeinen Kennzeichen der Verbände zugesprochen werden können, noch ist das KUD als „Anti-Verband" zu klassifizieren; zu viele Parallelen sind zu beobachten. Bliebe der Ausweg, das KUD als eine „Organisation ‚sui generis' "[96] zu bezeichnen. Damit käme man jedoch nur der formalen Besonderheit des KUD nahe, die „materielle Eigenart" bliebe, jedenfalls definitorisch, weiterhin unklar. Wie schwierig es ist, das KUD in das organisatorische Gefüge des bundesdeutschen öffentlichen Lebens einzuordnen, zeigt auch das „Taschenbuch des öffentlichen Lebens".[97] Hier wird das KUD unter dem Obertitel „Sonstige zentrale Organisationen" als „Staatsbürgerliche Vereinigung" zusammen mit der „Aktion Gemeinsinn" und der „Deutschen Parlamentarischen Gesellschaft" aufgeführt.[98] Sowohl „Staatsbürgerliche Vereinigung" als auch „zentrale Organisation" weisen auf bestimmte Merkmale des KUD hin, geben aber nicht all das wieder, was „KUD" beinhaltete.

Auf der anderen Seite kann wohl *auch nicht vom KUD als der deutschen Nationalbewegung* gesprochen werden: Zu spät wurde es gegründet, zu sehr hatten sich die Bürger der Bundesrepublik schon mit dem Weststaat identifiziert. Wenn es auch von Jakob Kaiser, als dem „potentiellen Führer einer deutschen Nationalbewegung"[99] gegründet worden war, so vermochte weder er selbst noch wollten seine Nachfolger, an der Spitze W.W. Schütz, eine nationale Bewegung in extenso schaffen.[100] Kaiser gelang dies u.a. deshalb nicht, weil er schon bald nach der Gründung des KUD krank wurde und auch selbst wohl kaum die organisatorischen Talente besaß, große „Bewegungen" zu organisieren. Schütz wollte gar keine „(Volks-)Bewegung": Er sah das KUD immer als „zentrale Anregungsstelle" an. „Volksbewegung" oder „Nationalbewegung" konnte das KUD seiner Meinung nach nie werden.[101]

B Interdependenzen zwischen KUD-Konzeptionen und deutschlandpolitischen Aktivitäten

Vorbemerkung

Das KUD, so läßt sich allgemein formulieren, wollte einen Beitrag zur Wiedervereinigung Deutschlands leisten. Die selbstgestellte Aufgabe war, „die gesamte Öffentlichkeit in Deutschland und der Welt über die rechtliche, moralische und materielle Unmöglichkeit der Teilung" aufzuklären.[102] Dabei reflektierten die KUD-Gründer nicht nur auf die Vereinigung der ehemaligen Westzonen mit der Ostzone. Auch die Oder/Neiße-Gebiete und das Saargebiet gehörten nach KUD-Auffassung zu den wieder zusammenzuführenden Teilen des untergegangenen Reiches. Kurz: Die KUD-Zielprojektion ging von einem wiederzuvereinigenden Gebiet aus, wie es am 31. Dezember 1937 im Deutschen Reich Bestand hatte.[103]

Trotz dieses so weit gesteckten Ziels sind schon für das Jahr 1954 deutliche Nuancen erkennbar, die vermuten lassen, daß das KUD nicht alle ehemals deutschen Gebiete mit gleicher Energie und Intensität für den Zusammenschluß forderte. So tauchte das Saargebiet in der KUD-Konzeption nur am Rande auf. Dies scheint zwei Gründe gehabt zu haben: Einmal hielt sich das KUD bis etwa 1957 weitgehend mit öffentlichen programmatischen Erklärungen zurück, zum anderen kämpfte der KUD-Initiator Jakob Kaiser vornehmlich auf einem anderen Feld als dem der Öffentlichkeit für die Wiedereingliederung des Saargebietes. Eindeutig waren die Konzeptionen bezüglich der ehemaligen Ostzone und Berlins. So hieß es bei der KUD-Gründung, daß es darum gehe, „den geistigen und menschlichen Zusammenhalt mit der Zone zu wahren und zu festigen".[104] Hingegen waren die Formulierungen Kaisers bezüglich der Oder/Neiße-Gebiete, sicherlich nicht unbedacht, vage:

„Es geht darum, die Verbundenheit mit dem deutschen Land jenseits der Oder-Neiße mit seiner Geschichte und seiner Kultur wach zu halten."[105]

Tendenziell bestand also schon 1954 die deutliche Absicht, das Hauptaugenmerk auf das Gebiet der DDR und Berlins (West) zu lenken. Diese Tendenz setzte sich, wie noch zu zeigen sein wird, in den folgenden Jahren mehr und mehr fort. Dabei kam es, wie an anderer Stelle schon dargestellt, natürlich zu Schwierigkeiten mit denjenigen, deren Zielrichtung erklärtermaßen und unzweideutig auf den ehemals deutschen Territorien jenseits von Oder und Neiße lag, nämlich den Vertriebenenverbänden.[106]

Das KUD verstand sich als „zwischenparteiliche" Institution.[107] Es war aus politischen Überlegungen heraus entstanden und verfolgte politische Ziele. Es wollte, wie auch (andere) Verbände oder Interessengruppen seine Konzeptionen in den Prozeß der politischen Willensbildung einbringen. Am Beispiel der „Friedensnote"[108] ist bereits dargestellt worden, daß KUD-Konzeptionen und -Formulierungen Eingang in die offizielle Bonner Politik finden konnten. Im folgenden wird aufgezeigt, welche Positionen das KUD zu den einzelnen territorialen Problemen Nachkriegsdeutschlands bezog. Gleichzeitig wird zu analysieren versucht, welche Interdependenzen zwischen den KUD-Konzeptionen einerseits und sowohl der Bonner Regierungspolitik als auch den deutschlandpolitischen Äußerungen bzw. Initiativen von Parteien und anderen Gruppen andererseits bestanden.

Die Frage, *wie* sich die wechselseitige Beeinflussung im einzelnen vollzog, wird möglicherweise nach Öffnen der Archive erkennbar werden; sie kann mangels empirischen Materials vorläufig noch nicht beantwortet werden. Heute ist lediglich die Aussage möglich, *daß* sich KUD-Formulierungen z.B. in Konzeptionen von Parteien oder in Regierungsverlautbarungen wiederfinden. Der dazu notwendige Kontakt mit den führenden politischen und gesellschaftlichen Handlungsträgern war ja stets gegeben. Und sicherlich trifft Milbrath einen wesentlichen Punkt, wenn er meint:

"Contacts do not automaticly insure favorable reception of messages, but they make it much easier to get messages through in undistorted fashion."[109]

1. Saargebiet[110]

Weder auf der ersten konstituierenden KUD-Sitzung in Bad Neuenahr noch anläßlich der die KUD-Konstituierung abschließenden Zusammenkunft in Berlin wurde die „Saarfrage" erwähnt.[111] Es ist kaum anzunehmen, daß Kaiser, der sich ja vehement für die Rückkehr des Saargebietes in einen deutschen Staatsverband einsetzte,[112] etwa „vergessen" hätte, die ungelöste „Saarfrage" bei der KUD-Konstituierung zu erwähnen. Anscheinend hielt man es aber nicht für opportun, jetzt, da EVG- und Deutschland-Vertrag vom Bundespräsidenten unterzeichnet waren und in Paris die entscheidende Abstimmung bevorstand, die Saarproblematik in die eigene Konzeption expressis verbis einzubeziehen. Innerhalb der KUD-Spitze war man sich wohl darüber im klaren, daß man durch eine ausdrückliche Einbeziehung der „Saarfrage" den Bundeskanzler noch mehr, als es ohnehin schon der Fall war, in Gegenerschaft zum KUD gedrängt hätte.

Allerdings bedeutete das taktisch notwendige Nichterwähnen der Saarproblematik in der ersten KUD-Phase nicht, daß das KUD die Wiedereingliederung des Saargebietes in einen deutschen Staatsverband als ein territoriales Problem ansah, um welches es sich nicht zu kümmern habe. So wurde im ersten veröffentlichten Tätigkeitsbericht[113] das Saargebiet ausdrücklich neben Berlin, Mittel- und Ostdeutschland als eines jener Territorien erwähnt, dessen Problematik vom KUD der breiten Öffentlichkeit aufgezeigt werden müsse. Der führende KUD-Repräsentant, W.W. Schütz, galt als „Freund und Helfer" derjenigen Saarländer, die sich für einen Anschluß des Saargebietes an die Bundesrepublik einsetzten.[114]

Als eines der ersten Landeskuratorien wurde am 18. Oktober 1955, also unmittelbar vor der Abstimmung über das „Saarstatut" am 23. Oktober, das „Landeskuratorium Saar" gegründet,[115] an dessen Spitze die Vorsitzenden der drei „deutschen" Parteien, Curt Conrad, Hubert Ney und Heinrich Schneider standen. Diese drei Saarparteien hatten sich bereits am 9. September 1955 zur Arbeitsgemeinschaft „Deutscher Heimatbund" zusammengeschlossen. Bei der Gründung hatte der Heimatbund „gelobt", „entgegen allen inneren und äußeren Einflüssen am deutschen Vaterlande festzuhalten..."[116] Bei der Gründung des Landeskuratoriums konnte man also auf die Organisation des Heimatbundes zurückgreifen.

Die wohl primär aus propagandistischen Gründen so kurz vor der Abstimmung über das „Saarstatut" vollzogene KUD-Gründung an der Saar sollte dazu dienen, „der deutschen Wiedervereinigungspolitik einen ersten tatsächlichen Impuls zu geben" („Neueste Nachrichten"). Man sah also an der Saar durchaus, daß das KUD mit seiner Tätigkeit hauptsächlich auf die (ehemals) deutschen Gebiete im Osten der Bundesrepublik zielte. So hieß es in einem Grußtelegramm an den KUD-Präsidenten P. Löbe:

„Deutsche Saarparteien haben wenige Tage vor der Volksabstimmung ein Landeskuratorium der ‚Volksbewegung Unteilbares Deutschland' gebildet und entbieten Ihnen als ihrem Präsidenten ihren Gruß. Unser Kampf ist ein Kampf für das ungeteilte Deutschland. Nach seinem Ende wollen wir gemeinsam mit der Bundesrepublik für die Wiedervereinigung mit der Sowjetzone in Frieden und Freiheit eintreten."[117]

Die Bonner KUD-Spitze begrüßte „dankbar" die Kuratoriumsgründung an der Saar.[118]

Am 1. Januar 1957 wurde das Saargebiet als zehntes Bundesland in die Bundesrepublik Deutschland eingegliedert. Das KUD sah darin einen Beweis für den möglichen Erfolg seiner Bestrebungen auch im Hinblick auf die östlichen Gebiete des ehemaligen Deutschen Reiches. Im Rundbrief Nr. 5 vom Januar 1957, S. 1, heißt es:

„Das neue Jahr begann mit dem ersten Akt der Wiedervereinigung. Der Schlagbaum an der Saar wurde... weggeräumt. Dieses Ziel wurde nach jahrelanger Aussichtslosigkeit erreicht. Volk und Politik ließen sich in ihrem Willen zur Wiedervereinigung nicht beirren. Zugleich waren sie um die Verständigung aller beteiligten Nationen bemüht. Diese Wesenselemente, nämlich die Entschlossenheit von Volk und Politik zur Wiedervereinigung wie die Bereitschaft zur Völkerverständigung stellen die Bausteine dar, mit denen sich ein geeintes und freies Deutschland errichten läßt."

Daß man im KUD der „Saarfrage" weniger Beachtung geschenkt hatte als z.B. den Berliner Problemen, scheint darauf zurückzuführen sein, daß man die verschiedenen konkreten Bemühungen der Bundesregierung und der Alliierten um eine Lösung des Problems nicht durch eigene Initiativen stören wollte. Außerdem hätte ein intensives Engagement bedeutet, daß man zu einer „konkreten Einzelfrage" der Politik Stellung genommen hätte, was ja ausdrücklich (zu diesem Zeitpunkt jedenfalls) nicht die Absicht des KUD war. Hinzu kam, daß ja sowohl im Saargebiet als auch in der Bundesrepublik bereits viele Politiker, Journalisten, Wissenschaftler usw. für eine Wiedereingliederung des Saargebiets in einen deutschen Staatsverband tätig waren. Auch war bei der Bevölkerung an der Saar, wie die Abstimmung vom 23. Oktober 1955 zeigen sollte, ein ausgeprägtes „Problembewußtsein" vorhanden.

Obwohl die Eingliederung des Saargebiets in die Bundesrepublik immer wieder als Beispiel eines möglichen Weges für die Lösung der „Deutschen Frage" angeführt wurde, bleibt nicht zu verkennen, daß die „Saarfrage" mit weit geringeren Schwierigkeiten zu lösen war, als es die Probleme „DDR" oder „Oder/Neiße-Gebiete" mit sich bringen mußten: Mit Frankreich stand der Bundesrepublik ein Verhandlungspartner gegenüber, der die Lösung der „Saarfrage" weder aus ideologischen Gründen verhindern „mußte" noch standen sicherheitspolitische Bedenken im Vordergrund der Verhandlungen. Schwierigkeiten dieser Art lagen aber stets im Brennpunkt der Diskussion zwischen Ost und West.

2. Oder/Neiße-Gebiete[119]

Die KUD-Konzeption bezüglich der Oder/Neiße-Gebiete deckte sich im allgemeinen mit der Auffassung der Bundesregierung wie sie Außenminister von Brentano am 28. Juni 1956 noch einmal formulierte:
„Die Bundesregierung hat sich niemals mit der Teilung Deutschlands abgefunden. In voller Übereinstimmung mit dem erklärten Willen des ganzen deutschen Volkes hat sie immer wieder darauf hingewiesen, daß das Deutsche Reich in seinen Grenzen von 1937 fortbesteht... Das Recht auf Heimat und das Selbstbestimmungsrecht sind unabdingbare Voraussetzungen für die Lösung des Schicksals der Vertreibung oder der in Unfreiheit lebenden Menschen und Völker. Darum hat die Bundesregierung auch immer wieder feierlich erklärt, daß die Lösung des Problems der deutschen Ostgrenzen einem Friedensvertrag vorbehalten bleiben muß..."[120]
Das KUD unterstützte die Vertriebenenverbände in ihrer Forderung nach dem „Recht auf Heimat", indem es z.B. den „Tag der Heimat" als Gedenktag unterstützte. Am 25. März 1956 erklärte W.W. Schütz auf einer KUD-Tagung in Bonn, daß „Unteilbares Deutschland" nicht nur die „Bundesrepublik und die Zone, sondern auch die Saar und die Gebiete jenseits von Oder und Neiße" beinhalte.[121] Daß das KUD die Territorien der ehemaligen deutschen Ostgebiete zumindest verbal in seine Konzeption einbezog, ist auch daran zu ersehen, daß auf der KUD-Konstituierungsveranstaltung in Bad Neuenahr und auf den Jahrestagungen in den fünfziger und sechziger Jahren die Flaggen und Wappen der Oder/Neiße-Gebiete zusammen mit den entsprechenden Symbolen Mitteldeutschlands in den Tagungssälen angebracht waren. Bei den Stafettenläufen zum 17. Juni wurden ebenfalls die Fahnen der ehemaligen ostdeutschen Provinzen mitgeführt.

Trotz aller formalen und verbalen demonstrativen Gesten, mit denen das KUD unter Beweis stellen wollte, daß es keineswegs die Oder/Neiße-Gebiete bereits „aufgegeben" hatte, ging man im KUD wohl nicht davon aus, daß ein wiedervereinigtes Deutschland in den Grenzen von 1937 erreichbar sei: Man hatte „starke Zweifel", daß dies möglich sei.[122] Für das KUD war der bundesdeutsche Anspruch auf die Oder/

Neiße-Gebiete eher ein „Faustpfand" dafür, daß man durch die Rücknahme dieses Anspruches eventuell eine Vereinigung der beiden deutschen Staaten ermöglichen könnte. Schütz brachte das, wenn auch verklausuliert, bereits in einer „vertraulichen" Studie mit dem Titel „Dilemma und Möglichkeiten der Wiedervereinigungspolitik" vom 20. Oktober 1957 zum Ausdruck:

„Deutschland gerät in Gefahr, nicht nur den Hebel für die Wiedervereinigung aus der Hand zu verlieren, sondern den wirksamen Anspruch auf Ostdeutschland einzubüßen. Während die Preisgabe des Gebiets jenseits von Oder und Neiße selbst als Preis für die Wiedervereinigung mit Mitteldeutschland zu Recht als zu hoch angesehen wird, droht jetzt der Verlust der Gebiete jenseits von Oder und Neiße ohne die geringste Kompensationen in der Wiedervereinigung... Es zeichnet sich die Gefahr ab, daß Westdeutschland die Oder/Neiße-Grenze und das Ulbricht-Regime gleichzeitig präsentiert erhält".[123]

In *keiner* öffentlichen Verlautbarung des auf Bundesebene organisierten KUD[124] wurde davon gesprochen, daß die Oder/Neiße-Gebiete wieder in einen deutschen Staatsverband eingegliedert werden müßten. Man forderte lediglich, eine „Regelung" der deutsch-polnischen Grenzen einvernehmlich herbeizuführen:

„Das Kuratorium Unteilbares Deutschland tritt gemeinsam mit allen freiheitlichen Parteien und Verbänden in Deutschland für das Recht auf Heimat ein. Alle Möglichkeiten sollten wahrgenommen werden, um in Verhandlungen mit den beteiligten Mächten eine Regelung zwischen Deutschland und seinen östlichen Nachbarn vorzubereiten, die dem Völkerrecht und dem Recht auf Heimat entspricht."[125]

Schon bei seiner Gründung hatte Jakob Kaiser eindeutig die primäre Zielrichtung des KUD deutlich gemacht. In Bad Neuenahr sprach er von dem „brutalen Schicksal, dem 18 Millionen jenseits von Helmstedt und Hof ausgeliefert" seien.[126] Die in den ehemals deutschen Ostgebieten lebenden Menschen — mindestens 1,2 Millionen[127] — waren in diesen „18 Millionen" nicht enthalten. Daß es sich hierbei *nicht* um einen „Versprecher" Kaisers gehandelt hatte, sondern daß mit dem Nennen der Zahl der Personen, um die sich das KUD zu sorgen habe, auch die Gebiete gemeint waren, in denen diese Personen lebten, wird auch anhand des Rundbriefs Nr.1 vom Juni 1956 deutlich: Nachdem in den Jahren nach 1954 eine immer größere Zahl von Personen das Gebiet der DDR verlassen hatte,[128] sprach man jetzt davon, daß „noch immer 17 Millionen Deutsche" nicht in Freiheit lebten und daß die Verbindung zu „unseren Landsleuten in der Zone" nicht abreißen dürfe.

Die KUD-Konzeption bezog sich de facto *nicht* auf die Wiedereingliederung der Oder/Neiße-Gebiete in einen deutschen Staatsverband, man verstand unter „Wiedervereinigung" „nur" die Vereinigung der beiden deutschen Staaten. Dies wird auch anhand verschiedener Plakate deutlich, auf denen das KUD die zu vereinigenden Territorien symbolisierte. Niemals wurden vom KUD Landkarten symbolisch auf Plakaten oder Handzetteln stilisiert, die die Oder/Neiße-Gebiete als wiedereinzugliederne Territorien zeigten.[129] Immer wieder wurden lediglich die Gebiete von Bundesrepublik und DDR als zusammengehörig dargestellt.[130] In den KUD-Rundbriefen wurden zwar hin und wieder Beschreibungen von Orten der Oder/Neiße-Gebiete veröffentlicht,[131] allerdings lassen sich auch in den Rundbriefen keine Hinweise erkennen, aus denen hervorginge, daß es dem KUD um eine Rückgliederung eben jener Territorien gegangen sei. Man sprach sich hier lediglich dafür aus, daß ein „völkerrechtlicher Standpunkt" eine „Anerkennung der gegenwärtigen Verhältnisse an der Oder/Neiße-Linie" nicht zulasse.[132] So sah sich der KUD-Pressereferent Herbert Hupka im Herbst 1959 veranlaßt zu mahnen:

„Meinen aber nicht auch viele in unserem Vaterland,[133] daß man gut beraten wäre, wenn man sich überhaupt nur um Mitteldeutschland ... bemühte? Hier kann die Antwort nur lauten, daß das das Ziel all unseres Tuns ganz Deutschland ist, und daß jeder, der vom Unteilbaren Deutschland spricht, dieses ganze Deutschland im Sinn hat".[134]

Solche und ähnliche Mahnungen, daß sich das KUD auch ausdrücklich für die Wiedervereinigung mit den Oder/Neiße-Gebieten einzusetzen habe, blieben selbst bei der KUD-„Basis" ohne großes Echo.[135]

Das KUD ging also schon in den fünfziger Jahren — wenn auch nicht expressis verbis — davon aus, daß eine Wiedervereinigung in den Grenzen von 1937 zwar wünschenswert wäre, jedoch, realistisch betrachtet, nicht möglich sein werde. Als zu Beginn der sechziger Jahre nach erfolgtem Mauerbau das KUD-Interesse sich noch stärker auf das Gebiet der DDR und auf Berlin konzentrierte, trat das Problem der Oder/Neiße-Gebiete völlig in den Hintergrund. Hatte man schon früher nicht von einer Wiederherstellung eines deutschen Staatsverbandes in den Grenzen von 1937 gesprochen, so diskutierte man im KUD jetzt die Frage, wie weit man Polen bei einer einvernehmlichen Grenzregelung entgegenkommen dürfe: Auf einer Kundgebung der Landsmannschaft Schlesien im Herbst 1962 sprach der KUD-Landesvorsitzende von Schleswig-Holstein und stellvertretende FDP-Bundesvorsitzende, Bernhard Leverenz, davon, daß es nicht darum gehe, von Polen die Oder/Neiße-Gebiete zu *erbeten*; Ziel der deutschen Politik sollte aber sein, „im Interesse einer guten Nachbarschaft mit Polen Grenzveränderungen, über deren Umfang sich verhandeln ließe, zuzugestehen".[136]

Das KUD entsprach mit seinen zurückhaltenden Stellungnahmen zur Frage der Oder/Neiße-Gebiete auch der Auffassung weiter Kreise des befreundeten westlichen Auslandes. So hatte bespielsweise die britische Labour-Party am 4. Oktober 1961 eine Entschließung verabschiedet, in der es hieß, daß die Westmächte bereit sein sollten, die Oder/Neiße-Grenze anzuerkennen, wenn die Sowjetunion die „uneingeschränkte Freiheit der Bewohner Westberlins" und freie Zufahrtswege garantieren würde.[137] Auch der einflußreiche amerikanische Senator H. Humphrey hatte sich im Oktober 1961 für eine Anerkennung der Oder/Neiße-Grenze ausgesprochen, wenn man zu einem modus vivendi in der Berlin- und Deutschlandfrage komme.[138]

Die Äußerungen von Leverenz, der im Herbst 1962 KUD-Präsidiumsmitglied wurde, sind typisch für die KUD-Position in Bezug auf die Oder/Neiße-Gebiete. Einerseits sah man, daß die Hoffnung auf eine Eingliederung der Oder/Neiße-Gebiete in einen deutschen Staatsverband zunehmend unrealistischer wurde, andererseits sah sich die KUD-Spitze nicht in der Lage, dies unmißverständlich auszusprechen. Eine programmatisch-konzeptionelle KUD-Erklärung zur Oder/Neiße-Grenze, die von der bisherigen Bonner Position abgewichen wäre, hätte ohnehin nicht zustande kommen können, da ja die Vertreter der Vertriebenenverbände in den entscheidenden KUD-Gremien gewissermaßen ein „Vetorecht" besaßen. Die Auffassung der Autoren des „Tübinger Memorandums" vom Herbst 1961, daß „politisch verantwortliche Kreise aller Parteien" die von ihnen klar ausgesprochene Ansicht teilten, die Bundesrepublik habe den „Souveränitätsanspruch" auf die Oder/Neiße-Gebiete „verloren",[139] trifft sicherlich auch auf die KUD-Spitze zu.

Als die *EKD-Denkschrift* „Über die Lage der Vertriebenen..."im Herbst 1965 veröffentlicht wurde, reagierte das KUD zurückhaltend. Ohne sich positiv oder negativ festzulegen, regte Schütz eine Diskussion mit den protestantischen Kirchenführern an.[140] In dem KUD-Einladungsschreiben zu dieser Aussprache, das u.a. an den EKD-Ratsvorsitzenden, Kurt Scharf, gerichtet worden war, hieß es schon deutlicher, das KUD wisse sich mit der EKD darin einig, daß nun, im Herbst 1965, die Deutschlandpolitik „neu durchdacht" werden müsse.[141] Im Dezember 1965 und im März 1966 hatten zwei längere Aussprachen zwischen der KUD-Spitze und Vertretern der EKD stattgefunden, über die keine inhaltliche Verlautbarung veröffentlicht wurde. Es hieß lediglich, beide Seiten stimmten darin überein, daß eine „Versöhnung des deutschen Volkes mit seinen Nachbarn" stattfinden müsse.[142] Den Grund für die öffentliche Zurückhaltung des KUD hinsichtlich der EKD-Denkschrift gab Gradl während einer Sitzung des politischen Ausschusses am 28. März 1966 an: Das KUD könne nicht zu allen „solchen Vorgängen eine Stellungnahme" abgeben. Die Denkschrift werde innerhalb des KUD unterschiedlich beurteilt; daher würde bei einer KUD-Stellungnahme „nur eine verwaschene Aussage herauskommen". Man solle nicht weiter öffentlich über das EKD-Papier sprechen. „Im geschlossenen Kreis", so fügte er allerdings an, müsse darüber gesprochen werden.[143] Als ein Vertreter der Landeskuratorien erneut um eine Stellungnahme bat, ermutigte Schütz zwar zur Diskussion, erklärte aber kurz: „Wir werden als Kuratorium zu diesen Dingen... nicht Stellung beziehen."[144] Insgesamt war der Diskussionsverlauf in dieser Ausschußsitzung, wie das Protokoll ausweist, kaum kontrovers. Auch Vetreter der Vertriebenenverbände, so berichtete Gradl, hätten in einem privaten Gespräch zugegeben, daß die EKD-Schrift „mancherlei korrigiert" habe.[145] Obwohl sich keiner der Anwesenden negativ zur EKD-Denkschrift geäußert habe, blieb man dabei, keine inhaltliche Stellungnahme zu dem Papier abzugeben. Man einigte sich lediglich auf eine Erklärung, die den Landes-, Kreis- und Ortskuratorien als Orientierungshilfe dienen sollte, ohne gleichzeitig von der Öffentlichkeit als KUD-Stellungnahme zugunsten der Denkschrift angesehen zu werden. Hierin hieß, daß das KUD es begrüße, wenn sich die verschiedensten Gremien mit der „Deutschen Frage" beschäftigten, und daß das KUD die Bemühungen derer unterstütze, die „zum ständigen Neudurchdenken" der „Deutschen Frage" anregten und „Lösungsversuche" aufzeigten.[146]

Die KUD-interne Diskussion um die EKD-Denkschrift macht das *Dilemma* deutlich, in dem sich die KUD-Spitze befand: Einerseits hatte man nichts gegen neue, „unorthodoxe" Initiativen zur Lösung der „Deutschen Frage". Andererseits sah man sich nicht in der Lage, öffentlich solchen innovativen Vorschlägen, die über den Rahmen der Bonner Regierungspolitik hinausgingen, zuzustimmen. Wie lange die KUD-Spitze diese teils unverbindliche, teils zurückhaltende Art und Weise der Stellungnahme zu Diskussionsbeiträgen um die „Deutsche Frage" durchhalten konnte, mußte nur noch eine Frage der Zeit sein. Nur ein gutes Jahr später, im Herbst 1967, legte der Geschäftsführende Vorsitzende ein Memorandum vor, in dem er klar und eindeutig Stellung zu einer realistischen Deutschlandpolitik bezog. In dem Memorandum ging es allerdings weniger um die Problematik der Oder/Neiße-Gebiete, sondern um das Verhältnis der beiden deutschen Staaten zueinander. Denn im KUD hatte man nach dem Mauerbau vom August 1961 schnell erkannt, daß eine vollständige Konzentration auf das Gebiet der DDR und auf Berlin notwendig war, um die noch möglichen Gemeinsamkeiten zwischen den Deutschen in Ost und West herauszuarbeiten und aufrechtzuerhalten. Man mußte, wollte man sein Selbstverständnis als „Motor der Wiedervereinigung"[147] nicht aufgeben, demonstrieren, daß sich die Bevölkerung der Bundesrepublik nicht damit abgefunden hatte, das *gemeinsame Ziel von USA und Sowjetunion*, den status quo aufrechtzuerhalten,[148] schweigend zu akzeptieren.

3. Berlin[149]

Während die —freilich lange geleugnete — Existenz eines zweiten deutschen Staates für das KUD ein Paradebeispiel dafür war, wie durch schiere Hegemonialpolitik ein Volk daran gehindert werde, zu seiner staatlichen Einheit zu gelangen, galt Berlin „als das Symbol der deutschen Einheit und Freiheit".[150] Das KUD hatte, um sein unmittelbares Interesse an Berlin zu bekunden, am 28. April 1955 einen „Berlin-Ausschuß",[151] der unter der Leitung des Hauptgeschäftsführers des Deutschen Städtetages (DST), Otto Ziebill, stand, ins Leben gerufen.[152] Auch mit dem KUD-Entschluß vom 14. September 1956, ein KUD-Sekretariat in Berlin zu errichten,[153] wollte man zweifelsfrei demonstrieren, wie eng man sich mit „Berlin als Hauptstadt Deutschlands" verbunden fühlte.[154] Fortan firmierte das KUD unter der Bezeichnung „Kuratorium Unteilbares Deutschland, Berlin-Bonn."[155]

Die KUD-Bemühungen, „Berlins Stellung als Hauptstadt Deutschlands" zu stärken, begannen nach eigener Darstellung im Juni 1956.[156] Das KUD forderte, daß die Plenarsitzungen des Bundesrats „ständig" in Berlin abgehalten werden sollten[157] (erstmals hatte der Bundesrat am 16. März 1956 in Berlin getagt). Der damalige Prässident des Bundesrats, von Hassel, stimmte dieser Anregung zu;[158] allerdings sollten aus Rücksicht auf die parlamentarische und administrative Arbeit... die Ausschüsse und die Verwaltung" der Länderkammer weiter in Bonn verbleiben.[159]

Ermuntert durch dieses „positive Echo"[160] wagte das KUD im November 1956 einen weitergehenden Schritt: Nachdem sich im Oktober bereits der CDU-Bundestagsabgeordnete Gerd Bucerius dafür ausgesprochen hatte, mit Ausnahme weniger Behörden die gesamte Bundesregierung nach Berlin zu verlegen,[161] veröffentlichte das KUD einen „Aufruf"[162] zum gleichen Thema. Hierin hieß es u.a., daß „die Organe der Bundesrepublik" alsbald nach Berlin verlegt werden sollten. Bauten für oberste Bundesbehörden sollten nur noch in Berlin errichtet werden. Ebenso sollten die auf Bundesebene organisierten Verbände und Organisationen, etwa nach KUD-Vorbild, ihren Sitz nach Berlin verlegen. Offensichtlich unter dem Einfluß Ziebills reagierte der DST sehr rasch auf die KUD-Anregung. Der DST-Hauptausschuß faßte am 14. Dezember 1956 den Beschluß, den Sitz des DST, sobald die organisatorischen Probleme geklärt seien, nach Berlin „zurückzuverlegen".[163] Die Bundesregierung lehnte die Vorschläge mit der Begründung ab, daß sie ihre Arbeit nur in einer Stadt ausüben könne, in der ohne Einschränkung ihre Souveränität gewährleistet sei.[164] Im Jahre 1957 wurde die Bucerius/KUD-Initiative als „Antrag" vom „Gesamtdeutschen Ausschuß" im Bundestag eingebracht.[165] In der sich daran anschließenden Debatte des Antrags am 6. Februar 1957 zeigte sich allerdings,

„daß es nicht mehr um die Verlegung des Regierungssitzes ging, sondern lediglich um die ‚stufenweise Vorbereitung' Berlins zur Übernahme der Rolle der Hauptstadt am Tage der Wiedervereinigung Deutschlands...",

meint Mahncke.[166] Das KUD schraubte nun ebenfalls seine Forderungen zurück: Man stellte „mit Befriedigung" fest, daß Bundestag wie Bundesregierung einmütig „für Berlin als Hauptstadt" eingetreten seien. Seitens des KUD wurde nun nicht mehr gefordert, die gesamte Bundesregierung nach Berlin zu verlegen, sondern man wies auf die „politische Bedeutung" hin, die einer Verlegung von Bundesbehörden „ganz oder teilweise" zukäme. Auch wurden die gesellschaftlichen Organisationen jetzt nur noch aufgefordert, „Abteilungen" nach Berlin zu verlegen.[167]

Das Berliner KUD-Sekretariat,[168] dort eingerichtet, um die „Brückenfunktion" Berlins[169] zu demonstrieren, leitete die organisatorischen Vorbereitungen zu KUD-Aktivitäten, die direkt in Zusammenhang mit Berlin standen. So wurden verschiedene „Aktionen" wie z.B. „Macht das Tor auf" zentral von Berlin aus gesteuert. Daneben wurde hier die Organisation der KUD-Jahrestagungen gelenkt.[170] Außerdem lag in Berlin die Erfassung von potentiellen Referenten, die auf KUD-Versammlungen im Bundesgebiet eingesetzt werden konnten.[171] Schließlich leistete das Berliner KUD-Büro DDR-Bürgern materielle Hilfe und ideellen Beistand, die aus oder über Ost-Berlin kommend, das Büro aufsuchten:

„Auf unserem Berliner Posten haben wir vor allem die Aufgabe, den Menschen zu helfen, die unter schwierigsten Umständen zu ihrer Überzeugung stehen. Viele kommen zu uns, um Ratschläge und Hilfe zu erbitten, viele möchten sich einfach aussprechen."[172]

Nach dem „Berlin Ultimatum" vom November 1958[173] versuchte das KUD mit einem erneuten Vorstoß eine dauerhafte Sicherung der Verbindungswege zwischen Berlin und dem Bundesgebiet zu erreichen. W.W. Schütz hatte einen „Berlin-Plan" entworfen,[174] den er auf einer „überraschend"[175] einberufenen Sitzung des Politischen Ausschusses am 21. Januar 1959 vorlegte. Nachdem Herbert Wehner, zwar „zögernd", dem Plan bereits vorher zugestimmt hatte,[176] goutierte ihn auch der Ausschuß. Eine bereits vorbereitete Pressekonferenz, auf der der Plan der Öffentlichkeit vorgestellt werden sollte, wurde jedoch wieder abgesagt.[177] Zur Absage der Pressekonferenz hatten Schütz offensichtlich die heftigen Reaktionen der CDU/CSU,[178] aber auch die Zurückhaltung in weiten Kreisen der SPD, veranlaßt. Da das KUD allerdings schon eine entsprechende Pressemitteilung verteilt hatte, wurde der Plan in der Öffentlichkeit bekannt.[179] Kernstück des KUD-Plans war, ein Gebiet, westlich begrenzt durch die Linie Würzburg-Kassel-Hamburg und im Osten bis nach Berlin reichend, von UNO-Truppen kontrollieren zu lassen.[180] Gleichzeitig mit dem Truppenrückzug von Warschauer Pakt und NATO sollten Wahlen zu einer „verfassungsgebenden Versammlung mit Sitz in Berlin" abgehalten werden.

Trotz der Ablehnung des Planes in der bundesdeutschen Öffentlichkeit, gedachte das KUD, den Plan weiterhin zur Diskussion zu stellen. Dazu mag es sich durch die z.T. positive Aufnahme seiner Vorschläge im Ausland veranlaßt gesehen haben. Schütz, der stets über gute Kontakte nach Großbritannien (besonders zu Politikern der Labour-Party) verfügte, hatte erfahren, daß dort der KUD-Plan keineswegs als „indiskutabel" angesehen wurde. Dies wurde an einigen späteren Bemerkungen des Oppositionsführers im britischen Unterhaus, Hugh Gaitskell, deutlich, der am 19. Februar 1959 erklärte, daß der KUD-Plan zwar „seine Schwierigkeiten" habe, er aber dennoch „nicht ausgeschlossen" oder „übergangen" werden sollte.[181] Daß das KUD dann doch diesen Plan nicht weiter verfolgte, lag in erster Linie an Schütz' Mentor und Freund, dem Gesamtdeutschen Minister Ernst Lemmer. Lemmer hatte an Schütz geschrieben:

„Lieber Freund Schütz ... Sie haben sich völlig korrekt und loyal verhalten. Für Ihre verständnisvolle Reaktion danke ich Ihnen. Das, was veröffentlicht wurde, hat keinen Schaden angerichtet. Der Plan ... verdient selbstverständlich Beachtung und Prüfung. Ich weise ihn keineswegs unbedingt zurück. Wenn ich Sie bat, von einer Demonstration dieser Art jetzt abzusehen, so aus dem Grunde: einmal, weil wir in diesem kritischen Augenblick alles vermeiden müssen, was uns und unsere Freunde verwirren könnte; und dann, weil ich es für bedenklich halte, vor der zu erwartenden Konferenz der Mächte[182] Berliner Lösungen ohne Zusammenhang mit der gesamtdeutschen Frage vorzuschlagen."[183]

Im Jahr 1961 sprach sich US-Präsident Kennedy in einem Interview vom 25. November dafür aus, die Zufahrtswege von und nach Berlin unter internationale Kontrolle zu stellen.[184] Schütz sah hier ein Aufgreifen seiner vor zwei Jahren unterbreiteten KUD-Vorschläge und unterstützte Kennedys Initiative, wie er dem amerikanischen Botschafter in Bonn, Dowling, versicherte, und bot sich selbst als *Vermittler zwischen Washington und der Bonner Regierung* an.[185] In Gesprächen mit potentiellen Angehörigen der zukünftigen Kontrollbehörde versuchte Schütz „das Terrain zu sondieren".[186] Um eine solche Beteiligung bei der Suche nach Lösungsmöglichkeiten war das KUD vorher vom damaligen US-Außenminister Rusk gebeten worden.[187] Nachdem die amerikanisch-sowjetischen Gespräche über diese Frage Ende Mai 1962 ergebnislos abgebrochen worden waren,[188] verzichtete auch das KUD darauf, weiter für eine Internationalisierung der Berliner Zufahrtswege einzutreten. Die Berlin-Aktivitäten des KUD konzentrierten sich jetzt darauf, die spezifischen Berliner Probleme durch Ausstellungen oder im Rahmen der Betreuung von Berlin-Besuchern zu erläutern.[189]

Immer wieder trat man mit Appellen an die Öffentlichkeit, in denen z.B. dazu aufgefordert wurde, der Berliner Bevölkerung menschliche Kontakte mit der bundesdeutschen Bevölkerung zu ermöglichen. Dies sollte z.B. durch Unterstützung des „Hilfswerk Berlin" geschehen oder dadurch, daß man Kinder und Alte in die Bundesrepublik einlade oder selbst nach Berlin reise.[190] Der Berliner Senat war für das KUD-Engagement für Berlin stets dankbar.[191] So waren auch bei jeder KUD-Jahrestagung in Berlin in aller Regel die ersten Repräsentanten der Berliner Politik anwesend. Der Mauerbau im August 1961 beeinflußte bzw. veränderte die Berlin-Konzeption des KUD nicht. Man blieb dabei, immer wieder zu fordern, Berlin müsse mit allen Mitteln als eine freie Stadt unterstützt und gefördert werden.[192]

Neben den gewissermaßen propagandistisch an die bundesdeutsche Öffentlichkeit gerichteten Appellen bemühte sich Schütz namens des KUD, einzelne Politiker für deutliche Gesten in Bezug auf Berlin zu gewinnen. Insbesondere versuchte Schütz, den Bundespräsidenten Lübke dazu zu bewegen, seinen Wohnsitz nach Berlin zu verlegen. Über das diesbezügliche Gespräch berichtet Schütz, daß Lübke dies für einen interessanten Vorschlag gehalten habe und fährt dann fort:

„Er (Lübke – L.K.) fühle sich als Deutscher und nicht als Angehöriger irgendeines Landes oder einer Stadt. Darauf ich, er müsse ja irgendwo registriert sein. Er sei nach dem Kriege irgendwo in Westfalen gewesen, dann in Düsseldorf, dann in Bonn. Er habe in der Tat einen Ausweis von Düsseldorf. Man müsse überlegen, was geschehe, wenn er einen Ausweis von Berlin habe."[193]

Berlin besaß also für das KUD einen hohen Stellenwert. Andererseits sahen die Berliner Politiker im KUD einen wesentlichen Fürsprecher für ihre eigene politische Konzeption. Sicherlich war es kein bloßer Zufall, daß Berliner das KUD wesentlich mittrugen, unabhängig von ihrer parteipolitischen Zugehörigkeit. In einem Artikel zum ersten Jahrestag des Mauerbaus schrieb Schütz:

„Längst nachdem sich die Geschichte über diese Phase (der Jahre 1933 bis 1945 – L.K.) der deutschen Entwicklung hinweggesetzt hat, haftet dem deutschen Namen im Bösen wie im Guten noch etwas von diesem Machtbegriff (als Charakteristikum für „den" Deutschen) an. Aber gleichzeitig entstand in Deutschland selbst ein Brennpunkt, dessen ganze Bedeutung für uns Deutsche darin liegt, daß sich hier keine Macht, sondern nur Freiheitsgeist verkörpert – Berlin ... Berlin hat vermocht, was dem deutschen Volk als Ganzem nicht gelungen ist, nämlich die Zuneigung, die Liebe anderer Völker zu gewinnen."[194]

Daß das KUD wesentlich mit dazu beigetragen hatte, Berlin einen solchen Stellenwert in der „Weltmeinung" zu sichern, stand für das KUD selbst ohne jeden Zweifel fest.

4. DDR[195]

Zweifellos war die primäre Zielrichtung des KUD-Wirkens auf das Gebiet der DDR gerichtet. Diese „Mitte" des ehemaligen Deutschen Reiches sollte mit Westdeutschland vereinigt werden. Darüber ließ das KUD trotz aller vorsichtigen Formulierungen[196] und dem formal aufrecht gehaltenen Anspruch auf *alle* Territorien des ehemaligen Reichs in den Grenzen von 1937, keinen Zweifel entstehen. Man war sich hier mit der Bundesregierung einig,[197] die unter „Wiedervereinigung" de facto ebenfalls „nur" die Zusammenführung der beiden deutschen Staaten verstand. In einer Resolution der Jahrestagung von 1956 hieß es:

„Sowohl materiell wie in ihrer wirtschaftlichen Freiheit haben die breiten Massen Mitteldeutschlands durch die Wiedervereinigung eine wesentliche Besserung zu erwarten. Das soll nicht heißen, daß die Verhältnisse der Bundesrepublik unbesehen zu übernehmen sind. Auch Mitteldeutschland kann in manchen Punkten Vorbild sein, wie etwa für eine großzügige finanzielle Ermöglichung der Ausbildung."[198]

Damit war vom KUD eine Formulierung Jakob Kaisers aufgeriffen worden, der am 23. Juni 1956 kurz und eindeutig gesagt hatte:

„Die Bevölkerung in der Zone will schließlich keinen Anschluß. Sie will Zusammenschluß."[199]

In einer der ersten „politischen" Entschließungen beschäftigte sich das KUD ausschließlich damit, wie die Folgen der „Spaltung" von ehemals Mittel- und Westdeutschland „gemildert" werden könnten. Danach sollten die einzelnen bundesdeutschen Gemeinden Kontakte zu Kommunen der DDR aufnehmen, die Begegnung von Wissenschaftlern und Künstlern sollte verstärkt werden, Schulklassen sollten „Mitteldeutschland" besuchen etc.[200] Zum Abschluß der KUD-Jahrestagung 1958 machte Schütz noch einmal deutlich, um was es dem KUD ging:

„Wir wollen nicht die DDR unterhöhlen; wir wollen sie abschaffen. Aber wir wollen auch die Bundesrepublik abschaffen. Auch sie ist nur ein Durchgangsstadium".[201]

In Punkt sechs der „Politischen Leitsätze" vom Juni 1960[202] hieß es dann, bei einer Vereinigung der beiden deutschen Staaten müsse gewährleistet sein, daß „Inhalt und Form" des wiedervereinten Deutschlands nur durch eine „freie Entscheidung aller Teile Deutschlands" festgelegt werden könnten. Damit war programmatisch formuliert, daß es – aus Sicht des KUD – nicht um schlichte Annexion der DDR gehe, sondern um einen *Zusammenschluß* beider Teile zu einem Staatsverband, dessen politische, gesellschaftliche und soziale Strukturen nicht von einem der beiden Teile präjudiziert werden dürften.

Am 24. November 1956 hatte das KUD die verantwortlichen Politiker aufgefordert, jede sich bietende Möglichkeit „entschlossen wie besonnen" auszunutzen, um dem

„Selbstbestimmungsrecht auch der Deutschen endlich Geltung zu verschaffen".[203] In den folgenden Jahren wurde die Forderung nach Selbstbestimmung immer wieder proklamiert: Sowohl die Veranstaltungen zum 17. Juni[204] als auch die Fortsetzung der Aktion „Macht das Tor auf"[205] wurden unter dieses Motto gestellt. Die Forderung nach *Selbstbestimmung* wurde zum *zentralen Begriff* des KUD. Das Recht zur Selbstbestimmung impliziert, nach Rabl, zweierlei: Einmal müsse sich eine ethnische Gruppe ihrer Gemeinsamkeit, z.B. Sprache, Geschichte und Kultur, „bewußt" sein und die sich daraus ergebenden Besonderheiten „als einen Wert empfinden, den sie bewahren und entwickeln " wolle. Dabei sei es gleichgültig, ob eine Gruppe als „ethnisch-ethische Einheit" bestehe oder „erst wachsen" solle. Der Anspruch auf Selbstbestimmung richte sich stets gegen eine „von Fremden ... auferlegte oder gehandhabte Grenz-, Staats- oder Verfassungsordnung".[206]

Neben dem Begriff „Selbstbestimmung" trat ab dem Jahre 1962 die Parole „Menschenrechte für alle Deutschen" in den Vordergrund der KUD-Argumentation. Mit der Forderung nach den in der DDR zu verwirklichenden Menschenrechten glaubte man, nun, nach dem Mauerbau, noch eindrucksvoller als mit „Selbstbestimmung" die „Weltöffentlichkeit" auf die deutsche Zweistaatlichkeit aufmerksam machen zu können. So forderte Schütz namens des KUD, sowohl ein „Institut für Menschenrechte" zu gründen[207] als auch ein UNO-Sekretariat mit einem „UN-Hochkommissar" für Menschenrechte in Berlin zu etablieren.[208] Die dazu notwendigen finanziellen Mittel sollten von der Bundesregierung bereitgestellt werden. Das KUD hoffte mit solchen Forderungen offensichtlich, auf die Machthaber in der Sowjetunion und damit auch auf die DDR „Druck" ausüben zu können, dem sich diese auf Dauer nicht widersetzen könnten.

Das KUD sah es nicht als seine einzige Aufgabe an, die Forderung nach Wiedervereinigung durch öffentlich-plakative Aktivitäten zu unterstützen. Neben diesen, gewissermaßen „flankierenden", Aktionen stellte das KUD bzw. die KUD-Spitze auch Überlegungen an, was konkret getan werden könnte, um über eine Entschärfung der militärischen und politischen Konfrontation zu einer allmählichen Annäherung der deutschen Staaten zu gelangen. Bereits mit dem Berlin-Plan hatte des KUD das Interesse der Öffentlichkeit geweckt. Die SPD war mit ihrem „Deutschlandplan" vom 18. März 1959 einen Schritt weitergegangen, indem sie zunächst die Schaffung eines europäischen Sicherheitssystems (was durch eine vorherige „militärische Verdünnung" in Mitteleuropa ermöglicht werden sollte) vorschlug und erst danach die Modalitäten einer Vereinigung von Bundesrepublik und DDR festzulegen beabsichtigte.[209] Vor der Veröffentlichung des SPD-Plans hatte es Kontakte zwischen KUD und SPD gegeben.[210]

Am 20. Februar 1959 versandte Schütz an die Mitglieder des politischen Ausschusses eine von ihm verfaßte „Diagnose", an die sich ein „Stufenplan" anschloß, der fünf Phasen vorsah, in deren Zuge sowohl die deutsche Vereinigung realisiert als auch ein entscheidender Schritt zur militärischen Entspannung in Mitteleuropa getan werden sollte.[211] Die erste Phase sah vor, einen „Rat der Außenministerstellvertreter" (unter Beteiligung der Bundesrepubik und der DDR) zu bilden. Nachdem dieses Gremium eine Wahlordnung für „Groß-Berlin" ausgearbeitet sowie Beschlüsse bezüglich menschlicher, kultureller und wirtschaftlicher Erleichterungen zwischen beiden deutschen Staaten gefaßt hätte, werde die erste Phase mit einem Auseinanderrücken von Warschauer Pakt- und NATO-Truppen an der innerdeutschen Grenze abgeschlossen werden. Die zweite Phase sollte durch konkrete Überlegungen des „Rates der Außenministerstellvertreter" über das politische, wirtschaftliche und militärische Aussehen eines wiedervereinigten Deutschland gekennzeichnet sein. In einer dritten Phase müsse eine Volksabstimmung über eine Verfassung durchgeführt werden; die ausländischen Truppen hätten sich weiter zurückzuziehen, und das geräumte Gebiet sei von UNO-Truppen zu kontrollieren. Die Wahl einer Nationalversammlung und die Etablierung einer gesamtdeutschen Regierung bildeten den Kern der vierten Phase des *„Schütz-Planes".* Parallel hierzu könnten sich die Siegermächte des Zweiten Weltkrieges über ein europäisches Sicherheitssystem einigen. Die fünfte und letzte Phase schließlich habe den „Vollzug der Wiedervereinigung" und die Errichtung eines Sicherheitssystems in Europa dergestalt zu erbringen, daß sich die NATO-Truppen hinter den Rhein und die Truppen des Warschauer Paktes hinter den Bug zurückzögen. Für die Abfolge der fünf Phasen sei ein fester Zeitplan zu verabreden, der *in drei bis vier Jahren zur Wiedervereinigung führen sollte*. Wahrscheinlich hielten Schütz die heftigen Reaktionen anläßlich des KUD-Berlin-Plans davon ab, den neuen Plan der Öffentlichkeit vorzustellen. Mit dem Versenden des „Schütz-Plans" an die Mitglieder des Politischen Ausschusses war jedoch gewährleistet, daß die führenden Politiker der Bundesrepublik von der KUD-Konzeption Kenntnis erhielten.

Da die Diskussion innerhalb der SPD über ihren „Deutschlandplan" im Februar 1959 bereits weitgehend abgeschlossen war,[212] scheint eine wesentliche Beeinflussung des SPD-Plans durch die Schützschen Überlegungen, trotz festzustellender Parallelen (z.B. zur Frage der Beteiligung beider deutscher Regierungen an den Verhandlungen der Großmächte), nicht stattgefunden zu haben. Allerdings fanden sich in dem zwei Monate später in Genf vorgelegten „Herter-Plan" eindeutig Formulierungen aus dem „Schütz-Plan" wieder. So sprach z.B. auch der „Herter-Plan" von der Bildung eines „Rates der Außenministerstellvertreter". Wenn Soell meint, der SPD-Plan habe den von der SPD beabsichtigten Einfluß auf die westliche Verhandlungsposition, wie sie im „Herter-Plan" sichtbar wurde, „in der Tat" gehabt, weil „einige zentrale Gedanken" des „Deutschlandplans" aufgegriffen worden seien,[213] dann ist den Schützschen Vorschlägen mindestens die gleiche Wirkung zuzusprechen. Sicherlich war der „Schütz-Plan" ebenso wie der Plan der SPD eine „Gleichung mit sehr vielen Unbekannten";[214] im „Schütz-Plan" wurde aber ebenso wie im „Herter-Plan" die stufenweise *Verknüpfung von militärischer und politischer Lösung deutlicher herausgestellt*, als beim SPD-„Deutschlandplan".[215]

Zwischen allen drei Plänen zur Lösung der „Deutschen Frage" sind also Interdependenzen unverkennbar. Alle drei Konzepte gehen von einem stufenweisen Ablauf aus, wobei in „Herter-" und „Schütz-Plan" sogar *dieselben* Formulierungen verwendet werden. Das beweist zumindest, daß das KUD, als dessen Repräsentant Schütz ja seinen Plan unterbreitet hatte, mit seinen Überlegungen im Jahre 1959 sowohl mit der SPD als auch mit den westlichen Verbündeten weitgehend konform ging.

Bis zum Jahre 1961 hatte sich das KUD allzu deutlicher Kritik an der Bonner Deutschlandpolitik enthalten. Nach dem Mauerbau jedoch kritisierte Schütz erstmals indirekt die Methode, mit der die „Deutsche Frage" im Bundestag behandelt werde. Er meinte, die Behandlung einzelner deutschlandpolitisch relevanter Probleme sei nicht aktuell genug. Es reiche nicht aus, wenn der Bundestag „irgenwann einmal" in einem „gesamtdeutschen Großreinemachen" die innerdeutschen Probleme behandele.[216] Auf der Jahrestagung 1961 (9. bis 11. November) ging Schütz einen Schritt weiter, indem er sagte, wenn „wir die Zonengrenze ernster genommen" hätten, dann „wäre die Mauer *nicht* errichtet worden".[217] Einig war man sich im KUD völlig, daß mit der bisherigen offiziellen Politik, die sich „gegen den Strom der Entspannung" stelle,[218] der Wiedervereinigung *nicht* mehr näher zu kommen sei. In einem „Ausblick" auf „deutschlandpolitische Möglichkeiten" meinte Schütz daher, nur *Gesprächsbereitschaft* ermögliche ein Vorwärtskommen. Es sei klar, daß „weder im Ton noch in der Zielsetzung der kalte Krieg einem Interesse des Westens" diene. Die „Tür" zu einer „Verhandlungsregelung" müsse „offen" bleiben.[219] Während der Jahrestagung vom 28. November bis 1. Dezember 1962 konstatierte Schütz schließlich:

„Es fehlt uns bisher die große Strategie, die es jedem deutlich macht, in welchem Zusammenhang das, was er tut, mit der gesamt(deutsch)en Politik steht."[220]

J.B. Gradl formulierte hier erstmals das, was später „offensive Wiedervereinigungspolitik" genannt werden sollte:

„... Diese Politik aber muß eine Politik der Vorwärtsstrategie werden ... Gemeint ist eine Politik auf weite Sicht, die sich nicht auf Berlin, auf Defensive, auf Status quo und Modus vivendi beschränkt und beschränken läßt, eine Politik vielmehr nach vorn, die Gesamtdeutschland fest ins Auge faßt... Wenn wir wollen, daß die westliche Politik offensiv auf die deutsche Frage konzentriert wird, dann heißt das nicht, daß nun sofort spektakuläre Aktionen sein müssen... Mit anderen Worten, wir werden für die stille politische Planung im vertraulichen und vertrauten Austausch mit unseren Verbündeten Gedanken über eine Entspannung in und um Deutschland zu entwickeln haben."[221]

Wiederum ein Jahr später konkretisierte Schütz,[222] was das KUD unter einer „offensiven Wiedervereinigungspolitik"[223] verstanden wissen wollte: „Offensive Wiedervereinigungspolitik" meine, daß die Verständigung mit dem Osten unerläßlich sei. Im Zuge einer Verständigungspolitik werde die UdSSR die „Zone" als „Belastung" empfinden. Die Bereitschaft, materielle Opfer für die Wiedervereinigung zu erbringen, müsse deutlich ausgesprochen werden. Auf innerdeutscher Ebene müsse die politische Auseinandersetzung intensiviert werden. Weder Nationalismus noch Defätismus wären hilfreich, sondern die Basis der Wiedervereinigungspolitik müsse verbreitert werden und eine gemeinsame „Einheitspolitik" aller „freiheitlichen Kräfte" möglich sein. Die KUD-Formulierung „Offensive Wiedervereinigungspolitik" lehnte sich an P. Benders Forderung nach „Offensiver Entspannungspolitik" an. Bender hatte in seinem gleichnamigen Buch die Anerkennung der DDR gefordert, weil nur durch einen solchen Schritt seitens der Bundesrepublik die DDR „konsolidiert" werde. Diese Konsolidierung sei die notwendige Voraussetzung jeder Entspannung zwischen den beiden Staaten; sie komme letztlich den Menschen in der DDR zugute.[224] Schließlich meinte Bender, daß „auf die Anerkennung der DDR als Voraussetzung der deutschen Einheit" nur derjenige verzichten könne, der „diese Einheit von einer Kapitulation Moskaus" erwarte.[225] Wenn auch das KUD mit „Offensiver Wiedervereinigungspolitik" nicht die Anerkennung der DDR forderte, so stellte es dennoch Forderungen nach neuen Wegen in der Deutschlandpolitik auf, die von den bisherigen Bonner Grundsätzen abwichen. Nachdem im Jahre 1964/65 die KUD-Denkschrift „Reform der Deutschlandpolitik" erschienen war, wurde deutlich, daß sich das KUD einem „Umdenkungsprozeß" unterzogen hatte.[226] Nicht mehr allein das ständige Wiederholen von Losungen wie „Selbstbestimmung" oder „Menschenrechte für alle" oder „Wir gehören zusammen" wurde nun vom KUD als seine Aufgabe angesehen: Jetzt, nachdem man lange vergebens auf neue Initiativen zur Deutschlandpolitik von offizieller Seite gewartet hatte, sah das KUD sich geradezu gezwungen, selbst politisch konkret zu werden. Man sah die Notwendigkeit, „Deutschlandpolitik zunächst in Deutschland zu entwerfen und sich dann um Unterstützung bei seinen Partnern zu bemühen, die dafür zu gewinnen" wären.[227]

Diese Einsicht mag Schütz im Herbst 1967 veranlaßt haben, sein Memorandum *„Was ist Deutschland?"* an führende KUD-Akteure und Mitglieder der Bundesregierung zu senden, nachdem dessen Inhalt der Gesamtdeutsche Minster, Herbert Wehner, zugestimmt hatte.[228] Schütz hatte in „Was ist Deutschland?" womit er in erster Linie die KUD-interne Diskussion anregen wollte, festgestellt,[229] daß die *staatliche Existenz der DDR nicht mehr geleugnet* werden könne. Es sei Tatsache, daß es zwei einander gegenüberstehende Gesellschaftsordnungen in Deutschland gebe. *Beide Staaten seien Gliedstaaten einer Nation;* sie seien füreinander nicht Ausland. *Keine* der beiden Regierungen vertrete ganz Deutschland, und eine Lösung der „Deutschen Frage" sei nur noch *im Rahmen einer gesamteuroäischen Friedenslösung* denkbar. Beide Staaten sollten ein umfassendes System von Verträgen schaffen, das sie in ein „geregeltes Verhältnis" zueinander bringe. Dabei sei die *Einheit der Nation* zu wahren, eine völkerrechtliche Anerkennung der DDR stehe außer Frage.

„Was ist Deutschland?" war zwar nicht von einem KUD-Gremium offiziell verabschiedet worden, das Memorandum gab jedoch durchaus den Diskussionsstand innerhalb der KUD-Spitze wieder, wie er sich seit den Jahren 1966/67 abgezeichnet hatte. Insofern kann man das Memorandum durchaus als die programmatische Formulierung der KUD-Spitze ansehen.

In der Regierungserklärung der ersten Regierung Brandt/Scheel hieß es ebenfalls, daß die Bundesregierung mit der Regierung der DDR „über ein geregeltes Nebeneinander zu einem Miteinander" kommen wolle. Dabei komme eine völkerrechtliche Anerkennung der DDR nicht in Betracht, denn beide Staaten seien füreinander kein Ausland.[230] Die Formulierungen von Schütz aus dem Jahre 1967 und die der Regierungserklärung von 1969 ähneln einander so eindeutig, daß man, wie es H. End tut, sagen kann, „bis in die Terminologie hinein" lasse sich „der Einfluß der Thesen Schütz' nachweisen".[231] Eindeutiger als bei der Formulierung der „Neuen Ostpolitik" konnte in den vergangenen Jahren noch keine innerhalb des KUD entstandene Konzeption zum Tragen kommen. Mit gutem Grund konnte Schütz daher in einem Interview (anläßlich seines Beitritts zur SPD) im Jahre 1972 sagen, daß er mit seinem Memorandum aus dem Jahre 1967 „einiges zur Erarbeitung der neuen politischen Konzeption beigetragen" und „auf die Vertiefung und Klärung dieser Friedenspolitik hingearbeitet" habe.[232]

Nachdem die Ostverträge inkraft getreten waren und damit die bundesdeutsche Diskussion um das Für und Wider beendet worden war, rückte das Thema „Wiedervereinigung" in den Hintergrund der KUD-Konzeption. Auf der Basis der Ostverträge wollte man, wie es in einer Erklärung des KUD-Präsidiums zum 17. Juni 1973 hieß,[233] „das Beste für alle Deutschen aus der neuen Situation ... machen". Die Aufgabe des KUD sei es künftig, so hieß es weiter, „das Bewußtsein der Einheit der Nation zu erhalten". Unauslöschliche Bestandteile dieser Einheit seien „gemeinsame Geschichte, Sprache und Kultur". In seinen „wissenschaftlichen Arbeitskreisen" versucht das KUD seitdem, diese gemeinsamen Bestandteile zwischen den Bewohnern der beiden deutschen Staaten aufzuarbeiten und damit einerseits zu einer sachlichen Analyse der innerdeutschen Situation beizutragen und andererseits das Verständnis für die spezifischen Probleme in der DDR zu erweitern.

5. Zusammenfassung

1. Um eine eigene Konzeption bezüglich des Saargebiets zu entwickeln, besaß das KUD in den Jahren bis 1956 noch zu wenig politisches Profil.
2. Von einer eigenen Konzeption des KUD hinsichtlich der Oder/Neiße-Gebiete kann nicht gesprochen werden. Eher deuten verschiedene Faktoren darauf hin, daß das KUD die Oder/Neiße-Gebiete nicht als notwendigerweise wieder in einen deutschen Staatsverband einzugliedernde Territorien ansah.
3. Die Existenz zweier deutscher Staaten („Verwaltungseinheiten") war der eigentliche Anlaß für die KUD-Gründung. Bezüglich der DDR bzw. einer Vereinigung der beiden deutschen Staaten konnte das KUD erst nach dem Mauerbau eigene und, wie sich zeigen sollte, *der offiziellen Bonner Deutschlandpolitik vorgreifende* Konzeption entwickeln.
4. Berlin als Symbol für ein vorausgesetztes gesamtdeutsches Bewußtsein in beiden deutschen Staaten wurde vom KUD mit größtmöglicher Aufmerksamkeit bedacht. Lösungsvorschläge, die die Spannungen um die Stadt entkrampfen sollten, wurden unterbreitet bzw. unterstützt. Nach dem 13. August 1961 allerdings versprach sich das KUD von weiteren politischen Berlin-Initiativen keinen Erfolg mehr; man konzentrierte sich jetzt darauf, innerhalb der bestehenden Verhältnisse die Berliner Situation besonders für die Berliner Bevölkerung erträglicher zu machen.
5. Wenn sich auch heute noch nicht feststellen läßt, *in welcher Weise* im einzelnen und mit welchem Gewicht KUD-Konzeptionen in politischen Aktivitäten z.B. der Bundesregierung zum Tragen kamen, so bleibt dennoch festzustellen, *daß Interdependenzen in diesem Bereich vorhanden waren*. Besonders deutlich wurde die Wechselwirkung zwischen KUD-Konzeption und offizieller Regierungspolitik bei der Formulierung der „Neuen Ostpolitik".

Zusammenfassung

Stimmt man der Auffassung zu, daß eine Vereinigung der beiden, als Folge des kalten Krieges im Jahre 1949 entstandenen deutschen Staaten[1] spätestens seit Beginn der fünfziger Jahre[2] *nicht* mehr möglich gewesen ist, so scheint die KUD-Gründung im Jahre 1954 sowohl mit Blick auf die internationalen Konstellationen[3] als auch im Hinblick auf die bundesdeutsche Außen- und Deutschlandpolitik[4] eine wenig sinnvolle Aktion gewesen zu sein: *Ein Anachronismus.* Anachronistisch war die Gründung eines Kuratoriums mit dem Namen „Unteilbares Deutschland" jedoch nicht, weil sie im Widerspruch mit den immer wieder formulierten *Zielen* der bundesdeutschen Politik nicht im Einklang gestanden hätte,[5] sondern deswegen, weil die *Wege,* die die Bonner Politik beschritt, in ganz andere Richtung als auf die Wiedervereinigung hin führten. Oder, mit den Worten Bessons:

„... die offizielle Interpretation dessen, was geschah, stimmte immer weniger mit der politischen Praxis überein. Die Gewinnung der Wiedervereinigung in Frieden und Freiheit wurde zu einem ins Nebelhafte entschwindenden Fernziel, während in Wahrheit die Selbstbehauptung und weitere Entwicklung der Bundesrepublik alle Kräfte beanspruchte."[6]

Erdmenger spricht von der „Tatsache" einer „Inadäquenz von Ziel (Wiedervereinigung Deutschlands) und Mitteln".[7] Die Diskrepanz von Ziel und Mitteln der Deutschlandpolitik scheint auch nicht durch den Hinweis auf den „Umweg" über Europa, auf dem die „Deutsche Frage" zu lösen sei, aufgehoben werden zu können. Eine „europäische Lösung" der „Deutschen Frage" hätte, zumindest in der jeweiligen Perzeption einer Seite, entweder dem Osten oder dem Westen „Vorteile" bringen müssen. So mußte die Erlangung der Wiedervereinigung als Folge eines „starken" Westeuropas ebenso von vornherein zum Scheitern verurteilt sein, wie als Folge eines europäischen Sicherheitssystems, wie es etwa dem „Rapacki-Plan" zugrunde lag.[8]

Obwohl es allem Anschein nach zutreffend ist, wenn man schon die Gründung des KUD, unter Berücksichtigung der „realpolitischen" Konstellationen und Perspektiven, als anachronistisch bezeichnet, und *das KUD somit keinen Beitrag zur Erlangung der Wiedervereinigung zu leisten imstande war,* so läßt dies dennoch nicht den Schluß zu, das KUD sei eine „unnütze" oder überflüssige Institution bzw..Organisation gewesen. Denn, obwohl das KUD ebenso wie die Politik der in Bonn Regierenden keinen substanziellen Beitrag zu leisten vermochte, das allerspätestens seit Mitte der fünfziger Jahre unrealistisch gewordene Ziel, die Wiedervereinigung in Frieden und Freiheit, weniger fern erscheinen zu lassen, bleiben dennoch einige „Verdienste" festzuhalten, die freilich nur z.T. den primären KUD-Intentionen entsprachen und auch nicht im Sinne einer quantitativ-positiven Erfolgsrechnung meßbar sind.

1. Die Auffassung, an einem Ziel auch dann festzuhalten, wenn die Mittel zur Realisierung fehlten, führe zum Verlust der Glaubwürdigkeit desselben, und die irrationale wie irreale Aufrechterhaltung des Zieles bringe die Gefahr der innenpolitischen Radikalisierung mit sich,[9] wurde vom und durch das KUD widerlegt. Gerade weil das KUD gegründet wurde, sahen Beobachter die Gefahr der Radikalisierung der „Deutschen Frage" gebannt. Indem „Demokraten" eine Organisation initiierten, die ihr Augenmerk den ungelösten Problemen Nachkriegsdeutschland zuwendete, gelang es freiheits- und demokratiefeindlichen Gruppen nicht, diesen Bereich erfolgreich für sich zu reklamieren.[10] Dadurch, daß das KUD auf allen seinen Organisationsebenen jeder

demokratischen und freiheitlichen Organisation oder Gruppe offenstand, gelang es, eine breite Identifikation mit dem KUD und damit auch mit dem ohne Gewaltanwendung zu erreichenden Ziel der Wiedervereinigung zu ermöglichen. Indem gleichzeitig die Programmatik wie die personelle Ausstattung nicht von aktuellen Entscheidungen der „Basis" abhängig war, sondern vornehmlich von den „staatstragenden" Parteien bzw. deren Repräsentanten bestimmt wurde, konnte das verfassungsgebende Ziel der Wiedervereinigung im und vom KUD nie auch nur in etwa zur Disposition gestellt werden.

2. Dem KUD gelang es, zumindest über einige Jahre hinweg, breite Bevölkerungskreise für die „Deutsche Frage" zu engagieren. Mag dieses Engagement auch mehr auf emotionalen „Gefühlen" als auf rational-reflektierenden Zweckmäßigkeitserwägungen gefußt haben — der Aussage, das KUD habe, für alle sichtbar, „gesamtdeutsches Intersse" zu wecken vermocht, ist dadurch nicht zu widersprechen. Wenn auch (heute noch) nicht feststellbar ist, inwieweit die durch KUD-Aktivitäten (z.B. Jahrestagungen, Gestaltung des 17. Juni) hervorgerufenen „Massendemonstrationen" der Bundesregierung halfen, ihre deutschlandpolitische Einstellung zu vertreten, so scheint es nicht unbegründet zu sein festzustellen, daß mit dem Hinweis auf die KUD-Inlandsaktivitäten das Bonner Offenhalten der „Deutschen Frage" ebenso sinnvoll begründbar war, wie beispielsweise mit dem Hinweis auf entsprechende Meinungsumfragen, auf „historische Notwendigkeiten" oder auf staats- und völkerrechtliche Normen.[11] Aufgrund der Tatsache, daß das KUD nicht nur z.B. von einer bestimmten „gesamtdeutsch" orientierten Gruppe getragen wurde, sondern auf eine quantitativ überprüfbare Resonanz in der bundesdeutschen Bevölkerung hinweisen konnte, wurden auch seine Auslandsaktivitäten erst zweckmäßig.

3. Charakteristisch für das KUD war, daß alle relevanten politischen und gesellschaftlichen Gruppierungen in ihm mitarbeiten konnten, was diese auch, unterschiedlich dauerhaft und mit unterschiedlicher Identifikation und Intensität, taten. Ebenso charakteristisch war die Rollenverteilung im KUD: Während die gesellschaftlichen Gruppierungen die finanzielle Existenz des KUD sicherten und kaum Einfluß auf dessen Programmatik nahmen, waren es die Vertreter der politischen Parteien, die die inhaltliche Arbeit des KUD bestimmten. Diese Symbiose ermöglichte es dem KUD, finanziell und programmatisch unabhängig von der einen oder anderen Gruppe zu existieren. Daß man dadurch gezwungen war, sich stets auf den „kleinsten gemeinsamen Nenner" zu einigen, das KUD also das *Produkt* seiner es tragenden Gruppen war, scheint, wenn überhaupt, dann nur auf den ersten Blick ein Nachteil gewesen zu sein. Denn, um den Anspruch als universale, alle Schichten der Bevölkerung umfassende bzw. repräsentierende Institution aufrechterhalten zu können, mußte das KUD, selbst bei den schärfsten tagespolitischen Kontroversen um den zweckmäßigen Weg der Deutschlandpolitik, für alle akzeptabel bleiben. D.h. ihm kam, wenn es schon nicht selbst Politik bestimmen konnte, eine *deutschlandpolitische Kompensationsfunktion* zu. Das KUD, analog zum Ältestenrat des Deutschen Bundestages, als eine Art „Ältestenrat der Deutschlandpolitik" zu bezeichnen, scheint kein allzu abwegiger Vergleich zu sein.[12]

4. Trotz des anachronistischen und realitätsfremden Namens des Kuratoriums „Unteilbares Deutschland" kann die KUD-Programmatik und -Konzeption keinesfalls als gleichermaßen unvernünftig, den politischen Gegebenheiten und, auch in der Perspektive der westlichen Verbündeten,[13] den Wünschbarkeiten widersprechend angesehen werden. Im Gegenteil! Das KUD hatte, mehr oder weniger klar, jedenfalls deutlich erkennbar und ohne viel Aufhebens, eine Einstellung zu einigen Problemen Nachkriegsdeutschlands eingenommen, die sich von den Positionen, wie sie im Zuge der „Neuen Ostpolitik" von Bonn offiziell bezogen wurden, kaum unterschied. So herrschte im KUD seit Ende der fünfziger Jahre die Auffassung, daß eine Rückgliederung der Oder/Neiße-Gebiete in einen deutschen Staatsverband ebenso außer Frage stehe, wie eine schlichte Annexion der DDR durch die Bundesrepublik. Allenfalls

könne es um einen keine Seite diskriminierenden *Zusammenschluß* beider „Verwaltungseinheiten" gehen. Eine solche Konzeption mußte daher dazu führen, daß sich das KUD dann, als die starre Bonner Deutschlandpolitik durch eine flexible, den politischen Gegebenheiten Rechnung tragende Politik ersetzt wurde, auf die Seite der „Neuerer" stellte. Das wiederum hatte nicht nur „mancherlei Frustrierung"[14] zur Folge, weil die an bestimmte Personen geknüpften Hoffnungen zunächst nur unbefriedigend zum Tagen kamen, sondern bedeutete auch den Beginn einer *permanenten KUD-Krise,* die erst in den siebziger Jahren formal beendet wurde.

Das KUD war sicherlich kein Hindernis auf dem Weg zur Wiedervereinigung. Die globalen, regionalen und nationalen politischen Konstellationen ließen andererseits auch nicht zu, daß das KUD aufgrund seiner Existenz oder eigener Initiativen „Deutschlands" (staatliche) Einheit zu dem alles Andere dominierenden Ziel der Mächtigen werden lassen konnte. Daran anknüpfend läßt sich —wenn man will — folgern, daß alles auch ohne das KUD so gekommen wäre, wie es kam: Die deutschen wie die anderen in Ost und West betroffenen Staaten sahen in der Lösung der „Deutschen Frage" immer weniger ein ihren „nationalen Interessen" entsprechendes Ziel; die Spannungen zwischen beiden deutschen Staaten eskalierten nicht nur analog zur internationalen Entwicklung des Ost-West-Konflikts, sondern entwickelten sich unabhängig davon, so daß sie selbst zu Zeiten einer Annäherung der beiden Supermächte ihre Eigendynamik behielten; die Bevölkerung beider deutscher Staaten arrangierte sich mehr und mehr mit den Gegebenheiten; die Überzeugung, daß nur die ausdrückliche Respektierung des status quo menschlich wie politisch gewinnbringend sein könnte, setzte sich allmählich durch.

Die Frage zu stellen, was das KUD anders hätte machen müssen, bzw. ob es unter anderen Bedingungen eine Plattform für die deutsch-deutsche Annäherung hätte sein können, wird solange müßig sein, solange nicht mit dem Öffnen der Archive alle Motive und Absichten der entscheidenden Akteure sichtbar werden. Dann aber dürfte die Frage nicht mehr für den Politikwissenschaftler, sondern allenfalls für den Historiker interessant sein.

Anmerkungen

Anmerkungen zur Einleitung

1 Zum Verhältnis von Innen- und Außenpolitik vgl. z.B.: Ernst-Otto Czempiel (Hrsg.), Die anachronistische Souveränität. Zum Verhältnis von Innen- und Außenpolitik, PVS-Sonderheft 1, 1969; Ekkehart Krippendorff, Ist Außenpolitik Außenpolitik? Ein Beitrag zur Theorie und der Versuch eine inhaltslose Unterscheidung aufzuheben, in: PVS 4, 1963, Heft 3, S. 234-266; Karl Dietrich Bracher, Kritische Betrachtungen über den Primat der Außenpolitik, in: Gerhard A. Ritter/Gilbert Ziebura (Hrsg.), Faktoren der politischen Entscheidung. Festgabe für Ernst Fraenkel zum 65. Geburtstag, Berlin 1963, S. 115-148; Hans-Adolf Jacobsen, Kontinuität und Neubeginn. Vergleichende Betrachtungen zur Außenpolitik des Deutschen Reiches und der Bundesrepublik Deutschland, in: Politik und Kultur, 5/1975, S. 21-38.
   Zum besonderen Verhältnis zwischen Bundesrepublik und DDR vgl. z.B.: Johannes Gascard, Zur Frage der besonderen innerdeutschen Beziehungen zwischen BRD und DDR, in: Ostverträge – Berlin-Status – Münchner Abkommen – Beziehungen zwischen der BRD und der DDR. Vorträge und Diskussionen eines Symposiums, veranstaltet vom Institut für Internationales Recht an der Universität Kiel, 27.-29. März 1971, Hamburg 1971, S. 263-271. Aus der Sicht der DDR vgl.: Jens Hacker, Der Rechtsstatus Deutschlands aus der Sicht der DDR, Köln 1974, bes. S. 263-370.
2 Schon 1954, vor der KUD-Gründung, war man sich über folgendes im klaren: „Jeder deutsche Versuch, die Einheit wiederherzustellen, berührt . . . sofort die machtpolitische Einfluß-Sphäre großer Mächte. Die deutsche Einheit rein innenpolitisch zu fördern, ist aus diesen Gründen ein sinnloses Verfahren." (Manuskript, wahrscheinlich angefertigt von Schütz, aus dem Jahre 1953/54 mit dem Titel: „Bemerkungen zu den Verhandlungen über die Wiedervereinigung Deutschlands", im Besitz des Verfassers).
3 Bis heute ist noch nicht versucht worden, Begriffe „gesamtdeutsch", „innerdeutsch", „Deutsche Frage", etc. voneinander abzugrenzen. Während man unter „gesamtdeutsch" eher alle territorialen Probleme Nachkriegsdeutschlands subsumieren kann, scheint „innerdeutsch" auf den Bereich zwischen den beiden deutschen Staaten hinzuweisen.
   Neben dem 1969 offiziell gewordenen Begriff „innerdeutsch" (vgl. hierzu: Gisela Rüß, Anatomie einer politischen Verwaltung. Das Bundesministerium für gesamtdeutsche Fragen – Innerdeutsche Beziehungen 1949-1970, München 1973, S. 69f) existiert im institutionellen Bereich nach wie vor der Begriff „gesamtdeutsch" (z.B. „Gesamtdeutsches Institut").
   Selbst ein so prominenter Wissenschaftler wie Waldemar Besson, Die Außenpolitik der Bundesrepublik Deutschland. Erfahrungen und Maßstäbe, München 1970 (ungekürzte Neuausgabe als Ullstein-TB 2982, Frankfurt/M. usw. 1973 – auf die Seitenzahl der Taschenausgabe wird in Klammern hingewiesen), verwendet den Begriff „innerdeutsch" mißverständlich. So meint er mit „innerdeutscher Entspannung" (S. 100/TB-Ausgabe S. 92) und „innerdeutscher Diskussion" (S. 174/TB-Ausg. S. 162) offensichtlich innerbundesrepublikanische Vorgänge. Hingegen bezieht er sich mit „innerdeutschen Vorgängen" (S. 402/TB-Ausg. S. 377) und „innerdeutschem Dialog" (S. 369/TB-Ausg. S. 345) auf die Beziehungen der Bundesrepublik zur DDR.
4 So der KUD-Akteur Bernhard Leverenz in einem undatierten Schreiben vom April 1976 an den Verfasser.
5 Besson, a.a.O., S. 17f (S. 17).
6 Besson, a.a.O., S. 456 (S. 426).
7 Rede Kaisers in: O.V., Unteilbares Deutschland. Die Konstituierung der Volksbewegung für die Wiedervereinigung. Reden und Dokumente. Juni/Juli 1954, o.O. (Bonn) o.J. (1954), S. 14ff (im folgenden wird diese Broschüre mit „Reden und Dokumente" zitiert).
8 Dies meint z.B. Frederick Hartmann, Germany Between East and West. The Reunification Problem, Englewood Cliffs 1965, S. 152f.

9 Klaus Erdmenger, Das folgenschwere Mißverständnis. Bonn und die sowjetische Deutschlandpolitik 1949-1955, Freiburg 1967, definiert „Deutsche Frage" so (S. 13): „... unter ‚deutscher Frage' wird das als Kriegsfolge der Zerschlagung und Teilung des Deutschen Reiches entstandene Problem der Wiederherstellung der so oder so definierten Einheit Deutschlands verstanden".
10 Auf die Perzeption in der DDR wird nicht in einem besonderen Kapitel eingegangen, weil dazu die zur Verfügung stehende Materialbasis nicht ausreicht. Einzelne Reaktionen aus der DDR auf das KUD und seine Aktivitäten werden im jeweiligen Zusammenhang angeführt.
11 End, a.a.O., S. 56f tut dies, indem er das KUD mit Vertriebenenverbänden, Gewerkschaften, Kirchen und Wirtschaftsverbänden auf die gleiche Ebene setzt. Alle diese Verbände versuchten, so sein Kriterium für die Gleichsetzung, „in den deutschlandpolitischen Meinungs- und Willensbildungsprozeß durch Stellungnahmen einzugreifen".
12 Verschiedentlich werden die Worte „Unteilbares Deutschland" als Begriff für das KUD verwendet (so z.B. von Rudolf Sussmann, Probleme gesamtdeutscher Jugendarbeit, Magisterarbeit Erlangen 1973, oder von Wilhelm Wolfgang Schütz in: Widerstand gegen die Teilung, hrsg. vom Kuratorium Unteilbares Deutschland, Berlin-Bonn 1966, S. 77ff).

Wenn in dieser Arbeit durchgehend der Begriff „Kuratorium Unteilbares Deutschland" (KUD) verwendet wird, so einmal deswegen, weil man 1954 eben ein *Kuratorium* gründete. Zum anderen ist der Begriff KUD weitaus geläufiger als andere Bezeichnungen. Hinzu kommt, daß sich mit dem Wort „Kuratorium" die einzelnen Organisationsebenen kennzeichnen lassen (also Bundes-, Landes-, Kreis- und Ortskuratorium).

Mit dem Begriff KUD ist hier allgemein, so es nicht ausdrücklich anders vermerkt wird, das auf Bundesebene organisierte Kuratorium Unteilbares Deutschland gemeint.
13 Dieser Begriff wird z.B. laufend von Heinrich End, Zweimal deutsche Außenpolitik, Internationale Dimension des innerdeutschen Konflikts 1949-1972, Köln 1973 verwendet (z.B. S. 27ff).
14 Vgl. Besson, a.a.O., S. 117 und S. 451 (S. 109 und S. 421).
15 Zum Wandel des Begriffs „Revisionspolitik" und anderer Begriffe vgl. Hans-Adolf Jacobsen, Anmerkungen zum Problem der Kontinuität deutscher Außenpolitik, in: Hütter/Meyers/Papenfuß, a.a.O., S. 1-21.
16 Vgl. Wilhelm Wolfgang Schütz, Zehn Jahre deutsche Teilung – Der Weg in die Zukunft, in: ders. (Hrsg.), Bewährung im Widerstand. Gedanken zum deutschen Schicksal, Stuttgart 1956, S. 108-122: „Ein geeintes und freies Deutschland ist eine politische und geschichtliche Notwendigkeit ... das Nationalbewußtsein ist eine moralische Wirklichkeit, nicht mehr allein eine politische Notwendigkeit" (S. 120).
17 Eine Gesamtdarstellung des KUD ist bis heute noch nicht versucht worden. Erich Kosthorst, Jakob Kaiser, Bundesminister für gesamtdeutsche Fragen 1949-1957, Stuttgart 1972, gibt auf S. 285-299 einen Überblick über die Gründungszeit und – ansatzweise – über die Motive der Gründer. Sussmann (vgl. Anm. 12) beschreibt in seiner Arbeit ausschließlich die Probleme gesamtdeutscher Jugendarbeit im KUD-Landeskuratorium Bayern.

Hinzu kommen einige Selbstdarstellungen, z.T. mit dem Titel „Bericht" – z.B. Kuratorium Unteilbares Deutschland (Hrsg.), Bericht und Ausblick 1956; dass. (Hrsg.), Bericht und Ausblick 1968 – oder mit dem Titel „Dokumentation" (z.B. Widerstand gegen die Teilung). Außerdem erschienen verschiedene Tagungsberichte – z.B. dass. (Hrsg.), Student und Politik im geteilten Deutschland. Ergebnisse einer Diskussion, 1976 –. Ansonsten wurden vom KUD zwei Periodika herausgegeben: 1. Unteilbares Deutschland, Rundbrief (1956 bis 1964, jährlich etwa 6 bis 10 Ausgaben); 2. Politik, Vierteljahresschrift des KUD (1965-1969).
18 Vgl. hierzu Gerhard Lehmbruch, Einführung in die Politikwissenschaft, 4. Aufl. Stuttgart 1971, S. 68-70. Ob aber das Beispiel des KUD eine „empirische Generalisierung" (S. 69) erlaubt, muß, ehe nicht Untersuchungen über Organisationen mit gleicher formaler Problematik vorliegen, bezweifelt werden.
19 Otto Heinrich von Gablentz, Politik als Wissenschaft, in: Heinrich Schneider (Hrsg.), Aufgabe und Selbstverständnis der Politischen Wissenschaft, Darmstadt 1967, S. 41-71, hier S. 48f.
20 Zum Begriff „Öffentliche Meinung" vgl.: End, a.a.O., S. 59ff.
21 Vgl. hierzu: Erdmenger, a.a.O., S. 19f.
22 Thomas Ellwein, Die großen Interessenvebände, in: Richard Löwental/Hans-Peter Schwarz (Hrsg.), Die zweite Republik. 25 Jahre Bundesrepublik Deutschland – eine Bilanz, Stuttgart 1974, S. 470-493, hier S. 490.
23 Besson, a.a.O., S. 17 (S. 17); vgl. hierzu auch: Robert H. Schmidt, Methoden und Techniken der Wissenschaft, insbesondere der Politologie, in: ders. (Hrsg.), Methoden der Politologie, Darmstadt, S. IX-LXI, hier S. XLII (Klammer von mir).

24 Vgl. hierzu und zum folgenden: Ossip K. Flechtheim, Zur Problematik der Politologie, in: Schneider (Hrsg.), Aufgabe und Selbstverständnis der Politischen Wissenschaft, Darmstadt 1967, S. 72-99, hier S. 89.
25 Vgl. Anm. 12 u. 17.
26 Vgl. Anm. 17.
27 So z.B. End, a.a.O., S. 56f.
28 So z.B. von Arnulf Baring, Außenpolitik in Adenauers Kanzlerdemokratie. Bonns Beitrag zur Europäischen Verteidigungsgemeinschaft, München/Wien 1969, S. 334 (in Klammern wird hier und im folgenden auf die als dtv-TB 4065/66 mit dem Untertitel „Westdeutsche Innenpolitik im Zeichen der Europäischen Verteidigungsgemeinschaft" in München 1973 erschienene Ausgabe verwiesen; in diesem Fall: Bd. II, S. 281). Baring meint, die KUD-Gründung sei ein Beweis dafür gewesen, daß die europäischen Bewegungen zu schrumpfen begonnen hätten.
29 Der Begriff „Institution" wird hier und im folgenden nicht im soziologischen Sinn verwendet, sondern in seiner originären Bedeutung von „Einrichtung (insbesondere staatlich oder bürgerlich), öffentliches oder privates Unternehmen (z.b. Körperschaft, Stiftung)" (Meyers enzyklopädisches Lexikon, Bd. 12, Mannheim 1974, S. 628). Zur anthropologisch-soziologischen Bedeutung von „Institutionen" vgl.: Helmut Schelsky (Hrsg.), Zur Theorie der Institutionen, Düsseldorf 1970.
30 Z.B. von Besson, a.a.O., S. 202 (S. 189); Besson meint offensichtlich, das KUD sei mit Unterstützung und auf Initiative des Bundeskanzlers gegründet worden: Er schreibt, daß Mitte der fünfziger Jahre der Spielraum für eine neue, prononcierte Ostpolitik nicht genutzt, weil nicht gewollt, wurde und stellt dann fest: „Dann durfte man aber auch nicht den 17. Juni zum Feiertag machen und das Kuratorium Unteilbares Deutschland gründen."
31 Zu methodischen Problemen bei zeitgeschichtlichen Studien vgl.: Walter Lipgens, Die darstellenden „Jahrbücher" der internationalen Politik, in: VfZG 6, 1958, Heft 2 (April), S. 197-218, bes. S. 212ff.
32 Die Interviews spielten sich meist als sogenannte „nicht-strukturierte Interviews" oder „Tiefeninterviews" ab (vgl. zur Terminologie: Ulrich von Aleman/Erhard Forndran, Methodik der Politikwissenschaft. Eine Einführung in Arbeitstechnik und Forschungspraxis, Stuttgart 1974, S. 159ff; vgl. auch: Lehmbruch, a.a.O., S. 83ff). Zur Relevanz von Befragungen vgl.: Baring, a.a.O., S. 347f (Bd. II S. 295f).
33 Die „Informationsgespräche" waren in der Regel mit keinem umfangreichen Fragebogen vorbereitet worden, sie ergaben sich oft „zufällig". Auf sie wird daher nur selten Bezug genommen.
34 Schriftlich wurden diejenigen Personen befragt, die entweder zu einer mündlichen Befragung nicht bereit waren oder die zu erreichen weite Reisen hätten unternommen werden müssen. Den Befragten wurden schriftlich formulierte Fragen zugesandt. Die Antwortschreiben werden im folgenden mit dem Datum zitiert, unter dem der Befragte sie beantwortete.
35 Hier wie auch bei anderen Gelegenheiten zeigten sich auffallend deutliche Parallelen zu den Schwierigkeiten, wie sie auch G. Rüß zu bewältigen hatte (vgl. Rüß, a.a.O., S. IV).
36 So einer der Interviewten wörtlich.
37 Hier kann man Sussmann, a.a.O., S. 9, nur zustimmen.

Anmerkungen zu Teil I

1 Zur Gründungsphase des KUD vgl. auch: Kosthorst, a.a.O., S. 279-311.
2 Rede Kaisers vom 30.3.1950 zur Regierungserklärung über freie Wahlen zu einer gesamtdeutschen Nationalversammlung; zit. nach Kosthorst, a.a.O., S. 195.
3 Vgl. hierzu z.B.: Thilo Vogelsang, Das geteilte Deutschland, 6. Aufl. München 1975 (dtv-TB 4011), S. 119-187.
4 Vgl. Kosthorst, a.a.O., S. 285.
5 Zur Entstehung des „Volksbundes" vgl. Rüß, a.a.O., S. 117ff.
6 Beide Schreiben im Nachlaß Jakob Kaisers, der im Koblenzer Bundesarchiv gelagert ist (im folgenden wird aus dem Nachlaß Kaisers mit „BA-" und einer folgenden Zahl zitiert, die den Aktenordner kennzeichnet, in dem sich das entsprechende Material befindet. In diesem Fall: BA-230).
7 „Eine Volksbewegung?", in: „Mittelbayerische Zeitung" vom 11.6.1952.
8 Dies veranlaßt Kosthorst zu der Feststellung, daß Kaiser nach seinen Andeutungen vom 8.6.1952

diesen Gedanken nicht mehr weiter verfolgt habe (Kosthorst, a.a.O., S. 285).
9 In: „Außenpolitik" IV, 2. Halbjahr 1953, S. 413-416.
10 Ebenda, S. 416.
11 Ebenda, S. 415.
12 Vgl. Silex' diesbezügliche Bemerkungen: „Offensive Deutschland-Politik", in: „Der Tagesspiegel" vom 6.12.1964.
13 Text der Rede in: „Bulletin" Nr. 43 vom 5.3.1954, S. 347.
14 Vgl. Interview Schütz vom 22.11.1974.
15 Vgl. Felix von Eckardt, Ein unordentliches Leben. Lebenserinnerungen, Düsseldorf 1967, S. 286f.
16 Vgl. hierzu z.B.: Wilhelm Cornides, Die Weltmächte und Deutschland, Tübingen/Stuttgart 1957, und: Eberhard Jäckel (Hrsg.), Die deutsche Frage 1952-1956. Notenwechsel und Konferenzdokumente der vier Mächte, Frankfurt/M. 1957.
17 Über die entscheidende diesbezügliche Besprechung gibt es verschiedene Darstellungen. Gradl (Interview vom 3.6.1976) sagte, daß die Idee des KUD in einem Gespräch zwischen ihm und Kaisers Frau, Dr. Elfriede Nebgen, „geboren" worden sei. Dagegen meinte Schütz (Interview vom 22.11.1974), Jakob Kaiser, Herbert Wehner und er hätten in Berlin den Gedanken einer „gesamtdeutschen Aktion" konkretisiert. Wahrscheinlich haben damals in Berlin mehrere diesbezügliche Besprechungen stattgefunden.
18 Text in BA-230; vgl. auch Paraphe Thediecks auf dem Papier. Vgl. auch: Kosthorst, a.a.O., S. 286.
19 Beide Expertisen in BA-230.
20 Handschriftlich in BA-230.
21 Kosthorst, a.a.O., S. 286.
22 Beim „Adam-Stegerwald-Haus", in dem Kaiser auch wohnte, handelte es sich um ein Haus der katholischen Arbeitnehmerbewegung.
23 Lt. Anwesenheitsliste nahmen neben anderen an der Sitzung teil: Ernst Lemmer, Johann Baptist Gradl, Herbert Wehner, Ludwig von Hammerstein, Wilhelm Wolfgang Schütz, Paul Sethe, Karl Silex, Ernst Eichelbaum, Alfred Gerigk. Das Protokoll der Sitzung befindet sich in den Akten der Bonner KUD-Geschäftsstelle, Aktenordner Nr. 1 (Die Akten in der Geschäftsstelle wurden vom Verfasser persönlich erfaßt und durchnumeriert; ein provisorisches „Findbuch" wurde angelegt. Im folgenden wird auf diese Akten mit „KUD-A" und der betreffenden Aktenordnernummer verwiesen. In diesem Fall also: KUD-A 1).
24 Vor der Sitzung am 6.3.1954 hatte sich Kaiser noch einmal der Unterstützung verschiedener Politiker versichert: Hermann Ehlers, Heinrich von Brentano, Erich Ollenhauer, Thomas Dehler, Ernst Blücher, Waldemar Kraft, Heinrich Hellwege, Hans Ehard (vgl. diesbezügliche Aktennotiz in BA-230) unterstützten sein Vorhaben.
25 Vgl.: „Mitteilung" in BA-230.
26 Thedieck sagte im Interview vom 27.4.196: „Ich war gegen das Kuratorium, weil wir unsere Bestrebungen zur Wiedervereinigung auf möglichst viele Organisationen verteilen mußten. Wenn nun eine Organisation gegründet wurde, die sich ausschließlich mit der Wiedervereinigung beschäftigte, bestand die Gefahr, daß sich die bestehenden Organisationen aus ihrer gesamtdeutschen Verantwortung hätten herausstehlen können."
27 „Mitteilung" Thediecks in BA-230.
28 So Thedieck im Interview vom 10.11.1975.
29 Kaiser bezeichnete sich selbst als jemanden, der „Geburtshilfe" geleistet habe (vgl. Reden und Dokumente..., a.a.O., S. 18).
30 Protokoll in KUD-A 1a.
31 Bestehend aus Heuss, Spranger, Heisenberg, Hahn, R.A. Schröder.
32 Die „Trianon-Nadeln" wurden in Ungarn nach dem „Trianon-Vertrag" von 1920, in dem Ungarn die jugoslawischen Territorien abgesprochen wurden (71% des alten Staatsgebietes und etwa 60% der Bevölkerung gingen Ungarn dadurch verloren), getragen.
33 Vgl. z.B. Paul Sethes Artikel „Auch wir können handeln", in: „Frankfurter Allgemeine Zeitung" (FAZ) vom 11.3.1954; vgl. auch die scharfe Replik von Paul Wilhelm Wenger: „Gesamtdeutsche Bewegung", in: „Rheinischer Merkur" vom 19.3.1954. Vgl. ebenso die Meldung „Gesamtdeutsche Bewegung", in: „Sozialdemokratischer Pressedienst" vom 10.3.1954.
34 Text der Ansprache in KUD-A 1a.
35 Kosthorst, a.a.O., S. 286.
36 Vgl. Aktennotiz in KUD-A „Gründung".
37 Lt. Interview mit der ersten KUD-Sekretärin, Frau Hofmann, vom 4.5.1976.
38 Vgl. S. 29f.

39 Frau Hofmann im Interview vom 4.5.1976.
40 Vgl. verschiedene von Kaiser redigierte Entwürfe mit dem Titel „Organisation der Bewegung" in KUD-A 1 und BA-230.
41 In dem diesbezüglichen Papier (in: BA-230) werden die Gruppierungen aufgezählt, auf die es ankomme: Parteien, Gewerkschaften, Industrie, Heimatvertriebene, Jugendorganisationen, politische Flüchtlinge, Presse und Rundfunk, kulturelle Organisationen. Auch sei darauf zu achten, daß Frauen im Kuratorium vertreten seien.
42 Leider tragen die vorhandenen Dokumente oft kein genaues Datum; die befragten Informationsträger konnten sich verständlicherweise nicht mehr an die exakten Daten erinnern.
43 Vgl. Kosthorst, a.a.O., S. 290.
44 So Kaiser am 14.6.1954 in Bad Neuenahr (in: Reden und Dokumente . . . , a.a.O., S. 18).
45 Ebenda.
46 Zit. nach „Ein Professor zerstört Illusionen", in: „Die Welt" vom 13.6.1955.
47 Kosthorst, a.a.O., S. 289.
48 Die erste KUD-Publikation war: „Reden und Dokumente . . . ".
49 Vgl. ersten Arbeitsbericht von 1955 und z.B. Arbeitsbericht von 1956 (beide in KUD-A 22).
50 Der Verfasser von ,,‚Volksbewegung' noch mit Fehlzündung", in: „Schlesische Rundschau"' vom 15.10.1954 erkannte das Dilemma als einer der ersten: ,,Der alte brave Präsident wird . . . seinen gigantischen Auftrag nicht erfüllen, solange man zwei ganz verschiedene Paar Stiefel, ein Kuratorium und eine Volksbewegung, über einen Leisten spannt. Das Verhängnis bei der Gründung war der anspruchsvolle Name Volksbewegung, der weit über das Kuratorium hinausreicht und dessen Rahmen sprengen muß."
51 Gradl im Interview vom 3.6.1976.
52 Vgl. Reden und Dokumente . . . , a.a.O., S. 20.
53 Schreiben von Heuss und Adenauer abgedruckt in: „Bulletin" Nr. 110 vom 16.6.1954, S. 984f.
54 In: Reden und Dokumente . . . , a.a.O., S. 15f.
55 „Gesamtdeutsche Bewegung?", in: „Rheinischer Merkur" vom 19.3.1954.
56 In einer Sendung des NWDR vom 15.6.1954 (Manuskript in KUD-A 275).
57 „Indivisible Germany", in: „The Manchester Guardian" vom 15.6.1954.
58 „Patriotic Prodders in Germany", in: „The Economist" vom 19.6.1954.
59 „Unteilbares Deutschland", in: „National Zeitung" vom 21.6.1954.
60 Vgl. S. 109f.
61 Schon vor der Bad Neuenahrer Sitzung war Kaiser vom Berliner Regierenden Bürgermeister ersucht worden, die Sitzung in Berlin zu veranstalten (vgl. Reden und Dokumente . . . , a.a.O., S. 20). Unter der Überschrift „Unter neuen Perspektiven" hatte der Berliner „Tagesspiegel" vom 20.6.1954 bereits kritisiert, daß die Konstituierung nicht in Berlin vorgenommen worden war: „Von den Bewohnern der Sowjetzone wäre die ‚Volksbewegung für die Einheit Deutschlands' ernster genommen worden, wenn sie sich nicht an der Ahr, sondern an der Spree konstutuiert hätte."
62 Z.B. war Heuss weit davon entfernt, sich intensiv im KUD zu engagieren (vgl. S. 107f).
63 So Kaiser an Adenauer in einem Schreiben vom 10.6.1954 (in BA-236).
64 Vgl. ebenda.
65 Kosthorst, a.a.O., S. 306, meint, Löbe sei mit Rücksicht auf die SPD anstelle Heisenbergs zum KUD-Präsidenten bestimmt worden.
66 Vgl. S. 31f.
67 Vgl. hierzu und zum folgenden Protokoll der Aktionsausschußsitzung vom 29.6.1954 in KUD-A 113.
68 Vgl. S. 121f.
69 Kaiser kündigt das in seinem Schreiben vom 10.7.1954 an.
70 Vgl. Reden und Dokumente . . . , a.a.O., S. 54f.
71 „Herr Kaiser ‚pfeift' vergeblich", in: „Tägliche Rundschau" vom 16.6.1954.
72 In einer Mitteilung des KUD-Sekretariats an die KUD-Mitglieder und an die Presse hieß es: „Der ‚Ausschuß für Deutsche Einheit' wurde auf Beschluß des Ministerrats der Sowjetzone am 7. Januar 1954 gegründet. Vorsitzender des Ausschusses ist der stellvertretende Ministerpräsident der Sowjetzonenregierung Dr. Hans Loch (LDP)." („Mitteilung" in KUD-A 275).
73 Schreiben an mehrere KUD-Akteure in KUD-A 275.
74 Lt. Protokoll der Sitzung in KUD-A 113.
75 Ebenda.
76 Text in KUD-A 275.
77 Erneutes Schreiben an alle KUD-Gründungsmitglieder vom 4.7.1954 in KUD-A 275. Gleichzeitig

		nahm unter der Überschrift „Fälschungen des Kaiser-Ministeriums" das SED-Organ „Neues Deutschland" vom 4.7.1954 zu den Vorschlägen des Ost-Berliner Ausschusses Stellung.
78	Vgl. Reden und Dokumente ..., a.a.O., S. 51f.
79	Am 23.7.1954 hatte der „Ausschuß für Deutsche Einheit" an den soeben gewählten KUD-Präsidenten Löbe geschrieben. Hier erneuerte der Ausschuß seinen Vorschlag, „in gemeinsame Beratungen" einzutreten. Löbe, der dem Ausschußvorsitzenden Loch persönlich antwortete (was innerhalb des KUD zu Unstimmigkeiten führte), gab das Schreiben Lochs an die KUD-Geschäftsstelle weiter. Als der Ost-Berliner Ausschuß im Mai 1956 erneut an Löbe schrieb, blieb dieses Schreiben unbeantwortet (die verschiedenen Schreiben in KUD-A 212, 233, 1a). In KUD-A 275 befindet sich auch ein Aufruf des Ausschusses vom 5.11.1954, in dem die „lieben Landsleute" in der Bundesrepublik aufgefordert wurden, gegen die Unterzeichnung der „Pariser Verträge" zu opponieren.
	Leider blieben wiederholte Anfragen des Verfassers in Ost-Berlin (vom 25.3.1975 und vom 9.10.1975), ob der „Ausschuß für Deutsche Einheit" noch existiere bzw. wann er aufgelöst worden sei, wer ihm angehör(t)e, usw., unbeantwortet.
80	Zur Parole „Deutsche an einen Tisch" vgl. z.B. End, a.a.O., bes. S. 23ff.
81	Vgl. zu „Pacem in Terris" die Übersicht über den Diskussionsverlauf in: Berton Cantor (ed.), Pacem in Terris, Bahamas 1968, o.S.
82	Vgl. Schreiben Kaisers an die KUD-Gründungsmitglieder (ohne Datum) in KUD-A „Gründung".
83	Vgl. Reden und Dokumente ..., a.a.O., S. 50.
84	Vgl. ebenda, S. 54f.
85	Lt. Frau Hofmann im Interview vom 4.5.1976 hat ein formeller Wahlakt nicht stattgefunden.
86	Seine Ansprache in: Reden und Dokumente ..., a.a.O., S. 58f.
87	Vgl. Reden und Dokumente ..., a.a.O., S. 53.
88	Vgl. ebenda, S. 18ff.
89	Vgl. Protokoll in KUD-A 113.
90	In: Reden und Dokumente ..., a.a.O., S. 5ff (vgl. auch Aufstellung im Anhang).
91	Ebenda, S. 50.
92	Lt. unkorrigiertem Protokoll der Sitzung in KUD-A 113 (im korrigierten Protokoll – ebenda – fehlen diese und ähnliche selbstkritischen Äußerungen). Der „Tag der Heimat", der am 14.9.1954 begangen wurde, war von Kaiser zu einem „Anliegen" des KUD gemacht worden (vgl. Aktennotiz in BA-113).
93	Vgl. S. 35f und S. 42ff.
94	An der Sitzung vom 28.6.1954 hatten immerhin 13 Personen teilgenommen.
95	In KUD-A 113.
96	Bernhard Becker war im KUD-Sekretariat tätig, er wird auch verschiedentlich als erster KUD-Geschäftsführer bezeichnet; von Eichborn war ein Studienfreund von Schütz; Christoph Frhr. von Imhoff war Journalist und mit von Eichborn und Schütz bekannt.
97	Lt. Anwesenheitsliste des korrigierten Protokolls vom 30.9.1954 in KUD-A 113. Im folgenden wird auf das unkorrigierte Protokoll zurückgegriffen, um einen unmittelbaren Eindruck von der Stimmungslage der Anwesenden zu vermitteln (unkorrigiertes Protokoll ebenfalls in KUD-A 113).
98	Vgl. hierzu einige Notizen in BA-131.
99	Vgl. diesbezügliche Anmerkungen im korrigierten Protokoll der Sitzung.
100	In KUD-A 14.
101	Es waren jetzt drei hauptamtliche Sachbearbeiter für das KUD tätig.
102	Vgl. Protokoll in KUD-A 110.
103	Den Geladenen ging mit der jeweiligen Einladung, soweit ich sehe, niemals eine genaue Tagesordnung zu. Vielmehr wurden sie zu solchen Sitzungen – falls dies schriftlich geschah – mit der Begründung eingeladen, man wolle über irgend ein Programm (z.B. „Winterprogramm") beraten.
104	Vgl. zu diesem Abschnitt auch Sussmann, Gesamtdeutsche ..., a.a.O., S. 9f.
105	Vgl. Reden und Dokumente ..., a.a.O., S. 19f.
106	In den Akten des DST (z.B. in Dir-90-16) finden sich zahlreiche Schreiben oder Vermerke, in denen die unzureichenden organisatorischen Zustände beim KUD bemängelt werden.
107	Ziebill erinnerte sich 1976 noch schwach an seine damalige Intention: „Wahrscheinlich erschien mir die Organisation nicht straff genug zu sein." (Schreiben Ziebills vom 12.3.1976 an den Verfasser.)
108	Die Geschäftsordnung wurde nach langen, schriftlich geführten Diskussionen unter den KUD-Spitzenakteuren Ende 1961 verabschiedet (vgl. diesbezüglichen umfangreichen Briefwechsel

in KUD-A 370).
109 Schreiben vom 27.8.1965 in DST-Akte Dir-90-16.
110 Aktenzeichen: damals 19 VR 1186, heute 19 VR 3192. Eine umfassende Darstellung des Vereinsrechts gibt: Eugen Sauter/Gerhard Schweyer, Der eingetragene Verein, 9. Aufl. München 1974.
111 So Jakob Kaiser in einem Schreiben vom 22.3.1954, in dem er den Bundestagspräsidenten H. Ehlers bittet, dem zu gründenden Verein anzugehören (Schreiben in BA-230).
112 Ebenda.
113 In: Reden und Dokumente..., a.a.O., S. 18.
114 Vereinssatzung in KUD-A 1.
115 Den Vereinsvorstand bildeten: Jakob Kaiser, Walter Freitag, Erich Ollenhauer, Friedrich Spennrath und Thomas Dehler. Vgl. auch „Gesamtdeutsche Bewegung", in: „Telegraf" vom 4.5.1954 (Liste der Vereinsmitglieder im Anhang).
116 Vgl. zum Schutz von Vereinsnamen: Sauter/Schweyer, a.a.O., S. 30-35.
Schon im Herbst 1954 war das KUD von einem Juristen darauf aufmerksam gemacht worden, daß die Worte „Unteilbares Deutschland" zweckmäßigerweise in den Vereinsnamen aufgenommen werden sollten (vgl. Aktennotiz vom 14.10.1954 in KUD-A 275). Es spricht für die geringe Beachtung, die man dem Verein entgegenbrachte und für eine gewisse Sorglosigkeit der KUD-Akteure, daß man damals dieser Mahnung keine Beachtung schenkte.
117 Geänderte Satzung in KUD-A 1.
118 § 16 der Vereinssatzung.
119 In einem Schreiben des Finanzamtes Bonn-Stadt (an den Verein) vom 14.5.1969 heißt es: „Der Verein ist seit seiner Gründung als gemeinnützigen Zwecken dienende Einrichtung anerkannt und als solche gemäß § 4 Abs. 1 Ziffer 6 Körperschaftssteuergesetz von der Körperschaftssteuer befreit. Da der Verein die Erziehung und Volksbildung, insbesondere unter dem Gedanken der Wiedervereinigung fördert, konnte er... steuerabzugsfähige Spendenbestätigungen ausstellen."
120 In KUD-A 1.
121 Vgl. auch Sauter/Schweyer, a.a.O., S. 18ff.
122 „Bundeskuratorium" wird hier als Abgrenzung zu „Landes-" oder „Ortskuratorium" verwendet. Letztere waren, wie in diesem Abschnitt gezeigt werden wird, an Weisungen der Bonner KUD-Geschäftsstelle nicht gebunden. Schütz war daher z.B. nicht Geschäftsführer *aller* Kuratorien Unteilbares Deutschland, sondern sein Titel hätte zutreffender „Geschäftsführender Vorsitzender des *Bundes*kuratoriums Unteilbares Deutschland" lauten müssen. Solche formalen Ungereimtheiten wurden aber, soweit ich sehe, im Berichtszeitraum niemals als Probleme in den vielzähligen Diskussionen behandelt.
123 § 10 der Vereinssatzung.
124 Vgl. Reden und Dokumente..., a.a.O., S. 20. Am 1.12.1954 wurden 134 Mitglieder des KUD aufgeführt (Liste in KUD-A 114).
125 Vgl. S. 96ff.
126 Soweit sich das heute noch feststellen läßt, trat das Bundeskuratorium insgesamt nur fünfmal zusammen.
127 Vgl. „Rundbrief" Nr. 1, Januar/Februar 1963, S. 2.
128 Schreiben in KUD-A 163.
129 Arbeitsbericht von 1958, S. 4.
130 Z.B. existierte ein „Ideenausschuß", der, nach Aktenlage, nur einmal, nämlich am 16.3.1962, tagte oder ein „Kulturausschuß", der lt. Auskunft der damaligen KUD-Referentin Adelheid von Veltheim viermal tagte, „weil dann wieder alles einschlief" (Gespräch vom 10.5.1976).
131 Vgl. Arbeitsbericht von 1958, S. 3f.
132 Vgl. hierzu S. 50ff.
133 Vgl. Schreiben von Schütz an Elfriede Kaiser-Nebgen vom 10.10.1955 in BA-54.
134 Vgl. Reden und Dokumente..., a.a.O., S. 19.
135 Schreiben von Schütz an E. Kaiser-Nebgen vom 10.10.1955.
136 Vgl. Arbeitsbericht von 1958.
137 Vgl. z.B. Protokolle der Sitzungen des Aktionsausschusses vom 27.9.1954 und vom 22.2.1955 (in KUD-A 113 und 110).
138 Lt. Arbeitsbericht von 1958, S. 3f.
139 Vgl. Anwesenheitsliste im Protokoll einer der ersten Sitzungen (am 6.2.1958) in KUD-A 105.
140 Vgl. Liste der Mitglieder des Politischen Ausschusses im Anhang.
141 Papier in KUD-A 105. Allerdings wird nicht ersichtlich, wer es verfaßt hat.

142 Vgl. hierzu und zum folgenden das umfangreiche Protokoll in KUD-A 88. Wer an dieser Sitzung teilgenommen hat, ist nicht mehr festzustellen, da eine Anwesenheitsliste nicht vorhanden ist. Aus den Diskussionsbeiträgen ergibt sich jedoch, daß sowohl die Vertreter der Bundestagsparteien wie die der das KUD finanzierenden Verbände anwesend waren. Auch nahmen einige KUD-Akteure aus den Landesorganisationen teil.
143 Ebenda, S. 7.
144 Ebenda, S. 2.
145 Ebenda, S. 7.
146 Ebenda, S. 2.
147 Ebenda, S. 7. In den KUD-Akten ist eine noch Satzung allerdings nicht vorhanden.
148 Vgl. beispielsweise „Rundbrief" Nr. 4, Juni/Juli 1960, S. 15.
149 Vgl. Mitgliederliste in KUD-A 105 (im Anhang wiedergegeben).
150 Vgl. Aktennotiz über ein Gespräch mit Dr. Klausa vom Landschaftsverband Rheinland in KUD-A 132.
151 Vgl. hierzu: Rudolf Wildemann, Partei und Fraktion. Ein Beitrag zur Analyse der Politischen Willensbildung und des Parteiensystems in der Bundesrepublik, Meisenheim 1954, S. 159f.
152 Vgl. Protokoll der Sitzung des Engeren Politischen Ausschusses vom 9.5.1962 in KUD-A 91; als Mitglieder wurden bestimmt: Ollenhauer, Wehner, Friedensburg, Gradl, Frau Kiep-Altenloh, Dehler und Schütz.
153 S. z.B. vom DST (vgl. Aktennotiz von Beer in DST-Akte Dir-90-16).
154 Schreiben vom 12.11.1963 (in DST-Akte Dir-90-16).
155 So hieß es z.B. in einem Schreiben von Schütz an Adenauer: „... Der Engere Politische Ausschuß hat eine Reihe von Empfehlungen ausgearbeitet, die nicht veröffentlicht werden sollen..." (Schreiben vom 22.10.1962 in KUD-A 91).
156 Vgl. Protokoll vom 7.12.1962 in KUD-A 116.
157 Vgl. Protokoll vom 29.6.1962 in KUD-A 23.
158 Vgl. „Rundbrief" Nr. 1, Januar/Februar 1963, S. 2.
159 Der Gedanke, zur Unterstützung des nur nominell amtierenden KUD-Präsidenten Löbe ein Präsidium zu bilden, war schon am 25.8.1958 in die Diskussion eingebracht worden. Unter diesem Datum schrieb Gradl an den auf der Bodenseeinsel Reichenau sich aufhaltenden Schütz: „Vielleicht würde es (die KUD-Finanzierung – L.K.) leichter, wenn das Kuratorium ein sichtbares Präsidium bekäme, dem der Präsident und Sie angehören, das aber als Gesamtheit für die Öffentlichkeit und die Geldgeber den Führungskreis repräsentieren würde." (Schreiben in KUD-A 279).
160 Rundschreiben in KUD-A 163.
161 „Bulletin" vom 21.12.1962.
162 Wer diese Auswahl traf, kann nicht mehr festgestellt werden. Es ist aber anzunehmen, daß Schütz die Personen nicht nach eigenem Gusto auswählte, sondern sich vorher mit seinen Freunden im Politischen Ausschuß ins Benehmen setzte.
163 Schreiben vom 8.11.1962 in KUD-A 91. Der Brief ging lt. Notiz auf dem Durchschlag an Ollenhauer, Ziebill, Mende, Leverenz, Scholz, Gradl, Raymond, Middelhauve, Krappmann, Löbe. Die Anrede wurde von Schütz eigenhändig eingesetzt.
164 „Das ‚Unteilbare Deutschland' verstärkt seine Führungsspitze", in: FAZ vom 6.12.1962.
165 Um eine echte „Erweiterung" handelte es sich allerdings nicht, da dem Präsidium keine „neuen" Personen angehörten, die nicht schon dem Politischen Ausschuß oder dem Aktionsausschuß angehört hätten.
166 Lt. Protokoll der Präsidiumssitzung vom 25.4.1963 in KUD-A 92.
167 Vgl. die Briefköpfe des KUD-Geschäftspapiers aus den Jahren 1963ff, in denen stets die jeweiligen Präsidiumsmitglieder genannt wurden. Diese Geschäftspapierbögen sind recht vollständig im Nachlaß von Arno Scholz, dem langjährigen Berliner KUD-Akteur, einzusehen. (Der Nachlaß von Arno Scholz liegt im Bonner „Archiv der Sozialen Demokratie" der „Friedrich-Ebert-Stiftung". Im folgenden wird auf den Nachlaß mit „Sch-N" verwiesen.)
168 So der KUD-Referent für Organisationsfragen und langjährige Landesgeschäftsführung von Baden-Württemberg, Günter Totte, im Interview vom 11.11.1975.
169 BdV-Präsident Krüger gehörte dem KUD-Präsidium an.
170 Protokoll der Sitzung in KUD-A 294.
171 Protokoll vom 25.4.1963 in KUD-A 92.
172 Vgl. Protokoll in KUD-A 239. Hier wurden grundsätzliche KUD-Probleme erörtert.
173 Auch das Verhältnis des Präsidiums zum KUD-Präsidenten Löbe wurde nie definiert. Es existierte also neben dem Präsidium ein Präsident, ohne daß dessen Aufgaben von denen des

Präsidiums abgegrenzt worden waren.
174 Vgl. S. 42ff.
175 Vgl. „Eilige Mitteilung" vom 12.12.1962 in KUD-A 163.
176 Schreiben Löbes an Schütz vom 22.11.1957 in KUD-A 14.
177 Der ehemalige KUD-Referent Herbert Hupka formulierte im Interview vom 3.5.1976: „Schütz berief die verschiedenen Gremien immer dann ein, wenn er ein Vorhaben, eine Idee ‚absegnen' lassen wollte."
178 Vgl. z.B. „Rundbrief" Nr. 5, Juli/August 1962, S. 3.
179 Vgl. z.B. „Rundbrief" Nr. 7, Dezember/Januar 1960/61, S. 5.
180 Unter dem Titel „Kuratorium und Politik", in: „Deutsche Zeitung und Wirtschaftszeitung" vom 22.1.1960 veröffentlicht.
181 Vgl. S. 47.
182 Lt. KUD-Gehaltslisten.
183 Lt. ebenda.
184 Lt. Mietvertrag vom 9.6.1958.
185 Lt. Mietvertrag vom 1.8.1960.
186 Totte im Interview vom 22.11.1976.
187 Lt. „Interne Arbeitsrichtlinien" vom 20.9.1963 in KUD-A 163.
188 Totte im Interview vom 22.11.1976.
189 „Richtlinien zur Geschäftsführung" vom 7.1.1965 in KUD-A 163.
190 Lt. „Interne Arbeitsrichtlinien" vom 20.9.1963 in KUD-A 163; der dienstälteste KUD-Referent war Gerd Honsálek.
191 Frau Hofmann im Interview vom 4.5.1976.
192 So „Eines Volkes Herzschlag in einem kleinen Büro", in: „Ost-West-Kurier" vom 22.2.1959.
193 Widerstand gegen die Teilung . . . , a.a.O., S. 97.
194 Vgl. „Manifest" vom 14.6.1954 im Anhang.
195 Protokoll der Aktionsausschußsitzung vom 28.6.1954 in KUD-A 113.
196 Reden und Dokumente . . . , a.a.O., S. 50f.
197 „Anregungen an die Arbeitskreise des Unteilbaren Deutschland" vom Dezember 1954 in KUD-A 1a.
198 „Hinweise für den Aufbau eines Ortskuratoriums" in KUD-A 1a.
199 Totte im Interview vom 22.11.1976.
200 Vgl. „Mitteilungen" des KUD von 1957 (Broschüre im Besitz des Verfassers).
201 Anfang 1956 bestanden bereits 32 Ortskuratorien (lt. „Arbeitsbericht" von 1956: „Bericht und Ausblick").
202 Vgl. „Mitteilungen" des KUD von 1957 (Broschüre im Besitz des Verfassers).
203 Totte im Interview vom 22.11.1976.
204 Vgl. S. 96ff.
205 Totte im Interview vom 22.11.1976.
206 Vgl. Kitlas im Interview vom 5.5.1975. Wie sprunghaft die Kuratoriumsgründungen anstiegen zeigt ein Vergleich des Jahres 1958 mit 1959 (in Klammern die Zahlen von 1958): 12 (7) Landeskuratorien, 120 (67) Kreiskuratorien, 241 (104) Ortskuratorien (lt. Bericht über das Rechnungsjahr 1959 des Wirtschaftsprüfers Dr. Haacke).
207 Beispielsweise neben dem Landeskuratorium Hessen das von Schleswig-Holstein, aber auch das Kreiskuratorium Ravensburg.
208 Totte im Interview vom 22.11.1976.
209 Praktisch wäre man auch nicht in der Lage gewesen, solche juristischen Absicherungen mit stichhaltigen Argumenten zu mißbilligen.
210 Vgl. „Bericht und Ausblick" von 1956, S. 4.
211 Totte im Interview vom 22.11.1976: „Es war angestrebt, daß die Landeskuratorien sich auf Landesebene finanzieren sollten und die Kreis- und Ortskuratorien auf der Kreis- bzw. Ortsebene. Im wesentlichen ist das erreicht worden."
212 „Unteilbares Deutschland – Landeskuratorium Hessen 1959-1964" (Arbeitsbericht), S. 7.
213 Gründungsprotokoll in Akten des Landeskuratoriums Hessen Nr. 1a (im folgenden werden diese Akten mit „HA-" zitiert).
214 Vgl. z.B. Bescheid vom 5.12.1960 in HA-2a.
215 Vgl. Organisationspapier des KUD, o.J. in KUD-A 1a.
216 Frau von Louisentahl und Dr. von Massow (hessische Landesgeschäftsführer) im Interview vom 16.11.1976.

217 Vgl. Sauter/Schweyer, a.a.O..
218 Totte im Interview vom 22.11.1976.
219 Totte ebenda.
220 Von Louisenthal und von Massow im Interview vom 16.11.1976.
221 In einem Arbeitsbericht von 1961 in KUD-A 66 heißt es: „In zahlreichen Städten und Landkreisen wird die administrative Arbeit durch Stadt-, Kreis- oder Schulverwaltung mit Erfolg geführt."
222 So von Louisenthal und von Massow im Interview vom 16.11.1976.
223 Vgl. Totte im Interview vom 22.11.1976.
224 Von Louisenthal und von Massow im Interview vom 16.11.1976.
    Totte (im Interview vom 22.11.1976) sagte auf die diesbezügliche Frage: „Nun ja, das Bundeskuratorium hat zu Zeiten Mittel gehabt, die ihm für seine Aktionen zur Verfügung gestellt worden sind und diese Mittel sind zum Teil hinausgeflossen, aber das waren in der Regel Aktionsmittel, ... zweckgebunden für eine Aktion."
225 Von Louisenthal und von Massow im Interview vom 16.11.1976.
226 Vgl. ebenda.
227 Nachweis für das Rechnungsjahr 1965 in HA-2a; dies sei allerdings ein „gutes Jahr" gewesen, meinten von Louisenthal und von Massow im Interview vom 16.11.1976.
228 Totte im Interview vom 22.11.1976 über das Landeskuratorium Hessen.
229 Vgl. z.B. „Rundbrief" Nr. 1, Januar 1960, S. 13 oder auch die verschiedenen „Mitteilungen", die oft „eilig" oder „vertraulich" waren, in KUD-A 236.
230 „Eigentlich gab es keinen ständigen Kontakt zwischen dem Landeskuratorium (Hessen-L.K.) und Bonn. Das Bundeskuratorium interessierte sich auch nicht sonderlich für unsere Arbeit. Hauptsache war, daß keine Pannen passierten. Was ansonsten geschah, war eigentlich gleichgültig." (Von Louisenthal und von Massow im Interview vom 16.11.1976).
231 Wenn im folgenden, wie schon vorher, immer wieder auf das Landeskuratorium Hessen verwiesen wird, so deshalb, weil dieses Landeskuratorium und die in Hessen existierenden Kreis- und Ortskuratorien als „exemplarisch" bezeichnet wurden. Gleichzeitig war das Landeskuratorium Hessen eines der wenigen Kuratorien, die bereit waren, dem Verfasser Auskünfte und Materialien zu überlassen. Unabhängig von der jeweiligen juristischen Verfaßtheit wurde ähnlich wie in Hessen auch in anderen Bundesländern und Orten die Kuratoriumsarbeit betrieben.
232 Arbeitsbericht Hessen (vgl. Anm. I, 212).
233 Von Louisenthal und von Massow im Interview vom 16.11.1976.
234 Vgl. hierzu Sussmann, Gesamtdeutsche..., a.a.O..
235 Dies sei „auch in den anderen Jahren" so gewesen, meinten von Louisenthal und von Massow im Interview vom 16.11.1976.
236 Arbeitsbericht Hessen (vgl. Anm. I, 212), S. 22ff; vgl. auch „Kommunismus in seinem Wesen begreifen", in: „Fuldaer Zeitung" vom 18.11.1960.
237 Arbeitsbericht Hessen (vgl. Anm. I, 212), S. 28.
238 Ebenda, S. 27.
239 Vgl. ebenda, S. 11ff.
240 Vgl. auch die in den einzelnen Rundbriefen abgedruckten Arbeitsberichte der Landeskuratorien.
241 Vgl. den Verwendungsnachweis auf S. 38f.
242 Teilweise wurden diese im „Rundbrief" wiedergegeben.
243 In KUD-A 370.
244 Bezirkskuratorien bestanden äußerst selten. Zu einem Bezirkskuratorium hatten sich meist mehrere Kreise zusammengeschlossen, bei denen auch im politischen Bereich eine enge Zusammenarbeit bestand. So hatten sich die Kuratorien der Kreise um den Bodensee zum „Bezirkskuratorium Bodensee" zusammengeschlossen.
245 Ähnliche Formulierungen gab es auch in den Satzungen (falls es solche gab) oder Geschäftsordnungen der anderen Landeskuratorien.
246 „Eine Weisungsgebundenheit im eigentlichen strengen Sinne existierte nicht", meinte Totte im Interview vom 22.11.1976.
247 Von Louisenthal und von Massow im Interview vom 16.11.1976.
248 Totte im Interview vom 22.11.1976: „Die Aufnahme z.B. der Ausstellungen, die das Kuratorium in Bonn den Landes-, Kreis- und Ortskuratorien angeboten hatte, ist eine überaus unterschiedliche gewesen. Mansche haben's gemacht und manche haben's partout nicht gemacht."
249 Von Louisenthal und von Massow im Interview vom 16.11.1976.

250 Z.B. nicht im Landeskuratorium Westfalen.
251 In Hessen bestanden seit 1962 etwa stets 70-75 Ortskuratorien.
252 Die Mitgliederversammlung bestand aus Delegierten der Kreis- und Ortskuratorien, deren Anzahl nach einem Verteilungsschlüssen genau festgelegt war (§ 7 der Satzung).
253 „Die Delegiertenversammlungen waren in der Regel aber nicht mehr als Akklamationsversammlungen", meinten von Louisenthal und von Massow im Interview vom 16.11.1976.
254 Von Louisenthal und von Massow im Interview vom 16.11.1976.
255 Vgl. „Rundbriefe" Nr. 5, August/September 1960, S. 11 und Nr. 5, September/Oktober 1961, S. 12.
256 Von Louisenthal und von Massow im Interview vom 16.11.1976: „Es gab in unregelmäßigen Abständen solche Tagungen. Hier wurden aber keine Entscheidungen getroffen. Schütz erläuterte allenfalls Grundsätzliches. Diese Tagungen dienten wohl eher als ‚Ventil' oder ‚Trostpflaster' ...".
257 In: „Rundbrief" Nr. 5, September/Oktober 1961, S. 12.
258 Protokoll der (ersten) Sitzung der Geschäftsführer der Landeskuratorien vom 22.7.1959 in Bonn: „Im Auftrage des Geschäftsführenden Vorsitzenden W.W. Schütz leitete Bernhard Becker die Sitzung und teilte mit, daß die Besprechungen mit den Landesgeschäftsführern eine ständige Einrichtung werden sollten". (Protokoll in Sch-N).
259 So Totte im Interview vom 22.11.1976. Schütz erläutert dazu in einem Schreiben vom 30.10.1978 an H.-A. Jacobsen, daß sein Verhältnis zu den Landeskuratorien „förderlich" gewesen sei: „(Es) hat ein ständiger Gedankenaustausch stattgefunden, man traf sich mehrere Male im Jahr. Formelle Sitzungen waren viel weniger wichtig als der ständige Gedankenaustausch, teils in Bonn, teils in den Landeshauptstädten, die ich im Jahr mehrmals besuchte." (S. 3).
260 Vgl. Sitzungsprotokoll der Tagung der Vertreter des Bundeskuratoriums, der Landeskuratorien und der Kreis- und Ortskuratorien vom 23.10.1963 in HA-2a. Hier heißt es unter IV: „Die Jugendarbeitskreise sollen systematisch ausgebaut werden." Unter V: „Die Zusammenarbeit mit dem DGB hinsichtlich aller Gastarbeiter wird auf allen Ebenen verstärkt." Unter VI: „Es wird befürwortet, eine möglichst große Zahl von Arbeitskreisen zu bilden .. ".
261 „Dieses Gremium, welches von Schütz nicht gerne gesehen wurde, trat ein- oder zweimal zusammen", meinten von Louisenthal und von Massow im Interview vom 16.11.1976.
262 Auf die Frage, wie er die Zusammenkünfte beurteile, antwortete Totte im Interview vom 22.11.1976 lediglich: „Das war sehr fruchtbar."
263 Von Louisenthal und von Massow im Interview vom 16.11.1976.
264 Vgl. S. 87ff.
265 Vgl. z.B. Beilage zum „Rundbrief" Nr. 1, Januar/Februar 1964, S. 25f.
266 Totte im Interview vom 22.11.1976: „Ein Informationsaustausch fand statt einmal auf der Jahrestagung, zweitens auf den Landesarbeitstagungen, drittens auf der Landesgeschäftsführerbesprechung und viertens natürlich ... das ganze Jahr hindurch, wenn man sich traf, wenn man schrieb, wenn man telefonierte. Im großen und ganzen kann davon ausgegangen werden, daß (die) Kuratorien wußten, was andere Kuratorien taten."
267 Hier zitiert nach dem Schreiben an den Hessischen Landeskuratoriumsvorsitzenden, den Landtagspräsidenten Zinnkann (Schreiben in HA-020).
268 Mit „Satzungen" meinte Schütz offensichtlich die KUD-Geschäftsordnung.
269 Dies war, soweit ich sehe, das einzige Mal, daß die Landeskuratorien bezüglich ihrer „Vertreter" im Präsidium angeschrieben wurden. Die angedeutete Möglichkeit, daß die beiden Präsidiumssitze nacheinander von verschiedenen Repräsentanten eingenommen werden sollten, kam nicht zum Tragen: Arno Scholz wie Bernhard Leverenz bleiben bis in die siebziger Jahre die einzigen „Vertreter" der Landeskuratorien im KUD-Präsidium.
270 Verschiedene solcher Mitteilungen im KUD-A 150.
271 Die Bestrebungen, die z.B. Erich Kitlas dahingehend unternahm, das KUD als organisatorische Einheit zu strukturieren, fanden nicht die Billigung der KUD-Spitze (vgl. Kitlas im Interview vom 5.5.1976).
272 Vgl. „Interne Arbeitsrichtlinien" vom 20.9.1963 in KUD-A 163.
273 Zur Person von W.W. Schütz vgl. auch: Leo Kreuz, Wilhelm Wolfgang Schütz – 65 Jahre, in: „Deutschland Archiv" Nr. 10/1976, S. 1032-1038.
274 Vgl. hierzu z.B.: „Flagge gezeigt", in: „Stuttgarter Zeitung" vom 2.5.1972.
275 In einem Interview („Die DDR ist keine Zone mehr", in: „Der Spiegel" vom 11.12.1967) sagte Schütz einmal: „Ich bin Politiker, ich bin Schriftsteller und Journalist. In der Eigenschaft, in der ich in der Deutschlandpolitik tätig bin, bin ich Politiker ...".
276 Goethes „Wilhelm Meister" brachte Schütz erstmals der Welt des Theaters nahe, die ihn fortan

nicht mehr losließ. Doch erst nachdem er im Jahre 1972 sein KUD-Amt niedergelegt hatte, konnte er sich diesem Bereich wieder intensiver zuwenden.
277 Vgl. auch „Biographische Notizen", hrsg. von der Bonner KUD-Geschäftsstelle.
278 So Otto Ziebill in einem Schreiben an den Verfasser.
279 Von seiner Bewunderung für Indiens Streben nach Unabhängigkeit zeugt das Buch über Nehru: Wilhelm Wolfgang Schütz, Unteilbare Freiheit — Nehrus Politik der Selbstbestimmung, Göttingen 1964. Hier lassen sich manche Ansatzpunkte finden, die Schütz' Eintreten für „Selbstbestimmung" erklären helfen.
280 Wilhelm Wolfgang Schütz, Deutschland am Rande zweier Welten. Voraussetzungen und Aufgabe unserer Außenpolitik, Stuttgart 1952, S. 115.
281 Im Jahre 1936 hatte Schütz Dr. Barbara Sevin geheiratet.
282 Wilhelm Wolfgang Schütz, German Home Front, London 1943.
283 Ebenda, S. 194.
284 Wilhelm Wolfgang Schütz, Germany after the Potsdam Conference, in: „World Affairs", October 1945, S. 191-200, S. 195.
285 Ebenda, S. 194.
286 So Schütz im Interview vom 22.11.1974.
287 Vgl. Kosthorst, a.a.O., S. 105.
288 Vgl. ebenda, S. 105f und 279ff.
289 Thedieck im Interview vom 10.11.1975.
290 Vgl. Kosthorst, a.a.O., S. 105 und Rüß, a.a.O., S. 25ff.
291 Rüß, a.a.O., S. 25.
292 Vgl. Kosthorst, a.a.O., S. 105.
293 Vgl. ebenda, S. 354.
294 Thedieck im Interview vom 10.11.1975: „Ich habe Schütz' Bezüge gestrichen, da von einer Beratertätigkeit nun überhaupt nicht mehr die Rede sein konnte."
Als feststand, daß Ernst Lemmer die Leitung des BMG übernehmen sollte, hatte Lemmer zunächst die Absicht, Schütz wieder als „Berater" einzustellen. Schütz, der sich jedoch des heftigsten Widerstandes seitens Thediecks gewiß sein konnte, verhielt sich dem Angebot gegenüber zurückhaltend. Es müßten im Falle seiner „Beratertätigkeit" vorher die „genaue Form und andere Einzelheiten" geklärt werden (Notiz über diese Unterhaltung mit Lemmer vom 2.10.1957 in KUD-A 396).
Dagegen meint Schütz im Schreiben vom 30.10.1978 an H.-A. Jacobsen, daß nach der Erkrankung Kaisers sein Ausscheiden aus dem Beraterverhältnis „selbstverständlich" gewesen sei: „Wenn Franz Thedieck ... hier von Illegalität spricht, wenn er es so darstellt, als habe er mein Ausscheiden aus dem Beraterverhältnis veranlaßt, so ist dies falsch. Trotzdem ich mit Ernst Lemmer, Kaisers Nachfolger, befreundet war, sah ich keinen Zweck darin, eine Tätigkeit bei ihm wieder aufleben zu lassen ..." (S. 2).
295 Schütz im Schreiben vom 30.10.1978 an H.-A. Jacobsen: „Ich hatte laufend Angebote, ursprünglich auch von Universitäten (FU Berlin und Universität Jena), ebenso vom Süddeutschen Rundfunk, wo mir Intendant Eberhard die Position als Chefredakteur ... anbot." (S. 3).
296 Vgl. „Rundbrief" Nr. 11, März 1968, o.S..
297 Schreiben Löbes an Schütz in KUD-A 14.
298 Vgl. Aktennotiz über ein Gespräch Schütz-Ollenhauer vom 2.10.1957 in KUD-A 257.
299 Vgl. Protokoll vom 30.9.1954 in KUD-A 113.
300 Lt. KUD-Gehaltslisten.
301 Gradl im Interview vom 3.6.1976.
302 Ziebill in einem Schreiben vom 12.3.1976 an den Verfasser.
303 Thilo Vogelsang, Das geteilte ..., a.a.O., S. 157.
304 Wilhelm Wolfgang Schütz, Das Gesetz des Handelns. Zerrissenheit und Einheit unserer Welt, Frankfurt/M. 1958, S. 137.
305 Schütz im Interview vom 22.11.1974.
306 So Majonica im Gespräch vom 10.2.1976.
307 Wilhelm Wolfgang Schütz, Organische Außenpolitik, Vom Einzelstaat zum Überstaat, Stuttgart 1951, S. 58.
308 Vgl. z.B. Abraham Ashkenasi, Reformpartei und Außenpolitik. Die Außenpolitik der SPD Berlin-Bonn, Köln/Opladen 1968.
309 Vgl. hierzu auch: Hans-Peter Schwarz, Vom Reich zur Bundesrepublik. Deutschland im Widerstreit der außenpolitischen Konzeption in den Jahren der Besatzungsherrschaft 1945-1949,

Neuwied 1966, S. 299ff.
310 Vgl. z.B. Schütz, Das Gesetz . . ., a.a.O., S. 132ff.
311 „Die Losung: Weitermachen", in: „Die Zeit" vom 8.2.1971.
312 So Schütz im Interview vom 22.11.1974; vgl. auch „Avantgardisten statt ‚kalte Krieger' ", in: „Wiesbadener Tagblatt" vom 26.10.1966.
313 Vgl. z.B. „Rundbrief" Nr. 1, Januar/Februar 1960, S. 6 und S. 15 oder Nr. 2, Februar/März 1963, S. 18.
314 Vgl. z.B. Schütz, Das Gesetz . . ., a.a.O., S. 146-153 und Wilhelm Wolfgang Schütz, Modelle der Deutschlandpolitik. Wege zu einer neuen Politik, Köln/Berlin 1966.
315 Gradl im Interview vom 3.6.1976.
316 Vgl. Totte im Interview vom 22.11.1976.
317 Im November 1963 verlangte Schütz z.B., daß die „Hallstein-Doktrin" aufgegeben werden solle und daß beide deutsche Staaten eine Föderation eingehen sollten (vgl. „Das größte Tabu" und „Schütz schlägt Föderation vor", in: „Frankfurter Rundschau" vom 15.11.1963). Unmittelbar nach seinen diesbezüglichen Äußerungen war Schütz in die USA geflogen. Noch während er sich dort aufhielt, gab das KUD – anscheinend von Gradl dazu veranlaßt – eine Erklärung heraus, in welcher die Schützschen Auffassungen als dessen Privatmeinung hingestellt wurden (KUD-Pressemittielung vom 14.11.1963).
318 Vgl. z.B. Protokoll der Sitzung des Politischen Ausschusses vom 3.5.1962 in KUD-A 276.
319 So Hupka im Interview vom 4.6.1976.
320 Öffentlich hat sich in den Jahren bis 1966 kein führender KUD-Akteur von Schütz distanziert.
321 So z.B. Thedieck im Interview vom 10.11.1975.
322 „In der Deutschlandpolitik offensiv werden".
323 Wilhelm Wolfgang Schütz, Reform der Deutschlandpolitik, Köln/Berlin 1965.
324 So Schütz in einem Leserbrief an „Die Welt" vom 14.11.1965.
325 Vgl. hierzu auch: „Ein Mann bekämpft den Leerlauf", in: „Die Welt" vom 11.12.1965.
326 Vgl. hierzu: o.V., Im Streit der Meinungen. Stimmen zur „Reform der Deutschlandpolitik" von Wilhelm Wolfgang Schütz, Köln o.J. (1966).
327 Text der Denkschrift und die Reaktion darauf: Wilhelm Wolfgang Schütz, Deutschland-Memorandum. Eine Denkschrift und ihre Folgen, Frankfurt/M. 1968 (Fischer–TB 903).
328 „In der Deutschlandpolitik offensiv werden", in: „Das Parlament" vom 23.12.1964.
329 Schütz, Reform . . ., a.a.O., S. 62.
330 „Avantgardisten statt ‚kalte Krieger' ", in: „Wiesbadener Tagblatt" vom 26.10.1966.
331 Ebenda.
332 „In der Deutschlandpolitik . . ." (vgl. Anm. I, 328).
333 Vgl. Schütz, Das Gesetz . . ., a.a.O., S. 147f und Schütz, Reform . . ., a.a.O., S. 63f. In den fünfziger Jahren war Schütz häufig Gast bei österreichischen Intellektuellen und Politikern, um mit ihnen über Probleme wie Neutralität, Selbstbestimmung, Unabhängigkeit, Wiedervereinigung usw. zu diskutieren.
334 Vgl. „Avantgardisten . . ." (vgl. Anm. I, 330).
335 Text in: Schütz, Deutschland-Memorandum . . ., a.a.O..
336 Z.B. heißt es unter „Schneller verdammt als gelesen", in: „Die Zeit" vom 8.12.1967: „Wilhelm Wolfgang Schütz ist bloß in das Vakuum gestoßen, das die Koalitionsparteien gelassen haben . . . Viele flicken jetzt dem Kuratoriumsvorsitzenden am Zeug. In Wahrheit muß man ihm dafür danken, daß er eine Diskussion wieder entfacht hat, die allmählich zu ersterben drohte. Die Neurer in Bonn müssen jetzt zu ihm stehen, vor allem der Gesamtdeutsche Minister."
337 Z.B. heißt es unter „Schütz und sein Scheingefecht", im „Bayernkurier" vom 16.12.1967: „Wilhelm Wolfgang Schütz gehört zur Gruppe der deutschlandpolitischen Modellkonstrukteure, die wohl niemals den Sinn für das Mögliche entwickeln werden und ewig in ihrer zum Fetisch erhobenen ‚Unorthodoxie' befangen bleiben."
338 Vgl. „Die CDU will Schütz degradieren", in: „Frankfurter Rundschau" vom 7.12.1967 und „Das Kuratorium tagt", in: „Telegraf" vom 8.12.1967.
Gerstenmaier bestritt allerdings, daß er jemals hätte KUD-Chef werden wollen: In einem Schreiben an den Verfasser vom 6.4.1976 meinte er: „Ich wurde von niemand zu irgend etwas gedrängt und hatte auch niemals die Absicht, an die Spitze des KUD zu treten."
339 Vgl. „Immer wieder Beifall für Schütz", in: „Frankfurter Rundschau" vom 9.12.1967.
340 Neben den schon erwähnten Publikationen sei noch verwiesen auf: Wilhelm Wolfgang Schütz, Wir wollen überleben. Außenpolitik im Atomzeitalter, Stuttgart 1956 und ders., Die Stunde

Deutschlands. Möglichkeiten einer Politik der Wiedervereinigung, Stuttgart 1954; (vgl. auch Literaturangaben im Anschluß an die Studie).
341 „Ein Kuratorium sucht nach neuen Aufgaben", in: „Stuttgarter Zeitung" vom 8.12.1967.
342 „Deutschland – nur eine Wetterkarte?", in: „Die Zeit" vom 15.12.1967.
343 Wenn hier Herbert Hupka aus der relativ großen Zahl der KUD-Referenten exemplarisch herausgegriffen wird, so hat das zwei Gründe: erstens war Hupka in der Zeit KUD-Referent, in der das KUD seinen Höhepunkt erreichte; zweitens wird am Beispiel Hupkas besonders deutlich, wie schwierig und heikel die Tätigkeit der KUD-Referenten sein konnte, wie rasch persönliche Überzeugung und dienstliche Erwartungen miteinander kollidieren konnten. Außerdem war Hupka einer der wenigen (ehemaligen) KUD-Referenten, die zu persönlichen Auskünften bereit waren.
344 Lt. KUD-Gehaltslisten.
345 Hupka war vorher Redakteur beim Bayerischen Rundfunk und bei Radio Bremen gewesen (vgl. Handbuch des Deutschen Bundestages, 8. Wahlperiode).
346 So Hupka selbst im Interview vom 3.5.1976.
347 Vgl. „Rundbriefe" der Jahre 1956 bis 1958.
348 Vgl. z.B. „Rundbrief" Nr. 5, August/September 1960, S. 6.
349 Vgl. z.B. „Rundbrief" Nr. 16, November/Dezember 1959 und Nr. 7, Dezember/Januar 1960/61.
350 Hinsichtlich der Oder/Neiße-Grenze hielt sich das KUD stets zurück. (Vgl. S. 142ff).
351 Hupka im Interview vom 4.6.1976: „Mit Schütz hatte ich schon vor der Veröffentlichung des Artikels Schwierigkeiten, weil ich immer meine eigene Meinung vertreten hatte."
352 Z.B. in einem Interview mit dem Deutschlandfunk am 6.10.1963, abgedruckt in: Auswärtiges Amt (Hrsg.), Die Bemühungen der deutschen Regierung und ihrer Verbündeten um die Einheit Deutschlands 1955-1966, (Weißbuch), Bonn 1966, S. 453-458.
353 Rede Schröders abgedruckt in: Gerhard Schröder, Deutsche Verantwortung – deutsche Interessen, (Sonderdruck), Bonn 1964, S. 17.
354 Hupka im Interview vom 4.6.1976.
355 „Schröder bleibt unverbindlich", in: „Die Brücke" vom 18.4.1964.
356 Vgl. S. 70ff.
357 Hupka im Interview vom 4.6.1976.
358 Schreiben in KUD-A 258; die sehr nüchterne Antwort Schröders vom 10.4.1964 ebenfalls in KUD-A 258.
359 Hupka im Interview vom 4.6.1976.
360 Vgl. hierzu und zum folgenden den Vermerk über das Gespräch Schütz-Hupka in KUD-A 21.
361 Schreiben vom 29.4.1964 in KUD-A 258.
362 Wenzel Jaksch und Schütz waren seit ihrer gemeinsamen Exilzeit in London befreundet.
363 Offiziell handelte es sich um eine Sitzung des Präsidiums mit dem Engeren Politischen Ausschuß. Anwesend waren jedoch nur neben W.W. Schütz: H. Wehner, A. Scholz und Heinrich Albertz. Vgl. hierzu und zum folgenden das Protokoll vom 4.5.1964 in KUD-A 187.
364 Als Schütz im Herbst 1967 sein Memorandum „Was ist Deutschland?" verteidigte, geschah das mit genau den gleichen Argumenten, die Hupka im Jahre 1964 für sich ins Feld führte.
365 In den Jahren 1972/73 wurde das Finanzgebaren des KUD vom Bundesrechnungshof überprüft. Es traten dabei erhebliche Mängel in der KUD-Rechnungslegung zutage (vgl. dazu z.B. den Bericht: „Rechnungshof rügt KUD", im Bonner „General-Anzeiger" vom 15.3.1975).
366 Protokoll in KUD-A 1a.
367 Lt. Aktennotiz vom 18.3.1955 in BA-131.
368 So Ministerialrat von Dellingshausen im Gespräch vom 9.1.1975.
369 Lt. Aktennotiz vom 18.3.1955 in BA-131.
370 Lt. „Ergänzung zum Sitzungsprotokoll" vom 29.6.1965 in KUD-A 291.
371 Kaiser sah in dem Berliner Baurat Spennrath offensichtlich eine bei den deutschen Unternehmern einflußreiche Persönlichkeit, was sich bald als nicht ganz zutreffend herausstellte (vgl. auch Schreiben Kaisers an Spennrath vom 25.10.1954 in BA-54).
372 Alle Zahlen in einer Aktennotiz vom 18.3.1955 in BA-131.
373 Vgl. Protokoll S. 7 in KUD-A 113.
374 So Kaiser in einer Sitzung am 26.3.1955 (Protokoll in BA-234).
375 In einer Aktennotiz über ein Gespräch zwischen Schütz und dem damaligen BDA-Ehrenpräsidenten Paulssen wird berichtet, daß die mangelnde Spendenfreudigkeit der Unternehmerorganisationen wohl „politische Hintergründe" habe. In den Reihen der Unternehmerverbände gebe es Leute, die dem KUD „den Hahn abdrehen" wollten (Notiz in KUD-A 257).

376 Alle Zahlen aus einer Finanzierungsübersicht für 1957 in KUD-A 257.
377 Lt. Prüfungsbericht des Dipl.-Kfm. Dr. Haacke aus Bad Godesberg für das Jahr 1958.
378 Der Etat-Entwurf für 1958 sah einen benötigten Betrag von DM 499.800,— vor (Entwurf in KUD-A 1).
379 So schrieb der zuständige KUD-Referent am 27.8.1958 an den auf der Bodenseeinsel Reichenau weilenden Schütz, daß der KUD-Kontostand nur noch für die Arbeit eines Monats reiche (dieses und andere diesbezügliche Schreiben in KUD-A 279).
380 Vgl. Aktennotiz über ein Gespräch zwischen Schütz, Lemmer und Thedieck vom 15.11.1957 in KUD-A 257.
381 Vgl. Aktennotiz über Gespräch Schütz-Ziebill in KUD-A 257.
382 Vgl. Schreiben Ziebills an Schütz vom 14.11.1958 in KUD-A 257.
383 Beschlußprotokoll in den Akten der DST-Geschäftsstelle (Dir-90-05).
384 Vgl. Aktennotiz in DST-Akten Dir-90-16.
385 Aufstellung in DST-Akten Dir-90-05.
386 Ebenda.
387 So die zusammenfassende Aussage des Wirtschaftsprüfers Dr. Haacke in dessen Prüfungsbericht für das Jahr 1959.
388 Vgl. „Rundbrief" Nr. 5, Juli/August 1962, S. 12.
389 Vgl. „Rundbrief" Nr. 1, Januar/Februar 1963, S. 8.
390 Dem Finanzausschuß gehörten Vertreter der das KUD finanzierenden Organisationen an. Er war formal kein Gremium des KUD, sondern des KUD-„Rechtsträgers", des „Ausschusses für Fragen der Wiedervereinigung . . .".
391 Dem Gremium gehörten neben dem Göttinger Historiker Hermann Heimpel die jeweiligen Chefs von DGB und BDA an.
392 Vgl. hierzu: „Die Instanz des Gewissens", in: „Telegraf" vom 29.3.1955.
393 Vgl. „Unteilbares Deutschland in Finanznöten", in: „Süddeutsche Zeitung" vom 20.9.1958.
394 Bezeichnend für das Selbstverständnis des KUD scheint die Aussage von Totte im Interview vom 22.11.1976 zu sein: „Das Kuratorium wäre eine undemokratische, d.h. antidemokratische Organisation gewesen, wenn es sich als eine Art von ständestaatlichem Pseudoparlament etabliert hätte und nur für politische Mauerblümchen und ansonsten nicht unterzubringende Aktivisten einen zweiten politischen Willensbildungsweg in der Bundesrepublik angeboten hätte. Der Verzicht darauf beim Kuratorium Unteilbares Deutschland spricht für seine Zucht und für sein Verantwortungsbewußtsein . . . Ich würde sagen, es ist nicht undemokratisch, wenn Parteien, unter Hinzuziehung von Verbänden usw. eine Arbeitsgemeinschaft bilden und es wird auch dann nicht undemokratisch, wenn eine solche Arbeitsgemeinschaft sich hernach Landes-, Kreis- und Ortsorganisationen anschafft."
395 Schreiben in KUD-A 283.

Anmerkungen zu Teil II

1 So hatte z.B. Schütz auf einer Veranstaltung am 29.11.1959 in Mainz angeregt, man sollte den sowjetischen Regierungschef Chruschtschow in die Bundesrepublik einladen. Daraufhin sandte der Vorsitzende des Arbeitskreises Außenpolitik der CDU/CSU-Bundestagsfraktion, Paul Bausch, ein Rundschreiben an die Mitglieder des Arbeitskreises, in dem er diesen Vorschlag, der seiner Meinung nach von Schütz auf der KUD-Jahrestagung unterbreitet worden war, kritisierte. Schütz schrieb daraufhin an Bausch, daß es sich in Mainz nicht um eine Kuratoriumsmeinung, sondern um seine persönliche Meinung gehandelt habe (diesbezüglicher Briefwechsel in KUD-A 280).
2 In seiner Rundfunk-Abschiedsansprache zum Ende seiner Amtszeit am 12.9.1959 sagte Theodor Heuss: „Als vor Jahren Jakob Kaiser mir den Plan vortrug, eine breite überparteiliche Vereinigung ins Leben zu rufen, . . .erbat er meinen Rat, unter welche Parole ein solcher Versuch gestellt werden möge; da gab ich zwei Vokabeln als Antwort: ‚Unteilbares Deutschland'. Er nahm die Losung dankbar an, denn er spürte wohl unmittelbar das Doppelte, das durch diesen Begriff schwingt; das verhaltene Pathos einer politischen Forderung, die uns von dem Leid dieser Gegenwart aufgezwungen ist, und die fast nüchterne Feststellung einer zweifachen Gegebenheit: das geschichtliche Bewußtsein, dem deutschen Volks- und Staatswerden zugewandt,

kennt keine Scheidung, keine Teilung der Werte, es spürt in der Vielfarbigkeit von Persönlichkeiten, von landsmannschaftlicher Artung sich bindende, die gebundene Einheit." (zitiert nach: Hans Heinrich Welchert (Hrsg.), Theodor-Heuss-Lesebuch, Tübingen 1975, S. 404).

3   Vgl. hierzu: Helmut Lindemann, Überlegungen zur Bonner Deutschlandpolitik 1945-1970, in: Karl Dietrich Bracher (Hrsg.), Nach 25 Jahren – Eine Deutschland-Bilanz, München 1970, S. 62-82. Lindemann meint hier pointiert: „Weil in der Ära Adenauer die Deutschlandpolitik eine bloße Funktion der Außenpolitik war, läßt sich eine durchlaufende Linie der Deutschlandpolitik ... überhaupt nicht oder allenfalls als schattenhafte Parallele zur Außenpolitik Adenauers ziehen. Bezeichnend war jedenfalls, daß die von Adenauer geführten Bundesregierungen, die auf manchen Gebieten durchaus der Initiative fähig waren, in der Deutschlandpolitik immer nur reagiert, aber niemals selbständig agiert haben." (S. 71).
Eine andere Meinung vertreten z.B. Hans Buchheim, Adenauers Deutschlandpolitik, in: Konrad-Adenauer-Stiftung (Hrsg.), Konrad Adenauer – Ziele und Wege. Mainz 1972, S. 83-95 und Klaus Gotto, Realist und Visionär. Der Deutschland- und Ostpolitiker Konrad Adenauer, in: Poltik und Kultur, Nr. 3/4 1975, S. 99-118 oder Hans-Peter Schwarz, Adenauers Wiedervereinigungspolitik – Zwischen Wollen und realpolitischem Zwang, in: „Die Politische Meinung", November/Dezember 1975, S. 33-54; vgl. auch ders., Das Spiel ist aus und alle Fragen offen, oder: Vermutungen zu Adenauers Wiedervereinigungspolitik, in: Helmut Kohl (Hrsg.), Konrad Adenauer 1976/1976, Stuttgart 1976, S. 168-184.
4   Schütz in: Widerstand gegen die Teilung ..., a.a.O., S. 7 (Hervorhebung von mir).
5   Vgl. ebenda.
6   So Lutz Niethammer in einem Beitrag für Radio Bremen, gesendet anläßlich des zehnjährigen Bestehens des KUD im Jahre 1964 (Manuskript im Besitz des Verfassers).
7   Vgl. unten. Da das KUD sich auf bestehende Verbände oder sonstige Organisationen stützte, fühlte es sich als Vertreter auch z.B. aller Mitglieder des „Deutschen Frauenringes", obwohl dessen Mitglieder dem Frauenring wohl in aller Regel kaum aus diesem Grunde beigetreten sein dürften.
8   Dieser Anspruch wird immer wieder formuliert. So sagte Schütz in einer Sendung des Hessischen Rundfunks am 28.3.1956: „Das wichtigste Ergebnis scheint mir darin zu bestehen ..., daß man sagen konnte, hier (gemeint war die Jahrestagung des KUD von 1956) vertritt sich tatsächlich die .wiedervereinigungsgewillte deutsche Öffentlichkeit selbst." (Manuskript im Besitz des Verfassers.) An anderer Stelle formulierte Ernst Lemmer pointierter: „Das Kuratorium ist eine private Organisation; wir repräsentieren unser Volk." (in einer Sitzung des Politischen Ausschusses am 19.5.1960; Protokoll in KUD-A 88).
9   Vgl. Elisabeth Noelle/Erich Peter Neumann (Hrsg.), Jahrbuch der öffentlichen Meinung 1968-1973, Allensbach/Bonn 1974, S. 525.
10 Vgl. Gebhard Schweigler, Nationalbewußtsein in der Bundesrepublik Deutschland und der DDR, Düsseldorf 1973, S. 116f.
11 Vgl. Elisabeth Noelle/Erich Peter Neumann (Hrsg.), Jahrbuch der öffentlichen Meinung 1947-1955, Allensbach 1956, S. 315.
12 Vgl. Elisabeth Noelle/Erich Peter Neumann (Hrsg.), Jahrbuch der öffentlichen Meinung 1965-1967, Allensbach/Bonn 1967, S. 389.
13 Vgl. Elisabeth Noelle/Erich Peter Neumann (Hrsg.), Jahrbuch der öffentlichen Meinung 1958-1964, Allensbach/Bonn 1965, S. 483.
14 So Schütz in: Widerstand gegen ..., a.a.O., S. 9.
15 Schütz, Die Aufgabe der Wiedervereinigung ..., a.a.O., S. 17.
16 Vgl. „Rundbrief" Nr. 4, Juli/August 1961 und Nr. 5, Juli/August 1962 sowie Nr. 5, Juli/August 1963.
17 Zum Teil abgelegt in KUD-A 3.
18 Vgl. z.B. KUD-A 257.
19 In KUD-A 254.
20 Vgl. Baring, Außenpolitik ..., a.a.O., S. 333f (Bd. II, S. 281).
21 Vgl. Noelle/Neumann, Jahrbuch 1968-1973, a.a.O., S. 505f.
22 Der Konferenzverlauf und die wesentlichen Konferenzdokumente sind wiedergegeben bei: Eberhard Jäckel (Hrsg.), Die deutsche Frage 1952-1956. Notenwechsel und Konferenzdokumente der vier Mächte, Frankfurt/M. 1957, S. 59-71.
23 Besson, Die Außenpolitik ..., a.a.O., S. 147 (S. 137).
24 Zur Vorgeschichte der Konferenz und zu deren Verlauf vgl.: Konrad Adenauer, Erinnerungen, II, 1953-1955, Stuttgart 1966, S. 256f.
25 Vgl. hierzu Jäckel (Hrsg.), a.a.O. und Adenauer, II, a.a.O., S. 247.

26 Vgl. z.B. Thilo Vogelsang, Das geteilte Deutschland, München 6. Aufl. 1975 (dtv-TB 4011), S. 144.
27 Kommuniqué abgedruckt in: Adenauer, II, a.a.O., S. 256F.
28 Besson, a.a.O., S. 148 (S. 138).
29 Klaus Gotto, Adenauers Deutschland- und Ostpolitik 1954-1963; hier und im folgenden zitiert nach: Klaus Gotto/Hans Maier/Rudolf Morsey/Hans-Peter Schwarz (Hrsg.), Konrad Adenauer. Seine Deutschland- und Außenpolitik 1945-1963, München 1975 (dtv-TB 1151), S. 158.
30 Vgl. Adenauer, II, a.a.O., S. 269.
31 Vgl. hierzu ausführlich Baring, a.a.O., und Paul Noack, Das Scheitern der Europäischen Verteidigungsgemeinschaft, Düsseldorf 1977.
32 Baring, a.a.O., S. 334 (Bd. II, S. 274).
33 Zum Verlauf der Debatte in der französischen Nationalversammlung vgl.: Adenauer, II, a.a.O., S. 289ff.
34 Adenauer, II, a.a.O., S. 298.
35 So Andreas Hillgruber, Deutsche Geschichte 1945-1972. Die „Deutsche Frage" in der Weltpolitik, Frankfurt/Berlin/Wien 1974 (Ullstein-TB DG 9), S. 64.
36 Vgl. zur Vorgeschichte ausführlich Adenauer, II, a.a.O., S. 305ff und Besson, a.a.O., S. 154ff (S. 144ff).
37 Paul Noack, Deutsche Außenpolitik seit 1945, Stuttgart 1972, S. 45.
38 Vgl. Vogelsang, a.a.O., S. 147f.
39 Besson, a.a.O., S. 164 (S. 154).
40 Note der Sowjetunion vom 23.10.1954 an die Westmächte in: Jäckel (Hrsg.), a.a.O., S. 83ff.
41 Vogelsang, a.a.O., S. 149.
42 Note an die Westmächte bei: Jäckel (Hrsg.), a.a.O., S. 23ff.
43 Vgl. Noack, Deutsche Außenpolitik ..., a.a.O., S. 45.
44 Vogelsang, a.a.O., S. 153f.
45 Richard Löwenthal, Vom kalten Krieg zur Ostpolitik, in: ders./Hans-Peter Schwarz (Hrsg.), Die zweite Republik. 25 Jahre Bundesrepublik Deutschland — eine Bilanz, Stuttgart 1974, S. 626.
46 Besson, a.a.O., S. 167 (S. 156).
47 Vgl. hierzu: Gotto, Adenauers Deutschland ..., a.a.O., S. 168ff.
48 Adenauer, II, a.a.O., S. 442.
49 Zum Konferenzverlauf vgl.: Jäckel (Hrsg.), a.a.O., S. 111ff.
50 Adenauer, II, a.a.O., S. 444.
51 Abgedruckt bei Jäckel (Hrsg.), a.a.O., S. 116.
52 Vgl. hierzu auch Löwenthal, a.a.O., S. 630ff.
53 Gotto, a.a.O., S. 171f.
54 Adenauer, II, a.a.O., S. 475.
55 Löwenthal, a.a.O., S. 628.
56 Vgl. hierzu und zum folgenden Adenauer, II, a.a.O., S. 447ff.
57 Vgl. Gotto, a.a.O., S. 173ff.
58 Adenauer, II, a.a.O., S. 450.
59 Gotto, a.a.O., S. 174.
60 Über die Moskau-Reise bzw. die Verhandlungen in Moskau berichtet er selbst ausführlich: Adenauer, II, a.a.O., S. 487ff.
61 Besson, a.a.O., S. 194f (S. 181).
62 Noack, a.a.O., S. 56. Diese Auffassung wird dadurch bestätigt, daß unmittelbar nach Abreise Adenauers eine Delegation der DDR in Moskau eintraf, um dort über einen „Vertrag über die Beziehungen zwischen der DDR und der Sowjetunion" zu verhandeln, der am 20.9.1955 unterzeichnet wurde (vgl. hierzu: Akademie der Wissenschaften der DDR, Zentralinstitut für Geschichte (Hrsg.), DDR. Werden und Wachsen. Zur Geschichte der Deutschen Demokratischen Republik, Berlin (Ost) 1974, S. 277ff).
63 Zur „Hallstein-Doktrin" vgl. besonders End, Zweimal ..., a.a.O., S. 36ff und Besson, a.a.O., S. 197ff (S. 183ff).
64 Gotto, a.a.O., S. 176.
65 Zur Vorgeschichte vgl.: Konrad Adenauer, Erinnerungen, III, 1955-1959, Stuttgart 1967, S. 252ff.
66 Zur Reaktion in der Bundesrepublik vgl.: Adenauer, III, 1955-1959, S. 197ff.
67 Zum „Radford-Plan" vgl.: Besson, a.a.O., S. 174ff (S. 161ff); vgl. auch: Hans-Gert Pöttering, Adenauers Sicherheitspolitik 1955-1963. Ein Beitrag zum deutsch-amerikanischen Verhältnis,

2. Aufl. Düsseldorf 1976, S. 62ff.
68 Vgl. hierzu ausführlich: Gerhard Wettig, Entmilitarisierung und Wiederbewaffnung in Deutschland, München 1967 und: Pöttering, a.a.O., S. 62ff.
69 So Besson, a.a.O., S. 175 (S. 162).
70 Diesbezügliche Passage der Rede Erlers bei: Adenauer, III, S. 201f; vgl. auch: Soell, a.a.O., I, S. 211ff.
71 Wolfram F. Hanrieder, Die stabile Krise. Ziele und Entscheidungen der bundesrepublikanischen Außenpolitik 1949-1969, Düsseldorf 1971, S. 140.
72 Vgl. hierzu ausführlich Hans-Peter Schwarz, Das außenpolitische Konzept Konrad Adenauers, in: Klaus Gotto ... (vgl. Anm. II, 29), 97-155.
73 Zu den internationalen Konstellationen der Jahre 1945- 1963 und deren Wirkungen auf die bundesdeutsche Außenpolitik vgl.: Wolfram F. Hanrieder, West German Foreign Policy 1949-1963. International Pressure and Domestic Response, Stanford 1967.
74 Dies legt ausführlich dar: Bruno Bandulet, Adenauer zwischen West und Ost. Alternativen der deutschen Außenpolitik, München 1970.
75 Vgl. Schwarz, a.a.O., S. 147.
76 Hanrieder, Die stabile Krise ..., a.a.O., S. 147.
77 Vgl. ebenda.
78 Helga Haftendorn, Abrüstungs- und Entspannungspolitik zwischen Sicherheitsbefriedigung und Friedenssicherung. Zur Außenpolitik der Bundesrepublik 1955-1973, Düsseldorf 1974, S. 38.
79 Hanrieder, a.a.O., S. 143.
80 Vgl. hierzu: Fritz Erler, Politik für Deutschland, Stuttgart 1968 und vgl. Soell, a.a.O., S. 352ff.
81 Programm wiedergegeben bei: Hans-Adolf Jacobsen (Hrsg.), Mißtrauische Nachbarn. Deutsche Ostpolitik 1919/1970. Dokumente und Analyse, Düsseldorf 1970, S. 284ff.
82 Vgl. hierzu ausführlich: Hans Karl Rupp, Außerparlamentarische Opposition in der Ära Adenauer. Der Kampf gegen die Atombewaffnung in den fünfziger Jahren, Köln 1970, bes. bes. S. 49ff.
83 Vgl. ebenda.
84 Über die Kundgebung berichtete ausführlich in breiter Aufmachung unter der Überschrift „Die Einheit geht über alles" der SPD-nahe „Telegraf" vom 30.1.1955.
85 Manifest abgedruckt bei Jacobsen (Hrsg.), a.a.O., S. 284.
86 Die Position Kaisers wird treffend wiedergegeben von Arnold J. Heidenheimer, a.a.O., bes. S. 190f; ausführlich vgl. Kosthorst, a.a.O.
87 Vgl. hierzu Hans-Peter Schwarz, Vom Reich zur Bundesrepublik. Deutschland im Widerstreit der außenpolitischen Konzeptionen in den Jahren der Besatzungsherrschaft 1945-1949, Neuwied 1966.
88 Etwas gekürzt wird der „Pfleiderer-Plan" wiedergegeben bei: Jacobsen (Hrsg.), a.a.O., S. 271ff; vgl. ausführlich: Karl Georg Pfleiderer, Politik für Deutschland. Reden und Aufsätze 1948-1956, Stuttgart 1961, S. 100ff.
89 Jacobsen (Hrsg.), a.a.O., S. 216.
90 Vgl. hierzu ausführlich Adenauer, III, a.a.O., S. 64ff.
91 Besson, a.a.O., S. 201 (S. 188).
92 Vgl. ebenda, S. 201 (S. 187).
93 KUD-Mitinitiator Gradl schrieb in seiner Zeitung „Der Tag" am 28.2.1954: „Aber es ist unleugbar, daß quer durch alle Stände und Schichten eine ... Teilnahmslosigkeit geht. Was wir brauchen, ist gerade das Gegenteil. Das ist ein Aufstand gegen die nationale Trägheit, ist echtes gesamtdeutsches Temperament, das auch den letzten Träumer und Egoisten aufrüttelt." (Artikel abgedruckt in: Johann Baptist Gradl, Für deutsche Einheit. Zeugnisse eines Engagements, Stuttgart 1975, S. 82). Kaiser drückte dies bei der KUD-Gründungssitzung in Bad Neuenahr am 14.6.1954 ebenfalls, wenn auch etwas zurückhaltender, aus (vgl. Kaisers Rede in: Reden und Dokumente ..., a.a.O., S. 14ff).
94 „Gegen eine Verwestlichung der Bundesrepublik", so bezeichnete Schütz im Interview vom 22.11.1974 die KUD-Zielsetzung in den fünfziger Jahren.
95 Vgl. zur Ost- und Deutschlandpolitik der fünfziger Jahre allgemein: Hans-Adolf Jacobsen/ Otto Stenzl (Hrsg.), Deutschland und die Welt: Zur Außenpolitik der Bundesrepublik 1949-1963, München 1964 (dtv-TB 174/75); zur Deutschlandpolitik der DDR in den fünfziger und sechziger Jahren vgl. Clemens Bosch, Der Wandel der offiziellen sowjetzonalen Stellung zur deutschen Frage und das heutige Selbstverständnis der ‚DDR', Jur. Diss. Würzburg 7.2.1965; vgl. ebenso Fritz Kopp, Kurs auf ganz Deutschland? Die Deutschlandpolitik der SED, Stuttgart

1965, bes. S. 167-316.
96 Vgl. hierzu z.B.: Karl Dietrich Bracher, Zwischen Stabilisierung und Stagnation: Die mittleren Jahre der Ära Adenauer (1956/57), in: Heinz Maus (Hrsg.), Gesellschaft, Recht und Politik — Wolfgang Abendroth zum 60. Geburtstag, Neuwied und Berlin 1968, S. 45-61.
97 Vgl. Protokoll der Aktionsausschußsitzung vom 27.9.1954 in KUD-A 113.
98 Zur „John-Affäre" vgl. Kosthorst, a.a.O., S. 299ff.
99 Jacobsen (Hrsg.), Mißtrauische . . ., a.a.O., S. 216.
100 Lindemann, a.a.O., S. 70 schreibt: „Da sein (Adenauers — L.K.) außenpolitisches Hauptziel die Einbringung der Bundesrepublik in ein westeuropäisches Bündnissystem war, mußte er jeden Versuch, der Wiederherstellung der deutschen Einheit Vorrang zu geben, als eine Störung seiner Kreise ansehen und bekämpfen.
101 Manuskript in BA-212. Zur Sicherheitspolitik der Bundesrepublik vgl. ausführlich: Haftendorf, a.a.O..
102 Vgl. „Manifest" vom 14.6.1954 (in: Reden und Dokumente . . ., a.a.O., S. 3f).
103 Vgl. Protokolle der Aktionsausschußsitzungen vom 27.9. und 22.10.1954 in KUD-A 14 bzw. 113.
104 Zur Aktionsausschußsitzung vom 27.9.1954 hatte man auch den Vertreter des Bundesjugendringes Heini (Heinrich) Köppler geladen. Köppler meinte hier, lt. unkorrigiertem Protokoll in KUD-A 113, das KUD müsse jetzt „Taten" sichtbar werden lassen; der Bundesjugendring erwarte „viel" vom KUD.
105 Vgl. „Rundbrief" Nr. 4, November 1956, o.S..
106 Vgl. Bericht und Ausblick 1955-1956, S. 6 und S. 8.
107 „Rundbrief" Nr. 4, November 1956, o.S.; über das Echo wird in „Rundbrief" Nr. 5, Januar 1957 berichtet.
108 Vgl. „Rundbrief" Nr. 6, März 1957, o.S..
109 Vgl. Bericht und Ausblick 1955-1956, S. 9.
110 Vgl. Bericht und Ausblick (1957), S. 26-28. Das Einsammeln des „Wiedervereinigungspfennigs" fand in den Schulen statt; die Gelder sollten für die „Begegnung der Jugend über den Eisernen Vorhang hinweg sinnvoll verwendet" werden. Unter dem Motto „Jugend beschenkt Jugend" wandte sich das KUD vor Weihnachten 1956 und 1957 an die bundesdeutschen Jugendlichen mit der Bitte, „kleine Weihnachtsgeschenke für die Jugend in Mitteldeutschland anzufertigen".
111 Vgl. zum Aufruf: „Zwei Gedenkminuten am 18. Juli", in: „Telegraf" vom 5.7.1955 und „Die Räder standen still", in: „Telegraf" vom 19.7.1955.
112 Aufruf abgedruckt in: Bericht und Ausblick 1955-1956, S. 19.
113 Eine Reihe weiterer Aktivitäten, die teils von der Bonner KUD-Zentrale, teils von den schon bestehenden Landes-, Kreis- oder Ortskuratorien angeregt worden waren, werden in Bericht und Ausblick 1955-1956 und in Bericht und Ausblick (1957) aufgelistet.
114 Zum Echo vgl. z.B. „Ein Professor zerstört Illusionen", in: „Die Welt" vom 13.6.1955 und „Endlich kam die Antwort" und „Nur die Einheit bringt die Lösung", in: „Telegraf" vom 14.6.1955. Rede Heimpels wiedergegeben bei Wilhelm Wolfgang Schütz (Hrsg.), Bewährung im Widerstand. Gedanken zum deutschen Schicksal, Stuttgart 1956, S. 9-17.
115 Zit. nach ebenda, S. 17. In einem Schreiben vom 9.6.1977 an den Verfasser meinte Heimpel allerdings, daß er mit seiner damaligen Braunschweiger Rede nur versucht habe, „in altmodischen, in den 50er Jahren noch möglichen Patriotismen darzulegen, was auf der Hand lag: daß Deutschland eben teilbar sei."
116 Vgl. KUD-Manifest in Reden und Dokumente . . ., a.a.O., S. 3f.
117 Vgl. „Eine Ankündigung von Kummernuß", in: „FAZ" vom 20.1.1955.
118 Zitiert nach Jacobsen (Hrsg.), Mißtrauische . . ., a.a.O., S. 284.
119 So witzelte unter der Überschrift „Volksbewegung?" der Kommentator der „Stuttgarter Zeitung" vom 10.2.1955: „Wir haben nicht nur eine Volksbewegung, sondern gleich zwei . . ."; vgl. auch „Zwischen Aktion und Gegenaktion", in: „Süddeutsche Zeitung" vom 9.2.1955.
120 Vgl. Rupp, a.a.O., S. 49.
121 Ebenda, S. 59.
    Schütz muß allerdings mit der „Paulskirchenbewegung" sympathisiert haben. In seinem Buch mit dem Titel „Wir wollen überleben. Außenpolitik im Atomzeitalter", Stuttgart 1956, finden sich manche Passagen, die an die am 29.1.1955 in Frankfurt vertretenen Thesen erinnern; vgl. auch den von Schütz verfaßten Artikel „Gibt es einen Ausweg?", in: „Bremer Nachrichten" vom 29.3.1958.
122 Vogelsang, a.a.O., S. 155.

123 Ebenda, S. 158.
124 Der „Erweiterte Eden-Plan" wird wiedergegeben in: Auswärtiges Amt (Hrsg.), Die Bemühungen der deutschen Regierung und ihrer Verbündeten um die Einheit Deutschlands 1955-1966 (Weißbuch)" (im folgenden zitiert: „Die Bemühungen..."), S. 93ff.
125 Vgl. Philip Windsor, Deutschland gegen Deutschland. Die Überwindung der Gegensätze, Zürich/Köln 1971, S. 109f.
126 Vgl. hierzu ausführlich: Hanrieder, West German..., a.a.O., S. 139ff.
127 Vgl. zum „Rapacki-Plan" ausführlich: Haftendorn, a.a.O., S. 43ff und Pöttering, a.a.O., S. 140ff.
128 Das Memorandum wurde neben den vier Großmächten den Regierungen Kanadas, Belgiens Dänemarks, der Tschechoslowakei, der DDR sowie, über die Schwedische Botschaft, der Bundesrepublik übermittelt (vgl. Haftendorn, a.a.O., S. 380 Anm. 87).
129 Vgl. Pöttering, a.a.O., S. 140ff.
130 Regierungserklärung vom 23.1.1958; abgedruckt in: Die Bemühungen..., a.a.O., S. 240ff. Die USA lehnten den Plan am 4.5.1958 ab.
131 Zitiert nach: Die Bemühungen..., a.a.O., S. 247.
132 Haftendorn, a.a.O., S. 46f.
133 Vgl. Vogelsang, a.a.O., S. 162.
134 Ebenda, S. 213.
135 Rede auszugsweise wiedergegeben bei: Boris Meissner, Moskau-Bonn. Die Beziehungen zwischen der Sowjetunion und der Bundesrepublik Deutschland 1955-1973. Dokumentation. Zwei Bände, Köln 1975, Band I, S. 455ff.
136 Vgl. hierzu ausführlich: Jack M. Schick, The Berlin Crisis 1958-1962, Philadelphia 1971.
137 Vgl. ebenda, bes. S. 12ff; Text der Note an die Bundesregierung in: Meissner a.a.O., S. 464ff.
138 Note der USA (gleichlautend mit denen von Frankreich und Großbritannien) in: Die Bemühungen..., a.a.O., S. 288ff.
139 Besson, a.a.O., S. 210 (S. 196) nennt einige der Gründe; vgl. ebenso Noack, Deutsche..., a.a.O., S. 73ff und Vogelsang, a.a.O., S. 213ff.
140 Löwenthal, Vom kalten Krieg..., a.a.O., S. 645.
141 Note der Bundesregierung in: Die Bemühungen..., a.a.O., S. 291ff.
142 Note der Sowjetunion (an die Bundesregierung) in: Meissner, a.a.O., S. 488ff.
143 Note der Westmächte in: Die Bemühungen..., a.a.O., S. 299f (hier wiedergegeben die französische Note).
144 Zum Konferenzverlauf vgl. ausführlich: Vogelsang, a.a.O., S. 223ff.
145 Vogelsang, a.a.O., S. 224.
146 Der „Herter-Plan" abgedruckt in: Die Bemühungen..., a.a.O., S. 302ff.
147 Vgl. Gromykos Rede auf der Genfer Konferenz am 13.7.1959; auszugsweise wiedergegeben bei: Meissner, a.a.O., S. 572ff.
148 Vogelsang, a.a.O., S. 230.
149 Vgl. Besson, a.a.O., S. 216 (S. 201).
150 Vogelsang, a.a.O., S. 230f.
151 Vgl. hierzu: Löwenthal, a.a.O., S. 652f.
152 Vgl. Besson, a.a.O., S. 235ff (S. 220ff.)
153 Diesbezügliche Rede Chruschtschows auszugsweise bei: Meissner, a.a.O., S. 643ff.
154 Vgl. hierzu: Löwenthal, a.a.O., S. 654.
155 Die Sowjetunion hatte eines der seit 1954 über ihrem Territorium fliegenden amerikanischen U-2-Aufklärungsflugzeuge abgeschossen (vgl. hierzu: Schick, a.a.O., S. 97ff).
156 Chruschtschows Äußerungen auf einer Pressekonferenz bei: Meissner, a.a.O., S. 648f (Auszug).
157 Noack, Deutsche Außenpolitik..., a.a.O., S. 75.
158 Vgl. Löwenthal, a.a.O., S. 650f.
159 Vgl. Gotto, Adenauers Deutschland..., a.a.O., S. 223.
160 Ebenda, S. 220.
161 Vgl. z.B. Bandulet, a.a.O., S. 154ff; allgemein zu den deutsch-amerikanischen Beziehungen: Roger Morgan, Washington und Bonn. Deutsch-amerikanische Beziehungen seit dem Zweiten Weltkrieg, München 1975.
162 Haftendorn, a.a.O., S. 53.
163 Text der beiden Reden: Thomas Dehler, Bundestagsreden, Bonn 1973, S. 215-246 und Gustav W. Heinemann, Verfehlte Deutschlandpolitik. Irreführung und Selbsttäuschung. Artikel und Reden, Frankfurt/M. 1966, S. 124-136.
164 Zur Deutschlandpolitik der SPD vgl. z.B. Hartmut Soell, Die Ostpolitik der SPD von Mitte

der fünfziger Jahre bis zum Beginn der Großen Koalition, in: „Politik und Kultur" 1/1976, S. 35-53, vgl. auch ders., Fritz Erler . . ., a.a.O..
165 Besson, a.a.O., S. 208 (S. 194).
166 Vgl. Hanrieder, Die stabile . . ., a.a.O., S. 154ff; zum Verhältnis von „Rapacki-Plan" und „Deutschlandplan" vgl. auch den Artikel Fritz Erlers vom Herbst 1959, wiedergegeben bei Jacobsen/Stenzl (Hrsg.), a.a.O., S. 144ff; vgl. auch Soell, Fritz Erler . . ., a.a.O., S. 375ff.
167 Text: Dokumente zur Deutschlandpolitik IV, 1 (1958/59), S. 1207ff.
168 Vgl. hierzu auch Eberhard Rottmann, Der unfertige Staat. Analyse, Bilanz und Perspektive der Deutschlandpolitik, Hamburg 1970, S. 63ff.
169 Hanrieder, Die stabile . . ., a.a.O., S. 156.
170 FDP-Plan vom 20.3.1959 bei: Jacobsen (Hrsg.), Mißtrauische . . ., a.a.O., S. 317ff.
171 Ebenda, S. 217.
172 Ebenda, S. 216.
173 Vgl. hierzu ausführlich: Abraham Ashkenasi, Reformpartei und Außenpolitik. Die Außenpolitik der SPD Berlin-Bonn, Köln/Opladen 1968.
174 Rede in: Herbert Wehner, Wandel und . . ., a.a.O., S. 232-248.
175 Vogelsang, a.a.O., S. 191; vgl. auch Soell, Fritz Erler . . ., a.a.O., S. 400ff.
176 Vgl. Besson, a.a.O., S. 240f (S. 225f).
177 Hanrieder, Die stabile . . ., a.a.O., S. 110.
178 Vgl. hierzu ausführlich: Gotto, Adenauers Deutschland . . ., a.a.O., S. 203ff und S. 224ff.
179 Vgl. Kosthorst, a.a.O., S. 354.
180 Vgl. hierzu Rüß, a.a.O., S. 35.
181 Vgl. S. 42ff.
182 Vgl. „Kuratorium oder Volksbewegung", in: „Frankfurter Rundschau" vom 9.11.1957; hier meint der Kommentator, daß das KUD-Wirken sich noch weitgehend auf „Diskussionsgruppen und Privatzirkel" beschränkte.
183 Schütz im Interview vom 22.11.1974.
184 So Schütz während der Sitzung des Politischen Ausschusses am 6.2.1958 (lt. Protokoll in KUD-A 105).
185 Vgl. S. 96ff.
186 Erklärung in KUD-A 105.
187 Papier in KUD-A 88 (vgl. Anhang).
188 In diesem Punkt griff das KUD eine Forderung des Deutschen Bundestages vom 23.1.1968 auf (Text in: Die Bemühungen . . ., a.a.O., S. 249), der damals ebenfalls die Bundesregierung aufgefordert hatte, sich dafür einzusetzen, daß die „Deutsche Frage" in internationalen Verhandlungen zur Erörterung komme.
189 Text des Interviews in: Karl Jaspers, Freiheit und Wiedervereinigung. Über Aufgaben deutscher Politik, München 1960, S. 107ff. In diesem, im Herbst 1960 veröffentlichten Essay begründet Jaspers seine Thesen von „Freiheit statt Wiedervereinigung" ausführlich.
190 Ebenda, S. 110f.
191 Zumal, da Jaspers, ebenda S. 17f, den Begriff „Unteilbares Deutschland" als obsolet bezeichnete.
192 So interpretierte Niethammer 1964 in Radio Bremen die KUD-Reaktion (Manuskript der Sendung im Besitz des Verfassers).
193 In „Rundbrief" Nr. 6, Oktober/November 1960, S. 6f.
194 Rede vor dem Landeskuratorium Hamburg im Herbst 1960 (Manuskript im Besitz des Verfassers und in KUD-A 86).
195 Vgl. „Rundbrief" Nr. 1, Januar/Februar 1961, S. 8f.
196 Ebenda, S. 9.
197 Später, im Jahre 1966, kam es dann doch zu einem nachhaltigen Dissenz zwischen Schütz und Jaspers. Der italienische Journalist Luigi Forni hatte Schütz den Wortlaut eines Interviews von Jaspers mit der Florentiner Zeitung „La Nazione" (das Interview wurde am 24.6.1966 veröffentlicht) zugesandt. Jaspers hatte hier seine Thesen von 1960 wiederholt und gemeint, als Deutscher sei er „entsetzt" über die Forderung nach Wiedervereinigung. Schütz schrieb daraufhin Jaspers (das Schreiben wurde am 24.6.1966 der Presse übergeben), er, Jaspers, wolle allem Anschein nach nicht mehr die Freiheit, sondern nur noch die „Teilung an sich". Der sich an diesen Brief anschließende Briefwechsel wurde von Jaspers mit einem Schreiben vom 29.6.1966 beendet. Jaspers machte sich über die Schützsche Unterstellung, er, Jaspers, wolle die Freiheit nicht mehr, übermäßig geärgert. Es hieß daher am Schluß des Schreibens: „Sie fallen mit einer falschen, aufs äußerste disqualifizierenden Behauptung

über mich her... Ich hoffe, daß die breite Öffentlichkeit nicht verlangt, daß ich einem Manne, der sich so verhält, noch weiter antworte. Um den Anspruch auf Miteinanderreden zu haben, muß man andere Voraussetzungen mitbringen, als Sie sie mir gezeigt haben." (Briefwechsel und Text des Jaspers-Interviews in KUD-A 248).
198 Besson, a.a.O., S. 260 (S. 244).
199 Gotto, a.a.O., S. 242.
200 Besson, a.a.O., S. 249 (S. 233).
201 Vgl. hierzu Pöttering, a.a.O., S. 184ff.
202 Vgl. hierzu ausführlich Haftendorn, Abrüstungs- und ..., a.a.O., bes. S. 61-79; vgl. auch Dieter Mahncke, Die Sicherheitspolitik der Bundesrepublik Deutschland zu Beginn der sechziger Jahre, in: „Politik und Kultur" 5/1975, S. 39-58 und Besson, a.a.O., S. 249ff (S. 233ff).
203 Ernst Nolte, Deutschland und der Kalte Krieg, München/Zürich 1974, S. 481.
204 Besson, a.a.O., S. 259 (S. 242f).
205 Löwenthal, a.a.O., S. 656.
206 Vgl. hierzu: Schick, a.a.O., bes. S. 145ff und Kurt L. Shell, Bedrohung und Bewährung. Führung und Bevölkerung in der Berlin-Krise, Köln/Opladen 1965, bes. S. 1f.
207 Vgl. Nolte, a.a.O., S. 482.
208 Vgl. Löwenthal, a.a.O., S. 658.
209 Vgl. Nolte, a.a.O., S. 483 und Vogelsang, a.a.O., S. 342f.
210 Besson, a.a.O., S. 289 (S. 269).
211 Vgl. Vogelsang, a.a.O., S. 252 und Noack, a.a.O., S. 79.
    Die drei „essentials" lauteten: 1. Aufrechterhaltung der westlichen Truppen in Berlin; 2. Aufrechterhaltung der wirtschaftlichen und sonstigen Verbindungen zwischen Berlin und der Bundesrepublik; 3. Aufrechterhaltung des freien Verkehrs zwischen Berlin und der Bundesrepublik.
212 Zu den deutsch-amerikanischen Gesprächen vgl.: Walter Stützle, Kennedy und Adenauer in der Berlin-Krise 1961-1962, Bonn 1973, S. 162f.
213 Vgl. Bandulet, a.a.O., S. 166, bes. Anm. 145.
214 Gotto, a.a.O., S. 246.
215 Zu Adenauers Besuch in Washington vom 20.-22.11.1961 vgl.: Stützle, a.a.O., S. 170ff.
216 Text des Interviews in: Dokumente zur Berlin-Frage 1944-1966, hrsg. vom Forschungsinstitut der Deutschen Gesellschaft für Auswärtige Politik, 3. Aufl. München 1967, S. 503-505.
217 Vgl. hierzu und zum folgenden: Bandulet, a.a.O., S. 165ff.
218 Vgl. Reinhold Roth, Ostpolitik als Mittel der Deutschlandpolitik, in: Aus Politik und Zeitgeschichte. Beilage zu: „Das Parlament". B 43/1969 vom 25.10.1969, S. 45ff.
219 Gotto, a.a.O., S. 249.
220 Vgl. hierzu knapp und informativ Nolte, a.a.O., S. 486ff und sehr eindrucksvoll: Beiheft Nr. 5 zu: „Die Friedenspolitik der Bundesrepublik Deutschland", aus: „Informationen für die Truppe", 11/1962.
221 Vgl. hierzu: Haftendorn, Abrüstungs- und ..., a.a.O., S. 127ff.
222 Vgl. Bandulet, a.a.O., S. 212f und Gotto, a.a.O., S. 269ff.
223 Besson, a.a.O., S. 302 (S. 281) meint, daß sei dem Frühjahr 1962 „von einer einheitlichen westdeutschen Außenpolitik" nicht mehr gesprochen werden konnte.
224 Vgl. hierzu: Besson, a.a.O., S. 322ff (S. 300ff) und Noack, a.a.O., S. 88ff; vgl. auch Haftendorn, Außenpolitische Prioritäten ..., a.a.O., S. 85ff.
225 So Hanrieder, Die stabile ..., a.a.O., S. 168.
226 So Nolte, a.a.O., S. 473.
227 Zu Vertrag und zu den Schwierigkeiten vor der Ratifizierung vgl.: Gilbert Ziebura, Die deutsch-französischen Beziehungen seit 1945. Mythen und Realitäten, Pfullingen 1970.
228 Rede wiedergegeben in: Die Bemühungen ..., a.a.O., S. 388ff.
229 Zitiert nach ebenda, S. 392.
230 Vgl. hierzu und zum folgenden: Bandulet, a.a.O., S. 232ff und Gotto, a.a.O., S. 255ff.
231 Vgl. Bandulet, a.a.O., S. 233. Dennoch ließ Adenauer diesen Gedanken nicht sofort wieder fallen. Am 9.10.1962 erklärte er vor dem Deutschen Bundestag: „Ich erkläre erneut, daß die Bundesregierung bereit ist, über vieles mit sich reden zu lassen, wenn unsere Brüder in der Zone ihr Leben so einrichten können, wie sie es wollen. Menschliche Überlegungen spielen hier für uns eine noch größere Rolle als nationale." (Wiedergegeben in: Die Bemühungen ..., a.a.O., S. 433ff, hier S. 436).
232 Gotto, a.a.O., S. 258.
233 Vgl. Bandulet, a.a.O., S. 233ff. Das „Burgfriedensangebot" hatte Adenauer *ohne* vorherige

Konsultationen mit den Westmächten unterbreitet (vgl. Bandulet, ebenda).
234 Vogelsang, a.a.O., S. 274.
235 So Gotto, a.a.O., S. 245 eher zurückhaltend. Löwenthal. a.a.O., S. 659 formuliert pointierter: „Im Maße, wie der ersten Empörung über die Unmenschlichkeit der östlichen Maßnahme die Ernüchterung über die eigenen Illusionen folgte, wurde für die westdeutsche Öffentlichkeit sichtbar, daß aus einer Politik der Wiedervereinigung in Freiheit längst eine bloße Politik der Nichtanerkennung der Teilung ohne konkrete Hoffnung auf ihre Überwindung geworden war und daß mit der Fortsetzung dieser Politik die effektiven Schranken zwischen den beiden Teilen Deutschlands immer höher zu werden drohten."
236 Vgl. Gotto, a.a.O., S. 244.
237 Vogelsang, a.a.O., S. 255.
238 Besson, a.a.O., S. 289 (S. 269).
239 Hanrieder, Die stabile..., a.a.O., S. 158.
240 Besson, a.a.O., S. 312 (S. 291).
241 Hanrieder, Die stabile..., a.a.O., S. 159.
242 Vgl. Soell, Die Ostpolitik der SPD..., a.a.O., S. 43.
243 Zur „Spiegel-Affäre" vgl. ausführlich: Jürgen Seifert (Hrsg.), Die Spiegel-Affäre, 2 Bände, Olten 1966, bes. Band I.
244 Jacobsen, Mißtrauische..., a.a.O., S. 329.
   Typisch für die damalige Empörung war der Artikel, den Marion Gräfin Dönhoff am 18.6.1961 in „Die Zeit" unter dem Titel „Quittung für den langen Schlaf" veröffentlichte. Text wiedergegeben in: Marion Gräfin Dönhoff, Deutsche Außenpolitik von Adenauer bis Brandt, Hamburg 1970, S. 173ff.
245 Besson, a.a.O., S. 289 (S. 269).
246 Manuskript in KUD-A 99.
247 Jedenfalls kommt dies in der Erklärung des Politischen Ausschusses vom 18.5.1960 (in KUD-A 88) zum Ausdruck: „Das Scheitern der Gipfelkonferenz infolge des Verhaltens des sowjetischen Ministerpräsidenten stellt für alle Deutschen eine tiefe Enttäuschung dar."
   Schon am 17.2. und am 18.3.1960 hatte sich der Politische Ausschuß damit beschäftigt, mit welchen Aktionen man die Gipfelkonferenz begleiten könnte (vgl. Protokolle der beiden Sitzungen in KUD-A 88); vgl. auch Schütz' Kommentar in NDR und SFB am 2.4.1960, abgedruckt in: „Rundbrief" Nr. 3, März/April 1960, S. 2f.
   Andere politische Beobachter beurteilen die Erfolgsaussichten der geplanten Konferenz sehr skeptisch. So schrieb der Schweizer Journalist F.R. Allemann im „Monat", Nr. 140 (Mitte April): „Niemand kann heute voraussagen, was aus den Beratungen der ‚Großen Vier' auf dem Pariser Gipfel herauskommen wird. Bestimmt *nicht* herauskommen wird ein Fortschritt in der Richtung auf die deutsche Einheit. Das ist keine Prophezeiung, sondern eine Gewißheit." (Abgedruckt in: Fritz René Allemann, Zwischen Stabilität und Krise. Etappen der deutschen Politik 1955-1963, München 1963, S. 164f).
248 Der Appell wurde in Form von Flugblättern verteilt (abgedruckt in: „Rundbrief" Nr. 4, Juni/Juli 1960, S. 11).
249 Vgl. z.B. „Rundbrief" Nr. 4, November 1960. Am 19.10.1960 hatte sich auch die Bundesregierung mit einer „Zirkularnote" an alle UNO-Mitglieder gewandt, worin sie ihren Standpunkt darlegte (Wiedergegeben in: Die Bemühungen..., a.a.O., S. 355ff).
   Einen solchen Schritt hatte schon im Mai 1958 der Regierende Bürgermeister von Berlin, Willy Brandt, in einer Rede vor dem KUD von der Bundesregierung gefordert (vgl. „Theorien zur Wiedervereinigung", in: „Süddeutsche Zeitung" vom 10.5.1968).
250 Ausdrücklich begrüßte die Bundesregierung jedoch nur den zweiten UNO-Schritt des KUD (vgl. Die Bemühungen..., a.a.O., S. 429ff).
251 Vgl. z.B. „streng vertrauliches" Papier, verabschiedet vom Engeren Politischen Ausschuß am 2.11.1962, das an den Bundespräsidenten und die Bundesregierung gesandt wurde (Titel: „Möglichkeiten neuer Initiativen in der Berlin- und Deutschland-Frage" in KUD-A 42).
   Nahezu jedes vom KUD herausgegebene Papier, was nicht ausdrücklich als „Pressemitteilung" bezeichnet wurde, trug mindestens den Vermerk „vertraulich", wenn nicht „streng vertraulich". Obwohl es sich dabei um Material handelte, das teils den KUD-Mitarbeitern zugesandt wurde, teils im nächsten „Rundbrief" veröffentlicht wurde, in aller Regel jedoch keinerlei politische oder programmatische Brisanz enthielt, wurden jene aus dem Politischen entlehnten Adjektive in steter Wiederholung benutzt. Was sich Schütz von einer darartigen Inflation solcher Klassifikationen versprach, ob er davon ein größeres Interesse des Adressaten erwartete oder wirklich in dem Glauben war, hierdurch eine Vertraulichkeit sicherzustellen,

bleibt unklar.
252 Vgl. Rede von Schütz auf der KUD-Jahrestagung 1961, abgedruckt in: „Rundbrief" Nr. 7, Dezember/Januar 1961/62, S. 4f.
253 Vgl. mehrere solcher Papiere in KUD-A 83 und 89. Ausschließlich für Ausländer bestimmt war eine Broschüre, in der führende KUD-Akteure um Verständnis für die deutschen Probleme warben: Germany Indivisible (ed.), Towards a Solution of the Problem of Germany as a Contribution to World Peace, Köln 1963.
Daß die KUD-Auslandsaktivitäten dort nicht ohne Beachtung blieben, wird auch aus K. Kaisers Bemerkung deutlich, in der er meint, daß selbst die wenigen lautstarken Versuche des Festhaltens am status quo in der Bundesrepublik, z.B. seitens des KUD, im Ausland als Hindernis für die Ost-West-Entspannung angesehen wurden (vgl. Karl Kaiser, German Foreign Policy in Transition. Bonn Between East and West, London 1968, S. 78).
254 Vgl. z.B. Protokoll der Sitzung des Politischen Ausschusses vom 27.6.1962 in KUD-A 91 oder Aktennotiz über eine Unterredung Schütz-Kroll vom 1.9.1961 in KUD-A 294.
255 Vgl. Aktennotiz über ein Gespräch mit DRK-Vertretern vom 23.10.1962 in KUD-A 91. Hier heißt es: „Überall dort, wo noch eine Möglichkeit besteht, daß das Rote Kreuz etwas ausrichten kann, werden wir (das KUD – L.K.) Schritte unterlassen. Es bleiben aber leider sehr viele Fälle, die das Rote Kreuz nicht fördern kann. Diese sollen wir dann bei den Vereinten Nationen zur Sprache bringen."
256 Vgl. Akademie der Wissenschaften der DDR, Wachsen und Werden..., a.a.O., S. 287; vgl. auch Ernst Deuerlein (Hrsg.), DDR 1945-1970. Geschichte und Bestandsaufnahme, München 4. Aufl. 1972 (dtv-TB 347), bes. S. 220ff und S. 238f.
257 Vgl. Protokolle der Sitzungen des Politischen Ausschusses vom 4.12.1961 (in KUD-A 90) und des Engeren Politischen Ausschusses vom 16.10.1962 (in KUD-A 91).
258 Vgl. Protokoll der Sizung vom 4.12.1961 (in KUD-A 90).
259 Kennedys Wahl zum US-Präsidenten hatte Schütz schon unmittelbar nach dessen Wahlsieg begrüßt. Kennedys Wahlkampf habe darauf hingedeutet, daß eine „phantasievolle, tatkräftige und konstruktive Politik" in den USA betrieben werden würde (so in einem Interview mit der britischen Rundfunkgesellschaft BBC, teilweise wiedergegeben in: „Rundbrief" Nr. 7, Dezember/Januar 1960/61, S. 5).
260 Vgl. KUD-Papier vom 2.11.1962 und eine „Denkschrift" in KUD-A 89; hier heißt es u.a.: „Der verfassungsrechtliche Einwand gegen eine Volksabstimmung, die auch zwei deutsche Staaten zur Erörterung stellt, läßt sich mit dem Hinweis auf die Saarabstimmung widerlegen. Der Auftrag des Grundgesetzes, die deutsche Einheit zu verwirklichen, läßt sich nämlich durch eine solche Volksabstimmung besser wahren, als durch Untätigkeit."
261 Zu den Verhandlungen, die mit dem Atomwaffensperrvertrag ein vorläufiges Ende erreichten, vgl.: Haftendorn, Abrüstungs- und ..., a.a.O., S. 138ff.
262 Zu den internationalen Rahmenbedingungen der bundesdeutschen Außenpolitik vgl.: Paul Noack, Internationale Rahmenbedingungen der Deutschlandpolitik in den Jahren 1963 bis 1969, in: „Politik und Kultur", 5/1975, S. 59-73; vgl. auch Haftendorn, Außenpolitische Prioritäten..., a.a.O. und Kaiser, German Foreign ..., a.a.O.
263 Zu den Prämissen der „Politik der Bewegung" vgl. prägnant: Noack, Deutsche Außenpolitik..., a.a.O., S. 96.
264 Zur Auseinandersetzung um die MLF vgl.: Dieter Mahncke, Die Sicherheitspolitik..., a.a.O., S. 39-58; vgl. auch Besson, a.a.O., S. 316ff (S. 295ff).
265 Hanrieder, Die stabile..., a.a.O., S. 174.
266 Text der Vereinbarungen in: Boris Meissner (Hrsg.), Die deutsche Ostpolitik 1961-1970. Kontinuität und Wandel. Dokumentation, Köln 1970, S. 41, 63, 74. 75.
267 Vgl. hierzu allgemein: Klaus Günther, Der Kanzlerwechsel in der Bundesrepublik. Adenauer-Erhard-Kiesinger, Hannover 1970.
268 Vgl. Soell, die Ostpolitik..., a.a.O., Anm. 24.
269 Text der Rede Bahrs in: Jacobsen (Hrsg.), Mißtrauische..., a.a.O., S. 351ff.
270 Gotto, a.a.O., S. 265.
271 Zur Außenpolitik Schröders vgl.: Ernst Kuper, Frieden durch Konfrontation und Kooperation. Die Einstellung von Gerhard Schröder und Willy Brandt zur Entspannungspolitik, Stuttgart 1974; Noack, Deutsche Außenpolitik..., a.a.O., S. 93ff und Besson, a.a.O., S. 229ff (S. 307ff); vgl. auch Theo M. Loch, „Schröders Außenpolitik", in: „Deutsche Zeitung" vom 8.10.1963 sowie Schröders Artikel „Germany Looks at Eastern Europe", in: „Foreign Affairs", 44, October 1965, Nr. 11 (deutsch in: Die Bemühungen..., a.a.O., S. 541ff).
272 Noack, a.a.O., S. 97.

Mit Schröder sei das Amt des Außenministers erstmals zu einem „politischen Faktor ... im Kräftefeld der Gruppen" geworden, meinen Heino Kaack/Reinhold Roth, Die Außenpolitische Führungselite ..., a.a.O., S. 3ff.
273 Besson, a.a.O., S. 332 (S. 310).
274 Noack, a.a.O., S. 97.
275 Haftendorn, Abrüstungs- und ..., a.a.O., S. 206. Schröder ging mit seinen diesbezüglichen Überlegungen mit dem amerikanischen Politikwissenschaftler Brzezinski konform (vgl. Zbigniew Brzezinski, Alternative to Partition. For a Broader Conception of America's Role in Europe, New York 1965).
276 Haftendorn, Abrüstungs- und ... a.a.O., S. 339.
277 Vogelsang, a.a.O., S. 276.
278 Hanrieder, Die stabile ..., a.a.O., S. 167.
279 Vgl. Kaack/Roth, a.a.O., S. 35 und 39; vgl. auch Noack, a.a.O., S. 106. Noack ist hier der Meinung, daß Schröder keineswegs die allein treibende Kraft der „Politik der Bewegung" gewesen sei, der Kanzler L. Erhard habe hier mindestens die gleichen Meriten.
280 So meint Besson a.a.O., S. 333 (S. 310): „Es gehört zu den Eigentümlichkeiten der Schröderschen Politik, daß sie sich selbst programmatisch kaum zu akzentuieren verstand und deswegen hier auch nicht die Frage beantwortet werden kann, wie weit die hinter der Taktik des Tages stehende Strategie tatsächlich reichte."
281 Besson, ebenda, S. 330 (S. 308).
282 Peter Bender, Offensive Entspannung. Möglichkeiten für Deutschland, 4. Aufl. Köln/Berlin 1965.
283 Vgl. ebenda, z.B. S. 111.
284 Die wesentlichen Teile der Denkschrift bei: Jacobsen (Hrsg.), a.a.O., S. 362ff.
285 „Tübinger Memorandum" wiedergegeben bei: Kurt P. Tudyka (Hrsg.), Das geteilte Deutschland. Eine Dokumentation der Meinungen, Stuttgart usw. 1965, S. 190ff.
286 Zit. nach: Jacobsen (Hrsg.), a.a.O., S. 369.
287 Text bei: Jacobsen (Hrsg.), a.a.O., S. 380ff.
288 Vgl. ebenda, S. 382.
289 Zu den Passierscheinabkommen vgl. z.B.: Ludwig Eberlein, Experiment Berlin. Plädoyer für eine deutsche Konföderation, Köln/Berlin 1967, S. 104ff und Ernst R. Zivier, Die Nichtanaerkennung im modernen Vökerrecht. Probleme staatlicher Willensäußerung, 2. Aufl. Berlin 1969, S. 183ff und S. 230ff.
290 Text der Note in: Die Bemühungen ..., a.a.O., S. 559ff.
291 Vgl. Haftendorn, Abrüstungs- und ..., a.a.O., S. 199. Auf S. 199ff schildert Haftendorn ausführlich die Entstehungsgeschichte der Note und analysiert deren Inhalt.
292 Besson, a.a.O., S. 356 (S. 333).
293 Haftendorn, Abrüstungs- und ..., a.a.O., S. 202.
294 Vgl. ebenda, S. 208ff.
295 Vgl. ebenda, S. 212ff.
296 Text der sowjetischen Antwort bei Meissner, II, a.a.O., S. 1050.
297 Vogelsang, a.a.O., S. 300.
298 Zur Ost- und Deutschlandpolitik der Großen Koalition vgl. kurz und informativ: Günter Schmid, Die Deutschlandpolitik der Regierung Brandt/Scheel, München 1975 (bes. das erste Kapitel); vgl. auch Vogelsang, a.a.O., S. 311ff und vgl. Robert W. Dean, The Politics of West German Trade with the Soviet Bloc 1954-1968, phil diss. Denver 1970, bes. S. 129-152.
299 Vgl. hierzu ausführlich: Regine Siewert/Helmut Bilstein, Gesamtdeutsche Kontakte. Erfahrungen mit Parteien- und Regierungsdialog, Opladen 1969.
300 Vgl. ebenda.
301 Vgl. Vogelsang, a.a.O., S. 301f.
302 Vgl. zur Deutschland- und Ostpolitik der Großen Koalition auch Löwenthal, a.a.O., S. 673ff.
303 Vgl. „Kontakt mit den Ostvölkern", in: „Telegraf" vom 9.7.1958.
304 So Schütz in „Rundbrief" Nr. 2, Februar/März 1963, S. 2f.
305 Vgl. Protokoll der Sitzung vom 14.5.1963 in KUD-A 92.
306 Vgl. Artikel von Schütz „In der Deutschlandpolitik offensiv werden", in: „Das Parlament" vom 23.12.1964.
307 In: „Rundbrief" Nr. 1, Januar/Februar 1964, S. 1.
308 Rede Schütz' abgedruckt als Beilage zum „Rundbrief" Nr. 1, Januar/Februar 1964, S. 8ff.
309 Peter Bender, Die Ostpolitik Willy Brandts oder die Kunst des Selbstverständlichen, Hamburg 1972 (rororo TB 1548), S. 30.
310 So wurden beispielsweise die Passierscheinabkommen lebhaft und vorbehaltlos begrüßt;

vgl. „Rundbrief" Nr. 1, Januar/Februar 1964, S. 3.
Am 2.3.1964 sicherte Schütz Willy Brandt die Unterstützung des KUD bei den anstehenden Passierscheinverhandlungen und anderen eventuellen politischen Vorstößen Brandts zu (diesbezügliche Aktenotiz in KUD-A 258); vgl. auch Bulletin der Bundesregierung, hrsg. vom Presse- und Informationsamt, vom 23.1.1965: „Für verstärkte Verbindungen im geteilten Deutschland."
311 Bender, die Ostpolitik . . . , a.a.O., S. 33.
312 Der Politische Ausschuß beschäftigte sich beispielsweise damit, ob an der innerdeutschen Grenze Atomwaffen installiert seien. Schütz fragte daraufhin am 18.12.1964 beim damaligen Verteidigungsminister von Hassel an, ob dort „nukleare Minenfelder" angelegt seien; dies würde, falls es zuträfe, „die Aufgabe aller Deutschen, die Welt vom Weiterbestehen der deutschen Einheit und vom Widerstand gegen die Teilung zu überzeugen, unerhört erschweren". Von Hassel antwortete am 22.12.1964, daß es weder einzelne Atomminen noch Atomminengürtel an der Zonengrenze gebe. Es sei nicht einmal geplant, konventionelle Minen in Friedenszeiten im Zonenrandgebiet zu installieren (der Briefwechsel wurde in „KUD-Mitteilungen" vom Januar 1965 veröffentlicht; vorhanden in KUD-A 19).
313 Wilhelm Wolfgang Schütz, Reform der Deutschlandpolitik, Köln 1965 (verlagstechnische Gründe verzögerten das Erscheinen bis ins Jahr 1965).
314 Ebenda, S. 91.
315 Ebenda.
316 Ebenda, S. 92.
317 Ebenda, S. 226.
318 Ebenda, S. 154.
319 Ebenda, S. 234.
320 Ebenda, S. 140.
321 Im folgenden zitiert nach: Die Bemühungen . . . , a.a.O., S. 559ff.
322 Vgl. „Baldige Reform des politischen Strafrechts gefordert", in: „FAZ" vom 30.3.1966.
323 Vgl. Wilhelm Wolfgang Schütz, West-Ost-Politik, Göttingen 1963, S. 29.
324 Vgl. „Rundbrief" Nr. 1, Januar/Februar 1960, S. 6.
325 Schütz, Reform . . . , a.a.O., S. 157.
326 Ebenda, S. 217.
327 Vgl. ebenda, S. 219ff.
328 Ebenda, S. 221.
329 Ebenda, S. 191.
330 Ebenda, S. 190.
331 Protokoll der Ausschußsitzung in KUD-A 111, S. 9f.
332 Am 3.2.1966 hatte das KUD-Präsidium in einem Arbeitsprogramm für 1966 festgelegt: „Erhaltung der nationalen Einheit durch menschliche Begegnung, kulturellen Austausch und geistige Auseinandersetzung!" (vgl. „Politik" Nr. 1/1966, S. 114).
333 Vgl. „Baldige Reform des politischen Strafrechts gefordert", in: „FAZ" vom 30.3.1966; vgl. auch Protokoll der Sitzung des Politischen Ausschusses vom 28.3.1966 (bes. S. 40ff) in KUD-A 175: Das KUD befürwortete hier Verhandlungen mit der DDR-Administration „auf mittlerer Ebene". In einem Interview mit der „Nordwest Zeitung" vom 10.11.1966 meinte Schütz, es sei „unsinnig", aus jedem Fall einer Kontaktaufnahme „gleich ein Grundsatzproblem der Anerkennung Pankows zu machen".
334 Günter Gaus, Staatserhaltende Opposition oder hat die SPD kapituliert? Gespräche mit Herbert Wehner, Hamburg 1966.
335 Ebenda, S. 81.
336 Vgl. „Disput um Wehners Vorschläge", in: „Telegraf" vom 12.10.1966 und „Kabinett berät Wehner-Vorschläge", in: „Telegraf" vom 14.10.1966.
337 Vgl. „Schützenhilfe für Herbert Wehner", in: „Frankfurter Rundschau" vom 19.10.1966.
338 Vgl. „In der Deutschlandpolitik offensiv werden", in: „Das Parlament" vom 28.12.1964; in den „Reformen" erneuerte Schütz seine Forderung nach einer „Zusammenfassung" aller Kräfte und begründete dies (S. 57ff).
339 In einem Interview mit dem „Wiesbadener Tagblatt" vom 26.10.1966 sagte Schütz: „Ich befürworte in erster Linie eine Allparteienregierung. Wenn sie nicht zustandekommt, dann eine Große Koalition."
340 Vgl. die verschiedenen Reden anläßlich der KUD-Jahrestagung vom 9. bis 12.12.1966, wiedergegeben in „Politik" Nr. 1/1967 (bes. die Rede Gradls); vgl. auch die Artikel von Schütz und Leverenz „Am Anfang steht die Tat – nicht die donnernde Rede" und „Dann müssen wir

eben ins kalte Wasser springen", in: „Die Welt" vom 8.2.1967.
341 Rede Brandts in: „Politik" 1/1967, S. 3f.
342 Vgl. auch „Nicht nur Formelkram", in: „Die Welt" vom 12.12.1966.
343 Vgl. zur Tagung: „Streit um Buchstaben", in: „Die Zeit" vom 16.12.1966 und „Vorstoß in gesamtdeutsches Niemandsland", in: „Die Welt" vom 12.12.1966.
344 Das vorab veröffentlichte Interview erschien im „Vorwärts" vom 14.12.1966. Text auch in: Herbert Wehner, Gedanken zur Regierungserklärung, hrsg. vom Bundesminsisterium für Gesamtdeutsche Fragen, Bonn 1967. S. 20ff.
345 Vgl. Noelle/Neumann, Jahrbuch 1965-1967, a.a.O., S. 395.
346 Vgl. Noelle/Neumann, Jahrbuch 1968-1973, a.a.O., S. 508.
347 Vgl. „Tödliches Schweigen löst sich", in: „Wetzlarer Neue Zeitung" vom 30.12.1966.
348 Wilhelm Wolfgang Schütz, Neue Wege in der Deutschlandpolitik, in: „Die Neue Gesellschaft", Mai/Juni 1967, S. 190-198, hier S. 196.
349 Text der Denkschrift und die Reaktion darauf in: Wilhelm Wolfgang Schütz, Deutschland-Memorandum. Eine Denkschrift und ihre Folgen, Frankfurt/M. 1968 (Fischer-TB 903); vgl. auch die synoptische Darstellung von Wilhelm Nöbel, Deutschland-Memorandum und Deutschland-Politik, Bonn 1968 und Karl Josef Partsch, Grundrechte und Wiedervereinigung, in: Aus Politik und Zeitgeschichte. Beilage zu „Das Parlament", B 24/1968 vom 12.6.1968, S. 3f.
350 Vgl. ausführlich: Haftendorn, a.a.O., S. 138ff.
351 Institut für Internationale Beziehungen der DDR (Hrsg.), Außenpolitik der DDR – für Sozialismus und Frieden, Berlin (Ost) 1974, S. 223.
352 Besson, Außenpolitik . . . , a.a.O. , S. 413 (S. 388).
353 Noack, Internationale Rahmenbedingungen . . . , a.a.O., S. 67.
354 Zur Vorgeschichte des SALT-Abkommens vgl. z.B.: Erhard Forndran, Probleme der internationalen Abrüstung. Die Bemühungen um Abrüstung und kooperative Rüstungssteuerung, Frankfurt/Berlin 1970.
355 Vgl. Andrew J. Pierre, Das SALT-Abkommen und seine Auswirkungen auf Europa, in: Europa-Archiv 13/1972, S. 431-440.
356 Vgl. hierzu: Haftendorn, a.a.O., S. 105.
357 Ebenda, S. 105.
358 Nolte, a.a.O., S. 579.
359 Ebenda, S. 578f.
360 Vgl. Karl Kaiser, Die Auswirkungen der Energiekrise auf die westliche Allianz, in: Europa-Archiv 24/1974, S. 813-824.
361 Vgl. David Aaron, Wladiwostok und danach: Krise der Entspannung?, in: Europa-Archiv 4/1975, S. 113-120.
362 Vgl. Lothar Ruehl, Die strategische Debatte in den Vereinigten Staaten, in: Europa-Archiv 23/1974, S. 787-798.
363 Vgl. zur Vorgeschichte und Entwicklung: Haftendorn. a.a.O., S. 239ff.
364 Dokument abgedruckt in: Auswärtiges Amt (Hrsg.), Die Auswärtige Politik der Bundesrepublik Deutschland, Köln 1972, S. 640f.
365 Zit. nach ebenda.
366 Auszugsweise abgedruckt bei: Hans-Adolf Jacobsen/Wolfgang Mallmann/Christian Meier (Hrsg.), Sicherheit und Zusammenarbeit in Europa. Analyse und Dokumentation, Köln 1973, S. 81ff.
367 Vgl. auch die synoptische Darstellung in: ebenda, S. 455ff.
368 „Budapester Erklärung" abgedruckt in: ebenda, S. 120ff.
369 Vgl. ebenda, S. 40 und S. 212 ff.
370 Vgl. hierzu z.B.: Claus Arndt, Die Verträge von Moskau und Warschau. Politische, verfassungsrechtliche und völkerrechtliche Aspekte, Bonn 1973.
371 Vgl. hierzu z.B.: Enst Zivier, Der Rechtsstatus des Landes Berlin. Eine Untersuchung nach dem Viermächteabkommenvom 3. September 1971, Berlin 1973.
372 Erklärung Breschnews abgedruckt in: Jacobsen/Mallmann/Meier, a.a.O., S. 30ff.
373 Vgl. hierzu: Schmid, Die Deutschlandpolitik . . . , a.a.O., S. 147ff.
374 Vgl. Klaus Blech, Die Prinzipienerklärung der KSZE-Schlußakte, in: Europa-Archiv 8/1976, S. 257-270.
375 Vgl. Per Fischer, Das Ergebnis von Belgrad, in: Europa-Archiv 8/1979, S. 221-230.
376 Vgl. Lothar Ruehl, Die Wiener Verhandlungen über einen Truppenabbau in Mitteleuropa, in: Europa-Archiv 13/1977, S. 399-408.
377 Zu Perspektiven der Entspannungspolitik vgl.: Hans-Adolf Jacobsen, Erfordernisse einer

künftigen realen Entspannungspolitik in Europa, in: Beiträge zur Konfliktforschung 1/1978, S. 55-69.
378 Vgl. Vogelsang, a.a.O., S. 311.
379 Vgl. Regierungserklärung vom 13.12.1966, auszugsweise abgedruckt in: Auswärtiges Amt, Die auswärtige Politik ..., a.a.O., S. 572ff, hier S. 575.
380 Löwenthal, a.a.O., S. 673.
381 Vgl. ebenda, S. 674.
382 Vogelsang, a.a.O., S. 313.
383 Rede Kiesingers abgedruckt in: Auswärtiges Amt, Die Auswärtige ..., a.a.O., S. 601ff, hier S. 604.
384 Schmid, a.a.O., S. 13.
385 Vogelsang, a.a.O., S. 371.
386 Regierungserklärung auszugsweise abgedruckt in: Auswärtiges Amt, Die Auswärtige ..., a.a.O., S. 701ff, hier S. 702.
387 Löwenthal, a.a.O., S. 682.
388 Vgl. hierzu auch: Schmid, a.a.O., S. 45ff.
389 Löwenthal, a.a.O., S. 682.
390 End, a.a.O., S. 70.
391 Text und „Brief zur deutschen Einheit" in: Auswärtiges Amt, Die Auswärtige ..., a.a.O., S. 761ff.
392 Text ebenda, S. 777ff.
393 Nolte, a.a.O., S. 582.
394 Löwenthal, a.a.O., S. 685.
395 Zu den Verhandlungen vgl. ausführlich: Schmid, a.a.O., S. 157ff.
396 Vgl. Löwenthal, a.a.O., S. 690.
397 Vgl. Schmid, a.a.O., S. 166ff.
398 Curt Gasteyger, Die beiden deutschen Staaten in der Weltpolitik, 2. Aufl. München 1977, S. 130f.
399 Dettmar Cramer, Deutsch-deutsche Beziehungen an der Jahreswende 1977/78, in: Deutschland Archiv 1/1978, S. 1-4, hier S. 2.
400 Vgl. Gasteyger, a.a.O., S. 19.
401 Ebenda, S. 51.
402 Karlheinz Niclauß, Kontroverse Deutschlandpolitik. Die politische Auseinandersetzung in der Bundesrepublik Deutschland über den Grundlagenvertrag mit der DDR, Frankfurt/M. 1977, S. 7.
403 Vgl. Löwenthal, a.a.O., S. 678 und vgl. End, a.a.O., S. 55f.
404 Vgl. End, a.a.O., S. 54f.
405 Vgl. Löwenthal, a.a.O., S. 678.
406 Besson, a.a.O., S. 429f (S. 402).
407 Vgl. Vogelsang, a.a.O., S. 349.
408 Vgl. Christian Hacke, Die Ost- und Deutschlandpolitik der CDU/CSU. Wege und Irrwege der Opposition seit 1969, Köln 1975, S. 56.
409 Ebenda, S. 44.
410 Vgl. ebenda, S. 31ff.
411 Vgl. ebenda, S. 52ff.
412 Vgl. ausführlich: Niclauß, a.a.O., S. 57ff.
413 Vgl. ebenda.
414 Vgl. ebenda, S. 64.
415 Vgl. ebenda, S. 103ff.
416 Vgl. Hacke, a.a.O., S. 117.
417 Ebenda, S. 116.
418 Vgl. Protokoll in KUD-A 173.
419 Vgl. ebenda.
420 Vgl. Protokoll in KUD-A 7.
421 Wahrscheinlich von Schütz angefertigt (Papier in KUD-A 222).
422 Vgl. „Logik als deutsches Ärgernis", in: „Rheinischer Merkur" vom 12.12.1969.
423 „Ein Kuratorium sucht nach neuen Aufgaben", in: „Stuttgarter Zeitung" vom 8.12.1969.
424 Vgl. z.B. „Deutschlandpolitik ohne Illusionen", in: „Die Welt" vom 9.12.1968.
425 „Vom guten Glauben der politischen Privatiers", in: „Deutsches Allgemeines Sonntagsblatt" vom 14.12.1969.

426 „Ich hoffe auf konkrete Verbesserungen", in: „Allgemeine Zeitung - Mainzer Anzeiger" vom 29.10.1969.
427 Rüß, a.a.O., S. 69f.
428 Einige Zeit später hieß es im „Bayern-Kurier": „Doch schon längst benutzte er (Schütz — L.K.) das Kuratorium als Propaganda-Podium für neutralistische Konvergenzpolitik . . . " („Honoratioren-Posse", in: „Bayern-Kurier" vom 27.7.1974).
429 Titel: „Aufgaben der Deutschlandpolitik" in KUD-A 223.
430 Titel: „Deutschland- und Ostpolitik 1970" in KUD-A 224.
431 „Sagt uns, was wir den Menschen draußen sagen sollen", in: „Stuttgarter Zeitung" vom 2.3.1970.
432 Protokoll in KUD-A 329.
433 Vgl. „Viel mehr Kontakt mit DDR-Bewohnern ist notwendig", in: „Schwarzwälder Bote - Freudenstädter Kreiszeitung" vom 3.12.1973.
434 Vgl. „‚Unteilbares Deutschland' mit neuem Sinn erfüllen", in: „Siegener Zeitung" vom 22.1.1975.
435 Vgl. die dahingehende Äußerung von Schütz in der Sendung „Bericht aus Bonn" vom 26.11.1971.
436 Presseerklärung vom 25.4.1972 (in KUD-A 227).
437 Schreiben in KUD-A 259.
438 „Plattform für Pläne oder Platitüden" in: „Stuttgarter Zeitung" vom 27.11.1972.
439 Hier zitiert: Schreiben an Egon Franke vom 5.12.1972 in KUD-A 259.
440 Vgl. „Ist Deutschland noch unteilbar?", in: „Rheinische Post" vom 22.9.1971: hier wird der Ausspruch eines CDU-Politikers zitiert, der Schütz als „Regierungsknappe" bezeichnet hatte.
441 So schrieb der neue KUD-Referent Totte an alle Landesgeschäftsführer, bei einem Gespräch zwischen KUD und CDU-Vertretern (Gradl, von Hassel?) sei „volle Übereinstimmung über Zielsetzung und Arbeitsweise" des KUD festgestellt worden. Der Eindruck eines Gegensatzes zwischen KUD und Unionsparteien sei also völlig unbegründet, und man möge solchen gelegentlich aufkommenden Gerüchten energisch widersprechen (Rundschreiben in KUD-A 329).
442 Als Schütz H. Wehners Meinung zu einem eventuellen „Ausbooten" der Unionsparteien aus der KUD-Spitze einholte, wollte Wehner davon nichts wissen: Wenn das KUD nicht so weiterbestehen könne, wie es sei, sollte man es auflösen. Würde die Opposition aus der KUD-Spitze verdrängt, dann hätte das „unweigerlich" zur Folge, daß die CDU/CSU „entweder unter gleichem oder ähnlichem Namen sich diese Sache aneignen" würde (Aktennotiz über das Gespräch vom 2.4.1973 in KUD-A 259).
443 Vgl. Aktennnotiz über das Gespräch Schütz-Gradl vom 24.10.1973 in KUD-A 228.
444 Vgl. Aktennotiz über Gespräche mit dem KUD-Beauftragten der FDP, Bock, am 2.5.1973 (in KUD-A 196), mit dem DGB-Vertreter, Lappas, am 7.5.1973 (in KUD-A 196) und mit dem Beauftragten des SPD-Bundesvorsitzenden, Grabert, am 2.4.1973 (in KUD-A 259).
445 Vgl. Protokoll in KUD-A 196.
446 Für die FDP nahm später der stellvertretende FDP-Bundestagsfaktionsvorsitzende, Günter Hoppe, Mischnicks KUD-Funktion ein.
447 Vgl. Pressemitteilung des KUD vom 13.12.1973.
448 Vgl. auch „In den Wind gesprochene Unteilbarkeit", in: „Süddeutsche Zeitung" vom 17.12.1973.
449 „Politik und Kultur", im Berliner Colloquium-Verlag zweimonatlich erscheinend, enthält u.a. Referate, die anläßlich der Tagungen der „wissenschaftlichen Arbeitskreise" gehalten werden.
450 Lt. Mitteilung des damaligen BMB-Ministerialdirektors Weichert; vgl. auch: „Auch in der Fremde unteilbar", in: „Bayern-Kurier" vom 22.3.1975.
451 Nicht-institutionelle Förderung, z.B. für Aktivitäten wie Jahrestagungen oder Wissenschaftlertagungen, war dem KUD schon früher vom BMG/BMB gewährt worden.
452 Z.B. hatte Schütz sich im November 1969 vergeblich bemüht, über Otto A. Friedrich die Arbeitgeber bzw. Industrie zu einer weiteren finanziellen Förderung des KUD zu veranlassen, was dieser aber mit dem Hinweis auf die „Rezession" ablehnte (vgl. Schriftwechsel in KUD-A 223).
453 Vgl. Bundeshaushaltspläne von 1973 und 1974, Einzelplan 0201, Titel 68401.
454 Vgl. Bundeshaushaltspläne von 1975 und 1976, Einzelplan 0201, Titel 68507. Daneben erhielt das KUD noch DM 250.000,— jährlich aus den Erträgen des „Deutschlandpfennigs" vom DST (vgl. Bundeshaushaltsplan 1976, Einzelplan 0201, Erläuterungen zu Titel 68507).
455 Vgl. hierzu z.B.: „Rechnungshof-Gutachten rügt KUD", in: „General-Anzeiger" vom 15.3.1975 oder „Schwere Rüge vom Bundesrechnungshof", in: „Die Welt" vom 15.3.1975.
456 Vgl. „Frage an Minister Franke", in: „Deutschland-Union-Dienst" vom 10.7.1973.

457 Vgl. z.B. „Überflüssig wie ein Kropf", in: „Express" vom 22.6.1974 oder „Streit um eine Pfründe", in: „Westfälische Nachrichten" vom 18.9.1974.
458 Vgl. Bundeshaushaltsplan 1975, Einzelplan 0201, Erläuterungen zu Titel 68507.
459 „Streit in der Union über Kuratorium Unteilbares Deutschland", in: „Frankfurter Rundschau" vom 19.7.1974.
460 Vgl. Pressemitteilung der CDU/CSU-Fraktion vom 16.7.1974.
461 Vgl. Pressemitteilung des BMB vom 24.7.1974.
462 Vgl. Protokoll der Mitgliederversammlung des „Ausschusses für Fragen der Wiedervereinigung..." vom 15.2.1974 (an Landeskuratorien versandt).
463 Außerdem wird auch hin und wieder von der Bonner Geschäftsstelle Material an die noch bestehenden Landes-, Kreis- und Ortskuratorien gesandt. Einen Überblick über die Anzahl der regionalen und lokalen Kuratorien hatte man in Bonn im Herbst 1977 allerdings nicht.
464 Die Teilnehmerzahl muß deshalb kontingentiert werden, weil das BMB für die Jahrestagungen nur einen bestimmten Betrag zur Finanzierung zur Verfügung stellt.
465 Vgl. die Berichte über die Jahrestagung vom März 1977: z.B. „Jahrestagung des Kuratoriums", in: „Der Tagesspiegel" vom 5.3.1977 oder „Franke rechnet nicht mit DDR-Maßnahmen", in: „Süddeutsche Zeitung" vom 5.3.1977 oder „Kontroversen um innerdeutsche Politik", in: „FAZ" vom 7.3.1977.
466 Vgl. Protokoll der Jahrestagung (vom 5.3.1977) in der Bonner KUD-Geschäftsstelle.
467 Vgl. z.B. KUD-Pressemitteilung vom 14.6.1977.
468 Schütz ist im Schreiben vom 30.10.1978 an H.-A. Jacobsen der Auffassung, diese Sitzungen bei Bundespräsident und Bundeskanzler seien keineswegs von geringer politischer Bedeutung: „... es ist auf diese Weise immer wieder, wenn auch nicht mit vordergründigen und kurzfristigen Ergebnissen, eine Erhellung und Annäherung der Standpunkte versucht worden. Von allen Beteiligten werden deswegen diese politischen Funktionen des Kuratoriums immer wieder herausgestellt." (S. 4).
469 Erklärung zum 17. Juni 1977 (vgl. II, 467).
470 Vgl. Verhandlungen des Deutschen Bundestages. Stenographische Berichte, 8. Wahlperiode, 33. Sitzung am 17. Juni 1977, S. 2455.
471 Über die Zweckmäßigkeit bzw. den Sinn des Namens „Kuratorium Unteilbares Deutschland" wird seit Jahren diskutiert. Eine Einigung konnte bisher nicht erzielt werden.
   Allerdings scheint eine Umbenennung beispielsweise in „Jakob-Kaiser-Kuratorium" oder „Arbeitsgemeinschaft Jakob Kaiser" oder „Gesellschaft für deutsche Politik und Kultur" nicht nur den politischen Gegebenheiten Rechnung zu tragen, sondern auch der heutigen KUD-Zielsetzung, die kaum noch etwas mit „Wiedervereinigung" zu tun hat, zu entsprechen.

Anmerkungen zu Teil III

1 Zum „Forschungsbeirat" vgl.: Rüß, Anatomie..., a.a.O., S. 94f.
2 So Kaiser in Bad Neuenahr am 14.6.1954.
3 Wilhelm Wolfgang Schütz, Die Aufgabe der Wiedervereinigung – Außen- und Innenpolitik im geteilten Deutschland. Vortrag, gehalten anläßlich der „Hochschulwochen für staatswissenschaftliche Fortbildung" am 30.11.1961 in Bad Nauheim. Sonderdruck, Bad Homburg 1961, S. 22f.
4 Von vielen KUD-Aktivitäten steht leider kein ausreichendes Material zur Verfügung, so daß sich gesichertere Aussagen machen ließen. Das soll nicht heißen, daß die hier nicht erwähnten Aktivitäten nur geringe Bedeutung gehabt hätten. So wurden auf Anregung und teilweise mit finanzieller Unterstützung des KUD viele Tausend Pakete in die DDR gesandt. Viele hundert Mahnmale wurden in den Städten und Gemeinden der Bundesrepublik (meist von den lokalen Kuratorien) errichtet, die an die Teilung Deutschlands erinnern sollten. Mit Parteien und anderen Organisationen wurden gemeinsame Tagungen durchgeführt. Die Aktion „Licht an Mauer und Stacheldraht", die zu Weihnachten Lichterbäume sowohl an die innerdeutsche Grenze als auch in die Fenster der bundesdeutschen Bevölkerung stellen ließ, wurde geradezu zu einem festen Bestandteil der KUD-Arbeit.
5 Wehner am 29.11.1962 in Berlin (nach einer Tonbandabschrift des Verfassers).
6 Vgl. z.B. „Rundbrief" Nr. 1, Januar/Februar 1963, S. 31.
7 „Mehr Kontakte – bessere Informationen", in: „Telegraf" vom 11.12.1965.

8 Vgl. „Wie kommen wir zur Wiedervereinigung?", in: „Telegraf" vom 27.9.1958.
9 Wenn im Jahre 1958 von einem der „größten Kongresse" in Berlin gesprochen wurde, so stellt sich die Frage, was, bei 600 Teilnehmern, das Adjektiv „größte" meinte: Die Quantität der Teilnehmer oder die Qualität der Tagung oder die Evidenz der Tagung für Berlin und die „Deutsche Frage".
10 Vgl. „Jeder wird gebraucht", in „Das Ganze Deutschland" (Heidelberg) vom 16.4.1955.
11 In einem während der Arbeitstagung angenommenen Aufruf heißt es u.a.: „Bundesrat und Bundestag mögen beschließen: Berlin ist die Hauptstadt Deutschlands" (vgl. „Rundbrief" Nr. 4, November 1956, o.S.).
12 Vgl. „Kritik an der Bonner Deutschland-Politik", in: „Süddeutsche Zeitung" vom 26.11.1956.
13 Vgl. ebenda.
14 Vgl. „Unteilbare Verantwortung", in: „Stuttgarter Zeitung" vom 13.11.1959. Karl-Heinz Wocker, stets ein engagierter Kritiker des KUD, meinte in einer Hörfunksendung (Manuskript in KUD-A 45):
„Es war bedauerlich genug, daß von den 160 Mitgliedern des Bundeskuratoriums ... sich ganze 32 zum Kongreß angemeldet hatten (und die dann nicht einmal alle erschienen)."
15 Vgl. „Macht das Tor auf", in: „Telegraf" vom 29.11.1959.
16 Vgl. „Rundbrief" Nr. 16, November/Dezember 1959, S. 2.
17 Vgl. Rundschreiben vom 21.10.1963 in KUD-A 103. Danach belief sich bei einer Bundesbahnfahrtstrecke bis 300 km der Zuschuß auf DM 50,–, von 300 bis 500 km auf DM 75,–, von 500 bis 700 km auf DM 100,– und über 700 km auf DM 125,–.
18 Vgl. „Kritik an der Bonner Deutschland-Politik", in: „Süddeutsche Zeitung" vom 26.11.1956.
19 Vgl. „Größere Anstrengungen für die Wiedervereinigung", in: „Stuttgarter Zeitung" vom 20.10.1957.
20 Vgl. „Trommelwirbel statt Paukenschlag", in: „Die Zeit" vom 4.12.1959.
21 Vgl. „Rundbrief" Nr. 7, Dezember/Januar 1960/61, S. 5.
22 Das Interesse an der Jahrestagung 1967 war im Vergleich zu den vorjährigen Tagungen außerordentlich stark: „Ein Wald von Mikrophonen umwucherte das Rednerpult, die Kameras surrten, statt 50 Journalisten hatten sich diesmal 200 eingefunden ... ", hieß es unter „Deutschland nur eine Wetterkarte?" in: „Die Zeit" vom 15.12.1967.
23 Vgl. „Mit ungebrochenem Willen", in: „Telegraf" vom 30.11.1962; „Bulletin" vom 6.12.1963; „Nicht defensiv", in: „Telegraf" vom 4.12.1964; „Jahrestagung des Kuratoriums Unteilbares Deutschland", in: „Frankfurter Rundschau" vom 13.12.1965; „Streit um Buchstaben", in: „Die Zeit" vom 16.12.1966; „Immer wieder Beifall für Schütz", in: „Frankfurter Rundschau" vom 9.12.1967.
24 Lt. „Rundbrief" Nr. 6/7, November 1963, S. 16.
25 Vgl. „Trommelwirbel statt Paukenschlag", in: „Die Zeit" vom 4.12.1959.
26 Vgl. „Teilbar aber heilbar", in: „Regional Zeitung" (Berlin (Ost)) vom 23.11.1963.
27 So H. Wehner am 4.12.1964 auf der KUD-Jahrestagung (nach einer Tonbandabschrift des Verfassers).
28 Karl-Heinz Wocker im SFB am 1.12.1962 (Manuskript in KUD-A 45).
29 Vgl. „Unteilbare Verantwortung", in: „Stuttgarter Zeitung" vom 13.11.1959.
30 Vgl. „Logik als deutsches Ärgernis", in: „Rheinischer Merkur" vom 12.12.1969.
31 Vgl. „Der Mahnruf: Immer daran denken", in: „Die Welt" vom 29.9.1958.
32 Vgl. z.B. Sonderbeilage zum „Rundbrief" Nr. 1, Januar/Februar 1963.
33 Vgl. „Anregungen für die Zukunft", in: „Telegraf" vom 6.12.1964.
34 Vgl. S. 40ff.
35 Vgl. „Gemeinsame Deutschlandpolitik", in: „Telegraf" vom 12.12.1965.
36 Vgl. Kosthorst, Jakob Kaiser ..., a.a.O., S. 307.
37 Vgl. S. 109ff.
38 Vgl. hierzu und zum folgenden die ausführliche Schilderung: „Kritik an der Bonner Deutschland-Politik", in: „Süddeutsche Zeitung" vom 26.11.1956.
40 Vgl. Kosthorst, a.a.O., S. 307f.
41 Vgl. „,Unteilbares Deutschland' im Zeichen der Weltpolitik", in: „Volkswirt" vom 1.12.1956.
42 Lt. „Kritik ... " (vgl. Anm. III, 38).
43 Vgl. „Trommelwirbel statt Paukenschlag", in: „Die Zeit" vom 4.12.1959.
44 Vgl. hierzu auch: Willy Knecht, Die ungleichen Brüder. Fakten, Thesen und Kommentare zu den Beziehungen zwischen den beiden deutschen Sportorganisationen DSB und DTSB, Mainz 1971.
Die DDR konnte damals noch nicht mit einer eigenen Olympiamannschaft in Rom antre-

ten. Sie versuchte aber, wenn schon keine getrennten Mannschaften antreten durften, daß ihre Sportler mit „Hammer und Sichel" und die bundesdeutschen Athleten mit dem „Bundesadler" auf dem Trikot antreten sollten. Das bisher gemeinsame Emblem „schwarz-rot-gold" ohne Kennzeichnung der beiden Staaten, denen die einzelnen Athleten angehörten, lehnte sie in jedem Fall ab.
45 Vgl. „Es war nicht so gemeint", in: „Telegraf" vom 1.12.1959.
46 Vgl. Lemmer, Manches . . ., a.a.O., S. 361.
47 Vgl. ebenda, S. 362.
    Eine Umfrage in der Bundesrepublik ergab, daß 77% von den Befragten über den „Flaggenstreit" Bescheid wußten. Davon waren 59% dafür, die schwarz-rot-goldene Flagge mit den Olympischen Ringen zu verwenden; 13% waren dagegen. Vgl. Elisabeth Noelle/Peter Neumann (Hrsg.), Jahrbuch der öffentlichen Meinung, Band 1, 1958-1964, Allensbach 1965, S. 498.
48 In einem Schreiben vom 20.1.1976 an den Verfasser meinte der damalige DSB-Präsident Willi Daume: „Unsere Entscheidungen hinsichtlich des gesamtdeutschen Sportverkehrs wollten wir auch allein und ohne Einflußnahme aus dem politischen Raum treffen. Das ändert nichts an der Tatsache, daß unsere diesbezüglichen Auffassungen weitgehend mit denen des Kuratoriums Unteilbares Deutschland übereinstimmen."
49 Vgl. „Es war nicht so gemeint", in: „Telegraf" vom 1.12.1959.
50 Vgl. „Lemmer: Nur eine Olympiamannschaft", in: „Telegraf" vom 28.12.1959. Thedieck sagte dagegen im Interview vom 25.5.1976: „Im Kabinett äußerte sich Lemmer überhaupt nicht zum Flaggenproblem."
51 Lemmer, a.a.O., S. 362.
52 Ebenda, S. 263.
53 Ebenda, S. 264.
54 Vgl. „Welcher Lemmer gilt?", in: „Telegraf" vom 1.12.1959.
55 Thedieck sagte im Interview vom 25.5.1975, Lemmer habe ihn gebeten, für ihn an der Fernsehdiskussion „Unter uns gesagt" teilzunehmen, da er andere Verpflichtungen habe. In dieser Fernsehsendung des Bayerischen Rundfunks sollte Lemmer zum „Flaggenstreit" Stellung nehmen und die Auffassung der Bundesregierung erläutern. Er, Thedieck, habe nur ungern Lemmer vertreten. Später habe er erfahren, daß Lemmer seinen Fernsehauftritt verfolgt habe: Zusammen mit dem neu gewählten Bundespräsidenten Lübke habe Lemmer Skat gespielt und dabei in der Villa Hammerschmidt Thediecks Fernsehauftritt verfolgt.
56 Wehner, Gedanken zur Regierungserklärung . . ., a.a.O., S. 14f.
57 Vgl. „Vorstoß in gesamtdeutsches Neuland", in: „Die Welt" vom 12.12.1966.
58 Vgl. „Streit um Buchstaben", in: „Die Zeit" vom 16.12.1966.
59 In KUD-A 254.
60 „Streit um . . . " (vgl. Anm. III, 58).
61 Vgl. Politik 1/1967, S. 37-49. Hier (S. 42) hieß es nur noch: „Was die Bezeichnung angeht, sollten wir uns überlegen, ob wir selbst uns und unseren Mitbürgern eine seltsame Zwiespältigkeit in der Ausdrucksweise auf die Dauer zumuten sollten, die wir, auf Dauer gesehen, ja doch nur auf Kosten unserer Selbstsicherheit aufrechterhalten können."
62 Vgl. hierzu und zum folgenden: „Brüske Absagen aus Ostberlin", in: „Süddeutsche Zeitung" vom 10.12.1966.
63 Vgl. ebenda.
64 Zum Aufstand am 17. Juni 1953 vgl.: Arnulf Baring, Der 17. Juni 1953, 3. Aufl. Köln/Berlin 1966; vgl. auch: Kur L. Shell, Bedrohung und Bewährung. Führung und Bevölkerung in der Berlin-Krise, Köln/Opladen 1965.
65 Vgl. Reden und Dokumente . . ., a.a.O., S. 15.
66 Die beiden Namen „Unteilbares Deutschland" und „Tag der deutschen Einheit" sind voluntaristische Begriffe, die mit dem status quo, unabhängig von dessen juristischer oder moralischer Rechtfertigung bzw. Ablehnung nichts gemein haben. Ebenso wie Deutschland im Jahre 1954 bereits geteilt war, war der 17. Juni 1953 keineswegs ein Hinweis auf die politische Existenz eines geeinten Deutschland. Vgl. auch: Herbert Hupka (Hrsg.), 17. Juni. Reden zum Tag der Deutschen Einheit, 2. Aufl. Kassel 1964.
67 Vgl. z.B. „Bulletin" vom 19.6.1954, S. 993.
68 Vgl. hierzu und zum folgenden: „Rundbrief" Nr. 6, März 1957, o.S.
69 Vgl. „Rundbrief"-Sondernummer vom Mai 1958. Diese Richtlinien wurden in den folgenden Jahren immer wieder in nahezu unveränderter Form herausgegeben. Allgemein wurde das KUD in den folgenden Jahren als der Organisator und Veranstaltungsträger der Aktivitäten zum 17. Juni angesehen; vgl. Alois Friedel, Deutsche Staatssymbole. Herkunft und Bedeutung

der politischen Symbolik in Deutschland, Frankfurt/M. und Bonn, S. 88.
70 S. 1067.
71 Vgl. Protokoll der Aktionsausschußsitzung vom 7.7.1958 in KUD-A 113.
72 Vgl. „Programm für den 17. Juni", in: „Telegraf" vom 20.3.1959.
73 Vgl. „Mahnfeiern am 17. Juni", in: „Telegraf" vom 10.6.1959.
74 Vgl. Entwurf einer Niederschrift über die Sitzung des Politischen Ausschusses vom 8.3.1960 in KUD-A 88.
75 „Rundbrief" Nr. 3, Mai/Juni 1960, o.S.; danach nahmen die Stafetten folgende Routen:
   a) Mittenwald-München-Nürnberg-Hof;
   b) Lörrach-Freiburg-Tübingen-Stuttgart-Würzburg-Bamberg-Coburg;
   c) Saarbrücken-Mannheim-Heidelberg-Frankfurt-Fulda-Eschwege;
   d) Aachen-Bonn-Köln-Duisburg-Essen-Hannover-Braunschweig-Helmstedt;
   e) Emden-Bremen-Celle-Wolfsburg-Zicherie;
   f) in drei Gruppen von Helgoland, Flensburg, Burg auf Fehmarn nach Lauenburg.
76 Gemeint waren die Flaggen der Länder des Deutschen Reiches in den Grenzen von 1937; Trotte sagte in einem Gespräch am 26.5.1976: „Schwierigkeiten gab es da immer mit den Sudetendeutschen, deren Fahnen nicht mitgeführt wurden, da das Sudetenland 1937 nicht zum Deutschen Reich gehörte."
77 Vgl. Protokoll der Sitzung des Politischen Ausschusses vom 19.5.1960 in KUD-A 88.
78 Vgl. Aktennotiz in KUD-A 88 (ohne Datum).
79 Vgl. „Rundbrief" Nr. 5, August/September 1960.
80 Vgl. hierzu Harry Pross, Jugend-Eros-Politik – Die Geschichte der deutschen Jugendverbände, München 1964, S. 156: „Die Freideutsche Jugend will ihr Leben vor eigener Verantwortung nach eigener Bestimmung in innerer Wahrhaftigkeit selber gestalten. Für diese innere Freiheit tritt sie unter allen Umständen geschlossen ein." (=„Meißner Formel").
81 So Schütz im Interview vom 22.11.1974. Wenn Gerhard Ziemer/Hans Wolf, Wandervogel und Freideutsche Jugend, Bad Godesberg 1961, auf S. 438 meinen, *Lübke* habe in „Erinnerung an den Freideutschen Tag" von 1913 den „Hohen Meißner" gewählt, um zur deutschen Einheit zu sprechen, so stimmt das nicht ganz. Die Initiative, auf dem „Hohen Meißner" eine Kundgebung zum 17. Juni zu veranstalten, kam vom *KUD*. Lübke hatte mit der Wahl dieses Ortes, der auch gleichzeitig Endpunkt der Fahnenstafetten des Jahres 1960 war, nichts zu tun (diesen Hinweis verdanke ich R. Linnenbrink).
82 Vgl. „Rundbrief" Nr. 3, Mai/Juni 1961. In der Bonner KUD-Geschäftsstelle sind noch einige „Stafettenrollen" vorhanden: Die Eintragungen der einzelnen Orte waren teilweise mit viel Sorgfalt vorgenommen worden. Oft hatten allem Anschein nach Kalligraphen die Eintragung vorgenommen.
83 Vgl. „Rundbrief" Nr. 3, Mai/Juni 1961; vgl. auch „Über 100.000 vor dem Rathaus", in: „Telegraf" vom 19.6.1964: „Die würdige Feierstunde begann mit dem Eintreffen jugendlicher Stafettenläufer, die Fackeln von Helgoland und aus dem Grenzbezirk Braunschweig nach Berlin gebracht hatten."
84 Vgl. „Mitteilungen", Januar 1965, in KUD-A 19.
85 Vgl. Zeittafel 1949-1969, hrsgg. vom Presse- und Informationsamt der Bundesregierung, Bonn 1969, S. 127.
86 Das KUD-Präsidium beschloß am 16.1.1964 zwar, „den Tag als nationalen Gedenktag im Sinne des Bundespräsidenten, d.h. mit politischen Kundgebungen und anderen Veranstaltungen zu begehen"; die 1964 und in den folgenden Jahren veranstalteten Kundgebungen zum 17. Juni lassen aber keine wesentlichen Änderungen zu den Vorjahren erkennen (Protokoll der Präsidiumssitzung in KUD-A 66).
87 Hans-Joachim Schoeps, Überlegungen hinsichtlich eines Nationalfeiertages, in: Mitteldeutscher Kulturrat (Hrsg.), Nationalfeiertage – Erinnerung und Verpflichtung?, 2. Aufl. Troisdorf 1972, S. 12.
88 Abgedruckt in: „Rundbrief" Nr. 2, April/Mai 1964, S. 12.
89 Im April 1958 sprachen sich nur 31% der bundesdeutschen Bevölkerung für den 17. Juni als einen Arbeitstag aus, dessen Ertrag dem Fonds zufließen sollte. 51% sprachen sich gegen solche Überlegungen aus und 17% waren unentschieden (vgl. Noelle/Neumann, 1958-1964, S.506).
90 Vgl. z.B. Protokoll der Sitzung des Politischen Ausschusses vom 29.6.1960 in KUD-A 87; vgl. auch: Kuratorium Unteilbares Deutschland (Hrsg.), Tag der deutschen Einheit. Reformvorschläge, Berlin/Bonn 1967.
91 Vgl. „Rundbrief" Nr. 5, August/September 1960, S. 4.
92 Protokollentwurf der Sitzung des Politischen Ausschusses vom 28.1.1961 in KUD-A 87.

93 Vgl. hierzu „Eilige Mitteilung" vom 31.5.1963 in KUD-A 69 und „Denkschrift für Kennedy", in: „Telegraf" vom 31.5.1963 sowie „Deutschland ist unteilbar" (Großanzeige des KUD), in: „Telegraf" vom 16.6.1963.
94 In KUD-A 92.
95 So Schütz in einem Schreiben vom 26.11.1958 an den Chefredakteur der „Süddeutschen Zeitung" (Schreiben in KUD-A 279).
96 Vgl. Zahlen in Anm. I, 206.
97 Vgl. die einzelnen „Rundbriefe" der Jahre 1958 bis 1964.
98 Vgl. „Streit um Buchstaben", in: „Die Zeit" vom 16.12.1966.
99 So Schütz auf der Jahrestagung 1966, abgedruckt in: Politik 1/1967, S. 37-49, hier S. 37.
100 Vgl. Schreiben von Schütz... (vgl.Anm. III, 95).
101 Ebenda.
102 Ebenda.
103 Ebenda.
104 Schreiben Springers und Text der Anregungen in KUD-A 279.
105 Vgl. Aktennotiz über Gespräch bei Springer in KUD-A 157; an dieser Besprechung nahmen teil: Springer, die Redakteure Vollardt und Zehrer sowie Lemmer, Gradl, Paulssen, Ziebill und Schütz.
106 Vgl. diesbezügliche Aktennotiz in KUD-A 257.
107 Lt. Aktennotiz... (vgl. Anm. III, 105).
108 Vermerk über Telefonat mit Springer vom 3.10.1958 in KUD-A 257.
109 Aktennotiz über „dreistündiges Gespräch bei Springer" vom 6.10.1958 in KUD-A 257.
110 In KUD-A 257.
111 Vgl. hierzu Protokoll der Unterredung vom 7.11.1958 in KUD-A 294.
112 Vgl. auch „Rundbrief" Nr. 12, Dezember 1958, o.S.
   Springer, der auch der Aktion DM 25.000,— als Startkapital zur Verfügung stellte (vgl. Aktennotiz..., Anm. III, 105), war also führend am Zustandekommen der Aktion beteiligt. Auch hatte er schon einmal im Jahre 1958 eine größere Werbeaktion bei der deutschen Industrie zugunsten des KUD organisiert. Um so befremdlicher mutet es daher an, wenn Springer am 7.5.1976 (Az.: n-ki) dem Verfasser mitteilen ließ: „Herr Springer gehörte seinerzeit der Vereinigung (KUD – L.K.) lediglich als Mitglied an. Weder kann von einer ‚Federführung' noch von einer persönlichen Initiative zum Start der Aktion ‚Macht das Tor auf' die Rede sein."
113 Vgl. „Macht das Tor auf", in: „Christ und Welt" vom 4.12.1958.
114 Kitlas im Interview vom 5.5.1976.
115 Vgl. Aktennotiz vom 29.9.1958 in KUD-A 257.
116 Vgl. „Rundbrief" Nr. 12, Dezember 1958, o.S.
117 Kitlas im Interview vom 5.5.1976.
118 Das Hessische Landeskuratorium hatte sich die Anstecknadeln von einer hessischen Firma, an welche die Beueler Firma Hofstätter einen Teil der Produktion in Kommission vergeben hatte, besorgt und, ob aus Unkenntnis über die Planung in Bonn oder aus Prestigegründen, eigenmächtig mit dem Vertrieb der Anstecknadel begonnen (vgl. auch „Bekenntnis zu Berlin", in: „Telegraf" vom 23.12.1958).
119 So Kitlas im Interview vom 5.5.1976.
120 Kitlas im Interview vom 5.5.1976: „Der Beginn der Aktion hatte keine politischen Hintergründe." Schütz meinte dagegen im Interview vom 22.11.1974, der Start der Aktion sei wegen Chruschtschows Berlin-Ultimatum in den Dezember 1958 vorgezogen worden.
121 Vgl. „Die Verteilung beginnt", in: „Telegraf" vom 9.1.1959.
122 „Eines Volkes Herzschlag in einem kleinen Büro", in: „Ost-West-Kurier" vom 22.1.1959.
123 Kitlas im Interview vom 5.5.1976; vgl. auch Schreiben von Schütz an Springer vom 20.1.1959 in KUD-A 279.
124 Vgl. „Schon 9 Millionen tragen das ‚Brandenburger Tor'", in: „Telegraf" vom 26.2.1959.
125 Lt. Prüfungsbericht der „Deutschen Treuhandgesellschaft" für das Organisationsbüro Berlin vom 16.2.1960. Im „Rundbrief" Nr. 13, Mai 1959, S. 9, wird zwar berichtet, schon jetzt, also im Mai 1959, seien 13 Millionen der Anstecknadeln abgesetzt worden, doch scheint diese Angabe auf falschen Informationen der Landes-, Kreis- und Ortskuratorien zu beruhen.
126 Vgl. „Rundbrief" Nr. 3, Mai/Juni 1960, S. 7.
127 1964 wurde das Abzeichen für DM 0,30 verkauft.
128 Die genaue Zahl aller abgesetzten Plaketten oder Anstecknadeln läßt sich heute nicht mehr feststellen. Ende 1961 waren jedenfalls schon 21 Millionen „Brandenburger Tore" verkauft

worden (vgl. „21 Millionen Abzeichen ‚Macht das Tor auf' ", in: „FAZ" vom 28.12.1961). 1962 wurden laut einem Prüfungsbericht der „Deutschen Treuhandgesellschaft" für das Organisationsbüro Berlin vom 31.5.1963 weitere 4.761.690 Anstecknadeln verkauft. In den Jahren 1963 und 1964 sei der Absatz der Anstecknadeln erheblich geringer gewesen, berichteten KUD-Mitarbeiter.
129 „Rundbrief" Nr. 3, Mai/Juni 1960, S. 7.
130 Kitlas im Interview vom 5.5.1976.
131 Lt. Prüfungsbericht der „Deutschen Treuhandgesellschaft" für das Organisationsbüro Berlin vom 31.5.1963.
132 So Kitlas im Interview vom 5.5.1976.
133 Ebenda.
134 „ND kommentiert: Na bitte, macht das Tor doch auf", in: „Neues Deutschland" vom 29.11.1958.
135 „Der Aufruf", in: „Die Welt" vom 2.11.1958.
136 Vgl. „Macht das Tor auf", in: „Christ und Welt" vom 4.12.1958.
137 „Vertraulicher" Brief an alle Oberbürgermeister vom 12.5.1960, die 1959 mit der Aktion „Macht das Tor auf" in Berührung gekommen waren, in KUD-A 321.
   Schütz' persönliche Affinität zur Symbolik in der Politik kommt schon in seinem ersten Nachkriegswerk zum Ausdruck: „Die symbolhafte Vereinfachung scheint geradezu eine Notwendigkeit zu werden, wenn ein Volk außenpolitisch handlungsfähig bleiben will ... Das Symbol in der Politik hat insgesamt nur dann eine Breitenwirkung, wenn es ganz elementaren Vorstellungen und Bedürfnissen entspricht." (Wilhelm Wolfgang Schütz, Organische Außenpolitik. Vom Einzelstaat zum Überstaat, Stuttgart 1951, S. 190f.)
138 Vgl. „Macht das Tor auf", in: „Christ und Welt" vom 4.12.1958.
139 Vgl. S. 64.
140 In: Reden und Dokumente ... , a.a.O., S. 3f.
141 Kosthorst, a.a.O., S. 105.
142 So hatte er z.B. bereits in einem Buch auf die Notwendigkeit hingewiesen, sich die „Gedanken und Vorstellungen der übrigen Völker" mit der „Deutschen Frage" befassen zu lassen. Der „Weltmeinung" müsse überzeugend dargetan werden, daß die Bundesregierung ein legitimer Verfechter der Wiedervereinigung sei. Dazu sei es nötig zu demonstrieren, daß „die Deutschen selbst an einer Wiedervereinigung interessiert" seien und daß es „im deutschen Volk gäre" (Wilhelm Wolfgang Schütz, Wir wollen überleben. Außenpolitik im Atomzeitalter, Stuttgart 1956, S. 180f).
143 Vgl. „Die Deutschlandfrage vor die Vereinten Nationen", in: „FAZ" vom 7.11.1957.
144 Vgl. „Grenzen überwinden", in: „Telegraf" vom 7.11.1957; vgl. auch Diskussionspapier „Dilemma und Möglichkeiten der Wiedervereinigungspolitik" (1957) in KUD-A 115, S. 12f.
145 Im Protokollentwurf der Sitzung in KUD-A 88 (ohne Datum) heißt es „aufzubauen" statt „auszubauen". Anscheinend handelt es sich hier um einen Schreibfehler, da bis 1960 das KUD schon mehrere „Auslandsaktivitäten" vorzuweisen hatte. So schrieb Schütz „Bericht und Ausblick" (1957): „In Vorträgen und Gesprächen, an denen ausländische Besucher teilnehmen, werden von führenden Mitgliedern des Kuratoriums Fragen der Teilung und Wiedervereinigung Deutschlands behandelt. Das Unteilbare Deutschland wird damit immer stärker zu einem außenpolitischen Faktor."
146 Vgl. Schütz, Reform ... , a.a.O., S. 70ff; vgl. auch „Die deutsche Frage im Urteil des Auslandes", in: „Das Parlament" vom 14.6.1961.
147 Widerstand gegen die Teilung, herausgegeben vom Kuratorium Unteilbares Deutschland. Eine Dokumentation, Berlin/Bonn 1966, S. 64.
148 So wurde z.B. in mehreren Städten der USA eine KUD-Ausstellung gezeigt (vgl. „Rundbrief" Nr. 6, September/Oktober 1962, S. 1f); auch hielt Schütz verschiedentlich Vorträge im Ausland (vgl. z.B. „Rundbrief" Nr. 8, Juni/Juli 1957, o.S.).
149 Vgl. auch Schütz, Reform ... , a.a.O., S. 77: Hier bemängelte Schütz die seiner Meinung nach nur ungenügende Aktivität der Bundesrepublik im Ausland bezüglich der „Deutschen Frage".
150 Vgl. „Rundbrief" Nr. 1, Januar/Februar 1962, S. 13.
151 „Vertraulicher Bericht" über die Aktion in BA-171.
152 Vgl. ebenda.
153 So schrieb der syrische Gesandte an das KUD: „... Ich bin sicher, daß der unmittelbare Eindruck, den man bei dieser Gelegenheit gewinnen konnte, jedem das Unnatürliche und Unhaltbare dieser Situation in eindringlicher Weise vor Augen geführt hat." Der philippinische Botschaftssekretär ließ das KUD wissen: „This trip certainly gave me a very good picture of

the actual conditions and problems involving German renufication ..." (Schreiben auszugsweise in BA-171).
154 Vgl. z.B. „Rundbrief" Nr. 2, Januar/Februar 1962, S. 13.
155 Während prominente Politiker in der Regel von Schütz selbst begleitet wurden, war für die weniger bekannten Gäste die KUD-Referentin Adelheid von Veltheim zuständig.
156 Vgl. z.B. „Rundbrief" Nr. 1, Januar/Februar 1961, S. 10.
157 Vgl. z.B. „Rundbrief" Nr. 5, Juli/August 1962, S. 12; der Korrespondent der „Neuen Zürcher Zeitung", Fred Luchsinger, berichtete von einer solchen Reise sehr beeindruckt. Vgl. seinen Bericht „An der Grenze der Freiheit", geschrieben im November 1957, wiedergegeben in: Fred Luchsinger, Bericht über Bonn. Deutsche Politik 1955-1965, Zürich 1966, S. 283ff.
158 Vgl. z.B. „Rundbrief" Nr. 2, April/Mai 1962, S. 11.
159 Daß dies nicht genügend geschehe, kritisierte später Schütz (vgl. Schütz, Reform ..., a.a.O., S. 71).
160 Vgl. Notiz in KUD-A 294.
161 In: Ebenda.
162 Vgl. Widerstand gegen die Teilung ..., a.a.O., S. 64, 66, 68. In Anlehnung hieran wurde vom 25. bis 31.10.1964 ein „Deutsch-Skandinavisches Gespräch" in Schleswig-Holstein unter alleiniger Schirmherrschaft des dortigen Landeskuratoriums durchgeführt (vgl. Programm des „Gesprächs" in KUD-A 321).
163 Vgl. Widerstand gegen die Teilung ..., a.a.O., S. 64, 66, 68 und „Rundbrief" Nr. 5, September/Oktober 1961, S. 9.
164 Vgl. Schreiben des KUD an das Auswärtige Amt vom 31.1.1963 in KUD-A 238.
165 Vgl. Teilnehmerlisten in KUD-A 238.
166 Das KUD konnte diese „Gespräche" aus finanziellen Gründen nicht mehr betreuen.
167 Schreiben an das Auswärtige Amt (vgl. Anm. III, 164).
168 So die Baseler „National Zeitung", zit. nach: Widerstand gegen die Teilung ..., a.a.O., S. 69.
169 Vgl. Widerstand gegen die Teilung ..., a.a.O., S. 68.
170 Im „Rundbrief" Nr. 8, Juni 1957, o.S., hieß es, daß besonders in den USA, wohin Schütz seine erste Überseereise führte, die private Initiative ein „höheres Ansehen" als staatliche Aktivität besitze, sei das Auftreten des KUD und seiner Repräsentanten wirkungsvoll.
171 „Schlußfolgerungen einer Weltreise ..." in KUD-A 14.
172 „Bericht von einer Weltreise für die Wiedervereinigung ..." in KUD-A 18.
173 So ein ehemaliger führender KUD-Funktionär in einem Gespräch am 3.5.1976.
174 Vgl. Bericht einer Auslandsreise für Berlin und die deutsche Einheit ... in KUD-A 86; vgl. auch Schreiben an A. Scholz vom 9.4.1959 in Sch-N und „Rundbrief" Nr. 14, Juli 1959, S. 2.
Im Schreiben vom 30.10.1978 an H.-A. Jacobsen bestätigt Schütz dies, indem er sagt, daß sich seine Tätigkeit im Ausland auf „uneingeschränkte Unterstützung des Bundeskanzlers und der Bundesregierung" gestützt habe. Er fährt fort: „Es gab keine einzige Initiative, keinen einzigen Schritt im Ausland, der nicht sorgfältig vorher mit der Bundesregierung vereinbart war. Es gab keinen Aufenthalt in einer ausländischen Metropole, der nicht von den Missionen der Bundesrepublik Deutschland sorgfältig vorbereitet, durch eigene Veranstaltungen der Botschaften und Generalkonsulate unterstützt und durch Teilnahme der deutschen Missionschefs bei den wichtigsten Gesprächen gekennzeichnet worden wäre." (S. 2).
175 Vgl. Aktennotiz vom 4.11.1963 in KUD-A 254.
176 In KUD-A 86.
177 Dahingehend äußerte sich Schütz auch im Interview vom 22.11.1974.
178 Peter Pawelka, Die UNO und das Deutschlandproblem, Tübingen 1971, S. 143.
179 Vgl. „Der Tag X ist kein Tauschobjekt", in: „Neue Rhein-Zeitung" vom 8.5.1961 und Aktennotiz in KUD-A 188 (ohne Datum).
180 Zum Begriff vgl.: Kurt Rabl, Das Selbstbestimmungsrecht der Völker. Geschichtliche Grundlagen. Umriß der gegenwärtigen Bedeutung. Ein Versuch, 2. Aufl. Köln 1973.
181 Schütz, Reform ..., a.a.O., S. 138.
182 „Die deutsche Frage im Urteil des Auslandes", in: „Das Parlament" vom 14.6.1961.
183 Vgl. „Schlußfolgerungen einer Weltreise" in KUD-A 14.
184 André Markgraf, Das Kuratorium mit dem falschen Namen, in: Deutsche Außenpolitik (Berlin-Ost), VIII, 1963, Heft 11, S. 905-910.
185 Vgl. hierzu: Heinz Dröge/Fritz Münch/Ellinor von Puttkamer, Die Bundesrepublik und die Vereinten Nationen, München 1966 bs. S. 35ff; vgl. auch: Eberhard Menzel, Deutschland, die Vereinten Nationen und die Menschenrechte, Itzehoe (Sonderdruck) 1969.

186 Vgl. Ernst-Otto Czempiel, Macht und Kompromiß. Die Beziehungen der Bundesrepublik Deutschland zu den Vereinten Nationen 1965-1970, Düsseldorf 1971, S. 64.
187 Pawelka, a.a.O., S. 99.
188 Vgl. Czempiel, a.a.O., S. 72-80. Danach hätten CDU und FDP immer hinter der Regierungspolitik bezüglich der UNO gestanden.
189 Vgl. ebenda, S. 61.
190 Vgl. Widerstand gegen die Teilung..., a.a.O., S. 43.
191 Schreiben, abgedruckt in „Rundbrief" Nr. 7, April 1957, o.S.
192 Vgl. Dröge/Münch/Puttkamer, a.a.O., S. 56f.
193 Vgl. „Rundbrief" Nr. 11, März 1958, o.S.
194 Zu den Aufgaben und Möglichkeiten der UNO-Menschenrechtskommission vgl. Pawelka, a.a.O., S. 99.
195 Schreiben der „Division of Human Rights" vom 15.1.1958 (Az.: SO 215/1) in KUD-A 289.
196 Schreiben der „Dienststelle des ständigen Beobachters bei den Vereinten Nationen" vom 29.1.1958 in KUD-A 289.
197 Text in KUD-A 289.
198 Schreiben vom 17.3.1958 (Az.: 5-35001-2393/58) in KUD-A 289.
199 Schreiben vom 27.3.1958 (Az.: 201-8032) in KUD-A 289.
200 Vgl. Aktennotiz 6.10.1959 in KUD-A 294; ebenso wurde am 25.10.1960 im KUD die Frage diskutiert, in welcher Art und Weise man am günstigsten wieder bei der UNO vorstellig werden sollte (Protokoll der Besprechung in KUD-A 253).
201 Vgl. Czempiel, a.a.O., S. 61.
202 Pawelka, a.a.O., S. 103.
203 Vgl. Czempiel, a.a.O., S. 101.
204 Vgl. „Rundbrief" Nr. 7, Oktober/November 1962, S. 1: Die Mitglieder der Delegation waren: Th. Dehler, J.B. Gradl, W. Hansen, K. Mattick und W.W. Schütz.
205 Vgl. Protokoll der Sitzung des Politischen Ausschusses mit dem Aktionsausschuß vom 4.10.1962 in KUD-A 91. In dieser Sitzung erläuterte Schütz die Gründe, warum die Beschwerde bei der eingebracht worden sei. Allem Anschein nach hatte sich vor der New Yorker Aktion kein KUD-Gremium mit der Beschwerde befaßt.
206 Abdruck der Beschwerde in „Rundbrief" Nr. 7, Oktober/November 1962, S. 3.
207 Vgl. „Rundbrief" Nr. 7, Oktober/November 1962, S. 12 und „Presse-Echo", zusammengestellt vom KUD in KUD-A 91.
208 Wiedergegeben in „Rundbrief" Nr. 8, November/Dezember 1962, S. 15.
209 Vgl. ebenda.
210 Vgl. fdk 13/75 vom 25.9.1962.
211 Wehner am 29.11.1962 vor dem KUD in Berlin (nach der Abschrift einer Tonbandaufnahme durch den Verfasser).
212 Vgl. Vermerk für den Engeren Politischen Ausschuß (ohne Datum) (wohl Dezember 1962) in KUD-A 91.
213 Vgl. „Rundbrief" Nr. 4, Mai/Juni 1963. Es wird hierbei offiziell von der „2. Beschwerde" gesprochen. Das Schreiben von Schütz aus dem Jahre 1958 an die Menschenrechtskommission wurde also nicht vom KUD als „Beschwerde" geführt.
214 Vgl. Zeittafel 1949-1969..., a.a.O., S. 129. Danach gehörten der Delegation an: J.B. Gradl, K. Mattick, W. Sickert und W.W. Schütz; Text der Beschwerde in KUD-A 321.
Text der „UNO-Beschwerde" auch in: Kuratorium Unteilbares Deutschland (Hrsg.), Menschenrechte für Deutschland. Dokumente des Kuratoriums Unteilbares Deutschland, Berlin/Bonn 1963.
215 Vgl. auch: „Unmenschlichkeit angeprangert", in: „Telegraf" vom 1.10.1963.
216 Vgl. Aktennotiz vom 20.5.1963 in KUD-A 294.
217 Vgl. Protokoll der Präsidiumssitzung vom 10.10.1963 in KUD-A 294.
218 Vgl. ebenda.
219 „Ein ständiger Deutschland-Rat", in: Süddeutsche Zeitung" vom 2.10.1963.
220 „Was die Flitterwochen der Entspannung trübt", in: „Süddeutsche Zeitung" vom 2.10.1963.
221 Vgl. „Rundbrief" Nr. 2, April/Mai 1964, S. 7f.
222 Im Schreiben vom 30.10.1978 an H.-A. Jacobsen sagt Schütz, daß alle KUD-Aktivitäten bei der UNO erst nach vorheriger Absprache mit der Bundesregierung unternommen worden wären, weil „jede andere Methode unsinnig gewesen wäre" (S. 2).
223 Vgl. Protokoll der Präsidiumssitzung vom 10.10.1963 in KUD-A 294.
224 Schütz, Modelle..., a.a.O., S. 133.

225 Widerstand gegen die Teilung..., a.a.O., S. 10.
226 Wilhelm Wolfgang Schütz, Das Gesetz des Handelns. Zerrissenheit und Einheit unserer Welt, Frankfurt/M. 1958, S.
227 Vgl. Schütz, Reform..., a.a.O., S. 124-134. Schütz wendet sich hier dagegen, daß dort, wo die DDR politisch oder kulturell tätig sei, die Bundesrepublik ihre Kulturpolitik einstelle.

Anmerkungen zu Teil IV

1 Vgl. Reden und Dokumente..., a.a.O., S. 3ff.
2 Vgl. ebenda.
3 Kaiser in Bad Neuenahr am 14.6.1954 (ebenda).
4 So Schütz im Interview vom 22.11.1974.
5 Gradl im Interview vom 3.6.1976.
6 Protokoll der Aktionsausschußsitzung vom 26.6.1954 in KUD-A 113.
7 Das waren: SPD, CDU, CSU, FDP, Gewerkschaften, Arbeitgeberverbände und, ab 1956, der DST; vgl. Schwerpunkte, hrsgg. vom KUD 1968 (im Besitz des Verfassers).
8 Vgl. Anhang.
9 Bericht und Ausblick, hrsgg. vom Kuratorium Unteilbares Deutschland, Berlin/Bonn 1968, S. 8.
10 Vgl. S. 84.
11 Zum Amt des Bundespräsidenten vgl. z.B.: Hans-Joachim Winkler, Der Bundespräsident – Repräsentant oder Politiker? Opladen 1967; Thomas Ellwein, Das Regierungssystem der Bundesrepublik Deutschland, 4. Aufl. Opladen 1977, S. 327ff., vgl. auch: Karl Carstens, Politische Führung. Erfahrungen im Dienst der Bundesregierung, Stuttgart 1971, bes. S. 101-106.
12 Vgl. S. 22.
13 Reden und Dokumente..., a.a.O., S. 18.
14 Schreiben in „Bulletin" vom 16.6.1954, S. 984.
15 Private und öffentliche Unternehmen sollten animiert werden, Tannenbäume, die am Heiligen Abend an der innerdeutschen Grenze beleuchtet werden sollten, bereitzustellen.
16 Schreiben vom 26.9.1958 in KUD-A 263.
17 Schreiben vom 3.10.1956 in KUD-A 263.
18 Schreiben vom 10.11.1958 in KUD-A 163.
19 Bald nach Ende seiner Amtszeit begründete Heuss seine Abneigung gegen „Sammelappelle" in einem Schreiben an Schütz: „Ihre Absicht ist je gewiß löblich (gewesen), aber ich habe wohl mit einer einzigen Ausnahme, da ich noch ziemlich jung war, nie Sammelappelle unterschrieben, weil mir einmal passiert war, mit Leuten zusammen unterschrieben zu haben, die mir gar nicht paßten. Seitdem habe ich mir die Zurückhaltung in solchen Dingen... zum Gesetz gemacht und bitte Sie, dafür Verständnis zu haben." (Schreiben vom 9.12.1959 in KUD-A 262).
20 Vgl. „Rundbrief" Nr. 12, Dezember 1958.
21 Allerdings war hierzu eindringliches Zureden von Ernst Lemmer nötig gewesen. Vgl. Schreiben von Heuss an Schütz vom 10.11.1958 in KUD-A 163: „Ich habe nichts dawieder, daß Sie meinen Namen mit zu den Unterschriften setzen."
22 Vgl. auch die Episode am Rande der KUD-Jahrestagung von 1956: vgl. S. 89.
23 Vgl. hierzu und zum folgenden: Aktennotiz von Schütz vom 28.8.1959 in KUD-A 261.
24 Einige Tage später, am 31. August 1959, besprachen Schütz und Lübke eingehend die inzwischen vorbereitete Rede, die erkennbar die Handschrift von Schütz trug: So übernahm Lübke, als er davon sprach, daß jeder einzelne persönliche Verantwortung für die Wiedervereinigung trage, exakt die Formulierung, die Kaiser am 14.6.1954 in Bad Neuenahr gebraucht hatte (Lübkes Rede in: „Bulletin" vom 16.9.1959, S. 1705f; vgl. auch: Reden und Dokumente..., a.a.O., S. 16).
25 Vgl. Aktennotiz vom 18.12.1959 in KUD-A 261.
26 Text in „Rundbrief" Nr. 3, Mai/Juni 1960, S. 6.
27 Lübke sprach auf zahlreichen KUD-Veranstaltungen und empfing regelmäßig KUD-Delegationen (vgl. z.B. „Rundbrief" Nr. 7, Dezember/Januar 1960/61 und KUD-Mitteilungen vom Juli 1964 in KUD-A 19).
28 Aktennotiz vom 27.11.1962 in KUD-A 294 (Adenauer bereitete sich zu dieser Zeit auf eine USA-Reise vor, und Schütz hatte vorher Adenauer gebeten, sich doch in den USA darum zu bemühen, daß die US-Administration ihre Zustimmung zu einer „Volksabstimmung in Deutsch-

land" gebe. Als Adenauer nicht auf Schütz' Ansinnen einging, wählte dieser den Weg über Lübke).
29 Vgl. hierzu verschiedene Aktennotizen von Schütz aus den Jahren 1959 bis 1965 in KUD-A 261, 262, 263, 294.
30 Vgl. hierzu und zum folgenden Aktennotiz von Schütz vom 27.11.1962 in KUD-A 294.
31 Vgl. Aktennotiz vom 9.1.1963 in KUD-A 294. Gleichzeitig beklagte sich Lübke darüber, daß das Auswärtige Amt vorschreibe, was er im Ausland sagen dürfe. Wörtlich heißt es in der Notiz: „Wenn er (Lübke – L.K.) sich darauf einlasse, dann würde er zu einer bloßen Pappfigur werden und lieber auf einem kleinen Bauernhof mit seiner Frau, einer Kuh und einer Ziege ackerbauen als Bundespräsident sein."
32 Aktennotiz vom 9.1.1963 in KUD-A 294.
33 Vgl. Zeittafel 1949-1969..., a.a.O., S. 127; Text der Proklamation in „Rundbrief" Nr. 2, April/Mai 1964, S. 12.
34 Vgl. zu „Nationaler Gedenktag" Alois Friedel, Deutsche Staatssymbole..., a.a.O., S. 84ff.
35 Im Februar 1969 in „Die Zeit", abgedruckt in: Theodor Eschenburg, Zur politischen Praxis in der Bundesrepublik, Band III, München 1972, S. 132.
36 Vgl. Rede nach seiner Vereidigung in „Bulletin" vom 16.6.1959.
37 Wenn Kosthorst, Jakob Kaiser..., a.a.O., S. 290f meint, daß KUD habe Adenauer schlechthin nicht interessiert, so trifft er damit nicht genau die Einstellung des Kanzlers.
38 Gradl im Interview vom 3.6.1976.
39 Thedieck im Interview vom 10.11.1975.
40 Jedenfalls sind weder im Nachlaß Kaisers noch in den KUD-Akten Unterlagen zu finden, die darauf hinweisen, daß Kaiser den Bundeskanzler früher informiert hätte. Dagegen ist durchaus anzunehmen, daß Thedieck entweder direkt oder über Globke den Kanzler von Kaisers Plänen informiert hatte.
41 Offenbar hatte Kaiser zunächst versucht, mit Adenauer persönlich über sein Vorhaben zu sprechen, was ihm aber nicht gelungen war (Schreiben Kaisers an Adenauer in BA-236).
42 Text der beiden Grußtelegramme in „Bulletin" vom 16.6.1954, S. 984.
    Wie wenig Adenauer selbst daran interessiert war, den in Bad Neuenahr Versammelten ein Grußwort zu senden, scheint auch der Text des Schreibens zu zeigen, mit dem er Kaiser das Grußwort zusandte: „Sehr geehrter Herr Kaiser! In Beantwortung Ihres Schreibens vom 10. Juni 1954 übersende ich Ihnen in der Anlage die gewünschte Grußadresse. gez. Adenauer" (Schreiben in BA-236).
43 Gradl im Interview vom 3.6.1976.
44 Kosthorst, a.a.O., S. 291.
45 Vgl. S. 96ff.
46 Vgl. Aktennotiz von Schütz ohne Datum (August 1958) in KUD-A 257.
47 Vgl. Aktennotiz vom 3.10.1957 in KUD-A 396.
48 Vgl. Aktennotiz vom 7.11.1958 in KUD-A 294.
49 Vgl. Aktennotiz (Vermerk) von Schütz vom 3.12.1963 in KUD-A 341.
    In einem Schreiben vom 13.5.1977 an den Verfasser meinte Höcherl auf die Frage, ob er ein „Sympathisant" des KUD gewesen sei: „Es ist nicht richtig, daß ich als besonderer Sympathisant des Kuratoriums gegolten hätte. Trotzdem habe ich mich aus politischen Vernunftgründen für seine Arbeit über das übliche Maß hinaus eingesetzt."
50 Vgl. Aktennotiz vom 9.3.1964 über eine Unterredung zwischen Erhard, Krautwig, Mercker und Schütz in KUD-A 258.
51 Ebenda.
52 Vgl. Aktennotiz vom 1.12.1965 in KUD-A 296. Hierin heißt es wörtlich: „Längeres Gespräch mit Müller-Roschach und Schnippenkötter (Leiter des Planungsstabes und Abrüstungsbeauftragter der Bundesregierung), die mir beide sagen, daß sie gerne mit mir arbeiten würden, aber von Oben gebremst werden. Warum man ihnen die Zusammenarbeit untersage, wissen sie einfach nicht. Sie hielten dieses Verbot für... nicht gerechtfertigt."
53 Vgl. Aktennotiz vom 1.12.1965 in KUD-A 254.
54 Vgl. S. 73f.
55 Adenauers langjähriger Pressesprecher, Felix von Eckardt, in einem Schreiben vom 14.4.1976 an den Verfasser, meint: „... Konrad Adenauer hatte nichts gegen das KUD, nur versprach er sich keinerlei Wirkung auf die internationale Politik, besonders auf das Verhältnis zu den Russen." V. Eckardts Auffassung scheint den Tatsachen nur teilweise zu entsprechen. Gerade er mußte Adenauers Aversion dem KUD gegenüber kennen.
56 Vgl. S. 20.

57 So Schütz im Interview vom 22.11.1974.
58 Zur Stellung Thediecks im BMG vgl.: Rüß, Anatomie . . . , a.a.O., S. 20-27.
    Freiherr von Dellingshausen sagte in einem Gespräch vom 9.1.1975 mit dem Verfasser: „Thedieck war ein enger Vertrauter und Freund Globkes; mit diesem wurde auch ohne Kaisers Zutun Politik gemacht."
59 Noch am 11.5.1958 fragte Kaiser bei Schütz an, ob Thedieck nun „allmählich Respekt" vor dem KUD und „seiner nationalpolitischen Arbeit" bekommen habe (Schreiben Kaisers an Schütz in KUD-A 262).
60 Schütz im Interview vom 22.11.1974.
61 Rüß, a.a.O., S. 23.
62 So Schütz im Interview vom 22.11.1974.
63 Zu diesem Zeitpunkt war noch völlig offen, wer neuer Gesamtdeutscher Minister werden würde (vgl. Rüß, a.a.O., S. 35). Im BMG rechnete man damit, daß Thedieck Minister werden würde und von Dellingshausen sah wohl jetzt eine günstige Gelegenheit, das KUD unter die Kontrolle des BMG zu bringen.
64 Aktennotiz vom 19.9.1957 in KUD-A 257.
65 Schütz hatte Vertreter verschiedener Ministerien zu einer Besprechung eingeladen, um deren Ansicht zu einer vom KUD geplanten Aktion („Jugend beschenkt Jugend") zu hören.
66 Gemeint sind hier die schon bestehenden Landes-, Kreis- und Ortskuratorien.
67 Zur Ernennung Krautwigs zum Staatssekretär vgl.: Rüß, a.a.O., S. 50ff. Von Dellingshausen sagte im Gespräch vom 9.1.1975, daß Krautwig das KUD „nicht interessiert" hätte.
68 Zur Ernennung Lemmers zum Gesamtdeutschen Minister vgl.: Rüß, a.a.O., S. 35ff.
69 Schütz notierte über ein Gespräch mit Lemmer vom 2.10.1957 (in KUD-A 396): „Lemmer zeigt sich dann höchst entschieden in der Grundauffassung, wonach man in der Politik gegenüber der Zone offensiv, statt wie bisher defensiv vorgehen müsse. Thedieck sei auf diesem Gebiet durch seine Phantasielosigkeit und Einstellung ein schweres Hindernis. Auch Kaiser habe sich nicht genug durchgesetzt."
    Thedieck erzählte am 25.5.1976 folgende Episode: Adenauer habe ihn einmal nach einer Kabinettssitzung gefragt: „Hört der Lemmer eigentlich auf Sie?" Thedieck habe darauf geantwortet: „Wenn ich in seinem Zimmer bin, dann ja . . . ".
70 Auf der KUD-Jahrestagung 1962 sagte Lemmer: „Wir befinden uns in diesem Kuratorium Unteilbares Deutschland in einer besonderen Atmosphäre. Ohne Rücksicht auf unsere parteipolitische Stellung, auf unsere soziale Situation, fühlen wir uns alle in Freundschaft verbunden . . . " (Rede in „Rundbrief" (Beilage) Nr. 1, Januar/Februar 1963).
71 Schreiben in KUD-A 262.
72 Tatsächlich führte von Dellingshausen am 9.1.1975 die kritische Haltung der BMG-Bürokratie dem KUD gegenüber auf die „kostspieligen Einzelaktionen" des KUD sowie auf die Weigerung von Schütz zurück, für das BMG einen Wirtschafts- und Sozialplan zu erstellen.
73 Vgl. Artikel Barzels in „Rundbrief" Nr. 3, April 1963 und vgl. Artikel Mendes in „Rundbrief" Nr. 6/7, November 1963 sowie Rede Mendes vor der KUD-Jahrestagung im Herbst 1963 (abgedruckt ebenda).
74 Schreiben Dellingshausens an das KUD vom 25.8.1958 in KUD-A 279.
75 Kaiser sprach in Bad Neuenahr von „Persönlichkeiten aus allen Parteien des Bundestages" (vgl. Reden und Dokumente . . . , a.a.O., S. 15); später einigte man sich auf die Formel „Gründungsparteien", um der aufstrebenden NPD den Zugang zum KUD zu versperren.
76 Präambel des Grundgesetzes.
77 Dies dokumentierten die im Bundestag vertretenen Parteien öfters in einstimmig verabschiedeten Entschließungen zur „Deutschen Frage". Eine der prägnantesten der fünfziger Jahre war die am 1.10.1958 in Berlin verabschiedete Erklärung (abgedruckt in: Die Bemühungen . . . , a.a.O., S. 282f).
78 Dazu meinte der damalige Bundestagspräsident Gerstenmaier am 1.10.1958 in einer Ansprache im RIAS: „Sicher wird es auch im Bundestag noch oft Auseinandersetzungen über die beste, das heißt aussichtsreichste Methode einer deutschen Politik der Wiedervereinigung geben. Das wird kein Schaden sein; denn die gemeinsame Entschlossenheit, die ganze Kraft der Nation an die Wiederherstellung unserer nationalen und staatlichen Einheit zu setzen, fordert ja die täglich neue Bewährung in der politischen Taktik." (abgedruckt in: Die Bemühungen . . . , a.a.O., S. 283).
79 Vgl. S. 121ff.
80 Über seine Zeit als Reichstagspräsident gibt Löbe selbst anschaulich Auskunft: Paul Löbe, Der Weg war lang. Lebenserinnerungen von Paul Löbe, Berlin 1954, S. 60-216.

81 Wilhelm Wolfgang Schütz, Der gerade Weg. Paul Löbe und die Deutsche Einheit, Berlin 166, S.8.
82 So § 1,1 Parteiengesetz.
83 „Was ist mit dem Kuratorium?", in: „Deutsche Zeitung" vom 20.4.1955.
84 So Schütz in einer Sitzung des Politischen Ausschusses am 6.2.1958 (Protokoll in KUD-A 105).
85 Gerstenmaier spielt die Differenzen, die es im KUD bei vielen Diskussionen gab, wohl etwas herunter, wenn er in einem Schreiben vom 6.4.1976 an den Verfasser meint: „Solange die im Bundestag vertretenen Parteien das Verfassungsgebot der Wiedervereinigung uneingeschränkt vertraten, gab es in den Sitzungen auch wenig Anlaß zu parteipolitischer Auseinandersetzung."
86 Vgl. „Notbrücken", in: „FAZ" vom 29.9.1958.
87 Arno Scholz bestätigt dies indirekt, als er schrieb: „Im Kuratorium Unteilbares Deutschland ist seit langem die freie Diskussion üblich, und bisher hat erfreulicherweise niemand daran gedacht, eine Partei deswegen zu verdächtigen, sie wolle ihren Kurs ändern, weil einer ihrer Bundestagsabgeordneten oder auch Vorstandsmitglieder einmal eine von der Parteimeinung abweichende Äußerung getan hat." („Mehr Gedankenfreiheit", in: „Telegraf" vom 1.11.1963.)
88 Vgl. Carstens, a.a.O., S. 36f; Carstens beschreibt hier die Schwierigkeiten, die einer Regierung dadurch bereitet würden, daß es innerhalb der Regierungsfraktion(en) oft nicht zu einer einheitlichen Unterstützung der Regierung komme. Z.B. seien „die Freunde Israels", die „Exponenten der Vertriebenenorganisationen" oder die „Befürworter eines Ausgleichs mit der DDR" in allen Fraktionen vertreten, die dann auch oft andere Auffassungen „mit Nachdruck" vertreten würden, als es im Moment der Regierung richtig erscheine.
89 „Notbrücken", in: „FAZ" vom 29.9.1958.
90 Vgl. hierzu: Heino Kaack/Reinhold Roth, Die Außenpolitische Führungselite der Bundesrepublik Deutschland, in: Beilage zu „Das Parlament" vom 15.1.1972, S. 6. Die hier gemachten Feststellungen von Kaack/Roth scheinen auch auf das KUD übertragbar zu sein: „Die Gruppenrepräsentation eignet sich als Kriterium der Begrenzung außenpolitischer Handlungsträger, weil sie als ein zentrales Phänomen unserer Gesellschaft gelten kann: Politische Macht resultiert weitgehend aus der Repräsentation politischer Gruppen."
91 Vgl. ebenda S. 6ff.
92 So Gerstenmaier im Schreiben vom 6.4.1976 an den Verfasser.
93 In einem Schreiben Kaisers an Schütz vom 6.4.1976 heißt es: „Es ist mir gelungen, maßgebliche Persönlichkeiten aus allen Parteien und Ständen zu gewinnen." (in KUD-A 276).
94 Vgl. „Rundbrief" Nr. 3, April/Mai 1962 und Nr. 3, April 1963.
95 Auch im KUD waren die gleichen Mechanismen zu beobachten, wie sie im außenpolitischen Entscheidungsprozeß festzustellen sind: vgl. Kaack/Roth, a.a.O., S. 13ff. Kaack/Roth zeigen hier, daß der am außenpolitischen Entscheidungsprozeß Beteiligte in aller Regel seine Einflußmöglichkeit aufgrund seiner Position in einer Gruppe (Partei, Fraktion) besitzt. Eine ausschließlich personenbezogene Mitwirkungsmöglichkeit an Entscheidungen sei nur äußerst selten gegeben.
96 In einem Schreiben Heimpels vom 9.6.1977 an den Verfasser heißt es: „Mein Engagement hing mit meinem damaligen Ansehen zusammen und mit meiner Sympathie mit Wolfg. Schütz und seiner Frau . . .".
97 Vgl. Klaus von Beyme, Die politische Elite in der Bundesrepublik Deutschland, München 1971, S. 17.
98 Kaack/Roth, a.a.O., S. 7.
99 Vgl. Schreiben Barzels an den Verfasser vom 5.4.1976. Danach fand Barzel die Idee des KUD zwar „richtig und gut", dennoch scheint die Person des KUD-Geschäftsführers, W.W. Schütz, eine intensivere Mitarbeit im KUD verhindert zu haben. Jedenfalls wollte sich Barzel zu der Frage, ob etwa Schütz seine Mitarbeit im KUD beeinflußt habe, nicht äußern.
    Wahrscheinlich trug auch eine Begebenheit aus dem Jahr 1959 zu der mangelnden Harmonie zwischen Barzel und KUD bei: Damals hatte Barzel versucht, mit dem von ihm gegründeten „Komitee Rettet die Freiheit" zu einer Kooperation mit dem KUD zu kommen, was aber seitens des KUD abgelehnt worden war (diesbezüglicher Briefwechsel in KUD-A 261).
100 Gerstenmaier in einem Schreiben vom 6.4.1976 an den Verfasser: „Meine Mitgliedschaft war im wesentlichen eine Folge meines damaligen Amtes . . .".
101 Vgl. Aktennotiz über „Gespräch mit Brandt" am 2.3.1964 in KUD-A 258.
102 Brandt trat z.B. regelmäßig auf den Berliner KUD-Jahrestagungen auf.
103 Z.B. stellte er sich der Aktion „Macht das Tor auf" als Abzeichenverkäufer zur Verfügung (vgl. „Willy, bleib wie Du bist", in: „Telegraf" vom 12.6.1959).
104 Wenn hier nur von der CDU und nicht von der CSU gesprochen wird, so liegt das daran, daß

von der CSU dem Verfasser keinerlei Informationen über ihre Einstellung zum KUD zur Verfügung gestellt wurden. Außerdem spielte die CSU innerhalb des auf Bundesebene organisierten KUD nur eine untergeordnete Rolle.

105 Vgl. allgemein: Helmut Pütz, Die Christlich-Demokratische Union. Entwicklung, Aufbau und Politik der CDU, Bonn 1971, S. 180f; vgl. auch die Neuauflage Düsseldorf 1976, S. 190f.
106 Schreiben der CDU-Geschäftsstelle an den Verfasser vom 15.12.1975. Hier konnte der zuständige Referent nur mitteilen: „Das Kuratorium Unteilbares Deutschland wird von den Mitgliedern aller demokratischen Parteien getragen und versteht sich als Institution, die der Wiedervereinigung Deutschlands zu dienen hat." (Zum Vergleich siehe die „Brockhaus-Enzyklopädie", worin unter „Kuratorium" weit mehr über das KUD ausgesagt wird, als die zuständige Abteilung der CDU-Bundesgeschäftsstelle es vermochte).
107 Seit dem Tode Löbes im Jahre 1967 gab es keinen KUD-Präsidenten mehr.
108 So Otto Ziebill in einem Schreiben vom 12.3.1976 an den Verfasser.
109 So Thedieck im Interview vom 10.11.1975.
110 Vgl. Schreiben Gerstenmaiers v. 6.4.1976 an den Verfasser.
111 Vgl. Ernst Deuerlein, CDU/CSU 1945-1957, Köln 1957, S. 133f: „In den außenpolitischen Debatten des Deutschen Bundestags ließen die CDU/CSU-Sprecher keinen Zweifel darüber, daß die Unionsparteien sich von niemanden in den Bemühungen um die Wiedervereinigung Deutschlands übertreffen lassen."
112 So der langjährige Vorsitzende des außenpolitischen Arbeitskreises der CDU/CSU-Fraktion, Ernst Majonica, in einem Gespräch am 10.2.1976.
113 Vgl. Aktennotiz über ein Gespräch Schütz-Gradl vom 12.2.1960 in KUD-A 294.
114 Vgl. Aktennotiz über ein Gespräch Schütz-Friedensburg vom 10.12.1959 in KUD-A 294.
115 Vgl. Aktennotiz über ein Gespräch Schütz-Mitzlaff vom 15.1.1959 in KUD-A 29.
116 Vgl. Aktennotiz über ein Gespräch Schütz-Höcherl vom 11.2.1960 in KUD-A 239; auch Majonica meinte im Gespräch vom 10.2.1976, man sei bei der Union der Meinung gewesen, daß das KUD ein „SPD-Verein" sei.
117 Vgl. S. 118f.
118 Gradl im Interview vom 3.6.1976.
119 Gradl sagte im Interview vom 3.6.1976, daß KUD-Aktivitäten, die er goutiert habe, auch in der Partei Zustimmung gefunden hätten. Gegen diese Aussage sprechen die Äußerungen Majonicas.
120 Vgl. die Aussage Majonicas im Gespräch v. 10.2.1976.
121 So Thedieck im Interview vom 10.11. 1975; ähnlich hatte sich auch der Ministerpräsident von Schleswig-Holstein, von Hassel, gegenüber Heinrich Krone geäußert (vgl. Aktennotiz von Schütz über ein Gespräch mit Krone am 21.1.1960 in KUD-A 294).
122 Schütz beurteilt im Schreiben vom 30.10.1978 an H.-A. Jacobsen die Beziehungen zwischen CDU und KUD so: „Es hat natürlich mit einzelnen, natürlich auch namhaften Männern wie Adenauer, Meinungsverschiedenheiten gegeben. Aber führende Männer der CDU waren von Anfang an Initiatoren und Träger des Kuratoriums in Bund, Ländern und Gemeinden. Ohne diese tatkräftige und loyale Mitwirkung wäre die Kuratoriumsarbeit niemals möglich gewesen... Die Linie führt konsequent von Jakob Kaiser über Ernst Lemmer zu Johann Baptist Gradl. Doch gehören viele andere namhafte Christdemokraten ebenfalls zu dem engsten Kreis, ich denke z.B. an Ferdinand Friedensburg, Richard Stücklen, Kai-Uwe von Hassel usw. Eine Reihe von Landeskuratorien standen von Anfang an unter der Leitung von Christdemokraten, z.B. Bayern und Rheinland-Pfalz..." (S. 2).
123 So J.B. Gradl im „Rundbrief" Nr. 4, Juli/August 1961, S. 10.
124 Vgl. hierzu z.B.: Schwarz, Vom Reich zur Bundesrepublik..., a.a.O., bes. S. 299-344; Kosthorst, a.a.O., ders., Jakob Kaiser: Der Arbeiterführer, Stuttgart 1967; Elfriede Nebgen, Jakob Kaiser, Der Widerstandskämpfer, Stuttgart 1967; Werner Conze, Jakob Kaiser, Politiker zwischen Ost und West, Stuttgart 1969; Johann Baptist Gradl, Jakob Kaiser, in: Konrad-Adenauer-Stiftung (Hrsg.), Christliche Demokraten der ersten Stunde, Bonn 1966, S. 175-210.
125 Vgl. Schwarz, a.a.O. und Kosthorst, a.a.O..
126 Schwarz, a.a.O., S. 304.
127 Kosthorst, a.a.O., S. 57.
128 Vgl. Rüß, a.a.O., S. 11-15, bes. S. 12f.
129 Ebenda, S. 17f.
130 Gradl, Jakob Kaiser..., a.a.O., S. 203: „Jakob Kaiser ging es stets um Zusammenfassung."
131 Reden und Dokumente..., a.a.O., S. 15.
132 Vgl. hierzu Rüß, a.a.O., S. 24.

133 So sagte er in Bad Neuenahr am 14.6.1954 (in: Reden und Dokumente..., a.a.O., S. 15).
134 Ebenda, S. 18.
135 Vgl. S. 89.
136 Text der Rede in BA-212.
137 Vgl. Kosthorst, a.a.O., S. 41-61. Zu Kaisers Position im Kabinett vgl. Kaack/Roth, a.a.O., S. 20f.
138 Vgl. Kosthorst, a.a.O., S. 62-69.
139 Vgl. ebenda, S. 312-354; vgl. auch: Heinrich Schneider, Das Wunder an der Saar. Ein Erfolg politischer Gemeinsamkeit, Stuttgart 1974.
140 Thedieck im Interview vom 10.11.1975.
141 Felix von Eckardt, Ein unordentliches..., a.a.O., S. 245.
142 Schütz sieht jedenfalls Kaisers physischen Zusammenbruch als direkte Folge der Auseinandersetzungen Kaisers mit Adenauer um die Berliner Tagung an (Interview vom 22.11.1974).
143 Vgl. Ernst Lemmer, Manches war doch anders. Erinnerungen eines deutschen Demokraten, Frankfurt/M. 1968; S. 335: „Der Mann in Bonn, der mich am meisten fesselte, das war Konrad Adenauer... Gelegentliche Meinungsverschiedenheiten zwischen Adenauer und mir, taten der gegenseitigen Achtung keinen Abbruch."
144 Lemmer, a.a.O., S. 253: „In Jakob Kaiser hatte ich seit langem den starken Freund gefunden, der meine wesentlichen Entscheidungen mit beeinflußt hat."
145 Vgl. z.B. Arnold J. Heidenheimer, Adenauer and the CDU. The Rise of the Leader and the Integration of the Party, Den Haag 1960.
146 Lt. Anwesenheitsliste in KUD-A 1.
147 Vgl. die Eintragung ins Vereinsregister beim Bonner Amtsgericht unter Az.: 19 VR 3192.
148 Ausführlich berichtet hierüber Rüß, a.a.O., S. 34ff.
149 Lemmer, a.a.O., S. 350: „Meine einjährige Dienstzeit als Bundesminister für das Post- und Fernmeldewesen – 1956 bis 1957 – war die schönste Zeit meines politischen Lebens überhaupt."
150 Ebenda, S. 357.
151 Ebenda, S. 359.
152 Vgl. Aktennotiz in KUD-A 396.
153 So Rüß, a.a.O., S. 37 Anm. 23.
154 Thedieck im Interview vom 25.5.1976: „Lemmer war wegen seiner Fähigkeit, selbst nach härtesten Kontroversen noch die Gemeinsamkeit herauszustellen, als Tagungs- und Diskussionsleiter beliebt."
155 Vgl. S. 90.
156 Zitiert nach „Lemmer: Nur eine Olympiamannschaft", in „Telegraf" vom 28.11.1959.
157 „Ernst Lemmer", in: „Telegraf" vom 15.12.1959.
158 Hierfür spricht auch, daß 1954, als es galt, für den verstorbenen H. Ehlers einen Nachfolger als Bundestagspräsidenten zu finden, Lemmer von weiten Teilen der CDU/CSU und der SPD unterstützt wurde (vgl. Lemmer, a.a.O., S. 347-349).
159 Vgl. Lemmer, a.a.O., S. 333ff.
160 Lt. Anwesenheitsliste in KUD-A 1.
161 Vgl. Johann Baptist Gradl, Für deutsche Einheit. Zeugnisse eines Engagements, Stuttgart 1975, S. 13f. Walter Henkels, 111 Bonner Köpfe, Düsseldorf/Wien 1966, S. 115, meint, Gradl habe im Laufe der Zeit „für die gesamtdeutsche Frage, ihre Probleme, Hoffnungen und Schwierigkeiten... eine spürbare Leidenschaft entwickelt."
162 Vgl. Rüß, a.a.O., S. 94-97.
163 So Majonica in einem Gespräch mit dem Verfasser vom 10.2.1976.
164 So Gradl selbst im Interview vom 3.6.1976.
165 Vgl. z.B. „Mehr Aktivitäten gefordert", in: „Telegraf" vom 10.10.1976. Hier heißt es: „Der geschäftsführende Vorsitzende der Exil-CDU und Vorstandsmitglied des Kuratoriums Unteilbares Deutschland, Dr. Gradl, wandte sich gegen eine Stimmung der Resignation und sogar des Defaitismus in Fragen der Wiedervereinigung."
166 Diese Rede abgedruckt in: Gradl, Für deutsche..., a.a.O., S. 190ff.
167 Vgl. „Dr. Gradl 60 Jahre", in: „Telegraf" vom 25.3.1964; vgl. auch: Ilse Spittmann, Ein wichtiger Beitrag zur Nachkriegsgeschichte, in: „Deutschland Archiv" 9/1976, S. 978.
168 Lt. Aktennotiz vom 16.9.1958 in KUD-A 257. Die Rede fiel dann doch nicht so scharf aus, abgedruckt bei Gradl, a.a.O., S. 123ff.
169 Vgl. S. 90f.
170 So Gradl im Interview vom 3.6.1976.

171 „Sozialdemokratischer Pressedienst" vom 10.3.1954.
172 Vgl. S. 122.
173 Vgl. Aktennotiz vom 21.5.1955 in KUD-A 113.
174 Zur Rolle Mellies' in der SPD vgl.: Theo Pirker, Die SPD nach Hitler. Die Geschichte der SPD 1945-1964, München 1964, S. 167.
175 Vgl. „Mellies verläßt das Kuratorium", in: „FAZ" vom 1.3.1955.
176 Vgl. Löbes Schreiben an Ollenhauer vom 25.3.1955 in KUD-A 14.
177 Daß sich das Verhältnis zwischen SPD und KUD derart positiv entwickelte, scheint wesentlich ein Verdienst des KUD-Referenten Gerd Honsálek gewesen zu sein. Honsálek, ein engagierter Sozialdemokrat, verstand es immer wieder, die SPD-Zentrale für das KUD zu interessieren.
178 Aktennotiz über das Gespräch mit Ollenhauer vom 18.2.1959 in KUD-A 263.
179 Text des „Deutschlandplanes" auch bei: Ossip K. Flechtheim (Hrsg.), Dokumente zur politischen Entwicklung in Deutschland seit 1945. Dritter Band: Programmatik der Parteien, 2. Teil, Berlin 1963, S. 154-159.
180 Vgl. „Mehr Hilfe für Zonenrandgebiete", in: „Telegraf" vom 29.9.1964 und Schreiben des SPD-Parteivorstandes an das KUD vom 13.11.1964 in KUD-A 258.
181 Vgl. „Die Dreierspitze", in: „Telegraf" vom 28.11.1964.
182 Vgl. z.B. „Aufruf der SPD zum 17. Juni", in „Telegraf" vom 10.6.1965.
183 Vgl. Kosthorst, a.a.O., S. 95.
  Lemmer hatte seinen ersten Zusammenstoß als Gesamtdeutscher Minister mit dem Bundeskanzler, als dieser versuchte zu verhindern, daß H. Wehner erneut zum Vorsitzenden des bundestagsausschusses für gesamtdeutsche und Berliner Fragen gewählt wurde; vgl. hierzu: „Kanzler gegen Wehner", in: „Telegraf" vom 28.11.1957.
184 So sagte Thedieck im Jahre 1963 in einem Interview, nachdem Erich Mende als neuer Gesamtdeutscher Minister feststand, auf die Frage, wen er denn gerne als Minister im BMG gesehen hätte: „Dann (wenn schon kein CDU-Minister – L.K.) wenigstens den Vertreter einer Partei, die in der Zone noch immer das größte Ansehen verfügt, nämlich den Vorsitzenden des Bundestagsausschusses für gesamtdeutsche Fragen, Herbert Wehner." („Ein anderer wäre mir lieber ...", in: „Christ und Welt" vom 8.11.1963).
185 Vgl. Henkels, a.a.O., S. 345.
186 Vgl. S. 20.
187 Lt. Anwesenheitsliste in KUD-A 1.
188 Aktennotiz vom 21.5.1955 über eine Besprechung führender KUD-Akteure in KUD-A 113.
189 Vgl. Reden und Dokumente..., a.a.O., S. 16.
190 Vgl. Aktennotiz vom 21.5.1955 in KUD-A 113.
191 Vgl. Kosthorst, a.a.O., S. 307.
192 Abschrift des Verfassers von einer Tonbandaufnahme.
193 Handschriftlicher Brief Wehners an Schütz in KUD-A 254.
194 Günter Gaus, Versuch über Herbert Wehner, in: Herbert Wehner, Wandel und Bewährung. Ausgewählte Reden und Schriften 1930-1967, hrsgg. von Hans-Werner Graf Finckenstein und Gerhard Jahn, Berlin 1968 (3. Aufl. 1970), S. XXIII.
195 So war er z.B. der Inspirator des „Deutschlandplanes" von 1959.
  Seine mehrfachen deutschlandpolitischen Initiativen begründete Wehner so: „Aber solange dort (in der DDR – L.K.) ein kommunistisches Regime herrscht, solange ist es unsere verdammte Pflicht, nach Ansatzpunkten dafür zu suchen, es in eine gewisse Verantwortung gegenüber dem deutschen Volke als Ganzem und seinem Wohlergehen zu bringen, ihm dialektische Auswege, soweit das menschenmöglich ist, abschneidet." (In: Günter Gaus, Staatserhaltende Opposition oder Hat die SPD kapituliert? Gespräche mit Herbert Wehner, Reinbek 1966, S. 83); vgl. hierzu auch: Hartmut Soell, Fritz Erler – Eine politische Biographie. 2. Bände, Bonn-Bad Godesberg 1976, Bd. I, S. 375ff.
196 Vgl. „Rundbrief" Nr. 2, März/April 1962, S. 12.
197 Vgl. hierzu und zum folgenden: „SPD wünscht Gesamtdeutschen Rat", in: „Deutsche Zeitung" vom 7.2.1962.
198 Scholz berichtet dies in einem Schreiben an Schütz vom 7.2.1962 (Schreiben in Sch-N).
199 Zitiert nach „Rundbrief" Nr. 2, März/April 1962, S. 12.
200 Vgl. ebenda.
201 Schütz schreibt in einer Aktennotiz vom 30.8.1962: „Ich erklärte ihm (Mende – L.K.) rundheraus, daß ich eine solche Gründung für unglücklich hielte ... Ich spreche daraufhin sofort mit Brentano, der ebenfalls den Gedanken ablehnt." (in KUD-A 294).
202 So Wehner auf der KUD-Jahrestagung vom 4.12.64 (nach einer Tonbandabschrift des Verf.)

203 Vgl. Protokoll in BA-230.
204 Vgl. ebenda.
205 So äußerte sich Heuss einmal, als man ihn drängte, dem KUD mit seinem Namen mehr Gewicht zu verleihen (vgl. Aktenotiz in KUD-A 262).
206 Dahingehend äußert sich Kaiser in seinem Schreiben an Adenauer vom 10.6.1954 (in BA-236).
207 Vgl. Kosthorst, Jakob Kaiser . . . , a.a.O., S. 306.
208 So Kaiser in seinem Schreiben an Löbe vom 10.7.1954 in KUD-A 14.
209 Schütz, Der gerade Weg . . . , a.a.O., S. 8.
210 Ebenda.
211 So Kosthorst, a.a.O., S. 306.
212 Walter G. Oschilewski im Nachwort zu: Löbe, Der Weg war lang . . . , a.a.O., S. 304.
213 Vgl. Löbe, a.a.O., S. 275-297; vgl. auch Lemmer, Manches . . . , a.a.O., S. 120ff sowie „Rundbrief" Nr. 7, Dezember/Januar 1960/61, S. 2.
214 Schütz, Der gerade Weg . . . , a.a.O., S. 51.
215 Ebenda, S. 6.
216 So Löbe im Vorwort zur zweiten Auflage seiner Lebenserinnerungen . . .
217 Vgl. Schreiben Kaisers an Löbe vom 10.7.1954 in KUD-A 14.
218 Löbe am 18.7.1954 in Berlin, in: Reden und Dokumente . . . , a.a.O., S. 58.
219 Damit soll keineswegs gesagt werden, daß Löbe etwa nicht an den Zielen des KUD interessiert gewesen wäre. Er empfand das KUD-Präsidentenamt als einen „kategorischen Imperativ der Pflicht" (vgl. . . . S. 58). Vgl. Reden und Dokumente . . . , a.a.aO., S. 58.
220 Schreiben vom 23.3.1955 in KUD–A 14.
221 Ebenda.
222 Von einer „Wahl" Löbes kann keine Rede sein; vgl. Frau Hofmann im Interview vom 4.5.1976.
223 Vgl. Reden und Dokumente . . . , a.a.O., S. 54.
224 Vgl. Kosthorst, a.a.O., S. 306.
225 Vgl. z.B. „Rundbrief" Nr. 1, Januar/Februar 1964, S. 20.
226 So Gradl im Interview vom 3.6.1976.
227 So der langjährige deutschland- und außenpolitische Referent beim FDP-Bundesvorstand, Wolfgang Schollwer, im Interview vom 7.1.1976.
228 fdk 10/75 vom 24.11.1959.
229 Vgl. S. 124.
230 Schollwer im Interview vom 8.6.1976.
231 Schollwer im Interview vom 7.1.1976.
232 fdk 10/75 vom 24.11.1959 (Daß Leverenz als „prominentes Mitglied" der FDP – so die KUD-Pressestelle in einer Gegendarstellung in fdk 10/77 vom 4.12.1959 – einen Arbeitskreis der Jahrestagung geleitet hatte, schien der FDP-Bundesgeschäftsstelle offenbar nicht ausreichend zu sein).
233 Z.B. seien hier nur erwähnt der „Pfleiderer-Plan" und das „Schollwer-Papier" von 1962 (hektographiert an die Mitglieder des FDP-Parteivorstandes gesandt), teilweise abgedruckt in der vom FDP-Bundesvorstand herausgegebenen Broschüre: Deutschlandpolitik der FDP. Daten und Dokumente von 1945 bis heute, Bonn 1972, S. 18f.
234 Rüß, a.a.O., S. 46. Schollwer meinte im Interview vom 7.1.1976, die FDP sei „nie in Sorge" gewesen, diesbezüglich etwa vom KUD „überholt" zu werden.
235 So Schollwer im Interview vom 7.1.1976.
236 fdk 10/77 vom 4.12.1959.
237 Vgl. Aktennotiz mit dem Titel „Sitzung am Sonnabend, dem 6. März 1954" in BA-230.
238 Lt. Vereinsregister beim Bonner Amtsgericht (Az.: 19 VR 3192).
239 Vgl. hierzu den kurzen Überblick bei: Alfred Grosser, Deutschlandbilanz, München 4. Aufl. 1972, S. 253 und 325; vgl. auch Henkels, a.a.O., S. 72ff.
240 Abdruck der Rede in: Thomas Dehler, Bundestagsreden, Bonn 1973, S. 215ff.
241 So Walter Scheel in: Vorwort zu ebenda.
242 Vgl. „Rundbrief" Nr. 7, Oktober/November 1962, S. 1.
243 Vgl. Scheel im Vorwort . . . (Anm. IV, 241).
244 Schollwer im Interview vom 8.7.1976: „Dehler wollte eher angreifen und nicht integrieren."
245 Dehler im Deutschen Bundestag (zitiert nach Anm. IV, 240) am 23.1.1958: „Meine Partei ist aus der Koalition ausgetreten, weil wir nicht mehr geglaubt haben, daß die CDU/CSU und die Bundesregierung die deutsche Einheit wollen."
246 Hupka bezeichnete im Interview vom 3.5.1976 Dehler und Schütz als „gute Freunde".
247 In BA-230.

248 Vgl. Reden und Dokumente..., a.a.O., S. 15.
249 Vgl. „Einig im Kuratorium?", in: „Christ und Welt vom 2.10.1958.
250 Vgl. Liste der Unterzeichner des „Manifests" im Anhang.
251 Vgl. hierzu auch: Rupert Breitling, Die Verbände in der Bundesrepublik. Ihre Arten und ihre politische Wirkungsweise, Meisenheim 1955, S. 12.
252 Der DGB vertröstete den Verfasser in mehreren Schreiben (z.B. vom 7.4.1976, Az.: Wg-Se/BA) auf eine spätere Antwort. Schließlich bat der DGB den *KUD-Referenten* Honsálek, dieser solle doch dem Verfasser Auskunft über das Verhältnis KUD-DGB geben.
  Der DBB reagierte auf wiederholte Anfragen überhaupt nicht, obwohl er eine Zeitlang das KUD mitfinanzierte (vgl. hierzu: „Die Instanz des Gewissens", in: „Telegraf" vom 29.3.1955).
253 Vgl. S. 50ff.
254 Vgl. „Die Instanz..." (Anm. IV, 252).
255 „Wir halten auch die Unabhängigkeit der heute hier gegründeten Volksbewegung für richtig und notwendig. Aus diesem Grunde werden wir für die in den Gewerkschaften zusammengefaßten Arbeiter, Angestellten und Beamten der Vereinigung die erforderliche Unterstützung sowohl durch persönliche Mitarbeit als auch in finanzieller Beziehung geben", sagte in Bad Neuenahr der stellvertretende DBG-Vorsitzende Georg Reuter (vgl. Reden und Dokumente..., a.a.O., S. 26).
256 Vgl. z.B. „Rundbrief" Nr. 1, Januar/Februar 1963, S. 2.
257 So DGB-Vorstandsmitglied G. Stephan am 28.11.1962 in Berlin; wiedergegeben in Beilage zum „Rundbrief" Nr. 1, Januar/Februar 1963.
258 Vgl. „Rundbrief" Nr. 12, Dezember 1958, S. 5.
259 Vgl. „Manifest des DGB", in: „Telegraf" vom 26.4.1957.
260 Text (Auszug) in: „Der Beitrag des DGB für die Wiedervereinigung", in: „Das Parlament" vom 15.6.1961.
261 Vgl. „Manifest..." (vgl. Anm. IV, 259).
262 Vgl. „Am Vorabend des 1. Mai", in: „Telegraf" vom 30.4.1957.
263 Vgl. „Appell an alle Deutschen", in: „Telegraf" vom 1.5.1957.
264 Vgl. Aktennotiz über eine Besprechung KUD-DGB vom 10.1.1963 in KUD-A 83.
265 Vgl. S. 50ff.
266 Schreiben des DAG-Bundesvorstandes an den Verfasser vom 18.12.1975 (Az.: II/me).
267 Vgl. „Ungarn begeistern 12000", in: „Telegraf" vom 12.11.1957.
268 Schreiben des DAG-Bundesvorstandes vom 18.12.1975.
269 Lt. ebenda.
270 Vgl. Reden und Dokumente..., a.a.O..
271 Ebenda, S. 25.
272 Vgl. S. 50ff.
273 Schreiben der BDA-Geschäftsführung vom 23.12.1975 an den Verfasser (Az.: I-Krü/Bi).
274 „Unternehmerschaft wirbt für Einheit", in: „Das Parlament" vom 14.6.1961.
275 So ein intimer Kenner der Verhältnisse dem Verfasser gegenüber.
276 Zum Zusammenschluß der einzelnen Organisationen zum BdM und zum BdV vgl. z.B.: Linus Kather, die Entmachtung der Vertriebenen, Band I und II, München 1964 und 1965; vgl. auch Manfred Max Wambach, Verbändestaat und Parteienoligopol. Macht und Ohnmacht der Vertriebenenverbände, Stuttgart 1971.
277 Vgl. Reden und Dokumente..., a.a.O. und Liste im Anhang.
278 So Totte im Interview vom 11.11.1975.
279 Vgl. „Rundbrief" Nr. 1, Januar/Februar 1963, S. 2.
280 BdM-Funktionär Ernst Eichelbaum in Bad Neuenahr; vgl. Reden und Dokumente..., a.a.O., S. 44.
281 In: Reden und Dokumente..., a.a.O., S. 32.
282 Vgl. „Tag der Heimat", in: „Telegraf" vom 20.8.1954. Zum „Tag der Heimat" veröffentlichte das KUD in den folgenden Jahren immer wieder Aufrufe (vgl. z.B. „Rundbrief" Nr. 6, September/Oktober 1962, S. 14).
283 Rundschreiben vom 4.9.1955 in KUD-A 1a.
284 Hupka im Interview vom 3.5.1976; vgl. auch das Schreiben des „Verbandes der Landsmannschaften" vom 6.11.1958 an das KUD in KUD-A 289.
285 Vgl. Hupka im Interview vom 3.5.1976.
286 So der langjährige BdV-Generalsekretär Herbert Schwarzer in einem Schreiben vom 15.6.1976 an den Verfasser.
287 Rundschreiben vom 4.6.1955 in KUD-A 1a.

288 Vgl. S. 142ff.
289 So Schwarzer im Schreiben vom 15.6.1976 an den Verfasser. Schütz und Gradl hatten „große Sorge wegen der radikalen Tendenz bei den Vertriebenen" (Aktennotiz vom 12.2.1960 in KUD-A 194).
290 Text der dritten KUD-Beschwerde in KUD-A 258 und in: KUD (Hrsg.), Menschenrechte..., a.a.O., S. 19ff.
291 Wie Krüger Schütz in einem Gespräch am 18.10.1963 versicherte; diesbezügliche Aktennotiz in KUD-A 89.
292 Schreiben (Az.: II/b-KJ) in KUD-A 92.
293 Vgl. Aktennotiz vom 12.2.1960 in KUD-A 294.
294 Aktennotiz... (vgl. Anm. IV, 291).
295 Schwarzer im Schreiben vom 15.6.1976 an den Verfasser.
296 Zu Aufbau und Struktur des DST vgl.: Stefan Schnell, Der Deutsche Städtetag, Bonn 1970.
297 „Unsere Städte und die gesamtdeutsche Frage", in: „Das Parlament" vom 14.6.1961.
298 Seit der Übernahme der DST-Präsidentschaft im Jahre 1947 durch Louise Schröder standen bis 1963 die Berliner Reuter, Suhr und Brandt an der DST-Spitze. Die Zeit der Berliner wurde nur zweimal unterbrochen, als der Kölner Oberbürgermeister 1954/55 und 1957 dem DST vorstand (vgl. Schnell, a.a.O., S. 24).
299 Schreiben Ziebills vom 12.3.1976 an den Verfasser; vgl. auch „Bekenntnis zu Berlin", in: „Telegraf" vom 16.11.1956.
300 Hans-Joachim Schäfer, derzeit „Beigeordneter" des DST, im Interview vom 4.3.1976: „Diese Empfehlung wurde von sehr vielen Städten übernommen." Vgl. auch: Bericht und Ausblick 1955-1956, S. 14.
301 Vgl. „Presseinformation" des KUD vom 13.12.1954 in KUD-A 280. Dies wurde auch von Schäfer im Interview vom 4.3.1976 bestätigt.
302 Vgl. S. 51.
303 Vgl. Schäfer im Interview vom 4.3.1976.
304 Vgl. S. 52.
305 Gerstenmaier in einem Schreiben vom 6.4.1976 an den Verfasser.

Anmerkungen zu Teil V

1 Vgl. Rupert Breitling, Die Verbände in der Bundesrepublik. Ihre Arten und ihre politische Wirkungsweise, Meisenheim 1955, S. 6.
2 Rupert Breitling, Die zentralen Begriffe der Verbandsforschung, in: PVS 1, 1960, Heft 1, S. 47-73, hier S. 73.
3 Vgl. Breitling, Die Verbände..., a.a.O., S. 6f.
4 So Wilhelm Hennis, Verfassungsordnung und Verbandseinfluß, in: PVS 2, 1961, Heft 1, S. 23-35, hier S. 24.
5 Vgl. Peter Hofstätter, Gruppendynamik. Kritik der Massenpsychologie, 9. Aufl. Hamburg 1971, S. 21 und 29ff.
6 Breitling, Die zentralen..., a.a.O., S. 65.
7 Vgl. Lester W. Milbrath, Interest Groups and Foreign Policy, in: James N. Rosenau (ed.), Domestic Sources of Foreign Policy, New York 1967, S. 248.
8 Wenn Breitling, Die zentralen..., a.a.O., S. 65ff die formalen Bedingungen für eine Vereinigungsgründung hinter den notwendigen ideellen Voraussetzungen mit guten Gründen zurücktreten läßt, sie aber dennoch für signifikant hält (indem er z.B. eine „eigene Kasse" oder ein „Informationsblatt" als „Merkmale" bezeichnet), so überrascht, daß er überhaupt nicht die Frage der Lokalisierbarkeit von Verbänden berührt. Der eventuelle Einwand, daß Vereinigungen immer lokalisierbar seien, scheint bei einer grundsätzlichen Auseinandersetzung mit dem Thema nicht auszureichen; vgl. hierzu auch ders., Die Verbände..., a.a.O., S. 5f; hier wird zwar die Existenz von Büros erwähnt, nicht aber, daß Verbände Büros haben *müßten*.
9 Z.B. Rudolf Steinberg, Die Interessenverbände in der Verfassungsordnung, in: PVS 14, 1973, Heft 1, S. 27-65, hier S. 37.
10 Z.B. Thomas Ellwein, Die großen Interessenverbände und ihr Einfluß, in: Aus Politik und Zeitgeschichte. Beilage zu: „Das Parlament", B 48/1973, S. 22-38, S. 35; vgl. beispielsweise auch

Breitling, Die Verbände . . ., a.a.O., S. 85.
11 Ellwein, a.a.O., S. 35.
12 Heinz Josef Varain, Einleitung zu: ders. (Hrsg.), Interessenverbände in Deutschland, Köln 1973, S. 11.
13 Hennis, a.a.O., S. 27 meint: „Den Verbänden geht es um den Zugang zum Machthaber, um die Möglichkeit des Immediatvortrages bei der entscheidenden Stelle. Sie wollen ihre Wünsche nicht nur schriftlich äußern dürfen — dieses Recht hat jedermann nach Art. 17 Grundgesetz —, sonders sie wollen persönlich zur Audienz vorgelassen werden."
14 Vgl. Steinberg, a.a.O., S. 29.
15 Heinz Josef Varain, Verbändeeinfluß auf Gesetzgebung, in: ders. (Hrsg.), Interessenverbände . . ., a.a.O., S. 304; vgl. auch Klaus Kröger, Staat und Verbände, in: Aus Politik und Zeitgeschichte. Beilage zu „Das Parlament" B 6/1966, S. 3-13, hier S. 13.
16 Vgl. Ellwein, Die großen . . ., a.a.O., S. 34.
17 Vgl. Peter Bernholz, Einige Bemerkungen zur Theorie des Einflusses der Verbände auf die politische Willensbildung in der Demokratie, in: Varain (Hrsg.), Interessenverbände . . ., a.a.O., S. 339-347, hier S. 339.
18 So Steinberg, a.a.O., S. 27.
19 Außer den schon genannten seien hier nur einige besonders charakteristische Werke genannt: Theodor Eschenburg, Herrschaft der Verbände?, Stuttgart 1955; Klaus von Beyme, Interessengruppen in der Demokratie, München 1969; V.O. Key, Politics, Parties and Pressure Groups, 2. Aufl. New York 1948; Wolfgang Hirsch-Weber, Politik als Interessenkonflikt, Stuttgart 1969; Joseph H. Kaiser, Die Repräsentation organisierter Interessen, Berlin 1956; Carl-Christoph Schweitzer, Interdependenzen der Außen- und Innenpolitik in der US-China-Politik 1949/50, in: PVS Sonderheft 1, 1969, S. 278-298; Karl W. Deutsch/Lewis J. Edinger, Germany Rejoins the Powers, Stanford 1959, Heinz Josef Varain, Parteien und Verbände. Eine Studie über ihren Aufbau, ihre Verflechtung und ihr Wirken in Schleswig-Holstein 1945-1958, Köln/Opladen 1964; Wolfgang Abendroth, Innerparteiliche und innerverbändliche Demokratie als Voraussetzung der politischen Demokratie, in: PVS 5, 1964, Heft 3, S. 307-338; Sidney Verba, Small Groups and Political Behavior. A Study of Leadership, Princeton 1961; Manfred Max Wambach, Verbändestaat und Parteienoligopol. Macht und Ohnmacht der Vertriebenenverbände, Stuttgart 1971.
20 Besonders um eine Abgrenzung bemüht sich Breitling, Die zentralen . . ., a.a.O..
21 Vgl. Ellwein, Die großen . . ., a.a.O., S. 72.
22 Breitling, Die zentralen . . ., a.a.O., S. 72.
23 Z.B. Breitling, Die Verbände . . ., a.a.O., Unterscheidet in „Honoratiorenverbände" und „Funktionärsverbände", „Wirtschaftliche Verbände" und „Politische Verbände".
24 Z.B. Ellwein, Die großen . . ., a.a.O. unterscheidet Vereinigungen 1. im Wirtschafts- und Arbeitssystem; 2. im sozialen Bereich; 3. im Freizeitbereich; 4. im Bereich Kultur, Politik und Religion; 5. in politische und andere Körperschaften des öffentlichen Rechts.
25 Breitling, Die zentralen . . ., a.a.O., S. 67.
26 Vgl. ebenda, S. 47.
27 Vgl. ebenda, S. 67.
28 Vgl. ebenda, S. 72.
29 Daher ja auch der Name: lobby = Vorhalle des Parlaments.
30 Bezeichnend für ein solches Verständnis ist der Titel von Hans-Joachim von Merkatz, Regiert die Lobby? Parlament, Regierung und Interessenverbände, in: Hübner/Oberreuter/Rausch (Hrsg.), Der Bundestag von innen gesehen, München 1969, S. 196-206.
31 Breitling, Die zentralen . . ., a.a.O., S. 55.
32 Key, a.a.O., S. 16 meint: „Most of the larger pressure groups maintain headquarters in Washington staffed by persons whose job is to keep close watch on legislative developments of concern to the group . . .".
33 Hirsch-Weber, a.a.O., S. 211.
34 Vgl. Breitling, Die zentralen . . ., a.a.O., S. 56ff.
35 Hirsch-Weber, a.a.O., meint auf S. 145: „Gewerkschaften und Arbeitgeberverbände heißen Interessengruppen nicht, weil sie Tarifverhandlungen führen, sondern weil sie außerdem die Interessen ihrer Mitglieder . . . im politischen Prozeß vertreten."
36 Key, a.a.O., S. 177.
37 Über die Motivationen bei Verbandsgründungen informiert: Karl Otto Hondrich, Die Ideologie von Interessenverbänden, Berlin 1963, bes. S. 12ff.
38 Zwei Beispiele: Varain, Interessenverbände . . ., a.a.O. und Steinberg, a.a.O..

39 Vgl. Breitling, Die zentralen . . ., a.a.O., S. 65ff.
40 Vgl. Ellwein, Die großen . . ., a.a.O., S. 27 und 31.
41 Vgl. ebenda, S. 28.
42 Vgl. hierzu und zum folgenden: Breitling, Die Verbände . . ., a.a.O., S. 80 ff und Key, a.a.O., S. 180ff.
43 Breitling, Die Verbände . . ., a.a.O. meint auf S. 81 kurz: „Repräsentative Verbände haben freiwillige Mitglieder." Demnach wäre ein „Zwangsverband", dem jemand z.B. aufgrund einer gesetzlichen Verfügung angehören muß, von vornherein kein „repräsentativer Verband"?
44 Vgl. z.B. Horst Föhr, Willensbildung in den Gewerkschaften und Grundgesetz, Berlin 1974.
45 Vgl. z.B. Steinberg, a.a.O., S. 50.
46 Vgl. Abendroth, Innerparteiliche . . ., a.a.O., S. 336; etwas einschränkender Breitling, Die zentralen . . ., a.a.O., S. 72: „Sobald ein Verband öffentlich auftritt und sachpolitische Ziele verfolgt, hat die Öffentlichkeit einen moralischen Anspruch darauf, zu erfahren, . . . wie weit ein Verband repräsentativ ist".
47 Ellwein, Die großen . . ., a.a.O., S. 29.
48 Vgl. ebenda.
49 Vgl. Steinberg, a.a.O., S. 51.
50 Ellwein, a.a.O., S. 30.
51 Vgl. Abendroth, a.a.O., S. 336; zu oligarchischen Tendenzen bei den Gewerkschaften vgl.: Hartmut Schellhoss, Apathie und Legitimation. Das Problem der neuen Gewerkschaft, München 1967, bes. S. 18-25.
52 Vgl. Steinberg, a.a.O., S. 50.
53 Ebenda. S. 51.
54 Ellwein, a.a.O., S. 31 ist der Überzeugung, daß der, der die Mitgliederversammlung eines Verbandes als das „oberste" Organ der Vereinigung bezeichne, damit auch für sie die Richtlinienkompetenz fordere, was zur Scheindemokratie führte. Dagegen meint Breitling, Die Verbände . . ., a.a.O., S. 81, der Mitgliederversammlung die höchsten Rechte einzuräumen sei keineswegs „illusorisch".
55 Key, a.a.O., S. 179.
56 Steinberg, a.a.O., S. 51.
57 Vgl. S. 21ff.
58 Ansprache in: „Bulletin" vom 5.3.1954.
59 „Auch wir können handeln", in: „FAZ" vom 19.3.1954.
60 Schreiben in BA-230.
61 Schreiben ebenda.
62 „Eine Volksbewegung?", in: „Mittelbayerische Zeitung" vom 11.6.1954.
63 Abgedruckt in: „Bulletin" vom 26.2.1954, S. 316.
64 Kosthorst, a.a.O., S. 386 Anm. 27 muß sich verzählt haben. Nach Reden und Dokumente . . ., a.a.O. waren nicht 125 oder 183 Personen in Bad Neuenahr sindern 133. 1957 wurden 142 Personen als dem Bundeskuratorium zugehörig genannt, 1959 waren es 162. Ende 1968 wurden in einer KUD-Aufstellung 352 Personen genannt (alle diesbezüglichen Aufstellungen im Besitz des Verfassers).
65 Arbeitsbericht 1955-1956, S. 3.
66 Briefentwurf (ohne Datum) in KUD-A 1a.
67 Z.B. wurde im Einladungsschreiben nur auf die Ziele des KUD hingewiesen (Schreiben in KUD-A 1a).
68 Erst am 14.6.1954 in Bad Neuenahr gab Kaiser z.B. bekannt, daß man aus rechtlichen Gründen einen Verein habe gründen müssen.
69 Gemeint sind die als juristische Personen eingetragenen Kuratorien.
70 So in einem ersten Arbeitsbericht in KUD-A 1a.
71 Undatierter Briefentwurf in KUD-A 1 (Klammer von mir).
72 Da die Akten der Anfangsphase nirgends berichten, daß etwa auch die Beteiligung von Kommunisten diskutiert worden wäre, kann davon ausgegangen werden, daß Kaiser und seine Freunde keinen Gedanken an eine Beteiligung von extremistischen Gruppierungen verschwendeten.
73 So in einem Arbeitspapier in KUD-A 1.
74 Schreiben in KUD-A 276.
75 Briefwechsel in KUD-A 289.
76 Vgl. Ellwein, Das Regierungssystem . . ., a.a.O.
77 Text in KUD-A 1.
78 Vgl. Protokoll vom 6.3.1954 in KUD-A 1.

79 Vgl. Reden und Dokumente . . ., a.a.O., S. 18.
80 Rede Kaisers im RIAS vom 27.2.1954 in: „Bulletin" vom 5.3.1954.
81 Vgl. Protokoll vom 6.3.1954 in KUD-A 1.
82 Arbeitspapier in KUD-A 1a.
83 Arbeitspapier von 1961 (im Besitz des Verfassers).
84 Z.B. „Unteilbares Deutschland", in: „National Zeitung" vom 21.6.1954.
85 So „Herr Kaiser pfeift vergeblich", in: „Tägliche Rundschau" (Berlin-Ost) vom 16.6.1954.
86 P.W. Wenger, „Gesamtdeutsche Bewegung", in: „Rheinischer Merkur" vom 19.3.1954.
87 Vgl. Reden und Dokumente . . ., a.a.O., S. 50.
88 Kosthorst, a.a.O., S. 59.
89 Vgl. z.B. „Mitteilungen", Oktober 1964 in KUD-A 19.
90 Vgl. z.B. „Mitteilungen", Januar 1965 in KUD-A 19.
91 Vgl. S. 33.
92 Vgl. z.B. Protokoll in Schn-N.
93 Vgl. z.B. „Rundbrief" Nr. 1, Januar/Februar 1960 (dies mag natürlich auch eine Frage des Umfanges der Tagungsberichte gewesen sein, doch scheint dies kein ausreichendes Argument zu sein).
94 Wie es z.B. Sussmann, a.a.O., S. 15 tut.
95 Der Hinweis, daß ja die im KUD an führender Stelle aktiven Personen in aller Regel demokratisch aufgebauten Organisationen entstammten und von daher eine demokratische Legitimation gegeben gewesen sei, hilft bei einer Bewertung der Institution KUD nicht weiter. Im Gegenteil! Er macht den Unterschied zwischen dem KUD und den anderen Organisationen des öffentlichen bundesdeutschen Lebens nur noch deutlicher.
96 Schütz im Interview vom 22.11.1974.
97 Zit. nach 6. Jahrgang 1976, S. 473.
98 Honsálek sagte im Gespräch am 10.5.1976, er selbst habe dem Verlag einmal mitgeteilt, wo er das KUD gerne aufgeführt habe sehen wollen, da der Verlag nicht gewußt habe, wo und wie das KUD einzuordnen gewesen sei.
99 Vgl. Besson, a.a.O., S. 22 (S. 31).
100 Heimpel meinte im Schreiben vom 9.6.1977 an den Verfasser, das KUD sei eher ein „Debattierklub" als eine Art „Nationalbewegung" gewesen.
101 Schütz im Interview vom 22.11.1974: „Hier hatten Jakob Kaiser und ich von Anfang an andere Auffassungen."
102 Reden und Dokumente . . ., a.a.O., S. 16.
103 Vgl. „Rundbrief" Nr. 5, Juli/August 1963, S. 14.
104 Reden und Dokumente . . ., a.a.O., S. 17.
105 Ebenda.
106 Vgl. S. 127f.
107 Schütz im Interview vom 22.11.1974.
108 Vgl. S. 74f.
109 Milbrath, a.a.O., S. 239.
110 Eine ausführliche Darstellung des „Kampfes" um die Saar gibt: Heinrich Schneider, Das Wunder an der Saar. Ein Erfolg politischer Gemeinsamkeit, Stuttgart 1974; vgl. auch Robert H. Schmidt, Saarpolitik 1945-1957. 3 Bände, Berlin 1959, 1960, 1962 sowie: Jacques Freymond, Die Saar 1945-1955, München 1961.
111 Vgl. Reden und Dokumente . . ., a.a.O., S. 11-59.
112 Ausführlich vgl. hierzu: Kosthorst, a.a.O., S. 312ff.
113 Bericht und Ausblick 1955-1956, S. 17.
114 Vgl. Schneider, a.a.O., S. 355.
115 Vgl. hierzu und zum folgenden: „Volksbewegung Unteilbares Deutschland", in: „Neueste Nachrichten" (Saarbrücken) vom 19.10.1955.
116 Vgl. Schneider, a.a.O., S. 457f.
117 Abgedruckt in „Neueste Nachrichten" vom 19.10.1955.
118 Vgl. Bericht und Ausblick (1957), S. 11.
119 Zum Begriff „Oder/Neiße-Gebiete", der hier der Einfachheit halber verwandt wird, vgl.: Herbert Kraus, Der völkerrechtliche Status der deutschen Ostgebiete innerhalb der Reichsgrenzen nach dem Stande vom 31.12.1937, Göttingen 1964, bes. S. 1ff. Mit „Oder/Neiße-Gebieten" sind also diejenigen Territorien gemeint, die nach dem Zweiten Weltkrieg unter polnische Verwaltung gestellt wurden, und die am 31.12.1937 zum Deutschen Reich gehörten.

120 Abgedruckt in: Die Bemühungen . . ., a.a.O., S. 151.
    Einen Überblick über die Problematik der Oder/Neiße-Gebiete aus bundesdeutscher Sicht gibt: Georg Bluhm, Die Oder/Neiße-Linie in der deutschen Außenpolitik, Freiburg 1963.
121 Zitiert nach „Die Deutschlandfrage vor die Vereinten Nationen", in: „FAZ" vom 26.3.1956.
121 So Gradl sehr vorsichtig im Interview vom 3.6.1976.
123 In KUD-A 115.
124 In einzelnen Kuratorien auf Landes- oder Ortsebene wurden durchaus Forderungen nach einer Vereinigung der ehemals deutschen Territorien in den Grenzen von 1937 laut. Hupka meinte im Interview vom 3.5.1976 dazu: „In den Landes-, Kreis- oder Ortskuratorien kam der Standpunkt der Vertriebenen oft deutlicher als auf Bundesebene zum Tragen."
125 In einer Entschließung des Aktionsausschusses vom 11.2.1957 in KUD-A 113.
126 Reden und Dokumente . . ., a.a.O., S. 14.
127 Zur Bevölkerungsentwicklung in den Oder/Neiße-Gebieten vgl.: Hans-Joachim von Koerber, Die Bevölkerung der deutschen Ostgebiete unter polnischer Verwaltung, Berlin 1958; vgl. auch: Alfred Bohmann, Menschen und Grenzen, Band 1: Strukturwandel der deutschen Bevölkerung im polnischen Staats- und Verwaltungsbereich, Köln 1969.
128 Lt. Statistisches Jahrbuch für die Bundesrepublik Deutschland, hrsgg. vom Statistischen Bundesamt, Stuttgart/Mainz 1975. Danach verlief die DDR-Bevölkerungsentwicklung wie folgt (in 1.000): 1954: 18.002; 1955: 17.832; 1956: 17.604.
129 Das in den sechziger Jahren verteilte Plakat (auch als Handzettel), auf dem das ehemalige Deutsche Reich in drei Teile aufgeteilt zu sehen und das mit der Überschrift „Dreigeteilt-Niemals" versehen war, stammte, entgegen einer weit verbreiteten Auffassung, *nicht* von KUD, sondern von den Vertriebenenverbänden. Selbst Politiker, wie z.B. Egon Bahr, waren der Auffassung, daß diese Plakate vom KUD initiiert und verbreitet würden (vgl. Aktennotiz von Schütz aus dem Jahre 1964 in KUD-A 258).
130 Einige KUD-Plakate und -Handzettel werden im Koblenzer Bundesarchiv aufbewahrt.
131 Z.B. im „Rundbrief" Nr. 2, März/April 1960, S. 9.
132 „Rundbrief" Nr. 13, Mai 1969, S. 6.
133 Bei einer Umfrage im Jahre 1959 hatten sich nur noch 67% der Befragten gegen ein „Abfinden" mit der „jetzigen deutsch-polnischen Grenze" ausgesprochen; 12% waren für „abfinden" und 21% waren unentschieden (vgl. Noelle/Neumann, Jahrbuch 1958-1964, a.a.O., S. 505).
134 Im „Rundbrief" Nr. 16, November/Dezember 1959, S. 5.
135 Als auf der Berliner Jahrestagung von 1958 unter „Wiedervereinigung" die Wiederherstellung in den Grenzen von 1937 verstanden werden sollte, blieb dies im Publikum ohne Echo. Ein Augenzeuge berichtete: „Der Beifallsversuch eines einzelnen scheiterte an der Echolosigkeit des Auditoriums". („Einig im Kuratorium", in: „Christ und Welt" vom 2.10.1958).
136 Text der Rede in: „Rundbrief" Nr. 6, September/Oktober 1962, S. 4.
137 Vgl. Dokumente zur Deutschlandpolitik IV, 7 (1961), S. 643.
138 Vgl. Dokumente zur Deutschlandpolitik IV, 7 (1961), S. 862f.
139 Zit. nach: Tudyka, a.a.O., S. 191.
140 Vgl. „Diskussion um die EKD-Denkschrift", in: „Süddeutsche Zeitung" vom 19.10.1965.
141 Schreiben an Scharf vom 18.10.1965 in KUD-A 111.
142 Vgl. „Um Verständigung bemüht", in: „Telegraf" vom 9.3.1966.
143 Vgl. Protokoll der Ausschußsitzung vom 28.3.1966 in KUD-A 287, S. 18ff.
144 Vgl. ebenda, S. 37.
145 Vgl. ebenda, S. 20.
146 Vgl. ebenda, S. 26f.
147 Vgl. z.B. „Motor", in: „Neue Rhein Zeitung" vom 20.1.1955.
148 Vgl. Besson, a.a.O., S. 289 (S. 269).
149 Zur Entwicklung Berlins und dessen Probleme vgl. z.B.: Dieter Mahncke, Berlin im geteilten Deutschland, München 1973; Ferdinand Matthey, Entwicklung der Berlin-Frage (1944-1971), Berlin/New York 1972; über die ersten Nachkriegsjahre berichtet: Ferdinand Friedensburg, Es ging um Deutschlands Einheit, Berlin 1971; vgl. auch: Kurt L. Shell, Bedrohung und Bewährung. Führung und Bevölkerung in der Berlin-Krise, Köln/Opladen 1965.
150 Bericht und Ausblick (1957), S. 14.
151 Vgl. „Schlüssel zum Frieden", in: „Telegraf" vom 21.4.1955.
152 Otto Ziebill schrieb am 12.3.1976 dem Verfasser über die Motive seines KUD-Engagements: „Hinzu kam, daß ich in Ost- und Westpreußen aufgewachsen bin und viele Beziehungen zu

Berlin hatte."
153 Vgl. „Zweiter Sitz in Berlin", in: „Telegraf" vom 15.9.1956.
154 Vgl. „Rundbrief" Nr. 4, November 1956, o.S..
155 Vgl. KUD-Briefkopf.
156 Vgl. Bericht und Ausblick (1957), S. 13.
157 Vgl. „Rundbrief" Nr. 1, Juni 1956, o.S..
158 Vgl. Bericht und Ausblick (1957), S. 13.
159 „Rundbrief" Nr. 1, Juni 1956, o.S..
160 Bericht und Ausblick (1957), S. 13.
161 Vgl. Mahncke, Berlin . . ., a.a.O., S. 69.
162 Text in: „Rundbrief" Nr. 4, November 1956, o.S..
163 Vgl. „Rundbrief" Nr. 5, Januar 1957, o.S..
164 Vgl. Mahncke, Berlin . . ., a.a.O., S. 69; ebenso begrüßte der Berliner Senat die Initiative Bucerius' und des KUD (vgl. „Berlin gibt nicht nach", in: „Telegraf" vom 14.6.1956).
165 Text bei: Matthey, a.a.O., S. 84ff.
166 Mahncke, Berlin . . ., a.a.O., S. 71.
167 „Rundbrief" Nr. 6. März 1957, o.S..
168 Die Berliner Niederlassung des KUD ist nicht identisch mit dem erst 1958 gegründeten KUD-Landeskuratorium. Das Landeskuratorium Berlin erledigte seine Aufgaben ebenso selbständig, wie die anderen Landeskuratorien im Bundesgebiet. Dagegen war die Berliner KUD-Nebenstelle (auch „Organisationsbüro Berlin") den Weisungen der Bonner KUD-Geschäftsstelle unmittelbar unterstellt.
169 Vgl. „Mit Rat und Tat auf dem Berliner Vorposten", in: „Das Parlament" vom 14.6.1961.
170 So Siegfried Radlach, seit 1958 Leiter des Berliner KUD-Büros, in einem Gespräch am 4.11.1976.
171 Radlach im Gespräch vom 4.11.1976.
172 „Mit Rat . . ." (vgl. Anm. V, 169).
173 Vgl. hierzu z.B. Schick, a.a.O..
174 Vgl. hierzu und zum folgenden „Ein umstrittener Plan", in: „Telegraf" vom 22.1.1959.
175 Ebenda.
176 Lt. Aktennotiz von Schütz vom 19.1.1959 in KUD-A 261.
177 „Ein umstrittener . . ." (vgl. Anm. V, 174).
178 Hermann Höcherl berichtete Schütz später, daß sein Plan „zu einer wilden Auseinandersetzung" in der CDU/CSU-Bundestagsfraktion geführt habe (lt. Aktennotiz vom 11.2.1960 in KUD-A 294).
179 Presseerklärung abgedruckt in: Dokumente zur Deutschlandpolitik IV, 1 (1958/59), S. 659ff.
180 Die zur Erläuterung des Planes angefertigte Landkarte in KUD-A 91.
181 Rede Gaitskells in: Dokumente zur Deutschlandpolitik IV, 1 (1958/59), S. 916ff, hier S. 918.
182 Gemeint war die Konferenz, die vom 11.5.-5.8.1959 in Genf stattfand, und an der Vertreter beider deutschen Staaten, am „Katzentisch" sitzend, teilnahmen.
183 Schreiben vom 27.1.1959 in KUD-A 261.
184 Text in: Dokumente zur Berlin-Frage . . ., a.a.O., S. 503ff; vgl. auch: Mahncke, Berlin . . ., a.a.O., S. 197ff.
185 Vgl. Aktennotiz vom 12.6.1962 in KUD-A 294.
186 Vgl. z.B. Aktennotiz vom 24.10.1962 über ein Gespräch mit dem Jugoslawischen Botschaftsrat in KUD-A 91.
187 Vgl. „Frei von Zonenwillkür", in: „Telegraf" vom 14.11.1962. Die KUD-Delegation, die 1962 die erste Beschwerde bei der UNO überbrachte, war anschließend auch von Dean Rusk empfangen worden.
188 Vgl. Mahncke, Berlin . . ., a.a.O., S. 199.
189 Vgl. z.B. „Rundbrief" Nr. 1, Januar/Februar 1962, S. 13.
190 Vgl. „17 Empfehlungen für Berlin" in Sch-N.
191 So wurde das Berliner KUD-Büro teilweise vom Senat finanziert.
192 So wurde in einem Flugblatt mit dem Titel „Politischer Feldzug", das am 16.8.1961 an alle KUD-Organisationen gesandt worden war, vorgeschlagen („als jetzt notwendige Schritte"). U.a. wurde gefordert, eine Volksabstimmung in der Bundesrepublik „stellvertretend" für ganz Deutschland durchzuführen, ein „Weißbuch" über die Mauer zu erstellen, usw..
193 Aktennotiz vom 7.12.1961 in KUD-A 294.
194 Manuskript in KUD-A 163.
195 Literatur bezüglich der „Deutschen Frage" bzw. der Wiedervereinigung existiert in großer

Zahl. Neben den schon erwähnten seien hier noch zwei interessante Studien genannt: Hans Apel, Spaltung. Deutschland zwischen Vernunft und Wiedervereinigung, Berlin 1966 und Rudolf Schuster, Deutschlands staatliche Existenz im Widerstreit, politische und rechtliche Gesichtspunkte 1945-1963, München 1963.
196 Bei den verschiedenen einschlägigen Formulierungen kam dem KUD (wie auch der Bundesregierung) ein semantischer Umstand zu Hilfe: Allenthalben wurde davon gesprochen, daß ein „geteiltes" Deutschland keine dauerhafte europäische Friedensordnung zuließe oder daß man die „Teilung" Deutschlands nicht akzeptieren könne. Seitens des KUD vermied man, von zwei oder drei Teilen Deutschlands zu sprechen, die es zu vereinigen gelte. Erst 1960 machte Schütz deutlich, was man im KUD unter „geteilt" verstand. In einer Rede am 12.3.1960, anläßlich der „Hochschulwochen für staatswissenschaftliche Fortbildung" in Bad Nauheim (als Sonderdruck erschienen), sprach Schütz im Zusammenhang mit der DDR von *einem* westlichen, freien Teil und *einem* anderen Teil unter sowjetischer Besatzung.
197 Darauf wird unzweideutig z.B. im Weißbuch von 1966 (Die Bemühungen..., a.a.O.) hingewiesen. Unter „Grundlagen der Wiedervereinigungspolitik" (S. 9f) wird ausschließlich auf das Gebiet der DDR Bezug genommen.
   Auch der „Forschungsbeirat für die Fragen der Wiedervereinigung" wurde deswegen gebildet, um alle Maßnahmen zu planen, „die nach einer Wiedervereinigung Westdeutschlands mit der sowjetischen Besatzungszone getroffen werden müßten." (Tätigkeitsbericht des Beirats für 1951, zitiert nach Rüß, a.a.O., S. 94).
198 Resolution in: „Rundbrief" Nr. 4, November 1956, o.S..
199 Manuskript der Rede in BA-212.
200 Vgl. „Volksbewegung für die Einheit", in: „Telegraf" vom 30.10.1957.
201 Zitiert nach „Der Mahnruf: Immer daran denken", in: „Die Welt" vom 29.9.1958.
202 Leitsätze im Anhang wiedergegeben.
203 Entschließung in: „Rundbrief" Nr. 4, November 1956, o.S.; zum Begriff „Selbstbestimmung" vgl.: Dietrich Gunst, Deutschland-Politik zwischen Macht und Recht, Mainz 1974, S. 88ff.
204 Vgl. „Rundbrief"-Sondernummer, Mai 1958; vgl. auch: „Selbstbestimmung als neue Parole", in: „Der Bund" (Bern) vom 4.4.1960.
205 Schon in dem Aufruf vor der Aktion „Macht das Tor auf" hatte man das „heilige Recht auf Selbstbestimmung" gefordert (vgl. „Rundbrief" Nr. 12, Dezember 1958).
206 Kurt Rabl, Das Selbstbestimmungsrecht der Völker. Geschichtliche Grundlagen. Umriß der gegenwärtigen Bedeutung. Ein Versuch, zweite Aufl. Köln/Wien 1973, S. 1f.
207 Das Institut sollte der Berliner Freien Universität angegliedert werden (vgl. „Neue Initiativen nötig", in: „Telegraf" vom 19.4.1963).
208 Vgl. „Kommissar für Menschenrechte", in: „Telegraf" vom 30.12.1964.
209 Vgl. Dokumente zur Deutschlandpolitik IV, 1 (1958/59) S. 1219ff.
210 Vgl. S. 119f.
211 Mehrere Entwürfe zu dem Plan befinden sich in KUD-A 261; der Stufenplan vom 20.2.1959 befindet sich in KUD-A 253.
212 Vgl. Soell, Fritz Erler..., a.a.O., S. 360ff und S. 375ff.
213 Ebenda, S. 382.
214 Ebenda.
215 Soell, ebenda, S. 383, meint, daß beim „Herter-Plan" diese Verknüpfung „unmittelbarer" gewesen sei, als beim „Deutschlandplan".
216 „Rundbrief" Nr. 7, Dezember/Januar 1961/62, S. 4.
217 Zitiert nach: „Wer nicht an Wunder glaubt, der ist kein Realist", in: „Stuttgarter Zeitung" vom 14.11.1961.
218 So Noack, Deutsche Außenpolitik..., a.a.O., S. 159.
219 „Rundbrief" Nr. 7, Oktober/November 1962, S. 2f.
220 Sonderbeilage zum „Rundbrief" Nr. 1, Januar/Februar 1963 (Klammer von mir).
221 Ebenda.
222 Vgl. „Politik" Nr. 2/1965, S. 67ff.
223 Vgl. hierzu auch: „Offensive Deutschland-Politik", in: „Der Tagesspiegel" vom 6.12.1964.
224 Vgl. Peter Bender, Offensive Entspannung. Möglichkeit für Deutschland, Köln/Berlin 1964, bes. S. 109ff.
225 Ebenda, S. 124.
226 Auf der KUD-Jahrestagung 1965 zeigte sich, daß auch die KUD-„Basis" dem „neuen Stil" der KUD-Spitze zustimmte. So meinte ein Berichterstatter: „Die Mehrzahl der rund 1500 Delegierten in der Kongreßhalle akzeptierten die freimütigen Thesen mit spontanem, begei-

stertem Beifall und demonstrieten allein dadurch den bemerkenswerten Wandel, den vor allem dank der entschlossenen Initiative von Schütz das Kuratorium in jüngster Zeit genommen hat." („Die Jahrestagung des Kuratoriums Unteilbares Deutschland", in: „Frankfurter Rundschau" vom 13.12.1965).
227 Schütz, Reform . . . , a.a.O., S. 235.
228 Am 7.7.1967 erhielt der KUD-Referent G. Honsálek einen Anruf von Wehners Stieftochter, Greta Burmester, die mitteilte, daß Wehner mit der Schützschen Denkschrift einverstanden sei (diesbezügliche Aktennotiz in KUD-A 254).
229 Vgl. hierzu und zum folgenden: Schütz, Was ist Deutschland? . . . a.a.O.
230 Zit. nach: Auswärtiges Amt, Die Auswärtige . . . , a.a.O., S. 702.
231 End, Zweimal . . . , a.a.O., S. 58.
232 „Am Telefon: Dr. Wilhelm Wolfgang Schütz", in: „Welt der Arbeit" vom 5.5.1972.
233 Pressemitteilung in KUD-A 389.

Anmerkungen zur Zusammenfassung

1 Vgl. Windsor, Deutschland gegen Deutschland . . . , a.a.O., S. 27ff.
2 Vgl. Besson, a.a.O., S. 451 (S. 421); Erdmenger, Das folgenschwere . . . , a.a.O., S. 137ff ist der Meinung, daß auf jeden Fall bis 1949, vielleicht auch bis 1953/54 eine Wiedervereinigung, wenigstens unter Berücksichtigung der sowjetischen Politik, möglich gewesen wäre.
3 Vgl. hierzu: Curt Gasteyger, Die beiden deutschen Staaten in der Weltpolitik, München 1976, bes. S. 15ff.
4 Waldemar Besson, Prinzipienfragen der westdeutschen Außenpolitik, in: Gilbert Ziebura (Hrsg.), Grundfragen der deutschen Außenpolitik seit 1871, Darmstadt 1975, S. 417-441, meint: „. . . der Provisoriumsvorbehalt stand von vornherein dem Willen zur Konsolidierung der Bundesrepublik entgegen, der sich als die starke Kraft erwies . . . Der westdeutsche Staat folgte . . . nur konsequent der ihm innewohnenden Räson, seinem ‚national interest'" (S. 422f).
5 So heißt es bei: Adenauer, Erinnerungen 1953-1955 . . . , a.a.O., S. 17: „Wir wünschten und wünschen sehnlichst, mit unseren Landsleuten in der Sowjetzone wiedervereinigt zu werden. Es mußte und muß aber unbedingt die Gewähr dafür gegeben werden, daß das politische Leben eines wiedervereinigten Deutschland zur Entfaltung kommen und nicht von Anfang an durch Einstreuung undemokratischer Elemente korrumpiert werde. Die Politik der Bundesregierung ging und geht mit aller Kraft darauf aus, die Einheit Deutschlands wiederherzustellen."
6 Besson, Prinzipienfragen . . . , a.a.O., S. 423.
7 Erdmenger, Das folgenschwere . . . , a.a.O., S. 163f.
8 Vgl. z.B.: Adenauer, Erinnerungen 1953-1955 . . . , a.a.O., S. 55: „Wir wollten die Integration Europas. Nur durch sie konnte der Frieden auf die Dauer gerettet werden. Auf diesem Wege würden wir auch zur Wiederherstellung der Einheit Deutschlands kommen. Nur durch den festen Einbau der Bundesrepublik in das westliche Bündnissystem konnten wir eine tätige Unterstützung in der Wiedervereinigungspolitik erreichen . . . Der Frieden würde nicht gerettet werden durch Blindheit und Unentschlossenheit, sondern nur durch eine klare und entschlossene Politik. Wir durften uns in der Verfolgung unserer Politik durch Taktiken der Sowjetunion und der Zone nicht beirren lassen." Vgl. auch: Gasteyger, a.a.O., S. 45ff.
9 Vgl. Erdmenger, a.a.O., S. 164.
10 Selbst das einzige Mal, als eine solche Gruppierung, die NPD, kurzfristig aus dem politischen Abseits heraustrat und in einigen Landtagen vertreten war, war dies keinesfalls etwa auf die ungelöste „Deutsche Frage" zurückzuführen, sondern die Wahlerfolge der NPD in den sechziger Jahren hatten ganz andere Gründe (vgl. Lutz Niethammer, Angepaßter Faschismus. Politische Praxis der NPD, Frankfurt/M. 1969).
11 Gasteyger, a.a.O., S. 15 spricht von „staats- und völkerrechtlichen Feinheiten".
12 Friedrich Schäfer, Der Bundestag . . . , a.a.O., S. 97 meint: „So versteht sich die Aufgabe des Ältestenrates: Er soll zur Unterstützung des Präsidenten die oft widerstreitenden Vorschläge der Fraktionen zur Bewältigung der sich dem Bundestag konkret stellenden Aufgaben lenken und koordinieren . . . Dabei kann er seinerseits nur Vorschläge machen und intern zu einer Einigung kommen. Es wäre seinem Wesen fremd, wenn er Sachentscheidungen präjudizieren wollte."

13 Vor allem Frankreich war an einer Wiedervereinigung nicht interessiert; vgl. z.B. Besson, a.a.O., S. 223ff (S. 208ff) und Ziebura, Die deutsch-französischen Beziehungen..., a.a.O., und vgl. auch: Windsor, a.a.O., S. 114ff.
14 Besson, Prinzipienfragen..., a.a.O., S. 423.

Quellen- und Literaturverzeichnis

A Quellen

1. Akten

Akten der Bonner Geschäftsstelle des KUD (KUD-A).
Akten der Geschäftsstelle des Landeskuratoriums Hessen, Frankfurt/M. (HA-).
Akten der Geschäftsstelle des DST, Köln (Dir.-).
Nachlaß von Arno Scholz, gelagert im Archiv der Sozialen Demokratie, Bonn (Sch-N).
Nachlaß von Jakob Kaiser, gelagert im Bundesarchiv, Koblenz (BA-).

2. Interviews und Informationsgespräche, schriftliche Auskünfte

a) Interviews und zitierte Informationsgespräche

Cramer, Dettmar Leiter des Bonner RIAS-Büros, 23.3.1976.
Dellingshausen, Ewert Freiherr von, ehemaliger Referatsleiter im BMG, 9.1.1975.
Gradl, Johann Baptist, MdB und KUD-Mitinitiator, 3.6.1976.
Hofmann, Anne, KUD-Referentin (Büroleiterin), 4.5.1976.
Honsálek, Gerd, KUD-Referent seit 1955, 10.5.1976.
Hupka, Herbert, MdB und ehemaliger KUD-Referent, sowie Vorstandsmitglied des BdV, 3.5.1976 und 4.6.1976.
Kitlas, Erich, ehemaliger KUD-Referent, 5.5.1976.
Louisenthal, Ursula von und
Massow, Detlef von, beide Geschäftsführer des Landeskuratoriums Hessen, 16.11.1976.
Majonica, Ernst, ehemaliger Vorsitzender des Arbeitskreises Deutschland- und Außenpolitik der CDU/CSU-Bundestagsfraktion, 10.2.1976.
Radlach, Siegfried, Leiter des Berliner KUD-Büros, 4.11.1976.
Schäfer, Hans-Joachim, Beigeordneter des DST, 4.4.1976.
Schollwer, Wolfgang, ehemaliger Referent beim FDP-Bundesvorstand für Deutschland- und Außenpolitik, 7.1.1976 und 8.6.1976.
Schütz, Wilhelm Wolfgang, Mitinitiator des KUD und langjähriger Geschäftsführender Vorsitzender, 22.11.1974.
Thedieck, Franz, Staatssekretär im BMG a.D., 10.11.1975, 27.4.1976 und 25.5.1976.
Totte, Günter, Geschäftsführer des Landeskuratoriums Baden-Württemberg und KUD-Referent, 11.11.1975, 26.5.1976 und 22.11.1976.
Veltheim, Adelheid von, ehemalige KUD-Referentin, 10.5.1976.

b) Schriftliche Auskünfte

Barzel, Rainer, MdB, 5.4.1976.
Bundesvereinigung der Deutschen Arbeitgeberverbände (AZ: I-Krü/Bi), 23.12.1975.
CDU-Bundesgeschäftsstelle, 15.12.1975.
Daume, Willi, ehemaliger Präsident des DSB, 26.1.1976.
Deutsche Angestellten-Gewerkschaft, Bundesvorstand (AZ: II/me), 18.12.1975.
Eckardt, Felix von, Staatssekretär a.D., 14.4.1976.
Gerstenmaier, Eugen, Bundestagspräsident a.D., 6.4.1976
Heimpel, Hermann, Historiker, 9.6.1977.
Höcherl, Hermann, Bundesminister a.D., 31.5.1977.
Leverenz, Bernhard, Mitglied des KUD-Präsidiums, April 1976.
Schütz, Wilhelm Wolfgang (an Prof. H.-A. Jacobsen), 30.10.1978.
Ziebill, Otto, ehemaliger Hauptgeschäftsführer des DST, 12.3.1976.

3. Dokumentationen

Auswärtiges Amt (Hrsg.), Die Bemühungen der deutschen Regierung und ihrer Verbündeten um die Einheit Deutschlands 1955-1966 (Weißbuch), Bonn 1966.
dass. (Hrsg.), Die Auswärtige Politik der Bundesrepublik Deutschland, Köln 1972.
Bundesministerium für gesamtdeutsche Fragen (Hrsg.), Die Bemühungen der Bundesrepublik um Wiederherstellung der Einheit Deutschlands durch gesamtdeutsche Wahlen, Teil I - III, Bonn-Berlin 1958-1961.
dass./innerdeutsche Beziehungen (Hrsg.), Dokumente zur Deutschlandpolitik, Reihe I und II (teilweise erschienen), III und IV, Frankfurt/M. 1959-1977.
dass; (Hrsg), Texte zur Deutschlandpolitik, Band 1 und 2, Kassel 1968.
Bundesministerium für innerdeutsche Beziehungen (Hrsg.), Bericht der Bundesregierung und Materialien zur Lage der Nation 1972, Bonn 1972.
dass. (Hrsg.), Die Entwicklung der Beziehungen zwischen der Bundesrepublik Deutschland und der Deutschen Demokratischen Republik, Melsungen 1973.
Dokumente zur Berlin-Frage 1944-1966, hrsg. vom Forschungsinstitut der Deutschen Gesellschaft für Auswärtige Politik, 3. Aufl. München 1967.
Deutscher Bundestag, 6. Wahlperiode, Materialien zum Bericht zur Lage der Nation 1971, Drucksache VI/1690 Bonn 1971.
Deutscher Bundestag, 7. Wahlperiode, Unterrichtung durch die Bundesregierung. Materialien zum Bericht zur Lage der Nation 1974, Drucksache 7/2423, Bonn 1974.
Flechtheim, Ossip K. (Hrsg.), Dokumente zur parteipolitischen Entwicklung in Deutschland seit 1945. Bd. 3: Programmatik der deutschen Parteien, zweiter Teil, Berlin 1963.
Hirsch, Kurt (Hrsg.), Deutschlandpläne. Dokumente und Materialien zur deutschen Frage, Gütersloh/München 1967.
Jacobsen, Hans-Adolf (Hrsg.), Mißtrauische Nachbarn. Deutsche Ostpolitik 1919/70. Dokumentation und Analyse, Düsseldorf 1970.
ders./Stenzel, Otto (Hrsg.), Deutschland und die Welt. Zur Außenpolitik der Bundesregierung 1949-1963, München 1964.
ders./Mallmann, Wolfgang/Meier, Christian (Hrsg.), Sicherheit und Zusammenarbeit in Europa (KSZE). Analyse und Dokumentation, Köln 1973.
Jäckel, Eberhard (Hrsg.), Die deutsche Frage 1952-1956. Notenwechsel und Konferenzdokumente der vier Mächte, Frankfurt/M. 1957.
Meissner, Boris, Rußland, die Westmächte und Deutschland. Die sowjetische Deutschlandpolitik 1943-1953, Hamburg 1953.
ders. (Hrsg.), Die deutsche Ostpolitik 1961-1970. Kontinuität und Wandel. Dokumentation, Köln 1970.
ders. (Hrsg.), Moskau – Bonn. Die Beziehungen zwischen der Sowjetunion und der Bundesrepublik Deutschland 1955-1973. Dokumentation, 2 Bände, Köln 1975.
Mommsen, Wilhelm (Hrsg.), Deutsche Parteiprogramme, München 1960.
Münch, Ingo von (Hrsg.), Dokumente des geteilten Deutschland. 2 Bände, Stuttgart 1968 und 1975.
Noelle, Elisabeth/Neumann, Erich Peter (Hrsg.), Jahrbuch der öffentlichen Meinung, 1947-1955, 1958-1964, 1965-1967, 1968-1973, Allensbach/Bonn 1956, 1965, 1967, 1974.
Schmitt, Franz (Hrsg.), Deutschland- und Ostpolitik im Deutschen Bundestag, 3 Bände, Bonn 1973.
Schubert, Klaus von (Hrsg.), Sicherheitspolitik der Bundesrepublik Deutschland. Dokumentation 1945-1977. Teil 1, Köln 1978.
Siegler, Heinrich (Zus.), Dokumentation zur Deutschlandfrage. Band 1-4, Bonn usw. 1961, 1966, 1970.
ders., Wiedervereinigung und Sicherheit Deutschlands. Eine dokumentarische Diskussionsgrundlage. Bd. I: 1944-1963, 6. Aufl. Bonn 1967; Bd. II: 1964-1967, Bonn 1968.
Tudyka, Kurt P., Das geteilte Deutschland. Eine Dokumentation der Meinungen, Stuttgart usw. 1965.

4. Sonstige Quellen

Bulletin der Bundesregierung, hrsg. vom Presse- und Informationsamt der Bundesregierung.
Bundeshaushaltsplan der Bundesregierung (1974/75/76/77).
Germany Indivisible (ed.), Report: 1954-1961, Berlin-Bonn o.J. (1961).
Kuratorium Unteilbares Deutschland (Hrsg.), Bericht und Ausblick 1955-1956, o.O. und o.J. (1956).

dass. (Hrsg.), Bericht und Ausblick, o.O. und o.J. (1957).
dass. (Hrsg.), Berlin 13. August 1961, Köln o.J. (1962).
dass. (Hrsg.), Jahrestagung 1970. Referate und Berichte, Berlin-Bonn 1971.
dass. (Hrsg.), Namensliste der Mitglieder des Bundeskuratoriums, der Landes-, Kreis- und Ortskuratorien und der Arbeitskreise, o.O., (Bonn) 1957.
dass. (Hrsg.), Namensverzeichnis der Mitglieder der Landes-, Kreis-, Amtskuratorien und der Arbeitskreise o.O., (Bonn) 1958.
dass. (Hrsg.), Nation und Gesellschaft, Berlin-Bonn o.J. (1968).
dass. (Hrsg.), Paul Löbe, o.O. und o.J. (1967).
dass. (Hrsg.), Politik, Vierteljahresschrift des Unteilbaren Deutschland (Erscheinen eingestellt).
dass. (Hrsg.), Tag der deutschen Einheit. Reformvorschläge, Berlin-Bonn 1967.
dass. (Hrsg.), Texte der Freiheit, Bonn, o.J.,
dass. (Hrsg.), Unteilbares Deutschland – Bericht und Aufgabe, Berlin-Bonn 1963.
dass. (Hrsg.), Unteilbares Deutschland. Ein Rechenschaftsbericht 1954-1960. Köln o.J. (1960).
dass. (Hrsg.), Unteilbares Deutschland *(Rundbrief)*, Bonn (Erscheinen eingestellt).
Nöbel, Wilhelm, Deutschland-Dialog. Eine synoptische Darstellung, Berlin – Bonn 1970.
ders., Deutschland-Memorandum und Deutschland-Politik. Eine synoptische Darstellung, Berlin – Bonn 1968.
O. V., Unteilbares Deutschland. Die Konstituierung der Volksbewegung für die Wiedervereinigung. *Reden und Dokumente.* Juni/Juli 1954, o.O. und o.J.
O. V., Unteilbares Deutschland Berlin-Bonn. Mitglieder des Bundeskuratoriums, o.O. (Bonn) 1959.
O. V., Unteilbares Deutschland Berlin-Bonn (Arbeitsweise, Aufgaben und Aufbau), Bonn 1958.
Prüfungsberichte der Deutschen Treuhand AG, Berlin.
Prüfungsberichte des Wirtschaftsprüfers C. Haacke, Bonn-Bad Godesberg.
Statistisches Jahrbuch für die Bundesrepublik Deutschland, 1959 und 1975.
Unteilbares Deutschland, Landeskuratorium Hamburg (Hrsg.), Arbeitsbericht 1964/65, Hamburg 1965.
dass. (Hrsg.), Arbeitsbericht 1966/68, Hamburg 1968.
Unteilbares Deutschland, Landeskuratorium Hessen (Hrsg.), Unteilbares Deutschland. Landeskuratorium Hessen 1959-1964. Ein Bericht, Frankfurt/M. 1964.

B Literatur

1. Monographien und Beiträge zu Sammelwerken

Adam Alfred, Das Bundesministerium für innerdeutsche Beziehungen, Bonn 1971.
Adenauer, Konrad, Erinnerungen 1945-1953 (I), 1953-1955 (II), 1955-1959 (III), 1959-1963 (IV), Stuttgart 1965, 1966, 1967, 1968.
Akademie der Wissenschaften der DDR, Zentralinstitut für Geschichte (Hrsg.), DDR Werden und Wachsen. Zur Geschichte der Deutschen Demokratischen Republik, Berlin (Ost) 1974.
Albertz, Heinrich/Goldschmidt, Dietrich (Hrsg.), Konsequenzen, Thesen, Analysen. Dokumente zur Deutschlandpolitik, Reinbek 1969.
Alemann, Ulrich von/Forndran, Erhard, Methodik der Politikwissenschaft. Eine Einführung in Arbeitstechnik und Forschungspraxis, Stuttgart 1974.
Allemann, Fritz René, Zwischen Stabilität und Krise. Etappen der deutschen Politik 1955-1963, München 1963.
Altmann, Rüdiger, Das deutsche Risiko: Außenpolitische Perspektiven, Stuttgart 1962.
Ashkenasi, Abraham, Reformpartei und Außenpolitik. Die Außenpolitik der SPD Berlin – Bonn, Köln/Opladen 1968.
Arndt, Claus, Die Verträge von Moskau und Warschau. Politische, verfassungsrechtliche und völkerrechtliche Aspekte, Bonn 1973.
Apel, Hans, Spaltung. Deutschland zwischen Vernunft und Wiedervereinigung, Berlin 1966.
Axen, Hermann, Zur Entwicklung der sozialistischen Nation in der DDR, Berlin (Ost) 1973.
Badstübner, Rolf, Die Spaltung Deutschlands, Berlin (Ost) 1966.
Bamberger Kreis (Hrsg.), Deutschland, Polen und der Deutsche Osten, o.O., o.J. (1974).
Bandulet, Bruno, Adenauer zwischen West und Ost. Alternativen der Deutschen Außenpolitik, München 1970.
Baring, Arnulf, Außenpolitik in Adenauers kanzlerdemokratie. Bonns Beitrag zur Europäischen

Verteidigungsgemeinschaft, München/Wien 1969.
ders., Außenpolitik in Adenauers Kanzlerdemokratie. Westdeutsche Innenpolitik im Zeichen der Europäischen Verteidigungsgemeinschaft, 2 Bände, München 1971 (dtv-TB 4065/66).
ders., Der 17. Juni 1953, 3. Aufl. Köln/Berlin 1966.
Barth, Herbert, Bonner Ostpolitik gegen Frieden und Sicherheit, Berlin (Ost) 1968.
Bender, Peter, Offensive Entspannung. Möglichkeit für Deutschland, Köln/Berlin 1964.
ders., Die Ostpolitik Willy Brandts oder die Kunst des Selbstverständlichen, Hamburg 1972.
ders., Zehn Grände für die Anerkennung der DDR, Frankfurt/M., 1968.
Bernholz, Peter, Einige Bemerkungen zur Theorie des Einflusses der Verbände auf die politische Willensbildung in der Demokratie, in: Heinz Varain (Hrsg.) Interessenverbände in Deutschland, Köln 1973, S. 339-347.
Besson, Waldemar, Die Außenpolitik der Bundesrepublik. Erfahrungen und Maßstäbe, München 1970 (auch erschienen als Ullstein-TB 2982, Frankfurt/M 1973).
ders., Prinzipienfragen der westdeutschen Außenpolitik, in: Gilbert Ziebura (Hrsg.) Grundfragen der deutschen Außenpolitik seit 1871, Darmstadt 1975, S. 417-441.
Beyme, Klaus von, Interessengruppen in der Demokratie, 4. Aufl. München 1974.
ders., Die politische Elite in der Bundesrepublik Deutschland, München 1971.
Birnbaum, Immanuel, Entzweite Nachbarn. Deutsche Politik in Osteuropa, Frankfurt/M. 1968.
Bluhm, Georg, Die Oder-Neiße-Linie in der deutschen Außenpolitik, Freiburg 1963.
Böhret, Carl, Entscheidungshilfen für die Regierung, Köln/Opladen 1970.
Bohmann, Alfred, Menschen und Grenzen, Band 1: Strukturwandel der deutschen Bevölkerung im polnischen Staats- und Verwaltungsbereich, Köln 1969.
Bosch, Clemens, Der Wandel der offiziellen sowjetzonalen Stellung zur deutschen Frage und das heutige Selbstverständnis der „DDR", jur. diss. Würzburg 1965.
Boveri, Margret, Die Deutschen und der Status quo, München 1974.
Bracher, Karl Dietrich, Die Kanzlerdemokratie, in: Richard Löwenthal/Hans-Peter Schwarz (Hrsg.), Die zweite Republik. 25 Jahre Bundesrepublik Deutschland – eine Bilanz, Stuttgart 1974, S. 179-202.
ders., Kritische Betrachtungen über den Primat der Außenpolitik, in: Gerhard Ritter/Gilbert Ziebura (Hrsg.), Faktoren der politischen Entscheidung. Festgabe für Ernst Fraenkel zum 65. Geburtstag, Berlin 1968, S. 115-148.
ders., (Hrsg.), Nach 25 Jahren. Eine Deutschland-Bilanz, München 1970.
ders., Zwischen Stabilisierung und Stagnation: Die mittleren Jahre der Ära Adenauer (1956/57), in: Heinz Maus (Hrsg.), Gesellschaft, Recht und Politik – Wolfgang Abendroth zum 60. Geburtstag, Neuwied 1968, S. 45-61.
Breitling, Rupert, Die Verbände in der Bundesrepublik. Ihre Arten und ihre politischen Wirkungsweisen, Meisenheim 1955.
Brentano, Heinrich von, Deutschland, Europa und die Welt. Reden zur deutschen Außenpolitik, Bonn usw. 1962.
Brockhaus Enzykloppädie, 19. Band, Wiesbaden 1974.
Brunner, Georg, Kontrolle in Deutschland. Eine Untersuchung zur Verfassungsordnung in beiden Teilen Deutschlands, Köln 1972.
Brzezinsky, Zbigniew K., Alternative to Partition. For a Broader Conception of Amerika's Role in Europe, New York 1965.
Buchheim, Hans, Adenauers Deutschlandpolitik, in: Konrad-Adenauer-Stiftung (Hrsg.), Konrad Adenauer, Ziele und Wege. Drei Beispiele, Mainz 1972, S. 83-95.
Buchhofer, Ekkehard, Die Bevölkerungsentwicklung in den polnisch verwalteten deutschen Ostgebieten von 1956-1965, Kiel 1967.
Buczylowski, Ulrich, Kurt Schumacher und die deutsche Frage, Stuttgart 1973.
Bundesministerium für innerdeutsche Beziehungen (Hrsg.), DDR – Handbuch, Köln 1975.
Cantor, Berton (ed.), Pacem in Terris, Bahamas 1968.
Carstens, Karl, Politische Führung. Erfahrungen im Dienst der Bundesregierung, Stutgart 1971.
Childs, David, From Schumacher to Brandt. The Story of German Socialism 1945 – 1965, Oxford 1966.
Conze, Werner, Die deutsche Nation. Ergebnis der Geschichte, Göttingen 1965.
ders., Jakob Kaiser, Politiker zwischen Ost und West, Stuttgart 1969.
Cornides, Wilhelm (Hrsg.), Die Internationale Politik 1956/57, München 1961.
ders./Mende, Dietrich (Hrsg.), Die Internationale Politik 1956/57, München 1961.
ders., Die Weltmächte und Deutschland. Geschichte der jüngsten Vergangenheit 1945-1955, Stuttgart 1957.

Czempiel, Ernst-Otto (Hrsg.), Die anachronistische Souveränität. Zum Verhältnis von Innen- und Außenpolitik, Köln/Opladen 1969 (PVS-Sonderheft 1/1969).
ders., Macht und Kompromiß. Die Beziehungen der BRD zu den Vereinten Nationen 1956-1970, Düsseldorf 1971.
Dahrendorf, Ralf, Gesellschaft und Demokratie in Deutschland, 2. Aufl. München 1966.
Dean, Robert W., The Politics of West German Trade with the Soviet Bloc 1954-1968, phil. diss. Denver 1970.
Dehio, Ludwig, Deutschland und die Weltpolitik im 20. Jahrhundert, Frankfurt/M. 1961.
Dehler, Thomas, Bundestagsreden, Bonn 1973.
Dettke, Dieter, Politische Interessen fremder Mächte, A: Westmächte, in: Außenpolitische Perspektiven des westdeutschen Staates, Bd. 3, München 1972, S. 15-68.
Deuerlein, Ernst, CDU/CSU 1945-1957. Beiträge zur Zeitgeschichte, Köln 1957.
ders. (Hrsg.), DDR 1945-1970. Geschichte und Bestandsaufnahme, 4. Auf. München 1972.
ders., Deutschland 1963-1970, Hannover 1972.
Deutsch, Karl W., Nationenbildung – Nationalstaat – Integration, Düsseldorf 1972.
ders.,/Edinger, Lewis J., Germany Rejoins the Powers, Stanford 1959.
Dittberger, Jürgen, Die Bundesparteitage der Christlich Demokratischen Union und der Sozialdemokratischen Partei Deutschlands von 1945 bis 1968. Eine Untersuchung der Funktion von Parteitagen, Augsburg 1968.
Diwald, Helmut, Die Anerkennung. Bericht zur Lage der Nation München/Eßlingen 1970.
Doehring, Karl/Kewenig, Wilhelm/Ress, Georg, Staats- und völkerrechtliche Aspekte der Deutschland- und Ostpolitik, Frankfurt/M. 1971.
Dönhoff, Marion Grafin, Deutsche Außenpolitik von Adenauer bis Brandt. 25 Jahre miterlebt und kommentiert, Hamburg 1970.
Doernberg, Stefan, Kurze Geschichte der DDR, 3. Aufl. Berlin (Ost) 1968.
Domes, Jürgen, Mehrheitsfraktion und Bundesregierung. Aspekte des Verhältnisses der Fraktion der CDU/CSU im zweiten und dritten deutschen Bundestag zum Kabinett Adenauer, Köln/Opladen 1964.
Dröge, Heinz/Münch, Fritz/Puttkamer, Ellinor von, Die Bundesrepublik und die Vereinten Nationen, München 1966.
Dulles, Eleanor L., One Germany or Two. The Struggle of the Heart of Europe, Stanford 1970.
Eberlein, Ludwig, Experiment Berlin. Plädoyer für eine deutsche Konföderation, Köln/Berlin 1967.
Eckardt, Felix von, Ein unordentliches Leben. Lebenserinnerungen, Düsseldorf 1967.
Ellwein, Thomas, Die großen Interessenverbände und ihr Einfluß, in: Richard Löwenthal/Hans-Peter Schwarz (Hrsg.), Die zweite Republik. 25 Jahre Bundesrepublik Deutschland – eine Bilanz, Stuttgart 1974, S. 470-493.
ders., Das Regierungssystem der Bundesrepublik Deutschland, 4. Aufl. Opladen 1977.
End, Heinrich, Zweimal deutsche Außenpolitik. Internationale Dimensionen des innerdeutschen Konflikts 1949-1972, Köln 1973.
Erdmenger, Klaus, Das folgenschwere Mißverständnis. Bonn und die sowjetische Deutschlandpolitik 1949-1955, Freiburg 1967.
Erler, Fritz, Politik für Deutschland, Stuttgart 1968.
Eschenburg, Theodor, Die deutsche Frage. Die Verfassungsprobleme der Wiedervereinigung, München 1959.
ders., Herrschaft der Verbände, Stuttgart 1955.
ders., Staat und Gesellschaft in Deutschland, München 1965.
ders., zur politischen Praxis in der Bundesrepublik. Kritische Betrachtungen. Bd.I: 1957-1961, II: 1961-1965, III: 1965-1970, München 1962, 1966, 1972.
Feld, Werner, Reunification and West German – Soviet Relations, Den Haag 1963.
Flechtheim, Ossip K., Zur Problematik der Politologie, in: Heinrich Schneider (Hrsg.), Aufgabe und Selbstverständnis der Politischen Wissenschaft, Darmstadt 1967, S. 72-99.
Florin, Peter, Zur Außenpolitik der souveränen sozialistischen Deutschen Demokratischen Republik, Berlin (Ost) 1967.
Fochler, Gustav, Die geteilten Länder. Krisenherde der Weltpolitik, München 1967.
Föhr, Horst, Willensbildung in den Gewerkschaften und Grundgesetz, Berlin 1974.
Forschungsbeirat für Fragen der Wiedervereinigung Deutschlands, Tätigkeitsberichte 1 bis 5, Bonn 1954, 1957, 1961, 1965, 1969.
Forndran, Erhard, Probleme der internationalen Abrüstung. Die Bemühungen um Abrüstung und kooperative Rüstungssteuerung, Frankfurt/Berlin 1970.

Freiwald, Helmut u.a., Das Deutschlandproblem in Schulbüchern der Bundesrepublik, Düsseldorf 1973.
Frenzke, Dietrich, Die Anerkennung der DDR, völkerrechtliche Möglichkeiten und Folgen, Köln 1970.
Freud, Michael, 25 Jahre Deutschland 1945-1970, Gütersloh 1971.
Freund, Ludwig, Deutschland im Brennpunkt, Stuttgart 1968.
Freymond, Jacques, Die Saar 1945-1955, München 1961.
Friedel, Alois, Deutsche Staatssymbole, Herkunft und Bedeutung der politischen Symbolik in Deutschland, Frankfurt/M./Bonn 1968.
Friedensburg, Ferdinand, Es ging um Deutschlands Einheit. Rückschau eines Berliners auf die Jahre nach 1945, Berlin 1971.
Froese, Leonhard (Hrsg.), Was soll aus Deutschland werden? Neue Aspekte zur Deutschlandpolitik, München 1968.
Gablentz, Otto Heinrich von der, Politik als Wissenschaft, in: Heinrich Schneider (Hrsg.), Aufgabe und Selbstverständnis der Politischen Wissenschaft, Darmstadt 1967, S. 41-71.
Gasteyger, Curt, Die beiden deutschen Staaten in der Weltpolitik, München 1976.
ders., Einigung und Spaltung Europas, Frankfurt/M. 1965.
Gaus, Günter, Staatserhaltende Opposition oder hat die SPD kapituliert? Gespräche mit Herbert Wehner, Reinbek 1966.
Geiss, Imanuel/Wendt, Bernd Jürgen (Hrsg.), Deutschland in der Weltpolitik des 19. und 20. Jahrhunderts, Düsseldorf 1973.
Germany Indivisible (ed.), Towards a Solution of Germany as a Contribution to World Peace, Köln 1963.
Giese, Albrecht, Die Einheit und Spaltung Deutschlands im Spiegel völkerrechtlicher Verträge von 1941 bis 1967, jur. diss. Würzburg 1971.
Götting, Gerald, Für die Rettung der Nation. Zusammenarbeit aller friedliebenden Deutschen, Berlin (Ost) 1965.
Gotto, Klaus, Untersuchungen und Dokumente zur Ostpolitik, Mainz 1974.
ders./Maier, Hans/Morsey, Rudolf/Schwarz, Hans-Peter, Konrad Adenauer. Seine Deutschland- und Außenpolitik 1945-1963, München 1975.
Gradl, Johann Baptist, Für deutsche Einheit, Stuttgart 1975.
ders., Im Interesse der Einheit, Suttgart 1971.
Graefrath, Bernhard, Das Recht der DDR auf Mitgliedschaft in den UN, in: Deutsche Außenpolitik, 11/1966, S. 665-672.
Grasemann, Hans-Jürgen, Das Blocksystem und die Nationale Front im Verfassungsrecht der DDR, jur. diss. Göttingen 1973.
Grewe, Wilhelm G., Deutsche Außenpolitik der Nachkriegszeit, Stuttgart 1960.
Grosser, Alfred, Deutschlandbilanz. Geschichte Deutschlands seit 1945, 4. Aufl. München 1972.
Großer, Günther (Hrsg.), Nationale Front des demokratischen Deutschland – sozialistische Volksbewegung. Handbuch, Berlin (Ost) 1969.
Günther, Klaus, Der Kanzlerwechsel in der Bundesrepublik. Adenauer – Erhard – Kiesinger, Hannover 1970.
Gunst, Dietrich, Deutschland – Politik zwischen Macht und Recht, Mainz 1974.
Guttenberg, Karl-Theodor Freiherr von und zu, Fußnoten, Stuttgart 1971.
ders., Wenn der Westen will. Plädoyer für eine mutige Politik, 2. Aufl. Stuttgart 1965.
Hacke, Christian, Die Ost- und Deutschlandpolitik der CDU/CSU. Wege und Irrwege der Opposition seit 1969, Köln 1975.
Hacker, Jens, Der Rechtsstatus Deutschlands aus Sicht der DDR, Köln 1974.
Hänisch, Werner, Außenpolitik und internationale Beziehungen der DDR, Bd. I: 1949-1955, Berlin (Ost) 1972.
Haftendorn, Helga, Abrüstungs- und Entspannungspolitik zwischen Sicherheitsbefriedigung und Friedenssicherung. Zur Außenpolitik der Bundesrepublik 1955-1973, Düsseldorf 1974.
dies., u.a. (Hrsg.), Verwaltete Außenpolitik. Sicherheits- und entspannungspolitische Entscheidungsprozesse in Bonn, Köln 1977.
Hammerschmidt, Helmut (Hrsg.), Zwanzig Jahre danach. Eine deutsche Bilanz 1945-1965, München usw. 1965.
Hanrieder, Wolfram F., Die stabile Krise. Ziele und Entscheidungen der bundesrepublikanischen Außenpolitik 1949-1969, Düsseldorf 1971.
ders., West German Foreign Policy 1949-1963. International Pressure and Domestic Response, Stanford 1967.

Hartl, Hans/Marx, Werner, Fünfzig Jahre sowjetische Deutschlandpolitik, Boppard 1967.
Hartmann, Frederick H., Germany Between East and West: The Reunification Problem, Engelwood Cliffs 1965.
Hauck, Christian W., Endlösung Deutschland, München 1963.
Hausenstein, Wilhelm, Pariser Erinnerungen. Aus fünf Jahren diplomatischen Dienstes 1950-1955, 3. Aufl. München 1961.
Heidenheimer, Arnold J., Adenauer and the CDU. The Rise of the Leader and the Integration of the Party, Den Haag 1960.
Heinemann, Gustav W., Verfehlte Deutschlandpolitik. Irreführung und Selbsttäuschung. Artikel und Reden, Frankfurt/M.. 1966.
Heinzemann, Margita, Die propagandistische Funktion der Wiedervereinigungspolitik der DDR von 1945-1961, phil. diss. Heidelberg 1964.
Heitzer, Heinz, Andere über uns. Das „DDR-Bild" des westdeutschen Imperialismus und seine bürgerlichen Kritiker, Berlin (Ost) 1969.
Heller, Friedrich, Entwicklung und Aufgaben der „Nationalen Front" in der Sowjetzone, in: Jahrbuch für Ostrecht, Bd. IV, 1. Halbjahresheft 1963, S. 7-28.
Henkels, Walter, 111 Bonner Köpfe, Düsseldorf/Wien 1966.
Herz, John H., Germany, in: Gregory Henderson/Richard W. Lebow/John G. Stoessinger (ed.), Divided Nations in a Divided World, New York 1974, S. 3-41.
Herzfeld, Hans, Die deutsche Wiedervereinigung als Problem der europäischen Geschichte, Stuttgart 1960.
Heß, Gerhard (Red.), BRD – DDR. Vergleich der Gesellschaftssysteme, Köln 1971.
Hillgruber, Andreas, Deutsche Geschichte 1945-1972. Die „deutsche Frage" in der Weltpolitik, Frankfurt/M. usw. 1974.
Hirsch-Weber, Wolfgang, Politik als Interessenkonflikt, Stuttgart 1969.
Hofer, Walther (Hrsg.), Europa und die Einheit Deutschlands. Eine Bilanz nach 100 Jahren, Köln 1970.
Hoffmann, Gerhard, Die deutsche Teilung. Staats- und völkerrechtliche Aspekte, Pfullingen 1960.
Hofstätter, Peter, Gruppendynamik. Kritik der Massenpsychologie, 9. Aufl. Hamburg 1971.
Hondrich, Karl Otto, Die Ideologien von Interessenverbänden. Eine strukturellfunktionale Analyse öffentlicher Äußerungen des Bundesverbandes der Deutschen Industrie, der Bundesvereinigung der Deutschen Arbeitgeberverbände und des Deutschen Gewerkschaftsbundes, Berlin 1963.
Hubatsch, Walther, Die deutsche Frage, 2. Aufl. Würzburg 1964.
Hupka, Herbert (Hrsg.), 17. Juni. Reden zum Tag der Deutschen Einheit, 2. Aufl. Kassel 1964.
Hübner, Emil/Oberreuter, Heinrich/Rausch, Heinz (Hrsg.), Der Bundestag von innen gesehen, München 1969.
Hüfner, Klaus/Naumann, Jens, Das System der Vereinten Nationen. Eine Einführung, Düsseldorf 1974.
Hütter, Joachim/Meyers, Reinhard/Papenfuß, Dietrich (Hrsg.), Tradition und Neubeginn. Internationale Forschungen zur deutschen Geschichte im 20. Jahrhundert, Köln usw. 1975.
Huyn, Hans Graf, Ostpolitik im Kreuzfeuer, Stuttgart 1971.
ders. Die Sackgasse. Deutschlands Weg in die Isolierung, Stuttgart 1966.
Institut für Internationale Beziehungen an der Akademie für Staats- und Rechtswissenschaft der DDR (Hrsg.), Außenpolitik der DDR für Sozialismus und Frieden, Berlin (Ost) 1974.
Institut für Internationales Recht an der Universität Kiel (Hrsg.), Ostverträge – Berlin-Status, Münchner Abkommen, Beziehungen zwischen der BRD und der DDR – Vorträge und Diskussionen eines Symposions, Hamburg 1971.
Jacobsen, Hans-Adolf, Anmerkungen zum Problem der Kontinuität deutscher Außenpolitik im 20. Jahrhundert, in: Hütter/Meyers/Papenfuß (Hrsg.), Tradition und Neubeginn . . ., a.a.O., S. 1-21.
ders., Von der Strategie der Gewalt zur Politik der Friedenssicherung, Beiträge zur deutschen Geschichte im 20. Jahrhundert, Düsseldorf 1977.
Jaenecke, Heinrich, 30 Jahre und ein Tag. Die Geschichte der deutschen Teilung, Düsseldorf/ Wien 1974.
Jahn, Egbert/Rittberger, Volker (Hrsg.), Die Ostpolitik der BRD. Triebkräfte, Widerstände, Konsequenzen, Opladen 1974.
Jaspers, Karl, Freiheit und Wiedervereinigung. Über Aufgaben deutscher Politik, München 1960.
Jüttner, Alfred, Die deutsche Frage. Eine Bestandsaufnahme, Köln 1971.
Junker, Ernst Ulrich, Die Richtlinienkompetenz des Bundeskanzlers, jur. diss. Tübingen 1963.
Kaack, Heino, Geschichte und Struktur des deutschen Parteiensystems. Opladen 1971.
Kaiser, Joseph H., Die Repräsentation organisierter Interessen, Berlin 1956.

Kaiser, Karl, German Foreign Policy in Transition. Bonn between East and West, London 1968.
ders./Morgan, Roger (Hrsg.), Strukturwandlungen der Außenpolitik in Großbritannien und der Bundesrepublik, München/Wien 1970.
Kather, Linus, Die Entmachtung der Vertriebenen, Bd. I: Die entscheidenden Jahre; Bd. II: Die Jahre des Verfalls, München/Wien 1964 und 1965.
Key, V. O., Politics, Parties and Pressure Groups, 2. Aufl. New York 1948.
Kimminich, Otto, Die Souveränität der Bundesrepublik Deutschland, Hamburg 1970.
Kirchenkanzlei der Evangelischen Kirche in Deutschland (Hrsg.), Zur Lage der Vertriebenen und das Verhältnis des deutschen Volkes zu seinen östlichen Nachbarn. Eine evangelische Denkschrift, Hannover 1965.
Kluke, Paul, Selbstbestimmung. Vom Weg einer Idee durch die Geschichte, Göttingen 1963.
Knecht, Willi, Die ungleichen Brüder. Fakten, Thesen und Kommentare zu den Beziehungen zwischen den beiden deutschen Sportorganisationen DSB und DTSB, Mainz 1971.
Koerber, Hans-Joachim von, Die Bevölkerung der deutschen Ostgebiete unter polnischer Verwaltung, Berlin 1958.
Kogon, Eugen, Die unvollendete Erneuerung. Deutschland im Kräftefeld 1945 bis 1963, Frankfurt/M. 1964.
Kohl, Helmut (Hrsg.), Konrad Adenauer 1876/1976, Stuttgart/Zürich 1976.
Konrad-Adenauer-Stiftung (Hrsg.), Christliche Demokraten der ersten Stunde, Bonn 1966.
Kopp, Fritz, Kurs auf ganz Deutschland? Die Deutschlandpolitik der SED, Stuttgart 1965.
Kosthorst, Erich, Jakob Kaiser, Der Arbeiterführer, Stuttgart 1967.
ders., Jakob Kaiser, Bundesminister für gesamtdeutsche Fragen 1949-1957, Stuttgart 1972.
Kraus, Herbert, Der völkerrechtliche Status der deutschen Ostgebiete innerhalb der Reichsgrenzen nach dem Stande vom 31. Dezember 1937, Göttingen 1964.
Krengel, Rolf, Die Bedeutung des Ost-West-Handels für die Ost-West-Beziehungen, Göttingen 1967.
Kreusel, Dietmar, Nation und Vaterland in der Militärpresse der DDR, Stuttgart 1971.
Kristof, Erich, Die Lehre vom Selbstbestimmungsrecht in der Völkerrechtsdoktrin der DDR, Frankfurt/M. 1973.
Kröger, Klaus, Staat und Verbände. Zur Problematik des heutigen Verbandseinflusses, in: Aus Politik und Zeitgeschichte, B 6/1966, S. 3-13.
Kroll, Hans, Lebenserinnerungen eines Botschafters, Köln/Berlin 1967.
Kuczynski, Jürgen, So war es wirklich. Ein Rückblick auf zwanzig Jahre Bundesrepublik, Berlin (Ost) 1969.
Kulbach, Roderich/Weber, Helmut, Parteien im Blocksystem der DDR. Funktion und Aufbau der LDPD und der NDPD, Köln 1969.
Kunz, Rainer/Maier, Herbert/Stammen, Theo, Programme der politischen Parteien in der Bundesrepublik Deutschland, 2. Aufl. München 1975.
Kuper, Ernst, Frieden durch Konfrontation und Kooperation. Die Einstellung von Gerhard Schröder und Willy Brandt zur Entspannungspolitik, Stuttgart 1973.
Kuratorium Unteilbares Deutschland (Hrsg.), Menschenrechte für Deutschland. Dokumentation, Berlin-Bonn 1963.
dass. (Hrsg.), Wir gehören zusammen (Bildband), Frankfurt/M. 1967.
dass. (Hrsg.) Möglichkeiten des Ausbaus West-Berlins als west-östliches Kommunikationszentrum im wissenschaftlichen Bereich, Berlin 1972.
Labroisse, Gerd, 25 Jahre geteiltes Deutschland. Ein dokumentarischer Überblick, Berlin 1970.
LaFeber, Walter, America, Russia and the Cold War 1945-1975, 3. Aufl. New York 1976.
Landauer, Carl, Germany: Illusions and Dilemmas, New York 1969.
Langguth, Gerd, Die Protestbewegung in der Bundesrepublik Deutschland 1968-1976, Köln 1976.
Lehmbruch, Gerhard, Einführung in die Politikwissenschaft, 4. Aufl. Stuttgart 1971.
ders./Beyme, Klaus von/Fetscher, Iring (Hrsg.), Demokratisches System und politische Praxis der Bundesrepublik, München 1971.
Lemmer, Ernst, Manches war doch anders. Lebenserinnerungen eines deutschen Demokraten, Frankfurt/M. 1968.
Lindemann, Helmut, Überlegungen zur Bonner Deutschlandpolitik 1945-1970, in: Karl Dietrich Bracher (Hrsg.), Nach 25 Jahren. Eine Deutschland-Bilanz, München 1970, S. 62-82.
Löbe, Paul, Der Weg war lang. Lebenserinnerungen von Paul Löbe, Berlin 1954.
Loewenberg, Gerhard, Parlamentarismus im politischen System der Bundesrepublik Deutschland, Tübingen 1969.
Löwenthal, Richard/Schwarz, Hans-Peter (Hrsg.), Die zweite Republik. 25 Jahre Bundesrepublik Deutschland – eine Bilanz, Stuttgart 1974.

Lohmar, Ulrich, Innterparteiliche Demokratie. Eine Untersuchung der Verfassungswirklichkeit politischer Parteien in der Bundesrepublik Deutschland, 2. Aufl. Stuttgart 1968.
Luchsinger, Fred, Bericht über Bonn. Deutsche Politik 1955-1965, Zürich 1966.
Ludz, Peter Christian, Deutschlands doppelte Zukunft. Bundesrepublik und DDR in der Welt von morgen, München 1974.
Lübke, Heinrich, Aufgabe und Verpflichtung, Frankfurt/M. und Bonn 1965.
Mahncke, Dieter, Berlin im geteilten Deutschland, München/Wien 1973.
Maier, Reinhold, Erinnerungen 1948-1955, Tübingen 1966.
Majonica, Ernst, Deutsche Außenpolitik. Probleme und Entscheidungen, 2. Aufl. Stuttgart 1967.
Mampel, Siegfried, Die sozialistische Verfassung der Deutschen Demokratischen Republik. Text und Kommentar, Frankfurt/M. 1972.
Mattfeld, Antje, Modelle einer Normalisierung zwischen den beiden deutschen Staaten. Eine rechtliche Betrachtung, Düsseldorf 1973.
Matthey, Ferdinand, Entwicklung der Berlin-Frage (1944-1971), Berlin/New York 1972.
Maus, Heinz (Hrsg.), Gesellschaft, Staat und Politik. Wolfgang Abendroth zum 60. Geburtstag, Neuwied/Berlin 1968.
Mehnert, Klaus, Der deutsche Standort, Frankfurt/M. 1969.
Meissner, Herbert, Konvergenztheorie und Realität, Berlin (Ost) 1969.
Mentzel, Jörg/Pfeiler, Wolfgang, Deutschlandbilder. Die Bundesrepublik aus der Sicht der DDR und der Sowjetunion, Düsseldorf 1972.
Menzel, Eberhard, Deutschland, die Vereinten Nationen und die Menschenrechte (Sonderdruck), Itzehoe 1969.
Merkatz, Hans-Joachim von, Regiert die Lobby? Parlament, Regierung und Interessenverbände, in: Emil Hübner/Heinrich Oberreuter/Heinz Rausch (Hrsg.), Der Bundestag von innen gesehen, München 1969, S. 196-206.
Meyer, Gerd, Die sowjetische Deutschlandpolitik im Jahre 1952, Tübingen 1970.
Meyers enzyklopädisches Lexikon, Band 12, Mannheim 1974.
Milbrath, Lester W., Interest Groups and Foreign Policy, in: James N. Rosenau (ed.), Domestic Sources of Foreign Policy, New York 1967, S. 231-251.
Mitteldeutscher Kulturrat (Hrsg.), Nationalfeiertage. Erinnerung und Verpflichtung? 2. Aufl. Troisdorf 1972.
Moraw, Frank, Die Parole der „Einheit" und die Sozialdemokratie, Bonn-Bad Godesberg 1973.
Morgan, Roger, Washington und Bonn. Deutsch-amerikanische Beziehungen seit dem Zweiten Weltkrieg, München 1975.
Morsey, Rudolf/Repgen, Konrad (Hrsg.), Adenauer-Studien III, Mainz 1974.
Müller-Gangloff, Erich, Mit der Teilung leben, München 1965.
Narr, Wolf-Dieter, CDU – SPD. Programm und Praxis seit 1945, Stuttgart 1966.
Naschold, Frieder, Politische Wissenschaft. Entstehung, Begründung und gesellschaftliche Entwicklung, 2. Aufl. Freiburg/München 1972.
Nebgen, Elfriede, Jakob Kaiser. Der Widerstandskämpfer, Stuttgart 1967.
Niclauß, Karlheinz, Kontroverse Deutschlandpolitik. Die politische Auseinandersetzung in der Bundesrepublik Deutschland über den Grundlagenvertrag mit der DDR, Frankfurt/M. 1977.
Niethammer, Lutz, Angepaßter Faschismus. Politische Praxis der NPD, Frankfurt/M. 1969.
ders., Unteilbares Deutschland im geteilten Deutschland (Manuskript einer Sendung über das Kuratorium Unteilbares Deutschland, gesendet im Jahre 1964 von Radio Bremen), Heidelberg 1964.
ders./Borsdorf, Ulrich, Traditionen und Perspektiven der Nationalstaatlichkeit, in: Außenpolitische Perspektiven des westdeutschen Staates, Bd. 2: Das Vordringen neuer Kräfte, München 1972, S. 13-107.
Noack, Paul, Deutsche Außenpolitik seit 1945, Stuttgart 1972.
ders., Das Scheitern der Europäischen Verteidigungsgemeinschaft, Düsseldorf 1977.
Nolte, Ernst, Deutschland und der Kalte Krieg, München 1974.
Norden, Albert/Matern, Hermann/Ebert, Friedrich, Zwei deutsche Staaten. Die nationale Politik der DDR, Wien 1967.
Osten, Walter, Die Außenpolitik der DDR. Im Spannungsfeld zwischen Moskau und Bonn, Opladen 1969.
O. V., Im Streit der Meinungen. Stimmen zur „Reform der Deutschlandpolitik" von Wilhelm Wolfgang Schütz, Köln o. J. (1966).
O. V., Jugend sieht Deutschland (Bildband), 4. Aufl. München 1963.
Partsch, Karl-Josef, Grundrechte und Wiedervereinigung, in: Aus Politik und Zeitgeschichte, B 24/

1968, S. 3-30.
Pawelka, Peter, Die UNO und das Deutschlandproblem, Tübingen 1971.
Pfleiderer, Karl-Georg, Politik für Deutschland. Reden und Aufsätze 1948-1961, Stuttgart 1961.
Pirker, Theo, Die SPD nach Hitler. Die Geschichte der Sozialdemokratischen Partei Deutschlands 1945-1964, München 1965.
Planck, Charles R., The Changing Status of German Reunification in Western Diplomacy: 1955-1966, Baltimore 1967.
Poeggel, Walter/Wagner, Ingo, Die deutsche Konföderation. Eine theoretisch-politische und völkerrechtliche Studie. Berlin (Ost) 1964.
Pöttering, Hans-Gert, Adenauers Sicherheitspolitik 1955-1963. Ein Beitrag zum deutsch-amerikanischen Verhältnis, 2. Aufl. Düsseldorf 1976.
Portisch, Hugo, Die deutsche Konfrontation. Gegenwart und Zukunft der beiden deutschen Staaten, Wien usw. 1974.
Presse- und Informationsamt der Bundesregierung (Hrsg.), Bundeskanzler Brandt. Reden und Interviews, Melsungen 1971.
dass., (Hrsg.), 1949-1969. Zeittafel, Bonn 1969.
Pross, Harry, Jugend – Eros – Politik. Die Geschichte der deutschen Jugendverbände, München 1964.
Pütz, Helmuth, Die CDU. Entwicklung, Aufbau und Politik der Christlich Demokratischen Union Deutschlands, Bonn 1971, und: 2. Aufl. Düsseldorf 1976.
Rabl, Kurt, Das Selbstbestimmungsrecht der Völker. Geschichtliche Grundlagen. Umriß der gegenwärtigen Bedeutung. Ein Versuch, 2. Aufl. Köln 1973.
Reintanz, Gerhard, Völkerrechtliche Grundlagen zur Lösung der deutschen Frage, Halle 1966.
Riege, Gerhard, Zwei Staaten – zwei Staatsbürgerschaften, Berlin (Ost) 1967.
Ritter, Gerhard, Das deutsche Problem, München 1962.
Romain, Lothar/Schwarz, Gotthart (Hrsg.), Abschied von der autoritären Demokratie? Die Bundesrepublik im Übergang, München 1970.
Rosenau, James N. (ed.), Domestic Sources of Foreign Policy, New York 1967.
Rottmann, Eberhard, Der unfertige Staat. Analyse, Bilanz und Perspektive der Deutschlandpolitik, Hamburg 1970.
Rudolph, Hermann, Die Gesellschaft der DDR – eine deutsche Möglichkeit? München 1972.
Rüß, Gisela, Anatomie einer politischen Verwaltung. Das Bundesministerium für Gesamtdeutsche Fragen/Innerdeutsche Beziehungen 1949-1970, München 1973.
Rumpf, Helmut, Land ohne Souveränität. Beiträge zur Deutschlandfrage, 2. Aufl. Karlsruhe 1973.
Rupp, Hans Karl, Außerparlamentarische Opposition in der Ära Adenauer. Der Kampf gegen die Atombewaffnung in den fünfziger Jahren, Köln 1970.
Saeter, Martin, Okkupation, Integration, Gleichberechtigung. Eine Analyse der deutschen Frage, Oslo 1967.
Sander, Heinz (Hrsg.), Landmannschaftlicher Revanchismus in Westdeutschland. Zu seiner Geschichte und Rolle im imperialistischen Herrschaftssystem, Berlin (Ost) 1969.
Sauter, Eugen/Schweyer, Gerhard, Der eingetragene Verein, 9. Aufl. München 1974.
Schäfer, Friedrich, Der Bundestag. Eine Darstellung seiner Aufgaben und seiner Arbeitsweise, 2. Aufl. Opladen 1975.
Scheel, Walter (Hrsg.), Perspektiven deutscher Politik, Düsseldorf/Köln 1969.
Schellhoss, Hartmut, Apathie und Legitimation. Das Problem der neuen Gewerkschaft, München 1967.
Schelsky, Helmut (Hrsg.), Zur Theorie der Institution, Düsseldorf 1970.
Scheuner, Ulrich (Hrsg.), Außenpolitische Perspektiven des westdeutschen Staates. Bd. 1: Das Ende des Provisoriums; Bd. 2: Das Vordringen neuer Kräfte München/Wien 1971 und 1972.
Schick, Jack M., The Berlin Crisis 1958-1962, Philadelphia 1971.
Schmid, Carlo, Der Weg des deutschen Volkes nach 1945, Berlin 1967.
Schmid, Günther, Die Deutschlandpolitik der Regierung Brandt/Scheel, München 1975.
Schmidt, Robert H., Methoden und Techniken der Wissenschaft, insbesondere der Politologie. Eine Einleitung, in: ders. (Hrsg.), Methoden der Politologie, Darmstadt 1967, S. IX-LXI.
ders., Saarpolitik 1945-1957, 3 Bände, Berlin 1959, 1960, 1962.
Schmölders, Günther (Hrsg.), Selbstbildnis der Verbände. Empirische Erhebung über die Verhaltensweisen der Verbände in ihrer Bedeutung für die wirtschaftspolitische Willensbildung in der Bundesrepublik, Berlin 1965.
Schneider, Beate, Konflikt, Krise und Kommunikation. Eine quantitative Analyse innerdeutscher Politik, München 1976.

Schneider, Heinrich, Das Wunder an der Saar. Ein Erfolg politischer Gemeinsamkeit, Stuttgart 1974.
Schnell, Stefan, Der Deutsche Städtetag, Bonn 1970.
Schoenberg, Hans W., Germans from the East. A Study of their Migration, Resettlement and Subsequent Group History since 1945, Den Haag 1970.
Schollwer, Wolfgang, Deutschland- und Außenpolitik, Frankfurt/M. 1967.
Schröder, Gerhard, Deutsche Interessen – deutsche Verantwortung (Sonderdruck), Bonn 1964.
Schubert, Klaus von, Wiederbewaffnung und Westintegration. Die innere Auseinandersetzung um die militärische und außenpolitische Orientierung der Bundesrepublik 1950-1952, Stuttgart 1970.
Schütz, Wilhelm Wolfgang, German Home Front, London 1943.
ders., Organische Außenpolitik. Vom Einzelstaat zum Überstaat, Stuttgart 1951.
ders., Neutralität oder Unabhängigkeit? München 1952.
ders., Das neue England. Staat – Gesellschaft – Lebensformen, Stuttgart 1953.
ders., Die Stunde Deutschlands. Möglichkeiten einer Politik der Wiedervereinigung, Stuttgart 1954.
ders., (Hrsg.), Bewährung im Widerstand. Gedanken zum deutschen Schicksal, Stuttgart 1956.
ders., Wir wollen überleben. Außenpolitik im Atomzeitalter, Stuttgart 1956.
ders., Das Gesetz des Handelns. Zerissenheit und Einheit unserer Welt, Frankfurt/M. 1958.
ders., Schritte zur Wiedervereinigung, Göttingen 1959.
ders., Die politische Aufgabe der Wiedervereinigung (Sonderdruck), Bad Homburg 1960.
ders., Die Aufgabe der Wiedervereinigung – Außen- und Innenpolitik im geteilten Deutschland (Sonderdruck), Bad Homburg 1961.
ders., West-Ost-Politik, Göttingen 1963.
ders., Unteilbare Freiheit, Nehrus Politik der Selbstbestimmung, Göttingen 1964.
ders., Reform der Deutschlandpolitik, Köln/Berlin 1965 (in englisch: Rethinking German Policy. New Approaches to Reunification, New York usw. 1967).
ders., Modelle der Deutschlandpolitik. Wege zu einer neuen Außenpolitik, Köln/Berlin 1966.
ders., Der gerade Weg. Paul Löbe und die Deutsche Einheit, Berlin 1966.
ders., Der uneigentliche Punkt. Ein politischer Dialog, Köln/Berlin 1967.
ders., (Hrsg.), Deutsche Nation – Schwerpunkt Berlin. Versuch einer Deutung, o.O. und o.J.
ders., Deutschland – Memorandum. Eine Denkschrift und ihre Folgen, Frankfurt/M. 1968.
ders., Antipolitik. Eine Auseinandersetzung über rivalisierende Gesellschaftsformen, Köln/Berlin 1969.
ders., (Hrsg.), Zur deutschen Frage. Beiträge und Ergebnisse der Jahrestagung der Arbeitskreise Gesellschaft und Politik, 24./25. November 1972 in Berlin, o.O., und o.J.
Schulz, Eberhard, An Ulbricht führt kein Weg mehr vorbei, Hamburg 1967.
Schuster, Rudolf, Deutschlands staatliche Existenz im Widerstreit, politische und rechtliche Gesichtspunkte 1945-1963, München 1963.
Schwarz, Hans-Peter, Vom Reich zur Bundesrepublik. Deutschland im Widerstreit der außenpolitischen Konzeptionen in den Jahren der Besatzungsherrschaft 1945-1949, Neuwied 1966.
ders., Die außenpolitischen Grundlagen des westdeutschen Staates, in: Richard Löwenthal/Hans-Peter Schwarz (Hrsg.), Die zweite Republik . . . , S. 27-63.
ders., (Hrsg.), Handbuch der deutschen Außenpolitik, München 1975.
ders., Das Spiel ist aus und alle Fragen offen, oder: Vermutungen zu Adenauers Wiedervereinigungspolitik, in: Helmut Kohl (Hrsg.), Konrad Adenauer 1876/1976, Stuttgart/Zürich 1976, S. 168-184.
Schwarzkopf, Deitrich/Wrangel, Olaf von, Chancen für Deutschland. Politik ohne Illusion, Hamburg 1965.
Schweigler, Gebhard, Nationalbewußtsein in der BRD und der DDR, Düsseldorf 1973.
Seifert, Jürgen (Hrsg.), Die Spiegelaffäre. 2 Bände, Olten 1966.
Shears, David, Die häßliche Grenze, Stuttgart 1970.
Shell, Kurt L., Bedrohung und Bewährung. Führung und Bevölkerung in der Berlin-Krise, Köln/Opladen 1965.
Siewert, Regine/Bilstein, Helmut, Gesamtdeutsche Kontakte. Erfahrungen mit Parteien- und Regierungsdialog, Opladen 1969.
Soell, Hartmut, Fritz Erler – Eine politische Biographie. 2 Bände, Bad Godesberg 1976.
Sommer, Theo (Hrsg.), Denken an Deutschland. Zum Problem der Wiedervereinigung, Hamburg 1966.
Sontheimer, Kurt/Bleek, Wilhelm, Die DDR – Politik, Gesellschaft, Wirtschaft, Hamburg 1972.
Sowden, J. K., The German Question 1945-1973. Continuity in Change, London 1975.
Stimmen zur Denkschrift der EKD. Die Lage der Vertriebenen und das Verhältnis des deutschen Volkes zu seinen östlichen Nachbarn, Köln 1966.
Stökl, Günther, Osteuropa und die Deutschen. Geschichte und Gegenwart einer spannungsreichen

Nachbarschaft, München 1967.
Strauß, Franz-Josef, The Grand Design. A European Solution to German Reunification, New York 1966.
Stützle, Walther, Kennedy und Adenauer in der Berlin-Krise 1961-1962, Bonn 1973.
Sussmann, Rudolf, Probleme gesamtdeutscher Jugendarbeit 1963-1969. Eine Modelldarstellung (Magisterarbeit Erlangen 1972), erschienen im Selbstverlag.
Thilenius, Richard, Die Teilung Deutschlands. Eine zeitgeschichtliche Analyse, Reinbek 1961.
Thomas, Rüdiger, Modell DDR. Die kalkulierte Emanzipation, München 1972.
Unteilbares Deutschland, Ortskuratorium Dortmund (Hrsg.), Das ganze Deutschland. Ein Deutschlandbuch, Dortmund 1959.
Vali, Ference A., The quest for a united Germany, Baltimore 1967.
Varain, Heinz Josef (Hrsg.), Interessenverbände in Deutschland. Köln 1973.
ders., Parteien und ihre Verbände. Eine Studie über ihren Aufbau, ihre Verflechtung und ihr Wirken in Schleswig-Holstein 1945-1958, Köln/Opladen 1964.
Verba, Sidney, Small Groups and Political Behavior. A Study of Leadership, Princeton 1961.
Vogelsang, Thilo, Das geteilte Deutschland, 6. Aufl. München 1975.
Vogt, Hartmut, Bildung für die Zukunft. Entwicklungstendenzen im deutschen Bildungswesen in West und Ost, Göttingen 1967.
Wambach, Manfred Max, Verbändestaat und Parteioligopol. Macht und Ohnmacht der Vertriebenenverbände, Stuttgart 1971.
Weber, Hermann, von der SBZ zur DDR 1945-1968, Hannover 1968.
Weber, Werner/Jahn, Werner, Synopse zur Deutschlandpolitik 1941 bis 1973, Göttingen 1973.
Wehner, Herbert, Beiträge zur Deutschlandpolitik, Bonn 1967.
ders., Gedanken zur Regierungserklärung, Bonn 1967.
ders., Wandel und Bewährung. Ausgewählte Reden und Schriften 1930-1967, Frankfurt/M. und Berlin 1968.
ders./Schütz, Wilhelm Wolfgang, Kommunalpolitik und Wiedervereinigungspolitik, Göttingen 1967.
Welchert, Hans-Heinrich (Hrsg.), Theodor-Heuss-Lesebuch, Tübingen 1975.
Wenger, Paul W., Die Falle. Deutsche Ost- und russische Westpolitik, Stuttgart 1971.
Westdeutscher Rundfunk (Hrsg.), Nationalbewußtsein heute, Kevelaer 1974.
Wettig, Gerhard, Das Echo der UdSSR und der DDR auf die Deutschland-Denkschrift von W. W. Schütz von Anfang Dezember 1967, in: Berichte des Bundesinstituts für ostwissenschaftliche und internationale Studien Köln, Nr. 17, 1968.
ders., Entmilitarisierung und Wiederbewaffnung in Deutschland 1943 bis 1955. Internationale Auseinandersetzungen um die Rolle der Deutschen in Europa, München 1967.
ders., Europäische Sicherheit. Das europäische Staatensystem in der sowjetischen Außenpolitik 1966-1972, Düsseldorf 1972.
ders., Die Parole der nationalen Einheit in der sowjetischen Deutschlandpolitik 1942-1967, in: Berichte des Bundesinstituts für ostwissenschaftliche und internationale Studien Köln, Nr. 33, 1967.
Weymar, Paul, Konrad Adenauer. Die autorisierte Biographie, München 1955.
Wildenmann, Rudolf, Macht und Konsens als Problem der Innen- und Außenpolitik, 2. Aufl. Köln 1967.
ders., Partei und Fraktion. Ein Beitrag zur Analyse der Politischen Willensbildung und des Parteiensystems in der Bundesrepublik, Meisenheim 1954.
Wilke, Kay-Michael, Bundesrepublik Deutschland und Deutsche Demokratische Republik. Grundlagen und ausgewählte Probleme des gegenwärtigen Verhältnisses der beiden deutschen Staaten, Berlin 1976.
Wilpert, Friedrich von, Das Oder-Neiße-Problem. Eine europäische Aufgabe, Leer 1968.
Windsor, Philip, Deutschland gegen Deutschland. Die Überwindung der Gegensätze, Zürich/Köln 1971.
ders., West German Foreign Policy, in: Frederick Northedge (ed.), The Foreign Policies of the Powers, London 1968, S. 221-252.
Winkler, Hans-Joachim, Der Bundespräsident. Repräsentant oder Politiker? Opladen 1967.
Winzer, Otto, Deutsche Außenpolitik des Friedens und des Sozialismus, Berlin (Ost) 1969.
Wittkämper, Gerhard W., Grundgesetz und Interessenverbände. Die verfassungsrechtliche Stellung der Interessenverbände nach dem Grundgesetz, Köln/Opladen 1963.
Wuermeling, Henric L., Mein Gott was soll aus Deutschland werden? Tagebuch der Teilung Deutschlands, Bayreuth 1973.
Ziebura, Gilbert, Die deutsch-französischen Beziehungen seit 1945. Mythen und Realitäten, Pfullin-

gen 1970.
ders. (Hrsg.), Grundfragen der deutschen Außenpolitik seit 1871, Darmstadt 1975.
Ziemer, Gerhard/Wolf, Hans, Wandervogel und Freideutsche Jugend, Bad Godesberg 1961.
Zilleßen, Horst (Hrsg.), Volk – Nation – Vaterland. Der deutsche Protestantismus und der Nationalismus, Gütersloh 1970.
Zivier, Ernst R., Die Nichtanerkennung im modernen Völkerrecht. Probleme staatlicher Willensäußerung, 2. Aufl. Berlin 1969.
ders., Der Rechtsstatus des Landes Berlin. Eine Untersuchung nach dem Viermächte-Abkommen vom 3. September 1971, Berlin 1973.

2. Artikel in Zeitschriften

Aaron, David, Wladiwostok und danach: Krise der Entspannung?, in: Europa-Archiv, 4/1975, S. 113-120.
Abendroth, Wolfgang, Innerparteiliche und innerverbandliche Demokratie als Voraussetzung der politischen Demokratie, in: PVS, 5. Jg. 1964, Heft 3, S. 307-338.
Albert, E. H., The Brandt doctrine of the two states in Germany, in: International Affairs, vol. 46 1970, No. 2, S. 293-303.
Apel, Hans, Bericht über das „Staatsgefühl" der DDR-Bevölkerung, in: Frankfurter Hefte, 22/1967, S. 169-178.
Blech, Klaus, Die Prinzipienerklärung der KSZE-Schlußakte, in: Europa-Archiv, 8/1976, S. 257-270.
Blumenwitz, Dieter, Was ist Deutschland? Kritische Anmerkungen zur gleichnamigen Denkschrift von Wilhelm Wolfgang Schütz, in: Politik 15/1969, S. 453-463.
Ders., Zur Frage der deutschen Nation, ihrer rechtlichen Situation, ihrer Absicherung im Grundvertrag, in: Politische Studien, 24. Jg. 1973, Heft 209, S. 225-242.
Brandt, Willy, Der Wille zur Einheit, in: Politik, 2/1966, S. 15-22.
Breitling, Rupert, Die zentralen Begriffe der Verbandsforschung, in: PVS, 1. Jg. 1960, Heft 1, S. 47-73.
Croan, Melvin Zur Problematik des deutschen Nationalismus, in: Deutschland Archiv, 4/1971, S. 349-352.
Cramer, Dettmar, Deutsch-deutsche Beziehungen an der Jahreswende 1977/78, in: Deutschland Archiv, 1/1978, S.1-4.
Deuerlein, Ernst, Das erste gesamtdeutsche Gespräch. Zur Beurteilung der Ministerpräsidentenkonferenz in München, 6./7. Juni 1945, in: Aus Politik und Zeitgeschichte, B 23/1967, S. 3-22.
ders., Forschungsgrundlage und Forschungsproblematik 1945-1949, in: Politische Studien, 22. Jg. 1971, Heft 195, S. 46-67.
Dirks, Walter, Einheit und Freiheit, in: Frankfurter Hefte, Bd. 3,1/1948, S. 193-199.
Doernberg, Stefan, Die Diskussion über die Anerkennung der DDR in der Bundesrepublik, in: Zeitschrift für Geschichtswissenschaft, 17. Jg. 1969, Heft 8, S. 954-959.
Dorpalen, Andreas, The unification of Germany in East German perspective, in: The American Historical Review, Vol. 73, April 1968, S. 1069-1083.
Dulles, Allan W., Alternatives for Germany, in: Foreign Affairs, vol 25/1947, S. 421-432.
Ellwein, Thomas, Die großen Interessenverbände und ihr Einfluß, in: Aus Politik und Zeitgeschichte, B 48/1973, S. 22-38.
Erler, Fritz, Disengagement und Wiedervereinigung Deutschlands, in: Europa-Archiv, 9/10 1959, S. 291-300.
Fischer, Per, Das Ergebnis von Belgrad, in: Europa-Archiv, 8/1978, S. 221-230.
Flach, Karl-Hermann, Die Einheit der Deutschen, in: Liberal, 12. Jg. 1970, Heft 4, S. 241-243.
Gablentz, Otto Heinrich von der, Die kulturelle Einheit Deutschlands, in: Außenpolitik, Bd. 8,1/1957, S. 304-314.
Geiss, Imanuel, Reich und Nation, in: Aus Politik und Zeitgeschichte, B 15/1973, S. 3-25.
Gotto, Klaus, Realist und Visionär. Der Deutschland- und Ostpolitiker Konrad Adenauer, in: Politik und Kultur, 3/4 1975, S. 99-118.
Gründler, Gerhard, Warum überhaupt Wiedervereinigung? in: Liberal, 9. Jg. 1967, Heft 10, S. 766-772.
Hacker, Jens, Zehn Gründe gegen die Anerkennung, in: Die politische Meinung, 13/1968, S. 93-103.
ders., Zwei oder gar drei Völker? in: Die politische Meinung, 117/1966, S. 87-92.
Haftendorn, Helga, Außenpolitische Prioritäten der Bundesrepublik Deutschland in den sechziger

Jahren in: Politik und Kultur, 3/4 1975, S. 79-98.

Hauß, Hanns-Jochen, Bilanz der Spaltung. Die deutsche Frage 1955-1966 im Lichte zweier Weißbücher, in: Blätter für deutsche und internationale Politik, 11/1966, S. 461-472.

Hennis, Wilhelm, Verfassungsordnung und Verbandseinfluß, in: PVS, 2. Jg. 1961, Heft 1, S. 23-35.

Ihmels, Karl, Zur politischen Funktion des „Alleinvertretungsanspruches" und der „besonderen Beziehung", in: Blätter für deutsche und internationale Politik, 16. Jg. 1971, Heft 3, S. 237-246.

Jacobsen, Hans-Adolf, Erfordernisse einer künftigen realen Entspannungspolitik in Europa, in: Beiträge zur Konfliktforschung, 1/1978, S. 55-69.

ders., Konzeptionen deutscher Ostpolitik 1919-1970, in: Aus Politik und Zeitgeschichte, B 49/1970, S. 3-30.

Kaack, Heino/Roth, Reinhold, Die Außenpolitische Führungselite der Bundesrepublik Deutschland, in: Aus Politik und Zeitgeschichte, B 3/1972, S. 3-55.

Kaiser, Jakob, Die Politik der Wiedervereinigung, in: Außenpolitik, Bd. 4,2 1953, S. 413-416.

Kaiser, Karl, Die Auswirkungen der Energiekrise auf die westliche Allianz, in: Europa-Archiv, 24/1974, S. 813-824.

Kissinger, Henry A., Die deutsche Frage als Problem der europäischen und internationalen Sicherheit, in: Europa-Archiv, 23/1966, S. 831-838.

Kohl, Michael, Mehrstaatlichkeit Deutschlands und Wiedervereinigung, in: Staat und Recht, 6 Jg. 1957, Heft 10, S. 843-852.

Kohut, Oswald, Neue Wege der Deutschland-Politik, in: Blätter für deutsche und internationale Politik, 11/1966. S. 105-108.

Kosing, Alfred/Schmidt, Walter, Nation und Nationalität in der DDR, in: Neues Deutschland, Berlin (Ost) vom 15./16. Februar 1975.

Kreis, Karl-Markus, Primat der Deutschlandpolitik, in: Aus Politik und Zeitgeschichte, B 19/1973, S. 3-19.

Kreuz, Leo, Wilhelm Wolfgang Schütz – 65 Jahre, in: Deutschland Archiv, 10/1976, S. 1032-1038.

Krippendorff, Ekkehart, Ist Außenpolitik Außenpolitik? Ein Beitrag zur Theorie und der Versuch, eine inhaltslose Unterscheidung aufzuheben, in: PVS, 4. Jg. 1963, Heft 3, S. 243-266.

Kulski, Wladislaw W., Die slawischen Völker und die deutsche Frage, in: Europa-Archiv, 16/1965, S. 601-614.

Lindemann, Helmut, Zwei deutsche Nationen, in: Gewerkschaftliche Monatshefte, 21. Jg. 1970, Heft 3, S. 172-174.

Lipgens, Walter, die darstellenden „Jahrbücher" der internationalen Politik seit 1945, in: VfZG, 6. Jg. 1958, Heft 2, S. 197-218.

Livingston, Robert G., East Germany between Moscow and Bonn, in: Foreign Affairs Nr. 50/1971/72, S. 297-309.

Ludz, Peter Christian, Zum Begriff der „Nation" in der Sicht der DDR. Wandlungen und politische Bedeutung, in: Deutschland Archiv, 1/1972, S. 17-27.

Macridis, Roy C., Interest Groups in Comperative Analysis, in: The Journal of Politics, vol. 23/1961, No. 1, S. 25-45.

Mahncke, Dieter, Die Sicherheitspolitik der Bundesrepublik Deutschland zu Beginn der sechziger Jahre, in: Politik und Kultur, 5/1975, S. 39-58.

Mahnke, Hans Heinrich, Die Deutschland-Frage im Lichte des polnisch-sowjetischen Beistandspaktes vom 8. April 1965, in: Europa-Archiv, 16/1965, S. 591-600.

ders., Die Deutschland-Frage in den Freundschafts- und Beistandspakten der DDR mit Polen und der CSSR, in: Europa-Archiv, 22/1967, S. 323-328.

Meissner, Boris, Die Beziehungen zwischen der Bundesrepublik Deutschland und der Sowjetunion in der Zeit von 1958-1969, in: Politik und Kultur, 1/1976, S. 17-34.

Menger, Christian F., Die Teilung Deutschlands als Verfassungsproblem, in: Der Staat, 1/1962, S. 3-18.

Ménudier, Henri, Frankreich und das deutsche Problem, in: Deutschland Archiv, 10/1977, S. 1034-1050.

Müller-Römer, Dietrich, Die Entwicklung des Verfassungsrechtes in der DDR seit 1949, in: Archiv des öffentlichen Rechts, 95/1970, S. 528-567.

Nawiasky, Hans, Problem einer deutschen Gesamtstaatverfassung, in: Frankfurter Hefte, Bd. 3,1/1948, S. 216-227.

Neumann, Erich P., Furcht vor der Wiedervereinigung, in: Die politische Meinung, 14. Jg. 1969, Heft 3, S. 95-102.

Niethammer, Lutz, Bundesrepublik und Nation, in: Politik und Kultur, 2/1977, S. 26-36.

Noack, Paul, Internationale Rahmenbedingungen der Deutschlandpolitik in den Jahren 1963-1969,

in: Politik und Kultur, 5/1975, S. 59-73.
Oppermann, Thomas, Deutsche Einheit und europäische Friedensordnung, in: Europa-Archiv, 3/1971, S. 83-90.
O. V., Beiheft Nr. 5 zu: „Die Friedenspolitik der Bundesrepublik Deutschland", aus: Informationen für die Truppe 11/1962 (Sonderdruck).
Pierre, Andrew J., Das SALT-Abkommmen und seine Auswirkungen auf Europa, in: Europa-Archiv, 13/1972, S. 431-440.
Poeggel, Walter, Zur völkerrechtlichen Lage Deutschlands und beider deutscher Staaten, in: Deutsche Außenpolitik, 11/1966, S. 1298-1312.
Posser, Diether, Die Entwicklung der deutschen Frage seit 1945, in: Die Neue Gesellschaft, 5. Jg. 1953, Heft 6, S. 418-427.
Rasch, Harold, Zwei Staaten duetscher Nation, in: Blätter für deutsche und internationale Politik, 15/1970, S. 23-26.
Rosenbladt, Bernhard von, DDR-Forschung und Deutschlandpolitik, in: Deutschland Archiv, 2/1970, S. 148-154.
ders., Die Einheit der Nation ein obsoletes Thema? in: Deutschland Archiv, 2/1971, S. 578-582.
Roth, Reinhold, Ostpolitik als Mittel der Deutschlandpolitik, in: Aus Politik und Zeitgeschichte, B 43/1969, S. 45-62.
Ruehl, Lothar, Die strategische Debatte in den Vereinigten Staaten, in: Europa-Archiv, 23/1974, S. 787-798.
ders., Die Wiener Verhandlungen über einen Truppenabbau in Mitteleuropa, in: Europa-Archiv, 13/1977, S. 399-408.
Rumpf, Helmut, Die Frage nach der Nation, in: Zeitschrift für Politik, 18. Jg. 1971, Heft 2, S. 146-159.
Scheuer, Gerhard, Der deutsche Staat in rechtlicher Sicht, in: Deutsche Studien, 1/1963, S. 483-492.
Schöneburg, Karl-Heinz/Urban, Karl, Das Entstehen der antifaschistisch demokratischen Staatsmacht, in: Staat und Recht, 14. Jg. 1965, Heft 5, S. 698-719.
Schütz, Wilhelm Wolfgang, Englands „unblutige Revolution". Zur Soziologie der Labourbewegung, in: Die Gegenwart, 4/1949, S. 13/14.
ders., German Foreign Policy. Foundation in the West – Aims in the East, in: International Affairs, vol 25/1955, S. 310-315.
ders., Theorie und Wirklichkeit der politischen Freiheit, in: Außenpolitik, 9,2/1958, S. 644-652.
ders., New Initiatives for a New Age, in: Foreign Affairs, vol 36/1958, S. 460-471.
ders., Die außenpolitische Bedeutung der Wiedervereinigungsarbeit, in: Außenpolitik, 9,1/1958, S. 10-19.
ders., Neue Wege in der Deutschlandpolitik, in: Die Neue Gesellschaft, 14. Jg. 1967, Heft 3, S. 190-198.
Schwarz, Hans-Peter, Adenauers Wiedervereinigungspolitik. Zwischen nationalem Wollen und realpolitischem Zwang, in: Die politische Meinung, 20. Jg. 1975, Heft 6, S. 33-54.
ders., Die Politik der Westbindung oder die Staatsraison der Bundesrepublik, in: Zeitschrift für Politik, 22. Jg. 1975, Heft 4, S. 303-337.
Schweitzer, Carl-Christoph, Interdependenzen der Außen- und Innenpolitik in der US – China – Politik 1949/50, in: PVS-Sonderheft, 1/1969, S. 278-298.
Soell, Hartmut, Europäische Sicherheit und deutsche Wiedervereinigung, in: Die Neue Gesellschaft, 14. Jg. 1967, Heft 3, S. 199-208.
ders., Die Ostpolitik der SPD von Mitte der fünfziger Jahre bis zum Beginn der Großen Koalition, in: Politik und Kultur, 1/1976, S. 35-53.
Spittmann, Ilse, Deutschland nur noch Nostalgie? Zur Verfassungsrevision in der DDR, in: Deutschland Archiv, 01/1974, S. 1009-1010.
dies., Ein wichtiger Beitrag zur Nachkriegsgeschichte, in: Deutschland Archiv, 9/1976, S. 978.
Steinberg, Rudolf, Interessenverbände in der Verfassungsordnung, in: PVS, 14. Jg. 1973, Heft 1, S. 27-65.
Thomas, Siegfried, Die sowjetische Deutschland-Note vom 10. März 1952 – eine verpaßte Chance, in: Deutsche Außenpolitik, 12. Jg., Sonderheft, S. 81-96.
Veiter, Theodor, Deutschland, deutsche Nation und deutsches Volk. Volkstheorie und Rechtsbegriffe, in: Aus Politik und Zeitgeschichte, B 11/1973, S. 3-47.
Wagner, Wolfgang, Wann begann Deutschlands Teilung? in: Die politische Meinung, 5. Jg. 1958, Heft 30, S. 47-52.
Weber, Bernd, Ideologiewandel von Ulbricht zu Honecker, in: Außenpolitik, 23/1972, S. 159-167.

ders., SED – Ideologie – Annäherung und Abgrenzung, in: Außenpolitik, 22/1971, S. 705-712.
Weber, Jürgen, Das sowjetische Wiedervereinigungsangebot vom 10. März 1952, in: Aus Politik und Zeitgeschichte, B 50/1969, S. 3-30.
Weichert, Jürgen C., Deutschland Ende 1969, in: Deutschland Archiv, 1/1970, S. 27-35.
Westphalen, Karl Graf von, Sind Wege zur Wiedervereinigung in Sicht? in: Blätter für deutsche und internationale Politik, 8/1963, S. 925-933.
Wettig, Gerhard, Der Einfluß der DDR auf die Deutschlandpolitik der Warschauer-Pakt-Staaten, in: Aus Politik und Zeitgeschichte, B 43/1969, S. 3-24.
Witte, Berthold, Die deutsche Nation nach dem Grundvertrag, in: Europa-Archiv, 7/1973, S. 227-234.
Zickenheimer, Georg-Wilhelm, Das sowjetische Wiedervereinigungsangebot vom 10. März 1952, in: Aus Politik und Zeitgeschichte, B 40/1970, S. 35-40.
Zieger, Gottfried, Deutsche Staatsangehörigkeit heute, in: Politik und Kultur, 1/1974, S. 43-71.

C Mehrfach benutzte Periodika und Zeitungen

Aus Politik und Zeitgeschichte, Beilage zur Wochenzeitung Das Parlament, Bonn.
Außenpolitik, Zeitschrift für internationale Fragen, Hamburg.
Berichte des Bundesinstituts für ostwissenschaftliche und internationale Studien, Köln.
Blätter für deutsche und internationale Politik, Köln.
Bulletin herausgegeben vom Presse- und Informationsamt der Bundesregierung, Bonn.
Deutsche Außenpolitik, Berlin (Ost).
Deutsche Studien, Vierteljahreshefte für vergleichende Gegenwartskunde, Bremen.
Deutschland Archiv, Zeitschrift für Fragen der DDR und der Deutschlandpolitik, Köln.
Europa-Archiv, Zeitschrift für internationale Politik, Bonn.
Foreign Affairs, New York.
Frankfurter Hefte, Zeitschrift für Kultur und Politik, Remagen.
Frankfurter Allgemeine Zeitung (FAZ), Frankfurt/M.
Frankfurter Rundschau, Frankfurt/M.
Liberal, Beiträge zur Entwicklung einer freiheitlichen Ordnung, Bonn.
National Zeitung, Basel.
Die Neue Gesellschaft, Bielefeld.
Neues Deutschland, Berlin (Ost).
Politik und Kultur, Berlin.
Die politische Meinung, Zweimonatshefte für Fragen der Zeit, Bonn.
Politische Studien, Zweimonatsschrift für Zeitgeschehen und Politik, München.
Politische Vierteljahresschrift (PVS), Zeitschrift der Deutschen Vereinigung für Politische Wissenschaft, Opladen.
Rheinischer Merkur, Köln.
Der Spiegel, Hamburg.
Süddeutsche Zeitung, München.
Stuttgarter Zeitung, Stuttgart.
Der Tagesspiegel, Berlin.
Telegraf, Berlin (Erscheinen eingestellt).
Die Welt, Hamburg/Berlin (jetzt Bonn).
Die Zeit, Hamburg.
Zeitschrift für Politik, Organ der Hochschule für Politik München, Köln.

Abkürzungsverzeichnis

a.a.O.	am angeführten Ort
Abt.	Abteilung
Anm.	Anmerkung
Aufl.	Auflage
BA-	mit folgender Ziffer Bezeichnung des entsprechenden Ordners des Nachlasses von Jakob Kaiser im Bundesarchiv in Koblenz
Bd.	Band
BDA	Bundesvereinigung der Deutschen Arbeitgeberverbände
BdI	Bundesverband der deutschen Industrie
BdM	Bund der Mitteldeutschen
BdV	Bund der Vertriebenen Deutschen
bes.	besonders
BMB	Bundesministerium für innerdeutsche Beziehungen
BMG	Bundesministerium für gesamtdeutsche Fragen
BRD	Bundesrepublik Deutschland
bzw.	beziehungsweise
ca.	circa
CDU	Christlich-Demokratische Union Deutschlands
CSU	Christlich-Soziale Union
DAG	Deutsche Angestellten-Gewerkschaft
dass.	dasselbe
DBB	Deutscher Beamtenbund
DDR	Deutsche Demokratische Republik
ders.	derselbe
DGB	Deutscher Gewerkschaftsbund
DIHT	Deutscher Industrie- und Handelstag
dies.	dieselbe
DSB	Deutscher Sportbund
DST	Deutscher Städtetag
ed.	editor
EKD	Evangelische Kirche in Deutschland
etc.	et cetera
EVG	Europäische Verteidigungsgemeinschaft
FAZ	Frankfurter Allgemeine Zeitung
f, ff	und folgende
fdk	freie demokratische korrespondenz
FDP	Freie Demokratische Partei
ggf.	gegebenenfalls
HA-	mit folgender Ziffer Bezeichnung des entsprechenden Ordners in der Geschäftsstelle des Landeskuratoriums Hessen in Frankfurt/M.
Hrsg.	Herausgeber
IBFG	Internationaler Bund Freier Gewerkschaften
Jg.	Jahrgang
KUD	Kuratorium Unteilbares Deutschland
KUD-A	mit folgender Ziffer Bezeichnung des entsprechenden Ordners in der KUD-Geschäftsstelle in Bonn
lt.	laut
MdB	Mitglied des Bundstages

NATO	North Atlantic Treaty Organization
NPD	Nationaldemokratische Partei Deutschlands
NRZ	Neue Rhein/Ruhr Zeitung
o.a.	oben angeführt
O.J.	Ohne Jahresangabe
O.O.	Ohne Ortsangabe
O.S.	Ohne Seitenangabe
O.V.	Ohne Verfasser
PVS	Politische Vierteljahresschrift
RIAS	Rundfunk im Amerikanischen Sektor
S.	Seite
SBZ	Sowjetische Besatzungszone
Sch-N	Bezeichnung des entsprechenden Ordners im Nachlaß von Arno Scholz mit der Signatur „KUD" im Archiv der Sozialen Demokratie in Bonn
SED	Sozialistische Einheitspartei Deutschlands
SFB	Sender Freies Berlin
SPD	Sozialdemokratische Partei Deutschlands
s.u.	siehe unten
u.a.	und andere/ unter anderem (im Text)
UNO	United Nations Organization
usw.	und so weiter
VfZG	Vierteljahreshefte für Zeitgeschichte
Vgl.	Vergleiche
WDR	Westdeutscher Rundfunk
WEU	Westeuropäische Union
WIBERA	Wirtschaftsberatung Aktiengesellschaft
z.B.	zum Beispiel
zit.	zitiert
z.T.	zum Teil

Anhang

Erste Erklärung des Kuratoriums Unteilbares Deutschland — Volksbewegung für die Wiedervereinigung, verabschiedet am 14. Juni 1954 in Bad Neuenahr (Manifest)

(zitiert nach: Unteilbares Deutschland, Die Konstituierung des Kuratoriums der Volksbewegung für die Wiedervereinigung, Reden und Dokumente Juni/Juli 1954, S. 3/4)

Seit fast einem Jahrzehnt ist Deutschland in mehrere Teile zerrissen. Millionen Deutsche sind aus ihrer Heimat vertrieben. Millionen Deutsche müssen unter der Herrschaft des Zwanges und des Unrechts leben. Im eigenen Lande ist es den Deutschen durch Zonen- und Sektorengrenzen noch immer verwehrt, einander frei und ungehindert zu begegnen. Das natürliche Recht eines jeden Volkes auf menschliche und staatliche Gemeinschaft wird dem deutschen Volk noch immer vorenthalten. Alle Bemühungen seit 1945, ein freies und geeintes Deutschland wiederherzustellen, blieben bisher vergeblich. Die Zerreißung unseres Volkes und Landes wurde vielmehr weiter verschärft.

Isolierung und Not der Hauptstadt Berlin, Verarmung von Millionen in der Sowjetzone, Verelendung einstmals blühender mitteldeutscher Städte und Dörfer, Verödung weiter deutscher Gebiete jenseits der Oder-Neiße sind das Ergebnis der anhaltenden Teilung Deutschlands. Acht Millionen Heimatvertriebene und zwei Millionen Sowjetzonenflüchtlinge haben bereits in dem engen Raum der Bundesrepublik Zuflucht suchen müssen. Täglich kommen weitere Flüchtlinge hinzu.

Mitten durch unser Land geht die Front des Kalten Krieges. Das ist keine Grundlage für Sicherheit und Wohlfahrt. Will man wirklich Sicherheit und Wohlfahrt in Deutschland und Europa, so muß Deutschland als Ganzes in Freiheit wiederhergestellt werden.

Wir können nicht erwarten, daß uns die Welt dazu verhilft, wenn wir nicht selber alles an die Wiedererlangung unserer Einheit setzen.

Die unterzeichneten Männer und Frauen haben es sich deshalb zur Aufgabe gemacht, den Willen zur Wiedervereinigung in allen Kreisen unseres Volkes zu stärken.

Jeder Deutsche muß wissen, was die Teilung Deutschlands für unser Volk und die Welt bedeutet.

Jeder Deutsche muß sich persönlich für das Schicksal der Millionen Deutschen verantwortlich fühlen, denen ein Leben in Recht und Freiheit verwehrt ist.

Die tätige Hilfsbereitschaft jedes einzelnen, jeder deutschen Familie, jeder deutschen Organisation für die Bevölkerung der Sowjetzone und Berlins muß verstärkt werden.

Der menschliche und geistige Zusammenhalt zwischen allen Teilen unseres zerrissenen Landes muß gewahrt und gefestigt werden.

Jeder einzelne muß wissen, daß die Aufrechterhaltung der Teilung Deutschlands eine ständige Gefährdung bedeutet.

Jeder einzelne muß wissen, was die Wiedervereinigung Deutschlands für Frieden, Sicherheit und Wohlfahrt Deutschlands und der Welt bedeutet.

Dafür haben sich die unterzeichneten Männer und Frauen aus allen Teilen unseres Landes, aus allen Parteien, aus den großen wirtschaftlichen und sozialen Verbänden, aus dem Kultur- und Geistesleben, aus allen Schichten und wesentlichen Gruppen unseres Volkes zusammengeschlossen. Das UNTEILBARE DEUTSCHLAND, Volksbewegung für die Wiedervereinigung, rechnet auf die Mitwirkung aller derer, denen Wiedervereinigung, Freiheit und Sicherheit unseres Vaterlandes oberstes Ziel ist. Das UNTEILBARE DEUTSCHLAND rechnet insbesondere auf die Jugend.

UNTEILBARES DEUTSCHLAND
Volksbewegung für die Wiedervereinigung
Das Kuratorium

Politische Leitsätze, verabschiedet vom Politischen Ausschuß des KUD am 29. Juni 1960
(zitiert nach hektographiertem Papier in KUD-A 88).

Politische Leitsätze

Protest gegen die anhaltende Teilung Deutschlands
Demonstration für das Recht auf Selbstbestimmung
Protest gegen totalitäre Willkür und Entrechtung
Demonstration für die menschliche Verbundenheit aller Deutschen

1. Das deutsche Volk hat das Recht auf Selbstbestimmung wie jedes andere Volk. Die Vorenthaltung der Freiheit stellt eine Verletzung der Menschenrechte dar.
2. Auf der Grundlage eines geteilten Deutschlands wird Europa keine dauerhafte friedliche Ordnung finden können. Die Verpflichtung der vier Mächte für die deutsche Einheit legt ihnen eine Verantwortung auf, der sie sich im Interesse des Friedens nicht entziehen können. Die deutsche Politik – die Politik der Regierung wie der Parteien – wird unablässig dafür zu sorgen haben, daß die vier Mächte ihrer Verpflichtung zur Wiederherstellung der Einheit Deutschlands gerecht werden.
3. Der freiheitliche Wille in Deutschland stellt einen Bestandteil des freiheitlichen Willens in ganz Europa dar. Vor ... Jahren begann eine Entwicklung, die sich in den Bestrebungen anderer Völker um ihre Unabhängigkeit fortgesetzt hat.
4. Die deutsche Wiedervereinigung muß Sicherheit für die europäischen Völker ebenso wie Sicherheit für die Deutschen selbst bieten. Die Wiedervereinigung läßt sich nicht erreichen, wenn sie auf Kosten der Sicherheit des einen oder anderen Partners geht. Die Deutschlandpolitik wird also nur dann zur Sicherheit führen, wenn sie nicht zur Machtpolitik der einen oder anderen Seite wird.
5. Die Wiedervereinigung ist die entscheidende Voraussetzung für einen dauerhaften Ausgleich zwischen Deutschland und der Sowjetunion. Dieser wird von beiden Völkern gewünscht, läßt sich aber auf der Grundlage der deutschen Teilung nicht erreichen. Gleiche Grundsätze gelten für das Verhältnis zu den östlichen Nachbarn.
6. Die Selbstbestimmung Deutschlands durch freie Wahlen bleibt ein wesentlicher Bestandteil der Wiedervereinigung. Es gilt ferner der Grundsatz, daß die freie Mitentscheidung aller Teile Deutschlands über Inhalt und Form der künftigen deutschen Struktur gewährleistet bleibt.
7. Es bleibt das Ziel deutscher Politik, darauf hinzuwirken, daß die deutsche Frage nicht von der internationalen Tagesordnung verschwindet, sondern so rasch wie möglich gelöst wird. Sowohl im diplomatischen Gespräch als auch bei internationalen Verhandlungen, sollte die Wiedervereinigung als ein Element der Befriedung und Stabilisierung des europäischen Verhältnisses behandelt werden.
8. Berlin als Hauptstadt Deutschlands bleibt ein entscheidender Faktor für Politik, Erziehung und Willensbildung.
9. Die Aufrechterhaltung und Stärkung der menschlichen, kulturellen und geistigen Beziehungen in der zerrissenen deutschen Heimat bleibt eine vordringliche Aufgabe. Die Betätigung auf diesem Gebiet darf sich nicht auf den Tag der deutschen Einheit beschränken. Sie muß sich über das ganze Jahr erstrecken. Die Bevölkerung in Mittel- und Ostdeutschland muß durch die Bekundung des Wiedervereinigungswillens in der Bundesrepublik und durch tätige Unterstützung von Mensch zu Mensch in ihrem Willen zum Ausharren gestärkt werden.
10. Die geistige und pädagogische Beschäftigung mit den Problemen des geteilten Deutschlands und der deutschen Wiedervereinigung gehört zu den wichtigsten Erfordernissen deutscher Wiedervereinigungspolitik und staatsbürgerlicher Verantwortung.
11. Jeder Deutsche sollte auch gegenüber Ausländern und im Ausland bekennen, daß sich das deutsche Volk mit dem Teilungszustand nicht abfindet.
12. Die freimütige Erörterung aller Probleme der Wiedervereinigung in allen Kreisen der deutschen Bevölkerung sollte zu einer Selbstverständlichkeit werden. Gleichzeitig muß aber die menschliche und geistige Gemeinsamkeit des freiheitswilligen deutschen Volkes über alle politischen Meinungsverschiedenheiten hinweg gerade am Tag der Deutschen Einheit aller Welt gegenüber bekundet werden.

Liste der Unterzeichner des Manifestes vom 14. Juni 1954

(Mitglieder des Kuratoriums in seiner ersten Zusammensetzung);
(zitiert nach: Unteilbares Deutschland, Die Konstituierung der Volksbewegung für die Wiedervereinigung. Reden und Dokumente, Juni/Juli 1954, S. 4ff).

Abs, Hermann Josef, Präsident des Deutsch-Amerikanischen Wirtschaftsverbandes.
Altmeier, Peter, Ministerpräsident von Rheinland-Pfalz.
Andres, Stefan, Schriftsteller.
Bausch, Paul, Oberregierungsrat, Mitglied des Bundestages.
Becker, Hellmut, Rechtsanwalt.
Berg, Fritz, Präsident des Bundesverbandes der Deutschen Industrie.
Bertram, Dr. Helmut, Rechtsanwalt und Notar.
Beyer, Dr. Paul, Geschäftsführendes Vorstandsmitglied des Deutschen Industrie- und Handelstages.
Bischoff, Professor Friedrich, Intendant des Südwestfunks.
Bismarck, Fürst Otto von, Mitglied des Bundestages.
Brauer, Max, Bürgermeister a.D.
Brentano, Dr. Heinrich von, Vorsitzender der Bundestagsfraktion der CDU.
Bucerius, Dr. Gerd, Rechtsanwalt, Verleger, Mitglied des Bundestages.
Buchheim, Professor Dr. Karl, Technische Hochschule München.
Cillien, Adolf, Oberkirchenrat, Mitglied des Bundestages.
Crüwell, Ludwig, General a.D.
Dahrendorf, Gustav, Vorsitzender des Vorstandes des Zentralverbandes Deutscher Konsumgenossenschaften e.V.
Dannenmann, Arnold, Pastor, Vorsitzender des Deutschen Bundesjugendringes und Vorsitzender der Bundesarbeitsgemeinschaft Jugendaufbauwerk.
Dehler, Dr. Thomas, Bundesminister a.D., Vorsitzender der FDP.
Dinkelbach, Dr. h. c. Heinrich, Vorsitzender des Aufsichtsrates der Rheinischen-Westfälischen Eisen- und Stahlwerke.
Dresbach, Dr. August, Mitglied des Bundestages.
Eberhard, Dr. Fritz, Intendant des Süddeutschen Rundfunks.
Eckert, Professor Dr. Georg, Kanthochschule Braunschweig.
Egan-Krieger, Jenö von, Generalleutnant a.D.
Ehlers, D. Dr. Hermann, Präsident des Deutschen Bundestages.
Eichborn, Dr. Wolfgang von, Bankhaus Eichborn & Co.
Eichelbaum, Ernst, Oberstudiendirektor, Vorsitzender des Gesamtverbandes der Sowjetzonenflüchtlinge e.V.
Föcher, Matthias, Stellvertretender Vorsitzender des Deutschen Gewerkschaftsbundes.
Freitag, Walter, Vorsitzender des Deutschen Gewerkschaftsbundes.
Friedensburg, Professor. Dr. Ferdinand, Mitglied des Bundestages.
Friedrich, Otto A., Vorsitzender des Vorstandes der Phönix-Gummiwerke A.G.
Gassert, Herbert, Vorsitzender des Verbandes Deutscher Studentenschaften.
Geerdes, Herbert, Intendant Radio Bremen.
Gefeller, Wilhelm, Mitglied des Bundestages.
Gerigk, Alfred, Chefredakteur des „Südkurier".
Gießler, Dr. Rupert, 1. Vorsitzender des Deutschen Jornalistenverbandes.
Gradl, Dr. Johann Baptist, Verlagsleiter der Westberliner Zeitung „DER TAG".
Grimme, Dr. h. c. Adolf, Generaldirektor des Nordwestdeutschen Rundfunks.
Hahn, Professor Dr. Otto, Präsident der Max-Planck-Gesellschaft zur Förderung der Wissenschaften.
Hammerbacher, Dr. Dr. Hans Leonhard, Präsident des Deutschen Industrie- und Handelstages.
Hansen, Gottfried, Admiral a.D., Vorsitzender des Verbandes Deutscher Soldaten.
Hartmann, Hanns, Intendant des Nordwestdeutschen Rundfunks.
Hausmann, Dr. Manfred, Schriftsteller.
Heiseler, Bernt von, Schriftsteller.
Heisenberg, Professor Werner, Max-Planck-Institut für Physik.
Hellwege, Heinrich, Bundesminister.
Hellwig, Dr. Fritz, Mitglied des Bundestages, Leiter des Deutschen Industrieinstituts.
Herle, Dr. Jacob, Mitglied des Aufsichtsrates der WASAG-Chemie A.G.
Heye, Hellmut Guido Alexander, Vizeadmiral a.D., Mitglied des Bundestages.
Horrichs, Hans, Präsident des Deutschen Städtebundes.

Imig, Heinrich, Vorsitzender der Industriegewerkschaft Bergbau.
Jahn, Hans, Vorsitzender der Gewerkschaft der Eisenbahner Deutschlands.
Kaisen, Wilhelm, Senatspräsident, Bürgermeister der Freien Hansestadt Bremen.
Kaiser, Jakob, Bundesminister.
Kaiser-Nebgen, Dr. Elfriede.
Karl, Albin, Mitglied des Bundesvorstandes des Deutschen Gewerkschaftsbundes.
Karpinski, Paula, Senatorin a.D.
Kather, Dr. Linus, Mitglied des Bundestages, Vorsitzender des Zentralverbandes der vertriebenen Deutschen.
Keudell, Walter von, Reichsminister a.D., Vorsitzender der Vereinigten Landsmannschaften der Sowjetzone (VLS) und Sprecher der Landsmannschaft Berlin – Mark Brandenburg.
Kiesinger, Kurt-Georg, Rechtsanwalt, Mitglied des Bundestages.
Klepper, Otto, Preußischer Staats- und Finanzminister a.D.
Kolb, Dr. Walter, Oberbürgermeister von Frankfurt/M.
Kost, Dr. h. c. Heinrich, Präsident der Wirtschaftsvereinigung Bergbau.
Kraft, Waldemar, Bundesminister.
Kreß, Professor Hans Freiherr von, Freie Universität Berlin.
Krone, Dr. Heinrich, Mitglied des Bundestages.
Kummernuß, Adolf, Vorsitzender der Gewerkschaft Öffentliche Dienste, Transport und Verkehr.
Lemmer, Ernst, Mitglied des Bundestages, Vorsitzender der CDU-Landtagsfraktion Berlin.
Litt, Professor Dr. Theodor, Institut für Erziehungswissenschaft der Universität Bonn.
Lodgman von Auen, Dr. Rudolf, Vorsitzender des Verbandes der Landsmannschaften.
Löwenstein, Hubertus Prinz zu, Mitglied des Bundestages.
Lüth, Erich, Direktor der Staatlichen Pressestelle der Freien und Hansestadt Hamburg i.W.
Lukaschek, Dr. Hans, Bundesminister a.D.
Luther, Dr. Hans, Reichskanzler a.D.
Mellies, Wilhelm, Mitglied des Bundestages, 2. Vorsitzender der SPD.
Merkatz, Dr. Hans-Joachim von, Mitglied des Bundestages.
Merton, Dr. h. c. Richard, Vorsitzender des Stifterverbandes für die Deutsche Wissenschaft e.V.
Möller, Dr.-Ing. E.h.Alex, Generaldirektor, Mitglied des Landtages.
Müller, Dr. Eberhard, Direktor der Evangelischen Akademie Bad Boll.
Müller, Gotthold, Direktor der Deutschen Verlagsanstalt.
Müller-Hermann, Ernst, Mitglied des Bundestages.
Neumann, Franz, Mitglied des Bundestages, Vorsitzender des Landesverbandes der SPD Berlin.
Ollenhauer, Erich, Mitglied des Bundestages, Vorsitzender der SPD.
Paulssen, Dr. Hans-Constantin, Präsident der Bundesvereinigung der Deutschen Arbeitgeberverbände.
Pfizer, Theodor, Oberbürgermeister von Ulm.
Proebst, Hermann, Stellvertretender Chefredakteur der Süddeutschen Zeitung München.
Raymond, Dr. Walter, Vereinigte Deutsche Metallwerke A.G., Süddeutsche Kabelwerke.
Rehling, Dr. Luise, Mitglied des Bundestages.
Reif, Professor Dr. Hans, Mitglied des Bundestages.
Rettig, Fritz, 1. Vorsitzender der Deutschen Angestellten-Gewerkschaft.
Reuter, Dr. Franz, Herausgeber der Zeitung „Der Volkswirt".
Reuter, Georg, Stellvertretender Vorsitzender des Deutschen Gewerkschaftsbundes.
Richter, Willi, Mitglied des Bundestages.
Ritter, D. Dr. Gerhard, Professor der Universität Freiburg.
Roos, Harald E., Journalist.
Rosenberg, Ludwig, Vorstandsmitglied des Deutschen Gewerkschaftsbundes.
Sänger, Fritz, Chefredakteur der Deutschen Presseagentur.
Schäfer, Hans, ORR, Bundesvorsitzender des Deutschen Beamtenbundes.
Schlabrendorff, Fabian von, Rechtsanwalt und Notar.
Schmid, Professor Dr. Carlo, Vizepräsident des Deutschen Bundestages.
Schmidt, August, ehemaliger Vorsitzender der Industriegewerkschaft Bergbau, Bochum.
Schoettle, Erwin, Mitglied des Bundestages.
Scholz, Arno, Herausgeber der Westberliner Zeitung TELEGRAF.
Schreiber, Dr. Ottmar, Staatssekretär a.D.
Schreiber, Dr. Walther, Regierender Bürgermeister von Berlin.
Schroeder, Louise, Bürgermeister a.D., Mitglied des Bundestages.

Schröder, Dr. Dr. Rudolf Alexander, Schriftsteller.
Schütz, Dr. Wilhelm Wolfgang, Publizist.
Schuster, Dr. Hans, Süddeutsche Zeitung.
Schwennicke, Carl-Hubert, Diplom-Ingenieur, Vorsitzender des Landesverbandes der FDP, Berlin.
Schwering, Dr. Ernst, Präsident des Deutschen Städtetages.
Seebich, Gustav, Präsident des Deutschen Landkreistages, Landrat.
Sethe, Dr. Paul, Mitherausgeber der Frankfurter Allgemeinen Zeitung.
Silex, Dr. Karl, Herausgeber der Deutschen Kommentare.
Sogemeier, Dr. Martin, Geschäftsführer des Unternehmerverbandes Ruhrbergbau.
Spennrath, Dr.-Ing. Friedrich, Baurat, Vorsitzender des Gemeinschaftsausschusses der Deutschen Gewerblichen Wirtschaft.
Spranger, Professor Dr. Eduard, Universität Tübingen.
Stauffenberg, Professor Dr. Alexander Graf, Universität München.
Steltzer, Dr. Theodor, Ministerpräsident a.D., Direktor des Instituts für Europäische Politik und Wirtschaft.
Strauß, Franz Josef, Bundesminister.
Suhr, Professor Dr. Otto, Präsident des Berliner Abgeordnetenhauses.
Tern, Dr. Jürgen, Mitherausgeber der Deutschen Zeitung und Wirtschaftszeitung.
Thiess, Dr. Frank, Schriftsteller.
Tillmanns, Dr. Robert, Bundesminister.
Uhlemeyer, Richard, Präsident des Zentralverbandes des Deutschen Handwerks.
Ulich-Beil, Dr. Else, Vorsitzende des Deutschen Frauenringes Berlin.
Walz, Karl, Mitglied des Bundestages.
Weber, Dr. h. c. Helene, Ministerialdirigentin a.D., Mitglied des Bundestages.
Wehner, Herbert, Mitglied des Bundestages, Vorsitzender des Gesamtdeutschen Ausschusses des Bundestages.
Witte, Dr. Siegfried, Minister a.D., Geschäftsführer des Königsteiner Kreises.
Zehrer, Hans, Chefredakteur „Die Welt".
Zinn, Dr. h. c. Georg August, Ministerpräsident von Hessen.
Zitzewitz – Gr. Gansen, Georg Werner von, Vorsitzender der Arbeitsgemeinschaft Deutscher Landwirte e.V. im Bauernverband der Vertriebenen e.V.

Mitglieder des Vereins „Ausschuß für Fragen der Wiedervereinigung Deutschlands e.V."
(nach einer Aufstellung, Stand März/April 1954, in: KUD-A 88).

Jakob Kaiser,
Bundesminister für gesamtdeutsche Fragen

Bundestagspräsident
Dr. Ehlers

Dr. J. B. Gradl,
Vorstand der Exil-CDU

Bundestagsabgeordneter
Ollenhauer

Dr. Rosenberg, DGB

Bundestagsabgeordneter
Dr. Thomas Dehler

Deutscher Gewerkschaftsbund
Walter Freitag

Deutsche Angestellten-Gewerkschaft
Fritz Rettig

Bundesminister für Angelegenheiten des Bundesrates
Hellwege

Bundesminister für besondere Aufgaben
Waldemar Kraft, Vorsitzender des BHE

Deutscher Raiffeisenverband e.V.
Dr. Dr. h. c. Andreas Hermes

Paul Löbe,
Telegraf

Generalleutnant a.D.
von Egan-Krieger

Professor Moebus

Dr. Wolfgang Schütz

Ernst Lemmer,
Fraktion der CDU

Carl-Hubert Schwennicke
Fraktion der FDP

Dr. Sieveking
Bürgermeister von Hamburg

Bund der Vertriebenen Deutschen
Präsident Dr. Linus Kather

Verband der Landsmannschaften
Dr. Rudolf Lodgemann

Deutscher Frauenring
Else Ulich-Beil

Dr. Helene Weber, MdB

Mitglieder des Politischen Ausschusses des KUD
(nach einer Aufstellung, Stand Juni 1961, in KUD - A 105).

Ständige Mitglieder

Birrenbach, Dr. Kurt, MdB
Brentano, Dr. Heinrich von, Bundesminister des Auswärtigen
Ehard, Dr. Hans, Ministerpräsident des Landes Bayern
Eichelbaum, Ernst, MdB, Oberstudiendirektor
Friedensburg, Dr. Ferdinand, MdB
Gerstenmaier, D. Dr. Eugen, Präsident des Deutschen Bundestages
Gradl, Dr. Johann Baptist, MdB, Verlagsleiter der Westberlinger Zeitung „Der Tag"
Höcherl, Hermann, MdB
Kopf, Dr. Hermann, MdB
Krone, Dr. Heinrich, Vorsitzender der CDU/CSU-Fraktion
Krüger, Hans, MdB, Präsident des Bundes der Vertriebenen
Lemmer, Ernst, Bundesminister für gesamtdeutsche Fragen
Müller-Hermann, Ernst, MdB
Brandt, Willy, Präsident des Deutschen Städtetages
Erler, Fritz, MdB
Jacobi, Werner, MdB
Meyer, Ernst-Wilhelm, MdB, Botschafter a.D.
Mommer, Dr. Karl, MdB
Ollenhauser, Erich, MdB, Vorsitzender der SPD
Schmid, Prof. Dr. Carlo, MdB
Thomas, Stefan, Bundesvorstand der SPD
Wehner, Herbert, MdB
Dehler, Dr. Thomas, MdB
Mende, Dr. Erich, MdB, Vorsitzender der FDP
Mischnick, Wolfgang, MdB
Merkatz, Dr. Hans-Joachim von, Bundesminister für Angelegenheiten des Bundesrates und der
    Länder

Beyer, Dr. Paul, Vorstandsmitglied des Deutschen Industrie- und Handelstages
Münchmeyer, Alwin, Präsident des Deutschen Industrie- und Handelstages
Paulssen, Dr. Hans-Constantin, Präsident der Bundesvereinigung der Deutschen Arbeitgeberverbände
Berg, Fritz, Präsident des Bundesverbandes der Deutschen Industrie
Richter, Willi, Vorsitzender des Deutschen Gewerkschaftsbundes
Krause, Alfred, Vorsitzender des Deutschen Beamtenbundes
Schenk, Walter, Deutsche Angestellten-Gewerkschaft
Spaethen, Rolf, Vorsitzender der Deutschen Angestellten-Gewerkschaft
Schumacher, Carl, Zentralverband Deutscher Konsumgenossenschaften e.V.
Ziebill, Dr. Otto, Geschäftsführendes Präsidialmitglied des Deutschen Städtetages
Goppel, Alfons, Staatsminister des Innern
Löbe, Paul, Reichtagspräsident a.D.
Schneider, Herbert, MdB

Kooptierte Mitglieder

Altmeier, Peter, Dr. h. c., Ministerpräsident von Rheinland-Pfalz
Baer, Dr. Fritz, Ministerialdirigent
Blumenfeld, Erik
Bockelmann, Werner, Oberbürgermeister von Frankfurt/M.
Brauchle, Georg, Bürgermeister
Brauer, Max, Bürgermeister a.D.
Dufhues, Josef-Hermann, Innenminister des Landes Nordrhein-Westfalen
Friedrich, Otto A., Vorsitzender der Phoenix-Gummiwerke
Gengler, Karl, Landtagspräsident a.D.
Hahn, Dr. Wilhelm, Professor
Hansmann, Wilhelm, Oberstudiendirektor a.D.
Heimpel, Prof. Dr. Hermann
Hellwege, Heinrich, Ministerpräsident a.D.
Hölzl, Dr. Josef, Staatssekretär
Kiep-Altenloh, Dr. Emilie, Senator
Kiesinger, Dr. Kurt-Georg, Ministerpräsident des Landes Baden-Württemberg
Klausa, Udo, Direktor des Landschaftsverbandes Rheinland
Klein, Dr. Günter, Senator für Bundesangelegenheiten
Knoeringen, Waldemar von, Stellvertretender Vorsitzender der SPD
Köchling, Dr. Anton, Direktor des Landschaftsverbandes Westfalen-Lippe
Kopf, Heinrich Wilhelm, Ministerpräsident des Landes Niedersachsen
Leverenz, Dr. Bernhard, Justizminister des Landes Schleswig-Holstein
von Massow, Dr. Detlef
Meyers, Dr. Franz, Ministerpräsident des Landes Nordrhein-Westfalen
Moelle, Dr. Erich, Präsident des Niedersächsischen Landesrechnungshofes
Neinhaus, Dr. Carl, Landtagspräsident a.D.
Osterloh, Edo, Kultusminister des Landes Schleswig-Holstein
Paulmann, Christian, Senator a.D., Landesvorsitzender der SPD Bremen
Reuter, Dr. Franz, Herausgeber der Zeitschrift „Der Volkswirt"
Röder, Dr. Franz-Josef, Ministerpräsident des Saarlandes
Scheuner, Prof. Dr. Ulrich, Universität Bonn
Scholz, Arno, Herausgeber des „Telegraf"
Springer, Axel, „Axel-Springer-Verlag"
Vollhard, Adam, Chefredakteur
Walz, Karl, Leiter der Landeszentrale für Heimatdienst in Saarbrücken
Zinn, Dr. h. c. Georg August, Ministerpräsident des Landes Hessen
Zinnkann, Heinrich, Präsident des Hessischen Landtages

Mitglieder des Präsidiums des Kuratoriums Unteilbares Deutschland in seiner ersten Zusammensetzung von 1962
(zitiert nach: Unteilbares Deutschland –
Rundbrief des KUD, Nr. 1, Januar/Februar 1963, S. 2).

Paul Löbe, Reichtagspräsident a.D.
Dr. Eugen Gerstenmaier, MdB (CDU), Präsident des Deutschen Bundestages
Herbert Wehner, MdB (SPD), Vorsitzender des Bundestagsausschusses für gesamtdeutsche und Berliner Fragen
Dr. Johann Baptist Gradl, MdB (CDU), Stellvertretender Vorsitzender des Bundestagsausschusses für gesamtdeutsche und Berliner Fragen
Erich Ollenhauer, MdB (SPD), Vorsitzender der Sozialdemokratischen Partei Deutschlands
Dr. Erich Mende, MdB (FDP), Vorsitzender der Freien Demokratischen Partei Deutschlands
Dr. Walter Raymond, Ehrenpräsident der Bundesvereinigung der Deutschen Arbeitgeberverbände
Ludwig Rosenberg, Vorsitzender des Deutschen Gewerkschaftsbundes
Dr. Otto Ziebill, Präsidialmitglied des Deutschen Städtetages
Hans Krüger, MdB (CDU), Präsident des Bundes der Vertriebenen
Bertha Middelhauve, Vorsitzende des Deutschen Frauenringes
Lothar Krappmann, Vorsitzender des Verbandes Deutscher Studentenschaften
Arno Scholz, Vorsitzender des Landeskuratoriums Berlin
Staatsminister a.D. Dr. Bernhard Leverenz, MdL (FDP), Vorsitzender des Landeskuratoriums Schleswig-Holstein
Dr. Wilhelm Wolfgang Schütz, Geschäftsführender Vorsitzender des Kuratoriums UNTEILBARES DEUTSCHLAND

Mitglieder des Präsidiums des KUD
(offizielle Liste der KUD-Geschäftsstelle in Bonn, Stand Herbst 1977).

Geschäftsführendes Präsidium:

Dr. Johann Baptist Gradl MdB, Bundesminister a.D.

Egon Franke MdB, Bundesminister für innerdeutsche Beziehungen

Hans-Günther Hoppe MdB, Senator a.D., Stellvertretender Vorsitzender der FDP-Bundestagsfraktion

Dr. Walter Althammer MdB

Egon Bahr MdB, Bundesminister a.D., Bundesgeschäftsführer der SPD

Helmuth Becker MdB, Geschäftsführer der SPD-Bundestagsfraktion

Dr. h. c. Willy Brandt MdB, Bundeskanzler a.D., Vorsitzender der SPD

Prof. Dr. Karl Carstens MdB, Präsident des Deutschen Bundestages

Liselotte Funcke MdB, Vizepräsidentin des Deutschen Bundestages

Dr. Heiner Geissler, Generalsekretär der CDU

Hans-Dietrich GEnscher MdB, Bundesminister des Auswärtigen

Bert Hartig, Landesbezirksvorsitzender des DGB in Nordrhein-Westfalen

Egon Höhmann MdB, Parl. Staatssekretär beim Bundesminister für innerdeutsche Beziehungen

Dr. Richard Jaeger MdB

Dr. Helmut Kohl MdB, Vorsitzender der CDU, Vorsitzender der CDU/CSU-Bundestagsfraktion

Alfons Lappas, Vorstandsmitglied des DGB-Bundesvorstandes

Dr. Bernhard Leverenz, Staatsminister a.D., Rechtsanwalt beim Bundesgerichtshof

Peter Lorenz, Präsident des Abgeordnetenhauses von Berlin, Vorsitzender des Landesverbandes Berlin der CDU

Wolfgang Lüder, Senator für Wirtschaft, Bürgermeister von Berlin

Heinrich Lummer, Vorsitzender der CDU-Fraktion im Abgeordnetenhaus von Berlin

Kurt Mattik MdB, Vorsitzender des Bundestagsausschusses für innerdeutsche Beziehungen

Dr. Hans-Constantin Paulssen, Ehrenpräsident der Bundesvereinigung der Deutschen Arbeitgeberverbände

Annemarie Renger MdB, Vizepräsidentin des Deutschen Bundestages

Helmut Schmidt MdB, Bundeskanzler

Dr. Wilhelm Wolfgang Schütz

Dietrich Stobbe, Regierender Bürgermeister von Berlin

Dr. h. c. Franz-Josef Strauß MdB, Bundesminister a.D., Landesvorsitzender der CSU

Richard Stücklen MdB, Vizepräsident des Deutschen Bundestages

Günter Verheugen, Bundesgeschäftsführer der FDP

Alexander Voelker MdA, Vorstandsmitglied der BEWAG

Herbert Wehner MdB, Bundesminister a.D., Vorsitzender der SPD-Bundestagsfraktion

Dr. Bruno Weinberger, Geschäftsführendes Präsidialmitglied des Deutschen Städtetages

Dr. Friedrich Zimmermann MdB, Vorsitzender der CSU-Landesgruppe im Deutschen Bundestag

Geschäftsordnung für das Kuratorium Unteilbares Deutschland,
verabschiedet 1961 (zitiert nach hektographiertem Papier in KUD-A 370).

§ 1

Das Kuratorium UNTEILBARES DEUTSCHLAND tritt mit den friedliche Mitteln der Politik für die Wiedervereinigung in freier Selbstbestimmung ein.
Ein ständiger Auftrag bleibt die Aufrechterhaltung und Stärkung der menschlichen Beziehungen im geteilten Deutschland. Ein besonderer Auftrag ist die Vertiefung der Kenntnisse von den Problemen der deutschen Spaltung und den daraus erwachsenden Aufgaben.

§ 2

Organe des Kuratoriums UNTEILBARES DEUTSCHLAND sind
    das Bundeskuratorium
    das Präsidium
    der Politische Ausschuß
    der Geschäftsführende Vorsitzende

§ 3

Dem Bundeskuratorium UNTEILBARES DEUTSCHLAND gehören Einzelpersonen und Persönlichkeiten aus Parteien und Organisationen an, die sich bei der Gründung zusammenschlossen. Neue Mitglieder des Bundeskuratoriums werden durch das Präsidium berufen, wenn kein Mitglied des Präsidiums Einspruch erhebt.

§ 4

Die Organe des Kuratoriums UNTEILBARES DEUTSCHLAND bestimmen Grundsätze, Richtlinien und Ziele, die auch für Landes-, Bezirks-, Kreis- und Ortskuratorien verbindlich sind.

§ 5

Das Bundeskuratorium bildet beratende Fachausschüsse, u.a. den
    Aktionsausschuß
    Ausschuß für Publizistik
    Ausschuß für Zeitgeschichte
    Berlin-Ausschuß
    Betreuungsausschuß
    Erziehungsausschuß
    Finanzausschuß
    Wirtschaftsausschuß

Den Fachausschüssen gehören in der Regel Vertreter der Landeskuratorien an.

§ 6

Das Bundeskuratorium bildet ein Präsidium. Ihm gehören an: Je ein Mitglied der im Kuratorium vertretenen Bundestagsfraktionen, je ein Vertreter der beiden Sozialpartner, ein Vertreter der kommunalen Spitzenverbände, ein Vertreter der Vertriebenen und Flüchtlinge sowie zwei Vorsitzende der Landeskuratorien sowie der Geschäftsführende Vorsitzende. Außerdem werden fünf weitere Mitglieder des Präsidiums, unter denen sich auch je ein Vertreter der Frauen und der Jugend befinden sollte, vom Bundeskuratorium berufen.

§ 7

Das Präsidium ist verantwortlich für die Durchführung der Beschlüsse des Bundeskuratoriums. In dringlichen Fällen ist es zu eigener Beschlußfassung berechtigt.

§ 8

Das Präsidium wählt den Geschäftsführenden Vorsitzenden. Der Geschäftsführende Vorsitzende führt die laufenden Geschäfte. Er ist dem Präsidium verantwortlich.

§ 9

Dem von den Gründungsmitgliedern gebildeten Politischen Ausschuß gehören Mitglieder der im Kuratorium vertretenen Bundestagsfraktionen, darunter Vertreter der Heimatvertriebenen und Flüchtlinge, sowie Vertreter der Arbeitgeber- und Arbeitnehmerorganisationen, der kommunalen Spitzenverbände und die Vorsitzenden der Landeskuratorien an. Der Politische Ausschuß bildet einen engeren Ausschuß.

§ 10

Das Kuratorium UNTEILBARES DEUTSCHLAND bildet Landes-, Bezirks-, Kreis- und Ortskuratorien. Die Zusammensetzung der Kuratorien soll der des Bundeskuratoriums entsprechen. Die Landes-, Bezirks-, Kreis- und Ortskuratorien sind in ihrer Arbeit und Verantwortung selbständig. Sie sind jedoch verpflichtet, sich an die von den Bundesorganen gegebenen Grundsätze, Richtlinien und Ziele zu halten.

§ 11

In den Organen des Kuratoriums wie auch bei den Kuratorien in Ländern, Bezirken, Städten, Kreisen und Gemeinden sind alle wichtigen Beschlüsse davon abhängig, daß keine der Gründungsorganisationen des Kuratoriums UNTEILBARES DEUTSCHLAND Einspruch erhebt.

§ 12

Die Kuratorien bilden für die Beschaffung der finanziellen Mittel Förderkreise.

§ 13

Alle Kuratorien sollen einen Finanzausschuß bilden. Den Finanzausschüssen obliegt die Beaufsichtigung über die ordnungsgemäße Verwendung der dem jeweiligen Kuratorium zur Verfügung stehenden Mittel.

§ 14

Das Bundeskuratorium fördert die Arbeit der Landes-, Bezirks-, Kreis- und Ortskuratorien. Für alle organisatorischen Fragen der Bezirks-, Kreis- und Ortskuratorien ist zunächst das Landeskuratorium zuständig. Eine gegenseitige Information und Abstimmung ist erforderlich.

§ 15

Zur Durchführung der Aufgaben und Verwirklichung der Ziele des Kuratoriums finden Kongresse und regionale Tagungen statt.

Personenregister

Berücksichtigt sind nur die Personen, die auf den Seiten 11-155 erwähnt sind; Wilhelm Wolfgang Schütz und Jakob Kaiser sind nicht eigens erwähnt.

Abs, Hermann-Josef 106
Adenauer, Konrad 19, 23, 24, 44, 56-58, 63-68, 71, 79, 89, 90, 95, 103, 107-111, 116, 117, 124
Albertz, Heinrich 35
Amrehn, Franz 88, 91
Andres, Stefan 106
Auen, Rudolf Lodgmann von 127

Bahr, Egon 71, 73
Baring, Arnulf 55
Barzel, Rainer 82, 112, 114
Becker, Bernhard 26, 116
Beer 29
Bender, Peter 71, 73, 151
Berger, Lieselotte 83
Bergsträsser, Arnold 43
Besson, Waldemar 71, 72, 73, 153
Bidault, George 56
Blumenfeld, Erik 88
Bölling, Klaus 88
Bolz, Lothar 63
Born, William 88
Brammer, Karl 22, 23, 122, 134
Brandt, Willy 72, 75, 78, 79, 82, 88, 114
Brentano, Heinrich von 48, 62, 69, 121, 142
Breschnew, Leonid 76, 77
Brundage, Avary 90
Bucerius, Gerd 146

Carstens, Karl 54, 100, 102, 104, 110
Chauben 100
Cruschtschow, Nikita 62, 63, 65, 67, 96, 99
Conrad, Curt 141
Cornfeld, Bernie 24

Dehler, Thomas 33, 59, 64, 114, 123, 124
Dellingshausen, Ewert von 20, 21, 111, 112
Dowling, Walter 147
Dulles, John Forster 56

Eckardt, Felix von 95, 112, 116
Eckert, Georg 27
Eden, Anthony 56
Eichborn, Wolfgang von 26
End, Heinrich 78, 152

Erdmenger, Klaus 153
Eisenhower, Dwight 63
Erhard, Ludwig 69-73, 110
Erler, Fritz 58, 102, 136
Eschenburg, Theodor 109

Fechter, Peter 87
Flach, Hermann 88
Flade, Hermann Josef 102
Flechtheim, Ossip 17
Ford, Gerald 77
Franke, Egon 82-84
Freitag, Walter 59, 106
Friedensburg, Ferdinand 88
Frings, Josef 93

Gablentz, Otto Heinrich von der 16
Gaitskell, Hugh 147
Gaulle, Charles de 68
Gasteyger, Curt 78
Gaus, Günter 75
Genscher, Hans Dietrich 80
Gerigk, Alfred 137
Gerstenmaier, Eugen 47, 54, 70, 80, 114, 115, 128
Globke, Hans 95
Götting, Gerald 24
Gradl, Johann Baptist 20, 22, 23, 27, 33, 44-46, 59, 66, 80, 83, 88, 90-93, 110, 114, 115, 119, 122, 144, 145, 150
Grewe, Wilhelm 63, 68
Gromyko, Andrej 63, 68
Grotewohl, Otto 19
Guttenberg, Theodor von und zu 115

Härdter, Robert 88
Hahn, Otto 121
Hammarskjöld, Dag 102
Hammerstein, Ludwig von 88
Hanrieder, Wolfram 58, 64, 70
Hassan II 54
Hassel, Kai Uwe von 83, 145
Heimpel, Hermann 22, 60, 97, 113
Heiseler, Bernt von 26
Heisenberg, Werner 23, 106, 121
Herre, Heinz 88

Herter, Christian 63
Heuss, Theodor 22, 24, 25, 89, 95, 107-111, 121
Höcherl, Hermann 110
Hofmann, Anne 36
Honsálek, Gerd 11, 33, 44
Humphrey, Hubert 144
Hupka, Herbert 44, 47, 143
Hussein 100

Imamni 101
Imhoff, Christoph von 26
Inönü 100

Jacobsen, Hans-Adolf 11
Jahn, Egbert 55
Jaksch, Wenzel 49
Jaspers, Karl 43, 66, 67
Jonas 100

Kaisen, Wilhelm 106
Kaiser-Nebgen, Elfriede 26
Kempski, Hans Ulrich 104
Kennedy, John 67, 68, 93, 99, 147
Keudell, Walter von 106
Key, V.O. 131
Kiesinger, Kurt Georg 75, 77, 79
Kiep-Altenloh, Emilie 114
Koch, Thilo 23, 66
Kosthorst, Erich 17, 22, 115
Krappmann, Lothar 114
Krause, Alfred 114
Kremp, Herbert 88
Krüger, Hans 88, 127, 128
Kühlmann-Stumm, Knut von 82

Lemmer, Ernst 30, 59, 65, 88-90, 110-120, 147
Leverenz, Bernhard 42, 80, 88, 123, 144
Liebrich, Hans 20
Löbe, Paul 24-27, 31, 35, 44, 89, 112, 119-123, 141
Löwenthal, Richard 78, 79
Loyd, Selwyn 63
Lübke, Heinrich 93, 107-111, 147
Luther, Hans 26

Mahncke, Dieter 146
Maletta 100
Mattik, Kurt 88
McGhee 99
Mellies, Wilhelm 119
Mende, Erich 88, 93, 112, 121
Menon, Krishna 100
Menon, Lakshmi 100
Mercker 102
Milbrath, Lester 140
Michels, Peter 88
Middelhauve, Bertha 114
Mischnick, Wolfgang 83

Molotow, Wjatscheslaw 56
Mommer, Karl 23
Murville, Couve de 63

Nehru, Pandit 100, 108
Neubauer, Kurt 88
Neumann, Erich Peter 88
Ney, Hubert 141
Nixon, Richard 67, 76
Nolte, Ernst 67, 76

Oberländer, Theodor 95
Ollenhauer, Erich 59, 103, 119, 122

Pahlevi, Resa 100
Paulssen, Hans-Constantin 110, 113, 114, 125, 126
Pfleiderer, Karl Georg 59
Pieck, Wilhelm 19
Pieser, Lieselotte 84
Piratseh 100

Radakrishnan 100
Raiser, Ludwig 55
Rapacki, Adam 62
Raymond, Walter 88, 126
Rehs 55
Reuter, Georg 50
Richter, Willi 113, 114, 125
Röhrborn, Axel 88
Rosenberg, Ludwig 113
Rusk, Dean 147

Schärf 100
Scheel, Walter 78, 79
Scheuner, Ulrich 33
Schmidt, Helmut 80
Schneider, Heinrich 141
Scholz, Arno 17, 27, 35, 42, 88, 121
Schröder, Gerhard 48, 55, 69-71
Schröder, Rudolf Alexander 106, 121
Schwarzhaupt, Elisabeth 54
Sethe, Paul 27, 106
Silex, Karl 27, 106
Soell, Hartmut 150
Spennrath, Friedrich 50, 126
Spranger, Eduard 106, 121
Springer, Axel 95, 110
Stallberg, Fritz 88
Stephan, Günter 88
Stoph, Willi 78
Strauß, Franz Josef 54, 70
Stresemann, Gustav 48
Sussmann, Rudolf 17

Thedieck, Franz 20, 21, 44, 111
Totte, Günter 11, 81

Ulbricht, Walter 95
Ulich-Beil, Else 106

Vogelsang, Thilo 63, 68
Vollard 95

Wehner, Herbert 20, 23, 33, 35, 46, 64, 65,
  75, 82, 88-90, 103, 106, 114, 118-120
Weinert, Wolfgang 88

Weiss, Ernst 88
Wenger, Paul-Wilhelm 23
Wohlrabe, Jürgen 84

Ziebill, Otto 29, 51, 97, 114, 128, 145, 146

Schriften zur politischen Didaktik

Antonius Holtmann (Hrsg.)
Das sozialwissenschaftliche Curriculum im Unterricht
Neue Formen und Inhalte
Band 1. 2. überarbeitete Auflage,
246 Seiten, kart., 19,80 DM.
UTB 48
ISBN 3-8100-0157-0

Rolf Schörken
**Curriculum Politik
Von der Curriculumtheorie zur Unterrichtspraxis**
Band 2. 278 Seiten, kart.,
26,80 DM
ISBN 3-8100-0062-9

Walter Gagel / Rolf Schörken (Hrsg.)
Zwischen Politik und Wissenschaft
Politikunterricht in der öffentlichen Diskussion
Band 3. 132 Seiten, kart.,
16,80 DM
ISBN 3-8100-0030-2

Wolfgang Hilligen
Zur Didaktik des politischen Unterrichts I
Wissenschaftliche Voraussetzungen — Didaktische Konzeptionen — Praxisbezug.
Ein Studienbuch.
Band 4. 3. durchges. Aufl. 1978.
336 Seiten, kart., 30,— DM
ISBN 3-8100-0165-1

Wolfgang Hilligen
Zur Didaktik des politischen Unterrichts II
Schriften 1950—1975, kommentiert 1975. Ein Supplement,
Band 6, 192 Seiten, kart.,
19,80 DM
ISBN 3-8100-0004-9

Wilhelm Heitmeyer
Curriculum „Schule und aggressives Konflikthandeln"
Konzepte — Materialien — Praxisberichte — Einstellungsuntersuchung
Band 5. 272 Seiten, kart., 18,— DM
ISBN 3-8100-0162-7

Henning Schierholz
Friedenserziehung und politische Didaktik
Studien zur Kritik der Friedenspädagogik
Band 7, 176 Seiten, kart.,
19,80 DM
ISBN 3-8100-0168-6

Wolfgang Northemann (Hrsg.)
Politisch-gesellschaftlicher Unterricht in der Bundesrepublik
Curricularer Stand und Entwicklungstendenzen
Band 8. 303 Seiten, kart.,
26,80 DM
ISBN 3-8100-0225-9

Lutz-Rainer Reuter
Normative Grundlagen des politischen Unterrichts
Dokumentation und Analyse
Band 9. 176 Seiten, kart.,
19,80 DM
ISBN 3-8100-0258-5

Arbeitsgruppe „Praxisbezogene Lehrerfortbildung"
Praxisbezogene Lehrerfortbildung und Curriculum „Politik"
Zusammengestellt und bearbeitet von Raimund Klauser
Band 10. ca. 200 Seiten, kart.,
ca. 28,— DM
ISBN 3-8100-0169-4

Christel Küpper (Hrsg.)
Erziehung zum Frieden
Eine Einführung
Band 11. ca. 210 Seiten, kart.,
ca. 28,— DM
ISBN 3-8100-0255-0

Leske

Gegenwartskunde

**Gesellschaft
Staat
Erziehung**

Zeitschrift für Gesellschaft,
Wirtschaft, Politik und Bildung

Hartwich, Hamburg; Prof. Wolfgang Hilligen, Gießen; Dr. Willi Walter Puls, Hamburg. Zusammen mit Staatsrat Dipl.-Soz. Helmut Bilstein, Hamburg; Dr. Wolfgang Bobke, Wiesbaden; Prof. Dr. Karl Martin Bolte, München; Prof. Friedrich-Wilhelm Dörge, Bielefeld; Dr. Friedrich Minssen, Frankfurt; Dr. Felix Messerschmid, München; Prof. Dr. Hans-Joachim Winkler, Hagen.

Gegenwartskunde ist eine Zeitschrift für die Praxis der politischen Bildung ebenso wie für den politisch allgemein interessierten Leser. Sie veröffentlicht Aufsätze, Materialzusammenstellungen, Kurzberichte, Analysen und Lehrbeispiele zu den Hauptthemenbereichen der politischen Bildung:
Gesellschaft — Wirtschaft — Politik.
Sie informiert und bietet darüber hinaus dem Praktiker der politischen Bildung unmittelbar anwendbares Material.

„Die didaktische Relevanz der Gegenwartskunde ergibt sich nicht nur aus der Zielsetzung, problembewußte Analysen des gegenwärtigen Geschehens in Gesellschaft, Wirtschaft und Politik zu bieten, die in jeder Nummer mit geradezu bewundernswerter Exaktheit realisiert wird, sondern auch aus ihrer Singularität auf dem deutschen Zeitschriftenmarkt.

Zu dieser Weite der Perspektive kommt die unbestreitbare Aktualität der Beiträge in Vorauspeilung und Reaktion."
(Informationen für den Geschichts- und Gemeinschaftskundelehrer)

„Wer die Informationen der Zeitschrift regelmäßig ordnet und sammelt, hat schon nach kurzer Zeit ein recht aktuelles politisches Kompendium zur Hand, das für die tägliche Unterrichtsarbeit ganz konkrete Hilfen liefert."
(betrifft: erziehung)

„Sie (GEGENWARTSKUNDE) hilft dem interessierten Lehrer, in wichtigen Fachbereichen auf dem neuesten Informationsstand zu bleiben; sie unterstützt den Lehrer, der die notwendige Auseinandersetzung mit aktuellen, teilweise kontroversen Themen nicht scheut und sie erfolgreich bestreiten will; sie ist geeignet, den Blick zu schärfen für Notwendigkeit und Ausmaß gesellschaftlicher Veränderung und einen realistischen und dynamischen Demokratiebegriff; sie liefert vor allem neben Anregungen didaktischer Art eine Fülle guten Materials, das nicht nur der Information des Lehrers dient, sondern auch teilweise im Arbeitsunterricht unmittelbar verwendet werden kann."
(Der Bürger im Staat)

Gegenwartskunde erscheint vierteljährlich
Jahresabonnement DM 28,—, für Studenten gegen Studienbescheinigung und Referendare DM 20,40, Einzelheft DM 8,—, jeweils zuzüglich Versandkosten.

Leske Verlag + Budrich GmbH